CHONGQING DAXUE
NIANJIAN 2020

年鉴2020

重庆大学校长办公室　编

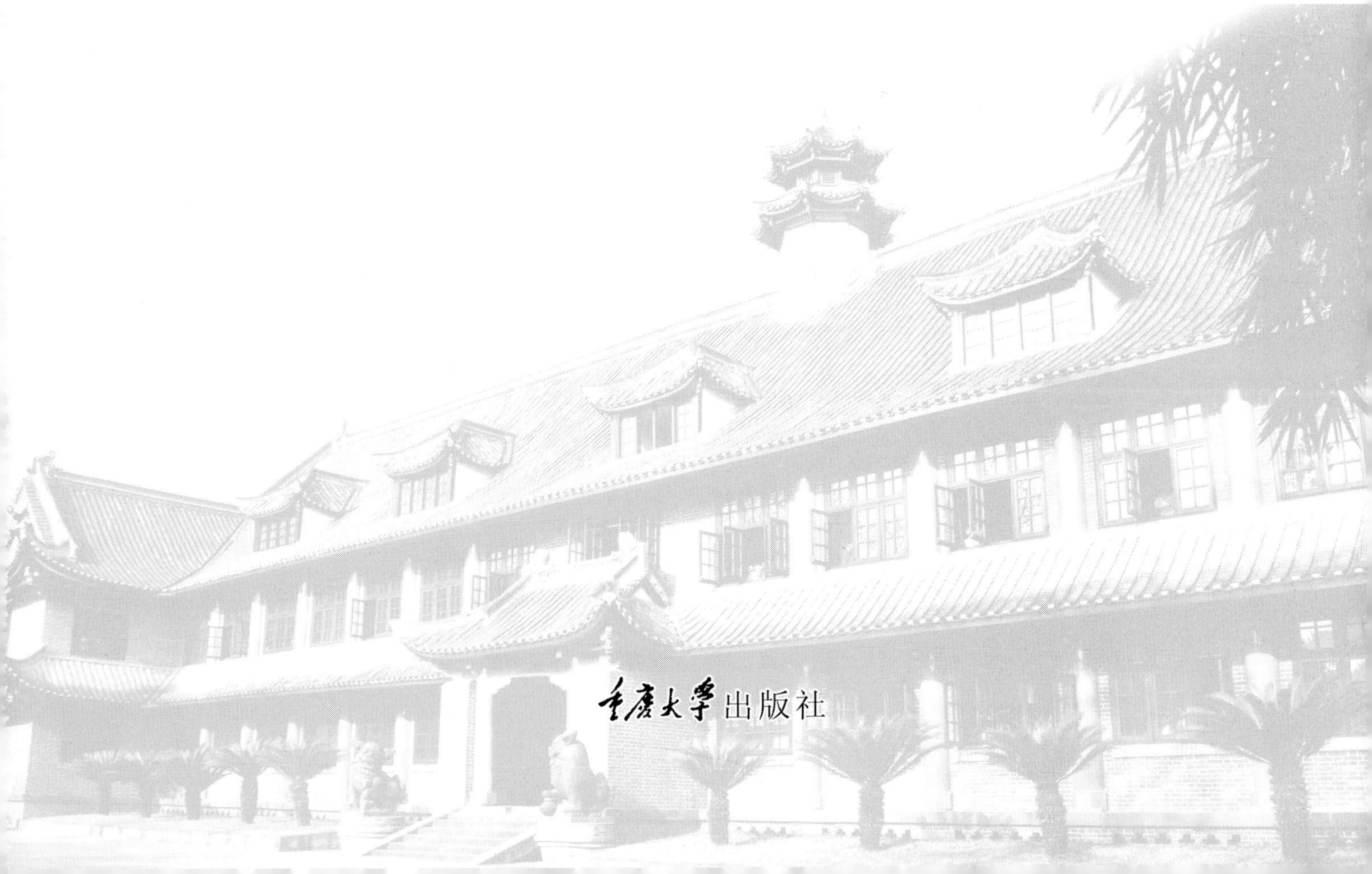

重慶大學出版社

图书在版编目(CIP)数据

重庆大学年鉴. 2020 / 重庆大学校长办公室编. --
重庆 : 重庆大学出版社, 2021.9
ISBN 978-7-5689-2795-6

Ⅰ. ①重… Ⅱ. ①重… Ⅲ. ①重庆大学—2020—年鉴
Ⅳ. ①G649.287.19-54

中国版本图书馆 CIP 数据核字(2021)第 122068 号

重庆大学年鉴 2020

重庆大学校长办公室 编

责任编辑:陈 力 版式设计:陈 力

责任校对:邹 忌 责任印制:邱 瑶

*

重庆大学出版社出版发行

出版人:饶帮华

社址:重庆市沙坪坝区大学城西路 21 号

邮编:401331

电话:(023) 88617190 88617185(中小学)

传真:(023) 88617186 88617166

网址:http://www.cqup.com.cn

邮箱:fxk@cqup.com.cn (营销中心)

全国新华书店经销

重庆升光电力印务有限公司印刷

*

开本:889mm×1194mm 1/16 印张:24.5 字数:584千 插页:16 开 6 页

2021 年 9 月第 1 版 2021 年 9 月第 1 次印刷

ISBN 978-7-5689-2795-6 定价:199.00 元

《重庆大学年鉴 2020》
编辑委员会

《重庆大学年鉴 2020》
编　辑　部

编者的话

2019年，是中华人民共和国成立70周年，也是重庆大学建校90周年。一年来，学校坚持以习近平新时代中国特色社会主义思想为指导，坚持党的教育方针，落实立德树人根本任务，扎实开展“不忘初心、牢记使命”主题教育，深入实施教育“奋进之笔”，成功举办庆祝中华人民共和国成立70周年和纪念建校90周年系列活动，全校师生员工精神面貌焕然一新，党建工作夯基垒台，“三全育人”创新发展，全面从严治党扎实推进，“双一流”建设深入实施，内涵式发展势头强劲，办人民满意的高等教育、建中国特色世界一流大学的初心使命深深扎根校园。

这一年，创新人才培养迈上新台阶。实施“本科教育2029行动计划”，落实“双万计划”，27个专业获国家级一流本科专业建设点认定，4个新工科专业首次招生。获批学位授权自主审核单位，实施“卓越研究生教育行动计划”，召开首次博士生导师大会，推动研究生教育观念更新。加强创新创业教育，获评“2019年度全国创新创业典型经验高校50强”，在第五届中国“互联网+”大学生创新创业大赛中斩获2金4银2铜，在第十六届“挑战杯”全国大学生课外学术科技作品竞赛中捧得“优胜杯”，在2019 Innovate FPGA全球创新设计大赛中获得全球总冠军。

这一年，学科建设成效再创新佳绩。稳步推进学科优化调整，重组建立环境与生态学院、资源与安全学院、管理科学与房地产学院。加快医学建设，成立医学部，新增附属肿瘤医院、附属三峡中心医院两所高水平直属附属医院。召开文科工作会，积极推动人文社科振兴。大力实施五大类学科重点建设项目，调整资源配置模式，集中力量建一流。新成立“超瞬态物质前沿科学中心”“量子材料与器件研究中心”等交叉学科平台。学校全球学术影响力持续上升，环境与生态学、生物学与生物化学、物理学新进或重回ESI前1%学科，总数增至10个；8个学科进入2019“软科中国最好学科”排名前10%，土木、机械、电气进入前5%。

这一年，科研创新能力实现新突破。持续深化科研管理体制机制改革，完善科研创新体系构架，鼓励支持“从0到1”的探索，促进高水平科研成果产出。加强科研前瞻布局，实施“引领学校未来发展的20个关键科学问题”规划，积极推进“超瞬态物质大科学装置”培育建设。推动军民融合发展，成为国家军民融合重点支持高校。稳步推进国家重点实验室优化重组，加强体制机制创新和学科方向优化更新。全年获准国家重点研发计划项目10项，其中文科领域2项；获批国家自然科学基金项目251项、国家社会科学基金项目37项、国家艺术基金项目4项，取得历史最好成绩。科研总经费18.8亿元，同比增长26.2%。牵头获得国家科技进步奖一等奖，科研创新能力取得重大突破。

这一年,师资队伍建设展现新面貌。深入推进人才强校战略,通过构建"3+7"人事人才政策体系,打造"四层次七类别"人才引进"金字塔"岗位体系,优化引才机制,进一步营造"近悦远来"的人才发展生态,释放办学活力。对标"双一流"建设关键指标,完善专业技术职务评聘办法,鼓励各展所长。坚持优绩优酬、目标牵引、按岗定责,顺利实施绩效工资改革。制订实施"弘深青年教师"支持计划,加强青年教师队伍建设。落实高层次人才递增计划,培育遴选高端人才。坚持"德才兼备、以德为先",加强师德师风建设,鲜学福院士获评全国"最美奋斗者",王时龙教授获评"2017—2018 年度富民兴渝贡献奖",袁利老师获评全国"最美高校辅导员"。

这一年,国际国内合作打开新局面。推动学校积极融入"一带一路"、西部陆海新通道发展,加强与世界一流大学和机构的实质性合作,辛辛那提联合学院中外合作办学项目得到深化拓展,与乌克兰国立航空大学建立中外合作办学机构顺利推进。鼓励支持师生出国访学,学生出国(境)访学、升学近3 000人次。深度参与"重庆科学城"建设,共建"长江生态环境学院",发起成立"重庆市大数据产业人才联盟",与沙坪坝区共建"环重庆大学创新生态圈",全方位对接服务重庆打好"三大攻坚战"和实施"八项行动计划"。精准助力脱贫攻坚,帮助云南省绿春县和重庆开州区关面乡脱贫摘帽,对口支援石河子大学、中南民族大学。

这一年,办学条件保障取得新成效。成功举办 90 周年"校庆年"纪念活动,极大提升了学校的知名度和影响力,极大增强了重大人的自豪感、认同感和荣誉感,充分激发了师生员工干事创业的激情。积极争取各方支持,广泛汇聚办学资源,重庆市委市政府多次听取学校工作汇报,多次专题研究支持学校发展。各类基建项目加快推进,办学条件和环境持续改善。推进"智慧校园""生态校区"建设,发展"互联网+校务服务",建立总值班制度,加强校园社区综合治理,打造宜学宜居虎溪校区,荣获"第一届重庆市文明校园"和"创建全国文明校园先进学校"。稳步提高教职工收入和福利待遇,在职人员和退休人员进入重庆市机关事业单位养老保险系统。师生获得感、幸福感、安全感不断增强。

在本卷年鉴中,我们力图全面、完整地反映学校各个方面的工作,由于篇幅限制及编者能力有限,疏漏和不当之处在所难免,敬请各位读者批评指正。本年鉴的编纂得到了学校领导及校内各单位的大力支持与协助,在此一并致谢。

编　者

2020 年 12 月

2019 年 3 月 8 日，重庆市肿瘤医院划转重庆大学直属管理交接工作会召开

2019 年 3 月 27 日，2019 东西部高校课程共享联盟年会暨成立 6 周年会议召开

2019 年 4 月 12 日，2019 年春季运动会开幕

2019 年 4 月 28 日，重庆大学 2019 年博导大会召开

2019 年 5 月 13 日，重庆大学海内外优秀青年学者春季论坛开幕

2019 年 5 月 16 日，“百年青春追梦奋斗，复兴民族誓作前锋”重大青年青春巡礼报告会举行

2019 年 5 月 19 日，重庆大学校友企业家联合会第一届理事会第一次会议在成都召开

2019 年 5 月 22 日，学校原创话剧《寅初亭》在重庆大剧院精彩上演

2019 年 8 月 5 日，第五届中国“互联网 +”大学生创新创业大赛重庆赛区选拔赛决赛在校举行

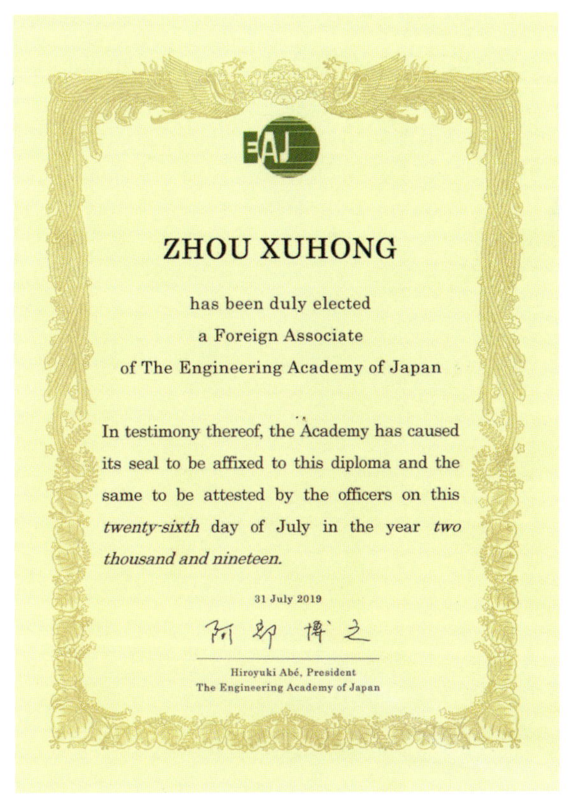

EAJ

ZHOU XUHONG

has been duly elected
a Foreign Associate
of The Engineering Academy of Japan

In testimony thereof, the Academy has caused its seal to be affixed to this diploma and the same to be attested by the officers on this *twenty-sixth* day of July in the year *two thousand and nineteen.*

31 July 2019

阿部博之

Hiroyuki Abé, President
The Engineering Academy of Japan

2019 年 8 月 6 日，周绪红当选日本工程院外籍院士

2019 年 8 月 26—29 日，副市长屈谦视察 2019 中国国际智能产业博览会重庆大学展区

2019 年 8 月 27 日，学校承办“2019 中国国际智能产业博览会专题论坛——首届中国地方政府治理高层论坛”

2019 年 9 月 25 日，鲜学福院士当选“最美奋斗者”

2019 年 10 月 1 日，师生收看庆祝中华人民共和国成立 70 周年大会

2019 年 10 月 9 日，大型原创校史舞台剧《初心 · 1929》上演

2019 年 10 月 11 日，校友总会九届理事（扩大）会议暨全球校友会校庆专题年会举行

2019 年 10 月 12 日，重庆大学建校 90 周年纪念大会隆重举行

2019 年 10 月 12 日，重庆大学建校 90 周年纪念晚会隆重举行

2019 年 11 月 7—12 日，学校在第十六届“挑战杯”北航投
全国大学生课外学术科技作品竞赛中荣获优胜杯

2019 年 11 月 26 日，原创爱国主义教育话剧《重庆往事 · 红色恋人》在校上演

2019 年 11 月 29 日，党的十九届四中全会精神报告会召开

2019 年 11 月 29 日，“校长面对面——人才发展座谈会”召开

2019 年 12 月 5 日，重庆大学党员校领导“不忘初心、牢记使命”专题民主生活会召开

2019 年 12 月 31 日，重庆三峡中心医院划转为重庆大学直属附属医院签约仪式在校举行

Contents | 目 录

学校概况

校情概览

重庆大学是教育部直属的全国重点大学，是国家“211 工程”和“985 工程”重点建设的高水平研究型综合性大学，是国家“世界一流大学建设高校（A 类）”。学校地处国家西南工商业重镇、长江上游经济中心——重庆市，坐落在人文荟萃的文化名区——沙坪坝区。

重庆大学创办于 1929 年，早在 20 世纪 40 年代就成为拥有文、理、工、商、法、医 6 个学院的国立综合性大学。马寅初、李四光、何鲁、冯简、柯召、吴宓、吴冠中等大批著名学者曾在学校执教。1952 年全国院系调整后，学校成为教育部直属的、以工科为主的多科性大学，1960 年被确定为全国重点大学。改革开放以来，学校大力发展人文、经管、艺术、教育等学科专业，促进了多学科协调发展。2000 年 5 月，原重庆大学、重庆建筑大学、重庆建筑高等专科学校三校合并组建成新的重庆大学。

重庆大学现设有人文学部、社会科学学部、理学部、工程学部、建筑学部、信息学部、医学部，共 36 个学院，以及研究生院、继续教育学院、网络教育学院、附属医院和重庆大学城市科技学院。学校拥有理、工、经、管、法、文、史、哲、医、教育、艺术 11 个学科门类。在校学生 48 000 余人，其中硕士、博士研究生 21 000 余人，本科生 25 000 余人，外国留学生 1 800 余人。学校现有教职工 5 300 余人，其中教师 2 800 余人，中国工程院院士 7 人，“国家杰出青年科学基金”获得者 20 人，国家“四个一批人才”3 人，其中，国家层次青年人才 41 人。另有享受政府特殊津贴在岗专家 70 余人，部、市重点人才工程人选 240 余人。博士生导师 1 000 余人。国家自然科学基金委创新研究群体 3 个，教育部创新团队 7 个，科技部重点领域创新团队 3 个，国防创新团队 1 个。

重庆大学现设有博士后流动站 29 个，一级学科博士学位授权点 32 个，另有二级学科博士学位授权点 1 个；一级学科硕士学位授权点 54 个。专业学位授权类别 25 个。一级国家重点学科 3 个、二级国家重点学科 19 个（含培育 2 个）。是全国 31 所具有学位授权自主审核的高校之一。国家级重点研究基地 14 个，国家级实验教学示范中心 8 个，国家级虚拟仿真教学实验中心 3 个；国家“2011 计划”协同创新中心 1 个；教育部重点实验室（工程研究中心）8 个，国际合作联合实验室 2 个，国防重点学科实验室 1 个，其他省部级及各类研究基地 180 余个。教育部高等学校学科创新引智计划基地（“111 计划”）5 个。

重庆大学校园占地面积 5 200 余亩，有 A、B、C、虎溪四个校区，校舍建筑面积近 170 万平方米。图书馆累计藏书 488.13 万册，中外期刊 6 500 余种，电子图书 382.6 万余册、电子期刊 9.21 万种，各类权威文献数据库 220 个。“十二五”以来，承担国家自然科学基金重点项目、国家重点研发计划项目、973 项目、863 项目、国家科技支撑计划、国防科研项目等国家及省部级科研项目 5 100 余项，获国家、省部级（科技）奖 266 项。

获国家级教学成果奖 44 项，国家级精品课程（含网络教育）20 门，国家精品在线开放课程 7 门，国家级双语教学示范课 3 门，国家级精品视频公开课 1 门，国家级精品资源共享课（含网络）11 门。

重庆大学坚持国际化发展战略，与美、英、法、德、俄等 30 多个国家和地区的 209 所知名高校及多家境外公司和研究机构建立了良好的合作关系。学校是"一带一路高校联盟""中俄'两河流域'高校联盟""中俄工科大学联盟""中波大学联盟"等国际联盟组织成员高校。学校设有泰国勿洞孔子学院、意大利比萨孔子学院、澳大利亚乐卓博大学孔子学院。作为教育部指定的接收中国政府奖学金生的院校和教育部首批"来华留学示范基地"，学校接收来自五大洲 148 个国家的留学生。

重庆大学长期坚持走产学研合作办学的道路，努力为地方经济社会发展服务。学校已成为国家人才培养的重要基地和科学研究中心，为国家和地方培养与输送了 40 万余名高级专门人才，其中 40 余人当选中国科学院院士和中国工程院院士。

重庆大学的建设和发展一直得到党和国家领导人的高度重视，习近平、江泽民、李鹏、李岚清、吴邦国、温家宝、贾庆林、贺国强、张德江、方毅、杨汝岱、陈至立、刘延东、李源潮等领导同志曾到学校视察，指导和关心学校发展。教育部、重庆市主要领导同志也多次来校考察指导工作。

重庆大学秉承"研究学术、造就人才、佑启乡邦、振导社会"的办学宗旨和"耐劳苦、尚俭朴、勤学业、爱国家"的校训精神，弘扬"团结、勤奋、求实、创新"的优良校风和"求知、求精、求实、求新"的优良学风，坚持"扎根重庆、立足西南、面向西部、服务全国、走向世界"的办学思路，坚持"树西南风声，创一流大学"的办学理念，深入推进"世界一流大学和一流学科"建设，正朝着中国特色世界一流大学办学目标不懈奋进。

（数据截止时间为 2019 年 12 月）

特 载

（一）领导讲话

在2019年党的建设工作会议上的讲话

重庆大学党委书记　周　旬

（2019年2月28日）

同志们：

刚才张宗益校长传达了王沪宁同志在第二十六次全国高校党的建设工作会议上的讲话精神。这次会议是中央教育工作领导小组成立以来召开的第一次党建会，王沪宁同志在会上的讲话，深刻阐释了习近平新时代中国特色社会主义思想特别是总书记关于高校党的建设和思想政治工作重要论述的丰富内涵和核心要义，对准确把握好高校党建和思政工作新形势，落实新时代高校党建工作基本要求，推动高校思想政治工作创新发展，全力维护高校政治安全和校园稳定等方面工作进行了系统部署。讲话对于我们在新时代背景下，进一步认清形势、统一认识、明确方向、鼓足干劲，做好学校党的建设和思想政治工作，具有重大的指导意义。

接下来，学校各级党组织要把学习贯彻落实第二十六次全国高校党的建设工作会议精神，作为当前和今后一个时期一项重要的政治任务抓紧抓好，抓出实效。要以习近平新时代中国特色社会主义思想为指导，增强“四个意识”，坚定“四个自信”，做到“两个维护”，强化责任担当，狠抓工作落实。要全面把握新形势新任务新要求，以党的政治建设为统领，全面推进学校党的建设各项工作，加强政治引领和价值引领；要推动学校思想政治工作创新发展，构建全员、全过程、全方位育人工作体系，加强教师队伍师德师风建设；要抓好工作责任落实，推动各项任务落地生根。要对照王沪宁同志讲话提出的高校党建工作存在的具体问题和工作要求，以钉钉子精神抓好问题整改，确保会议精神在学校落细落小落实。下面，就贯彻落实全国高校党建工作会议精神，抓好学校2019年党建工作，我讲几点意见。

一、要以深入学习总书记关于高校党的建设和思想政治工作的重要论述为主线，坚持不懈抓好理论武装

党的十八大以来，党中央高度重视高校党建工作，总书记先后发表了一系列重要讲话、提出了一系列明确要求，对高校党的建设和思想政治工作做出了重要部署，形成了一脉相承的理论体系。学校师生，要持续深化学习党章党规和习近平新时代中国特色社会主义思想，要把学深悟透总书记关于高校党的建设和思想政治工作的重要论述作为当前学校党建工作的首要政治任务，认真学习领会、全面准确把握，把各项精神贯穿到学校党的建设和思想政治工作全过程，贯穿到科学发展、教育教学、科研管理各方面，坚定不移推进落

实。要抓实党委理论学习中心组学习和教职工政治理论学习,结合中央即将推出的《习近平新时代中国特色社会主义思想学习纲要》,抓好集中学习和专题研讨;要用好“学习强国”平台,推动全体党员干部系统掌握党的创新理论,深入学习领会科学理论体系以及科学的思想方法和工作方法。要抓牢领导干部这个“关键少数”,在解决问题、提高效能上下功夫,大力推进中层干部、科级干部、青年干部、高层次人才等分类别、精准化的专题培训,做好学习的深化、内容的消化和实践的转化,切实把党中央关于高校党建的重要部署,内化为领导干部、人才队伍的政治能力、思想养分和工作动力。要加强党员干部经常性教育,通过党支部“三会一课”、主题党日等途径,结合“不忘初心、牢记使命”主题教育,使广大党员和干部真正把学习入脑、入心、入行,把学习成果转化为教书育人、立德树人的有力措施,全力推进“双一流”建设,实现学校内涵式发展。

二、要以持续提升学校党建和思政工作质量为主题，加强党的全面领导

总书记在全国教育大会上强调,各级各类学校党组织要把抓好学校党建工作作为办学治校的基本功,把党的教育方针全面贯彻到学校工作各方面。站在新的历史起点,学校党建工作作为关系办学水平和发展潜力的关键因素,必须旗帜鲜明地讲政治,加强党的全面领导,健全党委领导下的校长负责制,抓好党建工作各方面。

王沪宁同志在讲话中指出,当前一些高校党建工作力度和党组织功能层层递减,“上热中温下冷”的现象依然存在,院系党组织发挥作用缺乏制度保障和力量支撑,师生党支部建设和思想政治工作还存在短板弱项,这些问题,都是我们练好办学治校基本功的着力点。

教育部将2019年作为教育系统的“支部建设年”,2019年学校二级党组织也将任期届满,将开展换届选举工作,全国党建示范高校创建还将迎来中期检查。2019年是学校党建工作任务很重的一年,也是进一步健全组织体系、完善制度建设、优化工作机制的关键一年。各二级党组织、二级单位,要高度重视今年学校党建工作的各项部署,加强学习、提高认识,贯彻落实好各项任务要求。要以二级党组织按期换届为契机,进一步优化基层党组织设置,完善学院党组织会议制度和党政联席会议制度,全面落实《中国共产党支部工作条例(试行)》要求,加强学校二级领导班子建设。要不断健全学校党委、二级党组织、基层党支部、党员四位一体的党建工作体系,按照更有利于党组织工作和党员教育活动开展的原则,理顺党组织隶属关系,强化工作指导监督,切实做到党的组织和党的工作有效全覆盖。要不断完善学校党建工作制度体系,坚持查漏补缺,从建立完善学校思想政治工作相关制度、十大育人工作评价考核制度、科级管理干部选拔任用实施细则等制度着手,健全一体化党建工作规程。要不断优化党建工作机制,积极实施学校党组织“对标争先”建设计划,形成一套以点带面发挥党组织引领作用的典型经验,全面带动学校基层党组织组织力提升。要做好“双带头人”教师党支部书记培育工作,完善教师党支部书记履职尽责、示范引领的工作机制,更好地发挥“头雁效应”。

学校要坚守为党育人、为国育才的初心和使命,就要把立德树人的成效作为检验一切工作的根本标准,

把师德师风作为评价教师队伍素质的第一标准,进一步加强教师队伍建设,不断完善思想政治工作体系。要通过“三全育人”综合改革试点工作,继续打好提高思想政治理论课质量和水平的攻坚战,形成一套可推广、可复制、可转化的思政工作品牌,形成贯穿学科体系、教学体系、教材体系、管理体系的思政工作体系。要推进教师思想政治工作创新,积极选树师德师风典型,创新工作形式与载体,丰富内涵,讲好教师的故事,做好思想价值引领;健全师德建设长效机制,突出时代特征、深入调查研究,定期分析教师新观念、新动态、新趋势;严把教师选聘考核的师德关,落实政治学习、培训轮训、实践锻炼等工作制度,严格执行《新时代高校教师职业行为十项准则》;保证教师党支部作用发挥,制订完善教师党支部参与决策涉及教师重要事项、重大利益、重点工作的制度机制。要在加强学生思想引领上下功夫,适应新时代大学生新变化新特点,出新招、出实招、出效果,不断增强思想政治工作时代感和亲和力;进一步加强对学生会、学生社团的领导,促进学生组织健康发展,始终把培养社会主义建设者和接班人作为学校工作的根本使命。

三、要以抓好意识形态工作和安全稳定为主攻,积极维护校园和谐稳定

王沪宁同志的讲话从健全完善高校安全稳定工作体系、提高发现力研判力处置力、因人施策做好工作、加强意识形态阵地管理四个方面,对安全稳定工作提出了明确要求。教育部党组也指出,安全稳定工作是兜底工程,需要做到“万无一失”,否则就会“一失万无”。2019 年,教育部将大力加强高校意识形态工作督导联系队伍建设,选派部分司局长,选聘部分老同志,深入各地各高校开展持续深入的调研督导。各二级党组织、二级单位要引起高度重视,强化阵地意识、全面落实工作责任、打好主动仗,当好意识形态领域的“把关人”“守护者”和“战斗员”。要保持在大是大非和政治原则问题上立场坚定、旗帜鲜明,定期按照“见人、见事、见时间、见地点、见责任”的要求,认真梳理排查意识形态领域的风险点,按照“定人、定责、定措施”要求,部署具体工作任务。要发挥课堂教育教学主渠道作用,扎实推进党的十九大精神和全国教育大会精神进教材、进课堂、进头脑,坚守讲座论坛研讨会政治立场,严格执行“一会一报”“一事一报”制度。加强科研机构、学术期刊、图书出版、中外合作办学、哲学社会科学类活动等意识形态领域风险管理,提升基层党组织在意识形态阵地建设与管理中的凝聚力、组织力,实现意识形态工作纵到底、横到边、全覆盖。打好网络意识形态斗争主攻战,建立完善舆情应急管理平台,做好新媒体建设,积极开展舆论引导,着力打造精品栏目和产品,让主流思想主导学校网络空间。

当前,学校安全稳定形势总体是好的,但学校深化改革仍面临一些问题和矛盾,安全稳定工作在推进落实中仍存在一些不足和短板。此外,2019 年重点和敏感节点多,社会上的问题不可避免地会映射传导到校园中,学校将面临前所未有的维稳工作压力。

各二级党组织、二级单位务必增强风险意识、坚持底线思维,统筹好发展和安全两件大事,既聚焦重点、又统揽全局,及时发现、准确研判、妥善应对和处置各种风险隐患,有效防范各类安全稳定风险连锁联动。要下好先手棋,打好主动仗,加快构建矛盾隐患排查治理长效机制,抓早抓小,切实把矛盾纠纷化解在基层,把隐患消除在萌芽状态。要明确安全稳定工作职责,层层压实工作责任,切实做到守土有责、守土负责、守

土尽责。要提高政治站位,积极担当作为,领导干部关键时刻要站得出来、顶得上去,相关职能部门要将干部的担当作为看在眼里、记在本上,纳入考核,营造勇于担当、风清气正的良好氛围。要张弛有度,保持政治定力,保持工作自信,坚决管住重点人、重点事、重要节点、重要阵地,做好稳预期、稳思想、稳人心的工作,切实维护学校和谐稳定。

四、要认真落实党委主责、党政同责、一岗双责,形成权责清晰、运行顺畅的责任落实保障体系

王沪宁同志在讲话中强调,党中央关于加强高校党的建设和思想政治工作的任务很明确、要求很具体,要抓好各项责任落实,就要构建常态化工作协作机制、整体推进队伍建设、把“软指标”变为“硬约束”。加强党建和思想政治工作,责任主体在党委。二级党组织书记要把抓党建作为主业主责,把抓好党建作为最大政绩,在教学科研管理等重大事项中把握好政治原则、政治立场、政治方向,切实发挥二级党组织政治核心作用。院长和其他领导要强化党政同责、一岗双责,协助党委共同抓好党建和思想政治工作,真正把大学为党育人、为国育才的核心使命落到实处。学校有关职能部门要加强联系、各司其职、密切配合,构建符合新时代要求、高效运行的党建和思想政治工作机制。要抓好 2019 年学校党建工作要点的贯彻落实,明确责任,细化措施,要按照质量党建、精准思政和积极维稳的工作要求,加强制度设计,完善标准规范,切实提高工作的科学化水平。各二级党组织、二级单位要结合自身实际,将工作重心聚焦到补齐补强基层党建短板弱项上来,系统谋划 2019 年的党建工作,要把党建和思想政治工作作为“双一流”建设成效评估、学科专业质量评价、人才项目评审、教学科研成果评比的政治标准和重要指标,解决好“两张皮”的问题。要结合党建工作考核和对二级党组织巡察等工作,对抓党建不严、不实、不力的,及时批评教育、依规处理。

同志们,2019 年是中华人民共和国成立 70 周年,是全面建成小康社会、实现第一个百年奋斗目标的关键之年,是深入贯彻落实全国教育大会精神开局之年,是教育系统深入实施“奋进之笔”,攻坚克难、狠抓落实的重要一年。深入学习贯彻习近平新时代中国特色社会主义思想,加强新时代高校党的建设,任务艰巨、责任重大。让我们用“四个意识”导航、用“四个自信”强基、用“两个维护”铸魂,以更加坚定的政治责任感和使命感,攻坚克难、狠抓落实,始终坚持强化党的领导和建设,充分发挥党组织战斗堡垒作用和党员的先锋模范作用,以优异的成绩迎接学校 90 周年校庆,向中华人民共和国成立 70 周年献礼。

在2019年全面从严治党工作会上的讲话

重庆大学党委书记　周　旬

（2019年3月21日）

同志们：

刚才，我们观看了警示教育片，陶举虎书记结合近年来学校发生的典型案例开展了警示教育；王时龙、廖瑞金副校长传达了习近平总书记重要讲话和上级有关会议精神。下面，我讲两个方面的意见。

一、2018年学校全面从严治党开展的主要工作

2018年，学校党委在党中央和上级党组织的领导下，以习近平新时代中国特色社会主义思想为指导，坚决贯彻落实党的十九大精神，切实履行全面从严治党责任，推动学校全面从严治党取得了新的成绩，为学校事业发展提供了坚强有力的政治保证。

（一）切实践行“两个维护”

2018年，学校党委切实提高政治站位，不断强化“四个意识”，坚定“四个自信”，坚决做到“两个维护”，更加自觉地在思想上政治上行动上同以习近平同志为核心的党中央保持高度一致。在工作中坚决贯彻党的十九大精神，深入贯彻落实全国教育大会、全国高校思想政治工作会议、全国组织工作会议、全国宣传思想工作会议精神，认真落实立德树人工作要求，扎实推进学校“双一流”建设。全面、彻底、干净肃清孙政才恶劣影响和薄熙来、王立军流毒，将党的十九大精神和习近平总书记殷殷嘱托落实在学校工作中。

（二）努力营造学校良好的政治生态

学校党委深入学习贯彻习近平新时代中国特色社会主义思想，以“四个意识”“两个维护”为标杆，以党章党规党纪为尺子，紧紧围绕坚持党的领导、加强党的建设、全面从严治党的根本要求，切实抓好政治生态建设。学校党委召开党委全委会，审议并通过了《中共重庆大学委员会关于营造良好政治生态的意见》，并认真推进贯彻落实。扎实推动习近平新时代中国特色社会主义思想和党的十九大精神进教材、进课堂、进师生头脑。不断夯实基层党建工作基础，扎实推动“两学一做”学习教育常态化制度化，推动党建工作责任落实。严格落实意识形态工作责任制，全面加强对网站、教材、课堂、讲座、论坛、境外非政府组织活动等阵地的管理。严把选人用人关，严格执行干部人事制度，完善领导干部轮岗交流和退出机制，加大干部选拔调整力度。严肃党内政治生活，要求全校党员领导干部自觉尊崇党章，严格执行新形势下党内政治生活若干

准则，努力让党内政治生活严起来、实起来、活起来，不断夯实学校政治生态基础。

（三）不断推动管党治党责任落实

学校党委切实担负起全面从严治党的主体责任，坚持以问题为导向，切实解决在坚持党的领导、加强党的建设、全面从严治党方面存在的问题和不足，大力整治存在的“四风”问题，着力解决群众反映强烈的突出问题，推动中央八项规定精神在学校落地生根。2018 年 3 月，学校党委启动了校内巡察工作，完成了对 6 个二级党组织的巡察工作，扎实推进整改工作，大力推动管党治党向基层延伸。二级党组织通过强化基层组织建设，以做好“双带头人”教师党支部书记培育工作为抓手，通过强调落实两个责任、一岗双责、党政同责，完善教师党支部书记履职尽责、示范引领工作机制，二级党组织管党治党责任不断强化。

学校纪委认真履行监督执纪问责职责，聚焦主责主业，有力地发挥了党内监督专责机关的作用。纪委强化政治监督，抓好日常监督，紧盯重要节日和关键节点，加强对重要领域、关键岗位的监督检查。积极实践监督执纪“四种形态”，通过纪律处分、诫勉谈话、批评教育等多种方式，把纪律和规矩挺在前面，全面加强纪律建设。督促二级纪委履行监督职责，进一步发挥二级纪委的监督作用。

同志们，2018 年，学校全面从严治党工作在大家的共同努力下扎实推进，总体来看，党对学校工作的全面领导得到加强，政治生态向上向好，全面从严治党实效性进一步提高。但在肯定工作成绩的同时，对标对表中央要求，学校全面从严治党有的工作还有差距，有的深层次问题还需要花更大力气加以解决。一是理论武装还要提升；二是政治建设还要加强；三是“四风”问题治而未绝；四是违纪违规问题时有发生。面对这些问题，我们必须在今后的工作中切实加以解决，继续努力推进学校全面从严治党，不折不扣落实中央关于全面从严治党的各项要求。

二、要狠抓工作落实，扎实推进学校全面从严治党向纵深发展

全面从严治党不仅是党长期执政的根本要求，也是实现中华民族伟大复兴的根本保证。学校肩负着培养中国特色社会主义合格建设者和可靠接班人的神圣职责，必须坚持社会主义办学方向，落实立德树人根本任务，将全面从严治党不断引向深入。

（一）着力强化理论武装，在学习习近平新时代中国特色社会主义思想上再提升

坚持用新时代中国特色社会主义思想武装头脑、指导实践、推动工作，是做好一切工作的重要前提。各级党组织要深入学习习近平总书记关于全面从严治党的重要论述，坚决贯彻落实习近平总书记重要指示批示精神，抓住贯彻落实党的十九大精神这条主线，经常对标对表，及时校准偏差，不断学习、领悟、实践。要旗帜鲜明地坚持和加强党对学校工作的全面领导，在各种思潮交融交锋中把握主流，在纷繁复杂的现象中抓住本质。把党中央各项决策部署不折不扣落到实处，把本职工作放在党中央工作大局中、学校党委的工作大局中考量和部署，坚持党的领导、社会主义道路办学，牢牢把握社会主义办学方向。

（二）着力加强政治建设，在营造学校良好政治生态上再发力

党的政治建设是党的根本性建设。我们要按照《中共中央关于加强党的政治建设的意见》，坚持把坚决

维护习近平总书记党中央的核心、全党的核心地位，坚决维护党中央权威和集中统一领导作为首要政治任务，提高政治站位，增强“四个意识”，坚定“四个自信”，发挥政治引领作用。

一是把坚决破除形式主义官僚主义作为重要政治任务。党的十八大以来，以习近平同志为核心的党中央制定并坚决执行中央八项规定，坚持不懈反对“四风”，对整治形式主义、官僚主义的要求一以贯之又不断深入。十九届中央纪委三次全会把“以党的政治建设为统领，坚决破除形式主义、官僚主义”作为2019年重点工作任务，提升到党的政治建设的高度，表明了我们党整治这一顽瘴痼疾的坚定决心。近日，中共中央办公厅发出《关于解决形式主义突出问题为基层减负的通知》，明确提出将2019年作为“基层减负年”，制定了一系列为基层松绑减负的务实措施。各级党组织要认真贯彻落实，引导广大教职工立足本职，心无旁骛抓发展，推动中央决策部署落地生根，加快推进学校“双一流”建设。

二是坚决落实意识形态工作责任制，确保学校成为坚持党的领导的坚强阵地。2019年是中华人民共和国成立70周年，大事要事多，敏感节点多，各级党组织要切实强化担当意识，加强监督检查，对各种错误观点、错误倾向要敢抓敢管、善抓善管、发声亮剑、以正视听，旗帜鲜明地履行职责，严格落实党委意识形态责任制。学校有关部门要强化科研活动、教学活动、外事活动等的政治审核，特别是网络宣传阵地、人才引进、图书教材出版等的政治把关。学校纪委在开展党风廉政建设主体责任和监督责任约谈时，要将意识形态工作贯彻落实情况作为监督检查、执纪问责的重要内容。

三是严肃党内政治生活，严守政治纪律和政治规矩。严肃党内政治生活是全面从严治党的重要基础。要坚决做到“五个必须”，坚决防止“七个有之”，发扬斗争精神，坚决同危害党中央权威和集中统一领导的行为作斗争，坚决反对一切削弱、歪曲、否定党的领导和我国社会主义制度的言行。学校各级党组织要切实贯彻执行新形势下党内政治生活的若干准则和党内监督条例，自觉贯彻民主集中制，严格执行各项党内制度，严肃党内政治生活。夯实学校良好政治生态基础，以良好政治生态涵养良好教书育人环境。

（三）着力深化作风建设，在拓展落实中央八项规定精神成果上再巩固

中央出台八项规定及其实施细则以来，党风政风校风为之一新。实践证明，只要真管真严、敢管敢严，就没有什么解决不了的问题。对于学校全面从严治党工作而言，作风建设永远在路上，我们要持之以恒正风肃纪。

一是巩固拓展落实中央八项规定精神成果。中央八项规定不是阶段性规定，而是长期有效的铁规矩、硬杠杠，是对党员干部的基本要求、刚性约束，更是对广大干部的爱护和保护。学校将持续督查落实中央八项规定及其实施细则精神，严格执行相关规定，坚持不懈，久久为功，化风成俗。

二是严肃查处损害师生利益的问题。整治群众身边不正之风和腐败问题，是习近平总书记反复强调的大事。作风建设，要强化问题导向，深入排查、优先调查并严肃查处师生反映强烈的问题和损害师生利益的问题，让师生感到身边的事情有人管、利益有人护，不断增强全校广大教师员工的获得感、幸福感、安全感。要坚持举一反三，以案促改，用身边案例教育身边人。

（四）着力惩治腐败，在强化廉政风险防控上再加强

一是保持惩治腐败的高压态势。把那些在党的十九大后仍然不知敬畏、胆大妄为者作为重中之重，深挖细查、严惩不贷。刚才警示教育谈到了我们身边典型的案例，我们必须深刻吸取教训。从学校近两年纪律审查的情况看，工作中严重失职渎职、违规套取经费、违规使用公款报销个人开支的行为依然存在，虽然有的已经进行了严肃查处，有的还在查处过程中，但这也印证了党中央“反腐败形势依然严峻复杂，全面从严治党依然任重道远”的判断。对存在腐败问题的，发现一起坚决查处一起。要深化标本兼治，夯实治本基础，完善制度建设，一体推进不敢腐、不能腐、不想腐。

二是强化廉政风险防控。近年来，从学校纪律审查和司法处置的情况看，学校强化廉政风险防控的重点依然是加强对“关键少数”、重点领域的监督检查。要聚焦学校中层以上领导干部，全面掌握了解情况，加强分析研判，做实做细调查研究。紧盯腐败问题易发多发的重要工程、重点领域、关键岗位，强化对权力集中、资金密集、资源富集部门的监督，加强对基本建设、物资采购、招生考试、学生奖勤助贷资金使用、学术诚信、财务管理、职称评定、科研经费管理使用、校办企业、后勤管理等重要领域和腐败易发环节的再监督、再检查。2019 年学校将启动建立中层领导干部廉政档案，并及时抓好动态更新工作，努力探索适合校园土壤的长期监督、有效监督模式，形成监督与接受监督的浓厚氛围和良好习惯。

三是加强反腐倡廉宣传教育。刚才播放的警示教育片和通报的发生在身边的典型案例，再次警醒我们的党员干部，要知敬畏、存戒惧、守底线。会后，各二级党组织要做好会议精神的学习传达，以这些真实的案例和惨痛的教训，使全校党员干部不断提高守纪律、守规矩、守法律的自觉性。学校纪委会同党委组织部、宣传部等职能部门，要形成反腐倡廉宣教合力，不断加强纪律及反腐倡廉宣传教育，加大正面引导，增强廉洁文化宣传效果，为持续深化全面从严治党创造良好的校园氛围。

（五）着力聚焦两个责任，在健全完善监督体系上再压实

习近平总书记强调，党内监督是第一位的监督，党内监督有力有效，其他监督才能发挥作用。我们要切实履行好两个责任，进一步健全完善监督体系，强化政治监督，加强日常监督，把监督工作做实做细。

一是持续压实党组织的主体责任。全面从严治党能不能落到实处，关键在能否抓住主体责任这个“牛鼻子”。新修订的党纪处分条例，将履行全面从严治党主体责任失职由其他纪律调整到政治纪律，全面从严治党关键是各级党组织，特别是书记要强化政治担当，履行主体责任。各级党组织和党的工作部门都要严格执行党内监督条例，认真落实监督责任，加强经常性监督和全方位管理，发现苗头性、倾向性问题要咬耳扯袖、抓早抓小。2019 年要继续抓好政治巡察工作，通过开展巡察推动管党治党责任向基层延伸。坚持巡视整改与学校综合改革相结合，切实把巡视成果转化为推动学校综合改革发展的强大动力。要把巡察与整治群众反映强烈的问题相结合，与解决日常监督发现的突出问题相结合。做好巡察工作“后半篇文章”，督促制订巡察整改工作方案，压实被巡察单位整改责任。研究制订巡察成果运用办法，助推职能部门和其他二级党组织同步整改。

二是要持续压实纪委的监督责任。纪委是党内的专职监督机关，学校纪委要协助党委落实好全面从严治党政治责任和党风廉政建设的要求，认真履行监督执纪问责职责，要指导并督促二级纪委协助本级党组织落实主体责任，抓好本单位政治生态监督和日常监督检查工作。通过压实各级党组织两个责任落实，推动全面从严治党在学校常态化、长效化。

学校纪委要认真贯彻落实《关于深化中央纪委国家监委派驻机构改革的意见》精神和中管高校纪检体制改革工作推进会提出的工作要求，进一步深化“三转”，聚焦主责主业，要将“双重领导”“两为主”体现到实际工作中，密切同地方纪委监委的沟通请示汇报。要认真执行党纪处分条例，严格落实监督执纪工作规则，深化运用监督执纪“四种形态”，充分运用诫勉谈话、提醒谈话等手段，关口前移，真正用纪律管住大多数。要严格执行问责条例，加大问责力度，建立行之有效的责任追究工作机制。一方面对落实党的教育方针和决策部署不力，巡察整改不到位，管党治党宽松软，“四风”和腐败问题多发频发的单位责任人，严肃责任追究，以问责推动责任落实；另一方面也要为敢于负责、担当作为的干部撑腰鼓劲，构建激浊扬清、干事创业的良好政治生态。全校纪检干部要进一步发扬斗争精神，勇于亮剑发声，敢于动真碰硬，同时要严格要求自己，树立好纪检干部忠诚干净担当的良好形象。

同志们，管党治党只有进行时、没有完成时，全面从严治党永远在路上。我们要紧密团结在以习近平同志为核心的党中央周围，以习近平新时代中国特色社会主义思想为指导，深入贯彻党的十九大和十九届二中、三中全会精神，认真落实十九届中央纪委三次全会、市纪委五届三次全会和教育部党组全面从严治党工作部署，以永远在路上的执着和坚韧推进学校全面从严治党向纵深发展，为落实立德树人根本任务、加快推进“双一流”建设提供坚强保障！

今天的会议到此结束，谢谢大家！

在第十四届工会会员代表暨第九届教职工代表大会第三次会议上的讲话

重庆大学党委书记　周　旬

（2019 年 4 月 4 日）

各位代表、同志们：

今天上午，张宗益校长向大会作了学校工作报告，杨丹常务副校长作了学校财经工作报告，校工会向大会提交了工会、教代会工作和教代会提案工作的书面报告。代表们对学校工作报告进行了认真讨论，围绕学校改革发展提出了许多建设性的意见和建议。应该说，这次会议是一次发扬民主、建言献策的大会，更是一次凝聚力量、团结奋进的大会。在大家的共同努力下，大会圆满完成了各项既定议程，即将闭幕。我代表学校党委和行政，向大会的顺利召开表示热烈祝贺，向各位代表的辛勤工作表示衷心感谢！

2018 年，学校深入学习贯彻党的十九大精神和习近平总书记关于教育的重要论述和全国教育大会精神，以党建工作为引领，加快推进学校各项事业发展，在队伍建设、人才培养、学科建设、科学研究等“双一流”建设多项关键指标上均实现了重大突破。这是全校师生共同努力的结果，与各位代表深入贯彻党的教育方针，围绕学校中心工作，履职尽责、积极作为，勇于担当、真抓实干，齐心协力推进学校改革发展稳定作出的积极贡献密不可分。

2019 年，学校将坚持“内涵发展、提高质量”的基本思路，加快推进“双一流”建设，不断提升办学治校能力，奋力推进学校各项事业科学发展，全面落实立德树人根本任务。为了更好地团结和动员全校教职工当好主人翁，在推进学校事业发展中建功立业，我代表学校，对工会工作讲三点意见：

一、始终把牢正确政治方向，切实承担起引导教职工听党话、跟党走的政治责任

学校工会要坚持以习近平总书记关于教育和工会工作的重要论述武装头脑、指导实践、推动工作。要旗帜鲜明讲政治，不断增强“四个意识”，坚定“四个自信”，坚决做到两个“维护”，始终在政治立场、政治方向、政治原则、政治道路上同以习近平同志为核心的党中央保持高度一致，坚定不移走中国特色社会主义工会发展道路。要认真履行工会政治责任，把执行党的意志的坚定性和为教职工服务的实效性统一起来，把党的路线方针政策和决策部署落实到各项工作中去，把党的意志和主张落实到广大教职工中去。要加强对教职工的思想政治引领，深化“中国梦 · 劳动美”的主题教育，通过工会、教代会和分工会，引导广大教职工增强对党的基本理论、基本路线、基本方略的政治认同、思想认同、情感认同，切实承担起团结引导教职工听

党话、跟党走的政治责任。要明确新时代、新目标对工会工作提出的新使命、新要求,深入把握工会工作的规律,不断加强改革创新,增强责任感和使命感,努力把工会组织建设成为学校党的职工群众工作的坚强阵地。

二、牢牢把握工会工作时代主题,凝心聚力共谋学校事业发展

习近平总书记指出,新时代属于每一个人,每一个人都是新时代的见证者、开创者、建设者。广大教职工要把个人的理想追求与国家和学校的发展紧紧联系在一起,爱岗敬业、争创一流,在不懈奋斗中贡献出自己的智慧和力量。

要引导好广大教职工正确认识国际国内的新形势。当今世界正处于百年未有之大变局,我国正处于“两个一百年”奋斗目标的历史交会期,“中国制造 2025”推动工业制造业转型升级,新技术新概念新业态大力发展。这些都为学校发展提供了更大的机遇和空间。我们要引导教职工正确看待学校发展面临的新形势、新机遇、新挑战,正确看待我们重庆大学在国家科教兴国、人才强国的重大战略中所肩负的使命和任务。要引导教职工正确看待学校改革发展过程中的利益关系调整,进一步加大对学校发展理念和改革举措的宣传宣讲力度,强信心、聚民心、暖人心。

要引导广大教职工把个人的理想追求与学校的发展目标紧密联系起来,勇于攻坚克难、干事创业、担当作为,积极投身“双一流”建设和“四个服务”中,为学校改革发展建功立业。要紧紧围绕办校 90 年来重大人的奋斗史中所表现出来的敢想、敢拼、敢干的精神,通过举办教职工教育培训班、演讲比赛、群众文体活动、教学竞赛等多种形式,强化师德师风建设,使广大教职工在理想信念、价值理念、道德观念上紧紧团结在一起,更好地凝聚起推进学校更好更快、更高质量发展的正能量。

三、始终坚持以教职工为中心的工作导向,认真履行竭诚服务教职工的基本职责

2018 年 10 月,习近平总书记在同中华全国总工会新一届领导班子成员集体谈话时强调,要坚持以职工为中心的工作导向,把群众观念牢牢根植于心中。要树立大抓基层的鲜明导向,完善联系职工群众的制度机制,坚决防止“四风”特别是形式主义、官僚主义。学校工会要把竭诚服务教职工作为一切工作的出发点和落脚点,维护好广大教职工的权益,不断增强大家的获得感幸福感安全感。要围绕更好地满足教职工需要,主动参与和推进涉及教职工切身利益制度的制订、修改和完善。要加强教职工文化建设,落实新时代社会主义先进文化的发展要求,坚持传承传统文化,弘扬时代精神,深化社会主义核心价值观教育;要健全教职工服务体系,强化制度保障,持续开展教职工普惠性服务,不断探索和完善对教职工重大疾病和突发灾难的帮扶救助机制,进一步加大对困难教职工的帮扶慰问力度,做实送温暖、金秋助学、困难职工精准帮扶等工作,把学校的关怀与温暖送到广大教职工心坎上。

各位代表、同志们,工会工作责任重大、使命光荣。新时代呼唤我们以更加奋发有为的精神状态,谱写更加壮丽的新篇章。让我们牢记职责、肩负使命,在学校党委的领导下,勇于担当、锐意进取、真抓实干,团结动员全校教职员工,加快推进中国特色世界一流大学建设步伐,以优异的成绩迎接新中国成立 70 周年和学校建校 90 周年!谢谢大家!

在2019年统一战线暑期谈心会上的讲话

重庆大学党委书记　周　旬

（2019年7月8日）

同志们、朋友们：

刚才，宗益校长向大家通报了学校工作。2019年以来，学校围绕立德树人根本任务，着力推进“双一流”建设，各项工作有序推进，学校整体呈现良好发展势头，这是全校广大干部职工包括在座各位统一战线朋友们的积极支持、团结拼搏的结果。在此，我代表学校向今天到会的各位同志，并通过你们，向全校统一战线的同志们、老师们表示衷心的感谢！

在2018年的暑期谈心会上，党外代表人士对学校工作提出了很多宝贵的意见和建议。学校党委对此十分重视，专门召开了“建言献策工作推进会”，各相关职能部门对工作建议积极吸纳，认真抓好工作整改。刚才，同志们结合自己的工作特点、专业优势及履职情况，畅所欲言，又一次提出了很好的意见和建议。这些建议针对性强，具有前瞻性，体现了大家对学校工作的热忱关心和鼎力支持。对同志们提出的建设性意见建议，统战部要进行分类梳理，相关职能部门要抓紧研究、认真落实，意见建议办理情况也要及时反馈给大家。

同志们，2019年是中华人民共和国成立70周年，是决胜全面建成小康社会、实现第一个百年奋斗目标的关键之年，是中国共产党领导的多党合作和政治协商制度确立70周年、毛泽东同志明确提出统一战线法宝论断80周年。2019年也是重庆大学建校90周年，是我校推进“双一流”建设、实现内涵式发展的关键一年。新时代党的统一战线事业呈现出团结、奋进、开拓、活跃的良好局面，我们学校的统一战线工作也迎来了新机遇，同时也面临新挑战。借此机会，我讲三点意见。

一、加强学习教育，夯实思想政治基础

2019年以来，学校已选派多名党外代表人士参加各级各类学习培训，还在江西瑞金举办了“弘扬爱国奋斗精神、建功立业新时代”党外人士专题培训班。参加培训的同志普遍反映收获很大，认为既受到了党的革命传统教育，加深了对中国共产党的艰苦奋斗历史的认识，深化了对“不忘初心、牢记使命”的本质及内涵的理解，同时又在学习交流中分享了咨政献智经验，收获了革命同志友谊。这样的专题学习培训，学校将会继续办下去，进一步提升党外人士特别是党外代表人士的政治站位，深刻领会马克思主义为什么“行”、中国共

产党为什么“能”、中国特色社会主义为什么“好”等一系列重大问题,树牢“四个意识”,坚定“四个自信”,切实做到“两个维护”。坚持把学习贯彻习近平新时代中国特色社会主义思想作为学校统一战线的首要政治任务,深化政治共识,努力筑牢团结奋进的共同思想政治基础。同时,校内各民主党派基层组织要继续加强自身建设,以习近平新时代中国特色社会主义思想武装头脑、指导实践、推动工作。

二、着力咨政献智,服务发展改革大局

刚才,同志们在发言中也介绍了在参政议政、建言献智、服务地方经济社会发展方面所取得的成绩及工作体会,从中展示了重庆大学统一战线的风采和精神面貌,学校党委对此充分肯定。咨政献智、服务地方经济社会发展,这是我们统一战线的职能优势,我们要进一步发挥好这个优势,继续支持和帮助民主党派加强自身建设,正确认识和处理好“一致性与多样性的关系”,以提升素质和能力为核心,把培养造就有影响力的优秀党外干部放在突出位置,加强党外干部的学习培训、挂职锻炼、举荐输送,为党外人士搭建平台。希望同志们继续提高政治站位,拓宽视野格局,紧紧围绕国家重大发展战略,围绕重庆市“两点”定位、“两地”“两高”目标和发挥“三个作用”,聚焦新时代西部大开发、“一带一路”建设、长江经济带绿色发展等重大战略,利用学科、技术优势,发挥思想库、智囊团资政服务作用,在助推和服务国家及地方重大发展战略中发出声音,有所作为,建功立业。

三、围绕立德树人,推进“双一流”建设

立德树人是高校的根本任务,也是高校的立身之本。重庆大学是首批入选全国“三全育人”综合改革试点高校。广大党外知识分子尤其是党外代表人士要立足岗位,结合“学、讲、做”及“不忘初心、与党同心”“弘扬爱国奋斗精神、建功立业新时代”等主题活动,把教书育人、立德树人贯彻工作全过程。当前,学校的“双一流”建设正处在攻坚克难、内涵式发展的关键时期,这既是难得的发展机遇,也面临着严峻的挑战。越是发展的关键时期,越需要不断打破束缚思想的桎梏、扫除阻碍发展的藩篱。改革越到深水区,需要解决的矛盾和问题越复杂,任务越艰巨。衷心希望各民主党派、统战团体进一步凝聚广大成员的共识,引导他们正确认识学校“双一流”建设面临的机遇、挑战、问题和矛盾,广泛凝聚正能量,多进诤言、多谋良策、多出实招,共同推进学校“双一流”建设,推动学校各项事业全面进步。

同志们,老师们,再过几天,就要进入暑假了,在此衷心祝愿大家暑期愉快、身体健康、家庭幸福!谢谢大家!

在党委十三届八次全会上的讲话

重庆大学党委书记 周 旬

（2019 年 12 月 6 日）

同志们：

2019 年，我们热烈隆重地庆祝了中华人民共和国成立 70 周年和重庆大学建校 90 周年，扎实开展了“不忘初心、牢记使命”主题教育，接受了“双一流”建设中期评估。今天，我们召开全委（扩大）会，主要任务是：深入学习贯彻党的十九届四中全会精神，全面落实习近平总书记对重庆的重要指示要求，总结学校“双一流”建设阶段性工作，分析学校面临的形势任务，进一步统一思想、深化认识、明确举措、凝聚力量，推进“双一流”加快建设、特色建设、高质量建设。下面，我代表常委会，就学习宣传贯彻十九届四中全会精神，加快推进“双一流”建设讲几点意见。

一、提高政治站位，深刻领会党的十九届四中全会的重大意义

党的十九届四中全会是我们党站在“两个一百年”奋斗目标历史交会点上召开的一次十分重要的会议，是在中华人民共和国成立 70 周年之际、我国处于中华民族伟大复兴关键时期召开的一次具有开创性、里程碑意义的会议。全会重点研究坚持和完善中国特色社会主义制度、推进国家治理体系和治理能力现代化问题并作出决定，这是以习近平同志为核心的党中央从政治上、全局上、战略上全面考量，立足当前、着眼长远作出的重大决策，对于坚定全党全国各族人民的道路自信、理论自信、制度自信、文化自信，全面建成小康社会、全面建设社会主义现代化国家、实现中华民族伟大复兴的中国梦，具有十分重要的意义。全会通过了《中共中央关于坚持和完善中国特色社会主义制度、推进国家治理体系和治理能力现代化若干重大问题的决定》，习近平总书记在全会上发表了重要讲话，提出了一系列新思想新论断新要求，进一步深化了对中国特色社会主义规律的认识，是国家制度建设和国家治理理论的创新发展，为坚持和完善中国特色社会主义制度、推进国家治理体系和治理能力现代化提供了科学指南和基本遵循。

学习宣传贯彻党的十九届四中全会精神，要重点把握以下内容：一要充分认识坚持和完善中国特色社会主义制度、推进国家治理体系和治理能力现代化的重大意义。坚持和完善中国特色社会主义制度、推进国家治理体系和治理能力现代化，是关系党和国家事业兴旺发展、国家长治久安、人民幸福安康的重要问题；是实现“两个一百年”奋斗目标的重大任务，是把新时代改革开放推向前进的根本要求；是应对风险挑

战、赢得主动的有力保障。当今世界正经历百年未有之大变局，国际局势错综复杂、不确定性不稳定性因素显著增加，面临的风险挑战之严峻前所未有。我们切身感受到西方国家从政治、经济、军事、外交、科技、文化等方面对我国进行全方位打压遏制，牵制中国发展。我们必须加强制度建设，坚持和完善中国特色社会主义制度，推进国家治理体系和治理能力现代化，运用制度优势应对风险挑战的冲击，保持学校和社会稳定大局。

二要深刻领会中国特色社会主义制度和国家治理体系的显著优势，坚定中国特色社会主义制度自信。制度优势是一个国家的最大优势，制度竞争是国家最根本的竞争。我们讲“四个自信”，制度自信至关重要。制度自信是“四个自信”的底气所在、信心所在。坚定制度自信，就要深刻领会准确把握中国特色社会主义制度和国家治理体系好在哪里、特在哪里、根在哪里。我们要从历史和现实的逻辑、从中外制度治理成效比较、从社会主义发展进程，深刻认识把握中国特色社会主义制度的优越性和先进性，不断增强政治认同、情感认同和理性认同。

三要深入学习领会中国特色社会主义制度发展和国家治理的历史性成就，增强政治定力和政治鉴别力。习近平总书记指出，“我们国家制度和国家治理体系管不管用、有没有效，实践是最好的试金石”。中国特色社会主义制度的强大生命力和巨大优越性，是经过时间检验和历史证明的。中华人民共和国成立70年来，我们创造了经济快速发展和社会长期稳定的两大奇迹。我国大跨步地赶上了时代，用几十年时间走完了发达国家几百年走过的工业化进程，跃升为世界第二大经济体，综合国力、经济实力、科技实力、文化实力、国际影响力等各方面实力显著提升。我们实现了社会长期稳定。中国社会没有发生大的动荡，人民安居乐业，已成为国际社会公认的最有安全感的国家之一。习近平总书记反复讲过：“鞋子合不合脚，自己穿了才知道。”中国特色社会主义制度好不好、优越不优越，中国人最清楚、最有发言权。作为党员领导干部，在这个重大政治问题上一定要有定力、有主见，做政治上的明白人，任何时候任何情况下都要坚定中国特色社会主义道路自信、理论自信、制度自信、文化自信，真正做到“千磨万击还坚劲，任尔东西南北风”。

二、认真做好党的十九届四中全会精神的学习宣传和研究阐释工作

学习好、宣传好、研究好、阐释好党的十九届四中全会精神，是当前和今后一个时期各级党组织和党员领导干部的重要政治责任。近日，学校党委印发了《党的十九届四中全会精神学习宣传贯彻工作方案》，对学习宣传贯彻工作作了全面部署，这里，我再强调两点：

一要贯通起来学。要把学习党的十九届四中全会精神同学习习近平新时代中国特色社会主义思想、学习习近平总书记关于教育的重要论述和对重庆的重要指示要求结合起来，把学习的内容贯通起来，突出学习的整体性要求，发展地、全面地、系统地、普遍联系地把握党的十九届四中全会的精神实质，深刻理解习近平新时代中国特色社会主义思想的基本内容、基本观点，准确掌握其内在逻辑和精神实质，不断深化对党的执政规律、社会发展规律和中国特色社会主义制度建设规律的认识，提高运用习近平新时代中国特色社会主义思想指导实践、推动学校工作的能力和水平。

二要联系实际学。要抓住师生关注的深层次思想问题，讲清楚中国共产党为什么能、马克思主义为什么行、中国特色社会主义为什么好等重大问题，要更加注重打牢学生的爱国主义思想基础，引导学生扣好人生扣子。要把研究和解决重大现实问题作为学习的根本出发点，使学习成为理论联系实际、学以致用、不断提高工作原则性、系统性、预见性和创造性的过程，真正把学习的着眼点聚焦到研究和解决学校改革发展和“双一流”建设的实际问题上来。

三、切实提升办学治校的能力和水平，为“双一流”建设提供坚实保障

一分部署，九分落实；没有落实，一切都是空谈。习近平总书记对抓好全会精神的贯彻落实提出了明确要求，一要毫不动摇坚持和巩固中国特色社会主义制度；二要与时俱进完善和发展中国特色社会主义制度和国家治理体系；三要严格遵守和执行制度。我们要不折不扣贯彻总书记的要求，全面贯彻落实党的十九届四中全会精神，不断提高管党治党、办学治校的能力和水平，为加快推进“双一流”建设提供坚实保障。

（一）聚焦服务国家重大战略需求，凝练学科发展方向

习近平总书记强调，“世界一流大学都是在服务自己国家发展中成长起来的”。我们要把做好“四个服务”、落实习近平总书记对重庆提出的“两点”定位、“两地”“两高”目标、发挥“三个作用”和营造良好政治生态的重要指示要求，作为学校加快推进“双一流”建设的主攻方向、重要路径和核心任务，谋划和培育“双一流”建设新的增长点。一要聚焦国家重大工程项目、科技前沿和关键核心技术，搭建大平台，组建大团队，开展联合攻关，产出重大成果，在服务国家重大战略需求中强化学科的优势和特色。二要聚焦云计算、大数据、人工智能等智能产业和战略新兴产业，实施学科群建设+人工智能计划，促进传统优势学科与人工智能学科的交叉融合，向智能化、数字化方向转型升级。三要聚焦绿色生态，充分发挥学科、科研和人才等综合优势，开展基础性、综合性研究与咨政服务，助力绿色发展和城乡融合，实现相关学科向生态、环保方向发展。四要聚焦文化传承与创新，发挥马克思主义理论学科的引领作用，在大力弘扬中华优秀传统文化和革命文化、社会主义先进文化的实践中，凝练人文社会学科发展方向，提升学科的实力和水平，努力在全国高校“双一流”建设中提升综合竞争力、突出鲜明特色性，在重庆经济社会发展中彰显“重”的地位、“大”的作为，在全市高校发展中发挥带头作用、带动效应，真正以贡献促共建、以服务促发展。

（二）牢记初心使命，落实立德树人根本任务

习近平总书记强调，高校立身之本在于立德树人。我们要坚守“为党育人、为国育才”的初心和使命，把立德树人作为检验学校一切工作的根本标准，努力培养高素质创新型人才。一要建立健全全员育人、全过程育人、全方位育人的体制机制，深化“三全育人”综合改革，加快“十大育人体系”和“六大育人阵地”建设，真正把思想政治工作体系贯通学科体系、教学体系、教材体系、管理体系，加快构建一体化的思想政治工作体系，打通育人最后一公里。二要深化思想政治理论课改革创新，落实好《思想政治理论课改革创新任务分工方案》，推动习近平新时代中国特色社会主义思想进教材进课堂进学生头脑，坚持不懈用党的理论创新成果铸魂育人。三要积极探索“思政课程”与“课程思政”的有机融合，充分发挥教师的主导作用和课堂教学的

主渠道作用，从政策、制度、文化层面，加大立德树人的工作力度，多措并举，努力让广大教师安心教书育人、热心教书育人、舒心教书育人、静心教书育人。

（三）围绕聚人才育人才用人才，建设高素质干部教师队伍

人才是立校之基，兴校之源，强校之本。十九届四中全会强调，“坚持德才兼备、选贤任能，聚天下英才而用之，培养造就更多更优秀人才”。加快推进“双一流”建设，一要把人才资源作为第一资源，把人才工作作为第一要务，进一步转变人才工作理念，优化人才工作措施，积极探索和建立服务于“双一流”建设的人才工作的制度体系和体制机制，发挥好绩效考核政策的正向激励作用，下大力气解决制约人才发展的深层次问题。千方百计引进高层次人才，吸引更多优秀青年人才、学科领军人才和创新团队到学校工作；千方百计培养优秀人才，增加人才队伍可持续发展的能力；千方百计用好人才，大兴识才、爱才、敬才、惜才、用才之风，人尽其才、才尽其用；千方百计为人才提供良好的工作条件和环境，充分调动不同类型、各个层面、各个层次人才的积极性，引导大家主动投入“双一流”建设中。二要把提高办学治校能力作为新时代干部队伍建设的重大任务，通过思想淬炼、政治历练、实践锻炼、专业训练，推动广大干部严格按照制度履行职责、行使权力、开展工作，提高落实立德树人根本任务、加快推进“双一流”建设的能力和水平。三要树立正确选人用人导向，把制度执行力和办学治校能力作为干部选拔任用、考核评价的重要依据，建立崇尚实干、担当作为、加油鼓劲的正向激励体系。

（四）坚持全校一盘棋，强化制度和组织保障

面对高校间的激烈竞争，我们在学科、人才、平台、成果、条件保障等各方面都处在相对落后的位置。加快推进“双一流”建设，必须坚持全校一盘棋，集中力量办大事。我们建学科群，就是要整合相关学科资源，形成集群优势，构建学科高原，打造高峰学科，建成几个世界一流学科，支撑学校成为世界一流大学。大河有水小河满。同样，世界一流大学也会为其他学科带来更宽的视野、更大的舞台、更高的平台，带动其他学科迈向更高水平。当前，我校“双一流”建设正处于攻坚克难的关键阶段，必须集中力量、整合优势资源，加强内涵建设，提高办学质量，支持有基础、有条件的学科率先建成世界一流学科。希望全校上下都要服从、服务于这个大局。自觉从全局谋一域，以一域服务全局。

要深化“放管服”改革，优化管理方式，向学院放权，资源向学院聚集，让学院的“责权利一致”“责权利对等”，真正发挥学院在“双一流”建设中的主体作用，充分调动学院的积极性、主动性和创造性，加快实现学校发展的“动车组”驱动模式，让每个学院都主动发力。要进一步完善决策和执行制度，提高决策科学性，增强制度的执行力。各级领导干部要切实增强制度意识，带头维护制度权威，严格按照法规制度办事，带动全校师生自觉尊崇制度、严格执行制度、坚决维护制度，确保党和国家重大决策部署和学校的工作安排部署都按照制度要求落到实处。

要充分发挥党的组织优势，发挥学院党委的政治核心作用，提高学院领导班子的组织、宣传、发动、凝聚、服务能力，把师生员工的智慧和力量凝聚到“双一流”建设各项工作中来，增强改革发展的内生动力。要

充分发挥学术组织的作用，健全以学术委员会为核心的学术管理体系与组织架构，充分发挥学术组织在学科建设、学术评价、学术发展和学风建设等方面的重要作用，积极营造良好学术生态。

同志们，把重庆大学建设成为中国特色、世界一流大学，是党和人民的重托，是师生员工的期盼。让我们更加紧密地团结在以习近平同志为核心的党中央周围，坚持以习近平新时代中国特色社会主义思想为指导，坚守为党育人、为国育才的初心和使命，全面贯彻党的教育方针，落实立德树人根本任务，对标一流、追求卓越、服务发展、引领未来，加快推进“双一流”建设，为把重庆大学早日建成中国特色、世界一流大学不懈奋斗！

在肿瘤医院划转为重庆大学直属管理交接工作会议上的讲话

重庆大学校长　张宗益

（2019年3月8日）

尊敬的明会主任、各位领导，同志们：

大家上午好！在市委、市政府的大力支持下，在市卫健委、市教委的精心指导下，在全校师生以及肿瘤医院广大医护人员的共同期盼和不懈努力下，根据学校和市卫健委最后签订的协议，肿瘤医院已于2019年3月1日正式划转为学校直属管理。今天，我们在此召开划转交接工作会议，主要任务就是推动落实划转协议内容和要求，确保平稳交接。借此机会，我首先代表学校，向长期以来关心支持学校建设发展的各级领导、各界朋友，表示衷心的感谢！向重庆大学附属肿瘤医院全体职工，致以亲切的问候！

将肿瘤医院划转为重庆大学直属管理，是市委、市政府立足推动高质量发展、创造高品质生活，着眼重庆高等教育和卫生健康事业长远发展，支持重庆大学“双一流”建设、促进肿瘤医院医疗服务水平加快提升的具体举措。在重庆大学90年的办学历史中，兴办医学一直是重大人的理想和夙愿。早在1929年，《重庆大学组织大纲草案》就提出了包括医科在内的综合性大学办学蓝图。20世纪40年代，重庆大学已拥有文、理、工、商、法、医等六个学院，成为学科门类最齐全、实力最雄厚的综合性国立大学之一。当时的重大医学院由“中国公共卫生之父”陈志潜先生一手创办，汇聚了陈志潜、谢锡臻、林志靖、黄克维等一批知名的医学专家，为西南地区医疗卫生事业发展做出了积极贡献。1947年，肿瘤医院的前身沙磁医院，正式成为重庆大学医学院的附属医院，更是加强了重庆大学医学院的力量。1952年全国院系大调整，重庆大学文、商、法、医等院系被调整到其他高校，其中医学院并入华西大学，未调走的人员一律调入沙磁医院。从学校和医院的发展历史看，今天的划转，也是学校恢复发展医学学科后，附属医院的重新回归。

对于今天的重庆大学来说，恢复发展医学学科，既是完善综合性学科布局中至为关键的一环，也是建设世界一流大学的重要战略选择。肿瘤医院是我市基础坚实、实力雄厚、特色鲜明的三甲医院，临床实践经验尤其丰富。多年以来，学校与医院一直保持着密切合作关系，特别是2017年10月24日开展非直管战略合作共建以来，在人才培养、科学研究、平台建设等方面，加快推进深度合作并取得了明显成效。目前，肿瘤医院已有2名专家被聘为学校博士生导师、20名专家被聘为学校硕士生导师；学校在中央高校基本科研业务费中专门增设了医工合作项目,鼓励支持学校教师与医院专家联合开展医工融合基础研究;大力推进高水平医学学科平台建设,前不久刚成立了肿瘤精准医学研究中心。这些工作的推动,都为今天的划转工作奠定了坚实的基础。

重庆大学将以肿瘤医院划转回归为契机,全面发力医学学科建设,创新和完善有关制度机制,加快构建医工理文融通、医教研协同体系,充分利用学校的学科、平台、人才等资源,更好发挥综合性研究型大学对医院发展的支撑作用,带动医院学科水平、科研能力和综合实力的整体提升。今天会后,学校相关职能部门要按照协议内容,主动与市卫健委相应处室和肿瘤医院做好对接,稳妥有序推进相关工作。同时,也希望肿瘤医院保持战略定力,加快转型步伐,深化内涵建设,一方面要在肿瘤临床治疗领域继续保持重庆乃至西部地区的领先地位和国内一流水平;另一方面要加强医工结合,利用和发挥好学校优势资源,瞄准世界肿瘤医学前沿问题,凝练特色学科方向,引进高层次专业人才,打造高水平学科平台,加快肿瘤医学基础研究发展步伐,逐步迈向世界一流水平。

各位领导、同志们,2019 年是中华人民共和国成立 70 周年,是全面建成小康社会的关键之年,也是重庆大学建校 90 周年,全体重大人正以奋斗的姿态,全力奋进“双一流”建设。衷心希望市卫健委和各位领导,一如既往地关心支持肿瘤医院和重庆大学的建设发展。我们将认真落实市委市政府的指示要求,主动加强与市卫健委的配合协作,紧密围绕“双一流”建设和医药卫生体制改革需求,加快理念更新和机制创新,全面深化医教研协同融合发展,实现共建、共享、共赢,为培养造就高素质创新型医学人才,推动医学科学发展进步,助力重庆卫生健康事业发展和“健康中国”建设做出新的更大贡献!谢谢大家!

加快“双一流”建设　服务长江经济带发展

重庆大学校长　张宗益

（2019 年 3 月 29 日）

重庆大学围绕国家和区域经济社会发展战略需求，坚持社会主义办学方向，落实“四点一线一面”教育现代化战略布局，坚持立德树人根本任务，深入实施教育“奋进之笔”，对标一流、追求卓越、服务发展、引领未来，奋力推进“双一流”建设，走内涵式发展之路，不断增强服务和引领长江经济带发展的能力。

一、坚持教书育人核心使命，增强拔尖创新人才供给能力

人才是创新的第一资源，创新驱动本质上是人才驱动。不断健全立德树人落实机制，着力提高拔尖创新人才培养能力，为长江经济带发展提供有力人才供给。2016—2018 年，我校在长江经济带 11 个省市录取的本科生比例为总计划数的 65%左右；毕业生赴长江经济带 11 个省市就业总人数达 2 万余人，占毕业总人数的 64%，其中，本科生近 1.2 万人（占本科生总数的 60.63%），研究生近 9 000 人（占研究生总数的 70%）。

抓住全国首批“三全育人”改革试点高校建设契机，出台了《“三全育人”综合改革试点工作方案》，一体化构建“十大育人”体系，加快形成“三全育人”机制和氛围。贯彻落实全国高等学校本科教育工作会议精神，坚持“以本为本”，推进“四个回归”，组织召开了本科教育工作会议，制订实施“本科教育 2029 行动计划”。落实“双万计划”和“六卓越一拔尖”计划 2.0，在“智慧能源”等五个学科群开展“一流本科教育示范基地”建设，布局建设新工科、新医科，加强拔尖创新人才培养。

推动研究生教育结构改革，围绕攻克“卡脖子”关键技术领域，支持基础学科研究生教育，扩大博士生招生规模。增加急需人才培养类别，大力发展“电子信息”类、“先进制造”类等工程硕士和工程博士研究生教育。加强研究生导师队伍建设，落实导师立德树人责任。学校正在筹备召开首届博导大会和研究生教育大会，推进观念转变，深化内涵建设，打造卓越研究生教育，强化人才支撑能力。

二、加快推进一流学科建设，增强优势学科匹配和对接能力

学校坚持以学科链对接产业链、知识链和创新链，结合国际前沿、国家区域发展需求以及自身学科特色，凝练出“智慧能源”“先进制造”“新型城镇化”“人工智能”和“生命与健康”五大学科群，加快一流学科培育和建设。充分发挥工科学科齐全完整和城市建设学科体系完整的优势，服务国家区域经济社会发展。截至目前，ESI 全球排名前 1%学科增加至 8 个，位列 ESI 全球排名第 753 位，与 2018 年同期相比前进 148 位。

按照"强化工科、夯实理科、振兴人文、拓展医科、推动交叉"的思路，加快补短板、强弱项，优化学科布局，调整成立了大数据与软件学院、微电子与通信工程学院、能源与动力工程学院等，正在跨学科组建人工智能研究院。同时，积极推进医工结合，支持交叉学科发展，不断增强学校优势学科匹配和对接长江经济带发展的能力。

三、强化重大创新平台建设，增强科研创新引领和支撑能力

学校建立了"1+5"科技创新体系（"1"为科学技术发展研究院，"5"为前沿交叉学科研究院、先进技术研究院、产业技术研究院、建筑规划设计研究总院、国际联合研究院），不断优化科技创新生态系统，以新的体制机制为长江经济带实现创新驱动发展和动能转换服好务。2018 年，获批国家重点研发计划、重大专项等各类课题 3 000 余项，牵头设计的嫦娥四号生物科普试验荷载"月面微型生态圈"项目取得圆满成功。

加强科研前瞻布局，积极推动"超瞬态物质科学实验装置"预研立项建设，对接教育部"珠峰计划"，开展"引领学校未来发展的 20 个关键科学问题"论证，加快谋划一批前沿科学中心和重大基础设施培育项目，大力支持原创性、系统性、引领性基础研究和应用基础研究。全面参与"重庆科学城"和长江上游创新带建设。联合国防科工局和有关军工企业，共建"太空太阳能电站实验基地"。

按照总书记"共抓大保护，不搞大开发"指示要求，依托三峡库区生态环境教育部重点实验室和水生态修复工程、绿色建筑生态工程等学科综合优势，承担了国家水体污染治理与控制科技重大专项、国家重点研发计划项目等，积极服务长江"大保护"。近期，正在调整环境、生态学科专业，组建新的环境生态学院，成立跨学科的长江流域生态环境保护与可持续发展研究院，探索"绿水青山就是金山银山"的实现路径与创新举措。

四、加强新型高校智库建设，增强推动高质量发展服务能力

发挥综合性大学优势，加强中国特色新型智库建设，学校现有"中国智库索引"（CTTI）来源智库 6 家，主动服务政府科学决策，推动区域高质量发展。推动中国工程院与重庆市人民政府共建的中国工程科技发展战略重庆研究院建设，凝聚起以院士牵头的专家智慧，提供高端政策建议和决策支持服务。按照总书记为重庆确定的"两点"定位、"两地""两高"目标和"四个扎实"要求，全方位对接和服务重庆打好"三大攻坚战"和实施"八项行动计划"，制订并实施了《重庆大学服务重庆"三大攻坚战"和"八项行动计划"方案》，得到市委市政府充分肯定，陈敏尔书记、唐良智市长均作了重要批示，市里还专门出台有关《支持方案》，从多个方面对学校提供实质性支持。

五、政策建议

一是建议教育部适时制定出台"高等学校服务长江经济带建设的指导意见"，明确思路原则、目标任务、实施举措和政策导向，指导沿江高校在为长江经济带发展主动服务中提高能力和水平。

二是建议教育部加强长江经济带高等教育跨区域合作体制机制建设，协调 11 个省市高等教育机构在关键核心技术研发、生态保护、环境治理、大数据智能化等重点方面联合攻关、协同创新、协同育人，提升沿江高校整体办学水平。

加快“双一流”建设　喜迎90周年校庆

——在第十四届工会会员代表暨第九届教职工代表大会第三次会议上的工作报告

重庆大学校长　张宗益

（2019年4月4日）

各位代表：

现在，我代表学校向会议报告工作，请予审议。

一、2018年主要工作回顾

2018年，是全面贯彻党的十九大精神的开局之年，是学校“双一流”建设的关键之年。一年来，学校高举中国特色社会主义伟大旗帜，全面贯彻习近平新时代中国特色社会主义思想和党的十九大精神，全面落实习近平总书记对重庆的重要指示要求和殷殷嘱托，坚持以人民为中心的发展思想，牢固树立和贯彻落实新发展理念，以建设中国特色世界一流大学为目标，以深化改革为统领，以追求卓越为灵魂，全面贯彻党的教育方针，落实立德树人根本任务，推动实施学校“十三五”规划，加快“双一流”建设，着力提高教育质量，实现内涵式发展，学校各项事业发展呈现新态势新局面。

（一）加强党对学校工作的全面领导，牢牢把握正确办学方向

学校坚持把政治建设摆在首位，增强“两个维护”的自觉性和主动性。深入学习习近平新时代中国特色社会主义思想、习近平总书记关于教育的重要论述及全国教育大会精神，深化对中央精神和政策的理解，持续加强思想理论武装。牢牢把握住意识形态工作的主动权、话语权和领导权，保证学校改革发展稳定事业沿着正确方向前进。

抓好组织建设和本领建设，着力提高党的建设质量。认真学习贯彻落实全国组织工作会议精神，推进“党建质量年”建设。统筹完善党组织运行机制，强化党员教育、管理、监督制度建设。学校入选首批“全国党建工作示范高校”培育创建单位，4个基层党组织分别入选“全国党建工作标杆学院”和“全国党建样板支部”培育创建单位。实施教师党支部书记“双带头人”培育工程，1个教师支部书记工作室入选全国“双带头人”党支部书记工作室。

加强党风廉政建设，推进全面从严治党向纵深发展。坚持开展反腐倡廉和警示教育工作，健全惩治和

预防腐败体系，把对权力运行的制约和监督融入学校发展全过程。加强监督检查教育，积极实践监督执纪“四种形态”，持之以恒正风肃纪。常态化推进巡视整改“回头看”，切实把巡视成果转化为推动学校发展的强大动力。建立对二级党组织巡察制度，完成对6个二级党组织的巡察工作。严格执行中央八项规定精神，持续深化作风建设。

（二）落实立德树人根本任务，高素质创新型人才培养迈出新步伐

学校认真学习贯彻全国教育大会和新时代全国高等学校本科教育工作会议精神，加强和改进思想政治工作，系统构建“十大育人”体系，全面落实立德树人根本任务。成功入选全国首批“三全育人”改革试点高校和教育部首批高校思想政治工作创新发展中心承建单位，获批教育部思想政治工作精品项目和思想政治工作中青年骨干队伍建设项目。

坚持“以本为本”，推进“四个回归”，组织召开了本科教育工作会议，制订实施“本科教育2029行动计划”，努力打造中国特色重大风格的一流本科教育。加大人才培养模式改革力度，全面实施大类招生、大类培养，强化通识教育和创新创业教育，深化“产教融合、跨界培养”。升级改造传统工科专业，布局建设数据科学与大数据技术、人工智能、机器人工程、智能医学与工程等新工科专业。获准立项国家级新工科研究与实践项目4项。获批国家级精品资源共享课程11门、国家级精品在线开放课程5门、国家级精品视频公开课1门。推行以研究性学习为导向的教学改革，打造融“价值塑造、能力提升、知识获取”三位一体的课堂教学。获国家级教学成果奖4项（含1项参与）；获市级教学成果奖24项，其中一等奖12项。

坚持建设一流研究生教育，大力提高研究生培养质量。改革和创新研究生培养模式，完善研究生教育与本科生教育的衔接机制。统筹规划全日制与非全日制专业学位培养体系，完成“非全合一”的专业学位培养方案。全面推行博士生申请—考核制招生。制订先进制造和能源环保两个领域工程博士培养方案，工程博士招生突破110人。加强研究生分类培养，开展跨学科导师及导师团队建设，提升研究生创新意识和能力。

大力开展实践育人工作，深入推进全国首批深化创新创业教育改革示范高校、全国高校实践育人创新创业基地、国家级创业孵化示范基地建设，培育创新创业实践团队400余支。继续实施“启航计划”和“晨曦计划”。建立心理健康教育与咨询服务协同机制。完善学生资助体系。2018年，学生获得各类国际、国家级奖项470项。在“创青春”全国大学生创业大赛中，喜获1金3银2铜的历史最好成绩，时隔九年再次捧得大赛“优胜杯”；在第十二届全国大学生结构设计竞赛中摘取唯一特等奖。

（三）稳步推动学科调整优化，全球学术影响力进一步提高

学校按照“双一流”建设总体要求，加快推进“一流大学”建设方案实施。创新学科发展机制，制定“双一流”学科建设项目实施方案，优化学科资源配置模式。与各学院签订《学科建设关键指标任务书》，切实增强聚焦内涵发展、对标一流、追求卓越的意识，进一步统一思想、明确方向、突出重点、压实责任。

优化学科布局，深化内涵建设。继续重点加强智慧能源等3个一流学科群建设。高起点布局建设医学

学科，成立医学高等研究院和医学院，推动重庆市肿瘤医院划转为学校直属附属医院，与两江新区共建附属两江医院，组建“神经智能研究中心”。调整加强发展信息学科，调整组建大数据与软件学院、微电子与通信工程学院，积极参与“重庆智能超算中心”建设。实施跨学科合作支持计划，启动组建“植物功能基因组学研究中心”等跨学科平台。

开展学科动态调整工作，撤销3个一级学科硕士学位授权点；申报增列“基础医学”和“临床医学”2个一级学科硕士学位授权点。新增化学、公共管理两个一级学科博士学位授权点。持续推进马克思主义学院建设，加快构建中国特色哲学社会科学体系。

2018年，学校全球学术影响力进一步提升，ESI全球排名前1%学科增加至7个，位列ESI全球排名第786位，与2017年同期相比前进115位。电气、土木进入“软科中国最好学科排名”前5%，机械、动力、软件、工商管理等进入前10%。学校首次进入“软科世界高校排名”前500强。

（四）优化科技创新生态系统，科技实力和创新能力不断增强

学校抢抓创新驱动发展重大机遇，加快深化科研体制机制改革，继续布局完善“1+5”新型科研创新体系，优化科技创新生态系统，促进高水平科研成果产出。聚焦基础研究和应用基础研究，积极谋划面向未来学科建设的科研支撑领域，凝练和布局未来科技创新重点方向。

加快高水平科研平台布局，强化重点研究基地建设与管理。积极参与“重庆科学城”建设，谋划推动“超瞬态物质大科学实验装置”建设，联合有关军工企业共建“空间太阳能电站实验基地”，加快多功能风洞等一流学科科研平台建设。新增“复杂系统安全与控制”教育部重点实验室（B类）等7个省部级重点科研平台。“山地城镇建设与新技术”等3个教育部重点科研平台和“材料基因组工程”等29个市级重点实验室顺利通过评估。产业技术研究院建设项目在九龙坡区奠基开工，成功获批重庆市新型高端研发机构和院士专家工作站。

增强科研项目承担能力，获批国家重点研发计划、重大专项等各类课题3 000余项，实到科研总经费14.78亿元，同比增长39.4%。其中，国家自然科学基金项目247项，重点类项目居全国第23位，直接经费1.43亿元，同比增长10%。牵头组织研制的生物实验载荷“月面微型生态圈”随嫦娥四号成功发射并在月面顺利开展工作。

强化科技成果培育，获国家科技进步二等奖2项；获教育部自然科学一等奖2项、科技进步一等奖1项，其中自然科学一等奖为最近十年来再次获得；获重庆市自然科学一等奖2项、技术发明一等奖1项、科技进步一等奖6项，创历史最好水平。高水平论文保持快速增长，学校教师在*Nature*正刊合作发表论文，实现历史突破；在*Nature*、*Science*、*Cell*子刊发表论文9篇；发表SCIE论文2 980篇，同比增长28.6%，其中一区论文增长28.1%；ESI高被引论文数从160篇增加至225篇；3篇论文入选“2017年度中国百篇最具影响国际学术论文”，位列全国高校第4位。

认真落实全国哲学社会科学工作座谈会精神，大力实施人文社科振兴行动计划，设立“人文社会科学发

展基金”，制订人文社科学术期刊、教师科研项目成果及创作成果分类分级认定办法，建立健全质量导向、尊重差异的多元化综合性评价体系。新增国家级项目 44 项，其中，国家社科基金项目年度项目 29 项，位居“双一流”建设 A 类高校第 18 位；国家社会科学基金重大招标项目 2 项，连续 8 年实现重大招标项目立项。人文社科及软科学研究活动到校经费 4 322 万元。

持续提升人文社科成果质量和水平，发表权威期刊论文 58 篇，同比增长 7%；SSCI 论文 69 篇，增长 38%；出版专著 41 部，增长 11%。获各类省部级奖项 50 项，其中，重庆市社科优秀成果奖 32 项，增长 113%，其中包括 3 项一等奖，比上届增加 2 项；重庆市发展研究优秀成果奖 8 项。首次获得鲁迅文学奖。

加强智库建设，服务科学决策。打造中国工程科技发展战略重庆研究院等区域高端智库。新增 1 家“中国智库索引”(CTTI)来源智库。推动学术期刊国际化转型发展，《重庆大学学报(英文版)》更名为 *Nano Materials Science*(《纳米材料科学》)；*Journal of Magnesium and Alloys*(《镁合金学报》)入选 SCIE 收录期刊。

(五)启动实施“英才汇聚计划”，一流师资队伍建设取得新进展

学校高度重视师资队伍建设，深入实施人才强校战略，全面对接重庆“筑巢引凤”工程，启动实施“英才汇聚计划”，设置“海外引才工作站(美国)”，举办“海内外优秀青年学者论坛”，实施“学科领军人才培育计划”“后备拔尖人才引育计划”，有计划、有重点地培养引进一批高层次人才。全年新引进专任教师 130 人，新增国家级人才 20 人。

健全人才聘用和培育体系，打造“近者悦、远者来”的制度、环境和文化，释放各类人才创新活力。完善“预聘制”，强化目标管理，严格考核退出机制。坚持质量标准，突出绩效导向，制订绩效工资方案，强调履职尽责与绩效考核。分类推进人才评价机制改革，修订职称评审办法，严格教师职称评聘基本申报条件。

严把教师政治关，在人才引进、岗位聘任、职称评审、激励表彰等环节，实行师德师风“一票否决”制。多平台、多渠道、多形式加强师德宣传，大力培植和选树校园师德楷模，引导广大教师争做以德立身、以德立学、以德施教、以德育德的教师楷模。1 个教师团队入选全国高校黄大年式教师团队。

(六)推进高水平国际交流与合作，开放办学水平有了新提升

学校坚持开放办学的理念，大力实施国际化发展战略，以全球视野谋划和推动“双一流”建设。成立国际化工作领导小组，构建与一流大学建设目标相适应的国际化管理体制。加强与世界一流大学和研究机构的实质性合作，新签订国(境)外校际合作协议 40 个，与 32 个国家和地区的 204 所高校和研究机构保持密切合作关系，其中世界 200 强高校增加至 46 所。

拓展优质国际合作办学项目，积极推动辛辛那提联合学院提升为中外合作办学机构，与乌克兰国立航空大学签订合作协议。与美国辛辛那提大学联合培养的首届 62 名学生顺利毕业，52 名同学继续深造攻读研究生，其中超过 50%的学生被海外名校录取。

大力推进人员国际化交流，新增 1 000 万元经费支持学生出国(境)访学交流，出国(境)学生超过 3 000 人次，较 2017 年翻了一番；教师因公临时出国(境)736 批次、1 156 人次；525 名毕业学生赴海外深造学习。

2 名研究生被联合国国际贸易中心和国际民航组织亚太地区办事处录取为实习生。加强“留学重大”品牌建设，接收来自 103 个国家的 1 706 名国际学生。

提升国际协同创新能力，新增“高性能风电设施及其高效运行”学科创新引智基地，“生物力学与组织修复工程”学科创新引智基地成功获批 2.0 项目。在九龙坡区启动国际校区建设。积极融入“一带一路”发展，加快中新(重庆)国际联合研究院、中意创新产业园、中韩技术合作平台建设，吸引集聚海外优质教育和高端智力资源。

(七)积极营造良好内外发展环境，干事创业氛围呈现新面貌

学校坚持扎根重庆办学，全方位对接和服务重庆打好“三大攻坚战”和实施“八项行动计划”，制订并实施了《重庆大学服务重庆“三大攻坚战”和“八项行动计划”方案》，得到市委市政府充分肯定，专门出台有关《支持方案》，从多个方面对学校提供实质性支持。加强多渠道筹资体系建设，争取到重庆市政府给予学校“双一流”建设 1∶1现金配套支持，2018 年已获配套资金 2.57 亿元；重庆大学教育发展基金会全年募集捐赠到账资金 3 594 万元，获批国家捐赠配比资金 2 755 万元。2018 年，学校经费总收入再创历史新高，达到43.4 亿元，增加 4.98 亿元，增长 13%。

全面加强办学资源的统筹和优化配置，在办学基本条件保障方面继续保持高投入，全年投入达 3.32 亿元，推动办学条件和环境持续改善。完成中央礼堂等维修改造；加快推进信息科技大楼等重点基建项目建设；启动 C 校区医学高等研究院(医学院)等项目的论证设计工作。

坚持以人为本，努力办好各项民生实事。推动解决了学校住房、土地等历史遗留问题，已办理老校区 800 余套住房产权证及 6 栋住房栋证，完成 2 500 余套住房重置成本评估，启动高知楼等 5 栋 700 余套住房竣工验收，虎溪花园经济适用住房可取得完全产权。开展 D 级危房避险搬迁，启动“重大花园”二期项目建设等工作。落实将教职工校内医疗补助调整为市级公务员统筹。设置校园自助服务终端，建成“网上办事大厅”，开发完成新版办公自动化(OA)系统，校务管理信息化水平继续提高。优化科研经费管理，最大限度激发科研人员积极性和创造性。

关心重视离退休工作，健全校院(部处)两级服务管理体制，畅通学校与老同志沟通渠道，2018 年新增离退休人员健康休养费和养老金支出 4 000 余万元。高度重视工会、教代会工作，注重发挥他们在学校管理和建设中的重要作用。指导和支持工会、教代会加强自身建设，增强发展动力与活力，提高团结师生、服务师生的本领和能力。

各位代表！回顾一年的发展，学校在人才培养、学科发展、科学研究、队伍建设、国际交流与合作、社会服务等“双一流”建设的多项关键指标上均取得了新的进展和突破，呈现出加速发展的良好势头。这些工作的推进和成绩的取得，是党中央坚强领导和全校师生员工共同努力的结果，是大家一起干出来的、拼出来的！也是学校老领导、老同志多年打基础、建平台、引人才、作奉献的结果。在此过程中，工会、教代会通过推进民主监督管理、联系群众、服务教职工等，发挥了重要的桥梁纽带作用，对学校 2018 年各项工作的完成、

各项成绩的取得,作出了积极贡献。在此,我代表学校向老领导、老同志,向全校师生员工,向工会、教代会全体代表表示衷心的感谢!

各位代表!回顾过去一年的工作,成绩需要充分肯定,努力需要充分认可。但环顾国际科技教育竞争,对标中央要求,对比重庆需要,对照学校愿景,我们的差距还相当大,学校改革发展稳定面临的困难和挑战依然很多。主要是:学科较为传统,横向联系不畅,学科优化调整还需加快推进;教育教学质量不高,立德树人根本任务还需深入落实;科研创新引领和支撑能力不足,科研创新能力和服务水平还需持续提升;高层次人才尤其是"四青"人才严重偏少,"近悦远来"的人才发展环境还需努力营造;开放办学水平较低,国际化发展步伐亟须加快;理念、制度、文化仍相对落后,整体办学氛围和条件还需不断改善。针对这些问题和差距,我们唯有以时不我待的紧迫感、主动担当的责任感、舍我其谁的使命感,以坚如磐石的信心、只争朝夕的劲头、坚韧不拔的毅力,通过加快"双一流"建设,深化内涵式发展,逐步加以解决。

二、2019 年重点工作部署

2019 年是中华人民共和国成立 70 周年,是全面建成小康社会、实现第一个百年奋斗目标的关键之年,是深入贯彻落实全国教育大会精神的开局之年,是基本实现教育现代化的攻坚之年,也是重庆大学建校 90 周年。

纵观国内外形势,全球新一轮科技革命和产业变革蓬勃兴起,党和国家对科技创新的重视前所未有,对高等教育的需求前所未有,创新的大好时代必将带给我们很多新的机遇。当前,重庆正大力实施以大数据智能化为引领的创新驱动发展、军民融合发展、科教兴市和人才强市等"八项行动计划",迫切需要重庆大学发挥更大作用,提供更好支撑,市委市政府十分关心重视学校的发展,在多个方面给予学校"双一流"建设实实在在的支持。可以说,学校发展正面临难得的外部环境和氛围。我们必须提高站位定位,抢抓历史机遇,坚持扎根重庆办学,持续推进观念转变、实践创新和制度变革,以"双一流"建设取得的实际成效,推动学校内涵式发展和重庆高质量发展。

2019 年学校工作的总体要求是:高举中国特色社会主义伟大旗帜,以习近平新时代中国特色社会主义思想为指导,深入学习贯彻习近平总书记关于教育的重要论述和全国教育大会精神,树牢"四个意识",坚定"四个自信",坚决做到"两个维护",按照"五位一体"总体布局和"四个全面"战略布局,全面贯彻党的教育方针,落实立德树人根本任务,深入实施教育"奋进之笔",对标一流、追求卓越、服务发展、引领未来,推动理念再更新、行动再落实,奋力推进"双一流"建设迈出新步伐,以更加优异的成绩迎接 90 周年校庆,向中华人民共和国成立 70 周年献礼。

(一)加快推进一流学科建设

2019 年,教育部要进行"双一流"建设中期评估,重点评估学科建设的符合度、达成度和表现度。学校将以中期评估为契机,进一步加快优化学科布局,畅通横向联系,打造学科高峰。

加快学科优化调整。围绕学科发展前沿以及国家和重庆重大战略需求,按照"强化工科、夯实理科、振兴人文、拓展医科、推动交叉”的思路，继续加快补短板、强弱项，优化调整学科布局，理顺学院与学科关系，规范院、系设置，进一步凸显“综合性大学”特征，夯实“研究型大学”基础。加快推动传统学科升级改造。大力支持基础理科、基础文科发展。继续调整加强信息学科，服务重庆大数据智能产业发展。加快医学学科发展和医联体建设，做好附属肿瘤医院划转交接工作以及非直属附属医院建设相关工作。

促进学科交叉融合。创新体制机制，大力支持跨学科、多学科研究机构建设，畅通学科间的横向联系，促进学科交叉融合发展，培育新的学科增长点。做实做强“2011”汽车协同创新中心等已有交叉学科平台，推动新成立一批交叉学科平台。积极探索创新，搭建有效载体，推进智慧能源、先进制造、新型城镇化3个一流学科群建设取得实质性进展。

加快“双一流”学科重点建设项目实施。组织实施“双一流”学科重点建设项目，深化学科内涵建设，打造一流学科高峰。制订出台“双一流”学科重点建设项目管理办法，进一步细化完善学科群建设、学科水平提升、跨学科合作支持、新兴学科培育、公共平台建设等五类“双一流”学科重点建设项目的目标定位、效能预期和支撑作用，强化分类管理，不断创新学科发展机制，优化学科资源配置，提升学科建设绩效。

（二）努力培养高素质创新型人才

人才培养始终是大学最重要的本质职能，是“双一流”建设的核心内容。我们将进一步落实立德树人根本任务，加强人才培养能力建设，着力培养德智体美劳全面发展的社会主义建设者和接班人。

实施本科教育行动计划。认真学习贯彻全国高等学校本科教育工作会议精神，落实“新时代高教40条”，坚持“以本为本”，推进“四个回归”，实施好《重庆大学本科教育2029行动计划》，加快补短板、促改革、提质量、上水平，建设中国特色重大风格的一流本科教育。全面落实好“八个首先”要求，进一步巩固和夯实本科教育的基础地位。树立正确的教育观和教育价值观，促进学生“知识、能力、素质”协调发展。

提高本科人才培养能力。落实“双万计划”，建设一批国家级一流专业，启动新一轮课程建设。落实“六卓越一拔尖”计划2.0，加强拔尖创新人才培养。继续深化大类招生、大类培养改革，提高本科生源质量及培养质量。推进现代信息技术与教育教学深度融合，探索信息化环境下的有效教学模式。加强虚拟仿真实验教学项目建设。出台教学学术类成果评价指标体系。完善学生荣誉体系，激发学生学习动力与潜力。本科毕业生升学率提高5个百分点。

更新研究生教育理念。筹备召开首届博导大会和研究生教育大会，推进观念转变，深化内涵建设，促进科教融合，打造卓越研究生教育，提升研究生培养质量。加强研究生导师队伍建设，制订研究生导师工作规范和立德树人实施细则，落实导师立德树人责任。激发导师出国热情，拓展导师国际视野，强化研究生教育国际合作。

深化研究生教育改革。围绕“双一流”建设目标，推动研究生教育结构改革，支持基础学科研究生教育。全面推行博士生招生“申请—考核制”，提高博士生生源质量。大力发展专业学位博士研究生教育，扩大博士生招生规模。修订工程类博士、硕士专业学位研究生培养方案，强化实习实践训练。争取获批学位授权自主审核单位。修订学位委员会章程，完成学位委员会换届。硕士毕业生升学率提高 3 个百分点。

（三）持续提升科研创新能力和服务水平

抓创新就是抓发展，谋创新就是谋未来。我们将进一步立足基础研究和应用基础研究，集中精力抓好牵引性工作，加强科研前瞻布局，做好科研基础工作，提升科研服务成效。

加强科研前瞻布局。加快推动“超瞬态物质科学实验装置”预研立项建设。对接教育部“珠峰计划”，开展“引领学校未来发展的 20 个关键科学问题”论证，加快谋划前沿科学中心和重大基础设施培育项目，大力支持原创性、系统性、引领性基础研究和应用基础研究。继续完善“1+5”科技创新体系，做强前沿交叉学科研究院，推进国际联合研究院落地建设。创新体制机制，拓展资源渠道，加快校外研究院布局与建设。推动军民融合科技创新，争取承担更多国防重大科研项目，谋划培育建设国防科研重大基础设施。

做好科研基础工作。研究制订科研平台管理办法，理顺科研平台运行体制机制，加快国家重点实验室以及省部级重点科研平台的优化重组。做好国家重点研发计划、国家自然科学基金、国家社会科学基金、教育部人文社会科学研究基金等科研项目申报工作。做好国家科学技术奖、第八届高等学校科学研究优秀成果奖（人文社会科学）、教育部科学技术奖、重庆市科学技术奖等科技奖励申报工作。筹备召开文科工作会，加快创新发展高水平人文社会科学。完善科研管理规章制度，加强科学道德与学术诚信建设。

提升科研服务成效。持续深入对接服务重庆打好“三大攻坚战”和实施“八项行动计划”。推进校地协同与深度合作，着力打造“环重大创新生态圈”，积极参与“重庆科学城”和长江上游创新带建设。健全产学研深度融合机制，加强与中科院、长安集团等科研院所和大型企业的合作。做大做强产业技术研究院，力争尽快建成全国高校示范性技术转移中心。精心打造中国工程科技发展战略重庆研究院、地方政府治理协同创新中心等新型高端智库，提升资政服务能力和水平。积极参与第二届中国国际智能博览会。

（四）着力打造高水平师资队伍

人才是创新的第一资源，创新驱动本质上是人才驱动。学校所有改革最终都将落在人才上。为此，我们把人才工作作为 2019 年最重要的工作来抓，将继续深入实施人才强校战略，加快推进有关制度政策落地见效，畅通人才引进、评价、发展、退出通道，努力汇聚打造一流教师队伍。

盘活人才存量。加强教师队伍成长环境建设，营造良好发展氛围，激发内生动力，释放办学活力，提升学校核心竞争力。出台自然科学学术评价办法和人文社科学术评价办法，并以此为基础，建立科学有效的人才评价体系。坚持一流标准，鼓励各展所长，完善分类评聘，出台并实施新的职称评聘管理办法。坚持优绩优酬、目标牵引、按岗定责，完善校院两级管理体制，出台并实施绩效工资方案。加强师德师风建设，完善教师荣誉体系。

做大人才增量。积极争取重庆市专项经费支持，深化学校博士后制度改革，加强专职科研队伍建设，建立以博士后为主体的专职科研队伍。优化“博士后支持计划”，出台科研经费聘用人员管理办法，增设“专职科研”职称评聘系列，提高综合待遇，畅通发展渠道，增强吸引力，加快扩大博士后规模。加强新进教师队伍建设,原则上从优秀博士后中选聘专任教师。系统梳理、统筹设计各类用人机制,探索建立行政文员制度。

突破高端人才。加强人才办建设,提高引才能力和服务水平。全面对接重庆“筑巢引凤”工程,建立以“英才汇聚计划”为核心的高层次人才培育和引进体系,落实高层次人才递增计划,加快扩大国家级人才队伍规模。做好院士增选等高层次人才的申报工作。加强校院联动,压实学院责任,加大申报和引进力度,扩大申报人数,提高申报质量。

(五)大力推进国际国内合作与交流

推动全方位开放办学,引入利用国际国内优质资源和力量,提高学校办学水平,是世界一流大学建设的重要路径。我们将继续坚持开门办学,深化对内对外开放,积极融入“一带一路”建设和长江经济带发展,以高水平开放推动高质量发展。

提高国际化办学水平。筹备召开国际化工作推进大会,加强交流互鉴,深化思想认识,推进任务落实。加强与世界一流大学的实质性合作,全年新增国际联合研究机构 5 个,与世界前 100 强高校新签订合作协议 3 个以上。加强合作办学与联合培养,推进辛辛那提联合学院申报成为中外合作办学机构,与乌克兰国立航空大学合作成立“重庆大学安东诺夫航空学院”。发挥学院主体作用,继续加大力度支持学生出国(境)访学、升学,提升国际化人才培养质量与规模,加大本科生、研究生出国留学比例。着力打造“留学重大”品牌,扩大来华留学生尤其是学历生规模,大幅度增加学历生人数。继续办好孔子学院。加强国际化工作队伍建设。

深化国内全方位合作。主动加强与地方政府和企事业单位的合作,拓展办学空间,集聚办学资源。积极参与有关大学联盟建设,主办好卓越大学联盟(E9)第十次校长联席会暨中英大学工程教育与研究联盟校长论坛。加强校友联络与服务工作,筹备召开校友总会理事会换届大会和校友总会 2019 年全球年会,支持召开校友企业家联合会理事扩大会。多层次多举措开展筹资工作。做好云南省绿春县、重庆开州区关面乡的定点帮扶工作和石河子大学、中南民族大学的对口支援工作。

(六)不断强化办学资源与条件保障

办学资源和条件保障是“双一流”建设的重要基础。我们要进一步落实责任、加强管理、群策群力,努力为学校改革发展创造更好的环境和条件。

加强办学条件建设。坚持开源节流,增强财经保障能力。加快推进 7 个新建项目、14 个大中型维修项目等办学基本建设。加强公房管理,提高公房使用效益。继续推进教职工不动产权证办理。修订老校区住宅产权交易管理办法。加快危险住房处置和“重大花园”二期建设。加强校园管理和环境建设,打造美丽校园。优化后勤管理体制和运行机制,提高后勤服务质量和服务效率。建好附中附小,改善办学环境,提升办学质量。继续做好文献、档案和期刊等工作。建设智慧校园,实施以大数据智能化为引领的教育信息化 2.0 行动计划。

维护校园和谐稳定。进一步健全校园安全责任落实机制,细化工作举措,压实工作责任,统筹做好校园交通、食品、实验室等各项安全工作。增强风险意识和底线思维，提高发现力研判力处置力，掌握防范抵御风险主动权。扎实做好保密工作，严防失泄密事件发生。出台《信访工作责任制实施细则》，推动信访问题及时解决，切实维护师生合法权益。加大困难师生帮扶力度。做好离退休教职工服务工作。

办好 90 周年校庆。紧扣“复兴民族，誓作前锋”校庆主题和“铭初心、聚众力、塑文化、建一流”校庆主旨，贯彻“以庆促建”的指导思想，围绕“学术、文化、校友”活动主线，严格执行中央八项规定，策划和举办好校庆年和校庆周活动，营造“豪迈自信、团结奋进、共创卓越”的氛围，以 90 周年校庆为契机加快推进学校“双一流”建设。

（七）坚持和加强党对学校工作的全面领导

加强党的领导是做好学校各项工作的根本保证。我们要牢牢掌握党对学校工作的领导权，全面加强学校党的建设，不断提升管党治党、办学治校能力和水平。

深入抓好习近平新时代中国特色社会主义思想的理论武装。组织开展好校院两级党委中心组学习和全校教职工政治理论学习，着力提高学习成效。加强对习近平新时代中国特色社会主义思想的阐释和宣传，推动党的创新理论全面融入学校思想政治工作中，增进师生对党的创新理论的政治认同、思想认同、情感认同。加强政治引领和价值引领，引导党员干部和师生切实树牢“四个意识”、坚定“四个自信”、坚决做到“两个维护”。

认真贯彻执行党委领导下的校长负责制。进一步健全完善党委统一领导、党政分工合作、校院两级协调运行的决策规则和工作机制。认真落实“三重一大”决策制度，严格执行党委常委会、党委全委会和校长办公会会议制度和议事规则，做好议题规划，加强调研论证，不断提高科学决策、民主决策、依法决策水平。深入实施依法治校，推进现代大学制度建设，促进内部治理体系和治理能力现代化。切实加强学校领导班子自身建设。

系统推进学校党的组织建设和本领建设。以“全国党建工作示范高校”创建为统领，抓牢抓实全国党建标杆学院、样板支部和“双带头人”支部书记工作室建设和首批校级党建示范单位建设，坚持培育创建和宣传推广同步实施，带动学校基层党组织全面进步、全面过硬。加强干部队伍建设，加大青年干部培养和选任力度，增强干部队伍活力。统筹做好二级党组织换届工作。

扎实推进学校思想政治工作创新发展。实施思想政治工作质量提升工程，持续加强和改进学校思想政治工作。大力推进“三全育人”综合改革试点，系统构建“十大育人”体系。加快“高校思想政治工作创新中心（文化育人方向）”建设，发挥示范引领作用。深化学生社团改革，更好发挥学生社团育人功能。严格落实意识形态工作责任制，牢牢把握意识形态工作领导权。

持续推进全面从严治党向纵深发展。落实落细学校党风廉政建设各项要求，推动学校党委主体责任、学校纪委监督责任贯通协同、形成合力。持续深化“三转”，聚焦监督执纪问责主业，深化运用监督执纪“四种形态”，切实发挥好学校纪委监督作用。进一步加强政治监督，突出日常监督的精准性，紧盯“关键少数”，严格日常检查,加大问责力度,推动责任落实。健全巡察办公室职能,选优配强巡察工作队伍,统筹开展常规巡察、专项巡察、机动巡察,推进巡察工作高质量发展。

各位代表!工会、教代会是现代大学制度建设的重要组成部分,在推进学校民主监督管理、联系群众、服务教职工等方面发挥着重要的桥梁纽带作用,在学校治理体系中居于重要地位。学校将进一步加强工会、教代会建设,支持工会、教代会开展工作,切实为教职工办实事、解难事。

各位代表!奋进新时代,承载新使命。让我们更加紧密地团结在以习近平同志为核心的党中央周围,以奋斗者的姿态,抢抓机遇,勇于担当,攻坚克难,开拓创新,努力干好本职工作,共同建设好重庆大学,以更加优异的成绩迎接 90 周年校庆,向中华人民共和国成立 70 周年献礼!

扎根中国大地　坚持一流标准
加快创新发展高水平人文社会科学

——在文科工作会上的讲话

重庆大学校长　张宗益

（2019年4月26日）

老师们，同志们：

今天，我们召开学校文科工作会，主要任务是：全面深入学习贯彻习近平总书记关于哲学社会科学工作重要讲话精神和中央关于哲学社会科学工作重要部署，分析当前学校文科工作的形势与挑战，明确文科未来发展的目标和任务，加快创新发展高水平人文社会科学，不断提升文科在国内外的影响力，为建设中国特色世界一流大学提供有力支撑。

发展高水平人文社会科学，是中国特色世界一流大学建设的内在需求，是落实立德树人根本任务的必然要求，也是历代重大人的夙愿和梦想。学校历来重视人文社会科学发展，将人文社会科学作为学校发展的重要内容。中华人民共和国成立前，就拥有文、商、法3个文科学院，占学校六大学院的半壁江山，致力于建设“完备弘深之大学”。改革开放后，学校积极恢复和发展人文社会科学，像重视理工科一样重视人文社会科学发展，先后设立了10个文科类学院和一批科研平台，成立了社会科学研究处，学科专业已覆盖经、管、法、文、史、哲、教育、艺术等学科门类，“综合性大学”格局基本形成。在“双一流”建设中，我们实施了“文科重大项目带动能力提升计划”“高端智库建设计划”，着力加强人文社科育人功能。可以说，人文社会科学在学校90年的办学历程中发挥了重要作用。

关于学校文科工作，明炬副校长随后还将作具体分析和工作部署，我先从宏观上、总体上讲几点意见。

一、深刻认识加快创新发展高水平人文社会科学的重大意义

加快创新发展高水平人文社会科学是人文社会科学承担时代使命的内在要求。人文社会科学作为揭示人类与社会发展规律的知识体系，是人类认识世界、改造世界的重要工具，是推动历史发展与社会进步的重要力量。回溯人类历史长河，回望祖国发展轨迹，每一个重大历史转折，每一次革命、建设和改革的关键时期，都会产生思想理论的重大飞跃，人文社会科学都承载着厚德启智、拨云廓雾、寻途探路、引领社会的重大使命。当今世界正处在百年未有之大变局，各种思想文化、价值理念、社会思潮交流交融交锋。当代中国

正经历着我国历史上最为广泛而深刻的社会变革，正进行着人类历史上最为宏大而独特的实践创新。历史表明，社会大变革的时代，一定是人文社会科学大发展的时代。新时代的伟大斗争、伟大工程、伟大事业、伟大梦想的伟大实践，必将为理论创造、学术繁荣提供强大动力和广阔空间。习近平总书记指出，“这是一个需要理论而且一定能够产生理论的时代，这是一个需要思想而且一定能够产生思想的时代。我们不能辜负了这个时代”。高校承担着深化哲学社会科学科研领域综合改革、建设中国特色新型智库、构建中国特色哲学社会科学的时代重任。因此，我们必须加快创新发展高水平人文社会科学，产生时代需要的理论和思想，不负新时代赋予的使命担当。

加快创新发展高水平人文社会科学是新时代党和国家事业兴旺发达的必然要求。党的十八大以来，党中央把繁荣发展哲学社会科学作为建设社会主义文化强国的重要内容，提出构建中国特色、中国风格、中国气派的哲学社会科学学科体系。2016 年 5 月和 12 月，习近平总书记分别在哲学社会科学工作座谈会和全国高校思想政治工作会上发表重要讲话，深刻阐述了哲学社会科学的重要性，提出了加快构建中国特色哲学社会科学命题，指明了哲学社会科学发展方向和路径。2017 年 5 月，中共中央印发《关于加快构建中国特色哲学社会科学的意见》要求创新发展哲学社会科学，为实现“两个一百年”奋斗目标、实现中华民族伟大复兴的中国梦提供强大思想理论支撑。党的十九大报告指出，要“深化马克思主义理论研究和建设，加快构建中国特色哲学社会科学，加强中国特色新型智库建设”。2019 年全国“两会”期间，习近平总书记专门看望文艺界社科界委员并发表重要讲话，对广大文化文艺工作者和哲学社会科学工作者提出新的要求与希望，充分体现了中央对繁荣发展文化艺术和中国特色哲学社会科学的高度重视。当前，随着“一带一路”建设，长江经济带发展、西部大开发等国家战略的纵深推进，迫切需要高水平人文社会科学提供智力支持。作为国家在西部战略布局的重点高校，我们必须加快创新发展高水平人文社会科学，充分发挥人才库思想库智囊团作用，全面增强解决中国特色理论和现实问题的能力，为党和政府科学决策提供有力支撑，为服务国家发展和社会进步，为建设现代化经济体系，为揭示我国社会发展、人类社会发展的大逻辑大趋势，为人类命运共同体建设贡献先进思想和智慧。

加快创新发展高水平人文社会科学是学校“双一流”建设的迫切需要。习近平总书记指出，“一个国家的发展水平，既取决于自然科学发展水平，也取决于哲学社会科学发展水平”。一所现代大学的发展亦是如此，两者对学校的发展，犹如车之两轮、鸟之双翼，缺一不可，在学校整体发展格局中的地位同等重要。历史地看，我们的人文社会科学发展历经曲折，在曲折中发展，在发展中壮大。现实地看，我们具有坚实的工科优势，人文社会科学相对薄弱，与自然科学之间发展不平衡的矛盾突出，学科布局欠合理、学科体系不健全，学科内部发展极不均衡。这种情况与学校“双一流”建设的目标任务不相适应。从人才培养来看，“构建一流人才培养体系，致力培养拔尖创新人才”是“双一流”五大建设任务之一，要求我们培养具有优良的思想品格、深厚的人文素养、扎实的基础理论和专业知识、强烈的创新意识、宽广的国际视野与浓郁的本土情怀、具备适应未来变化能力和批判性思维创新能力，能够担当民族复兴大任的时代新人。但据有关用人单位调查反馈，我校毕业生在人文素养方面比较欠缺，在历史、地理、哲学、文学等知识方面存在明显短板，不能很好适应新时代和社会的需求，制约着向上发展。习近平总书记指出，“只有培养出一流人才的高校，才能够成为世界一流大学”。我们这样的高校，更要充分发挥人文社会科学的独特育人功能，更加注重人文精神，突出加强人文素养，重视学生的思想境界、人文情怀、道德情操、文艺修养、语言表达能力等养成教育。从学科建设来看，加快创新发展人文社会科学，不但可以实现学校更加均衡的综合性发展，还能够对理工类一流学科建设和其他学科发展提供强大支撑，助推学科在交叉渗透中创新和特色发展，核心竞争力整体迈向更高水平。所以，我们既需要建设高水平的自然科学，也需要建设高水平的人文社会科学，二者不可偏废。

二、以先进理念加快创新发展高水平人文社会科学

理念是行动的先导。面对新形势、新任务，当前和今后一个时期，加快创新发展高水平人文社会科学，必须提高定位站位，从学科导向转向需求导向，从专业分割转向交叉融合，从适应服务转向支撑引领，突出战略性、创新性、融合性、发展性；必须紧扣时代脉搏、根植中国大地、立足中国实践，坚持以全球新科技革命、新经济发展、中国特色社会主义新时代为背景；必须聚焦学校“双一流”建设总体目标，坚持以立德树人为根本，以学术研究为基础，以学科建设为支撑，以队伍建设为核心，优化学科布局，培育创新团队，构筑研究平台，打造高端智库，加快形成新的优势特色。

一要坚持遵循学科规律。人文社会科学发展具有自身的规律性特征：启动涉入的低门槛性、研究积累的长期性、评价标准的主观性、发展效果的客观性、社会需要和学科自身发展的非同步性等。清末著名思想家严复说过，“非新无以为进，非旧无以为守”“统新故而视其通，苞中外而计其全”。人文社会科学发展是一个传承、创新、壮大的过程，必须紧跟学术前沿和时代命题，其中既有社会需求的主导和布局，更需要研究者自己去探寻、发现和捕捉。创新发展高水平人文社会科学，必须遵循学科规律，立足学校自身实际，适应新时代发展需求，不断传承革故鼎新。

二要主动回应社会关切。马克思在《关于费尔巴哈的提纲》中指出，“哲学家们只是用不同的方式解释世界，而问题在于改变世界”。解释世界归根结底也是为了改变世界。人文社会科学发展的根本目的就在于探求人类自身的完善，指导人类文明和社会进步的实践。歌德说过：“理论是灰色的，而生活之树常青。”理论由实践赋予活力，经实践来修正，交实践来检验。因此，创新发展高水平人文社会科学必须因应新时代的伟大变革，必须关注社会发展的重大问题，回答新的社会现象和社会问题，在实践中发展学术，进而引领其发展。

三要高度重视队伍建设。人才资源是第一资源，对于人文社会科学的创新发展尤其如此。人文社会科学教师需要有广博的知识、宽广的视野、科学求是的态度、敏锐的洞察能力和深邃的研判能力。人文社会科学研究，更多的时候不是依靠技巧方法，而是偏重智慧的开启，人的作用尤其重要。创新发展高水平人文社会科学，重中之重的任务是打造一支忠诚、担当、卓越的高素质人才队伍。要不拘一格选人才，强化政策引人才，创造条件用人才，营造环境留人才，让人才在重大扎下根、立住脚、留住心，充分发挥作用。

四要致力培养高远境界。《周易》云:“观乎天文,以察时变;观乎人文,以化成天下。”对人类命运的关怀,对学术的志趣是人文社会科学学者艰苦探索和长期坚守的内在动力本源。“知之者不如好之者,好之者不如乐之者。”人文社会科学教师应当树立探求真理的学术自觉和远大志向,以深厚的学识修养赢得尊重,以高尚的人格魅力引领风气。既不急于求成,也不好高骛远;既要仰望星空,更要脚踏实地。

五要积极营造宽松环境。人文社会科学的知识拓展与创新,特别需要彰显思想开放、学术自由和个体价值。要正确区分学术问题和政治问题,遵循学术无禁区、课堂讲授有规矩的要求,健全学术准则和规范,倡导良好的学术风气,建立公平公正的考核、评价、晋升、激励机制,营造宽松包容的学术环境与氛围。

六要切实推动研教融合。创新发展高水平人文社会科学,既要重视科研、提高学术水平,更要重视教学、提高育人质量,从根本上解决教学、科研“两张皮”的问题,推动人文社会科学全要素育人机制形成。要让学生更多地参与科研项目,接受科研方法训练和科研精神熏陶,引导学生探究真理、追求真知。要推动科研成果融入课堂教学内容、课外实践环节,使之与研究型、探究式教学有机结合,形成研教融合、寓教于研的长效机制。要鼓励支持人文社会科学教师从事科学研究,特别要提高基础文科教师科研能力,助推教学水平和育人质量提升。

三、加快创新发展高水平人文社会科学的总体思路

学校人文社会科学发展,要坚持以习近平新时代中国特色社会主义思想为指导,聚焦“卓越研究、引领社会、国际影响”核心追求,按照“明方向、高水平、入主流、重交叉、创特色”的总体思路,统筹推进人文社会科学与自然科学发展,协调推进人文科学与社会科学发展,全面促进人文社会科学与自然科学、工程技术交叉融合,带动人文社会科学加快创新发展、提升质量水平,切实承担起“以文化人、以文育人、以文培元”使命。

明方向,就是要进一步把思想和行动统一到习近平新时代中国特色社会主义思想和党的十九大精神上来,始终坚持马克思主义的指导地位,引领学校人文社会科学创新发展。强化人文社会科学育人功能,以学生为根本、以学术为基础、以学科为支撑,构筑学生、学术、学科一体化综合发展体系,形成三位一体育人育才格局。加快构建具有重大自身特点的人文社会科学学科体系、学术体系、话语体系,健全和完善教材体系,建立整体评价和个体评价有机结合的科学评价体系。坚持以人民为中心的研究导向,扎根中国大地做学问,从新时代坚持和发展中国特色社会主义的理论和实践中挖掘新材料、运用新方法、提出新观点、构建新理论,为决胜全面建成小康社会、夺取新时代中国特色社会主义伟大胜利、实现中华民族伟大复兴的中国梦贡献重大智慧。

高水平,就是要始终坚持一流标准,以卓越为灵魂,瞄准学科前沿和重大现实问题,志在取得高水平创新性的理论、咨政和育人成果。以小而精的原则发展基础文科,开展高起点、高目标、高质量的学术研究,打造高水准的人文通识教育。以新而特的原则发展新兴交叉学科和新的学科方向,避免低水平重复建设。

入主流,就是要把握国内外学科发展动向,在主流学科和学科主流方向占据一席之地。处理好有特色、

入主流的辩证关系，坚持守正创新，在国际国内公认的学术标准下发展特色交叉学科和学科方向。打造一流师资队伍，产出一流学术成果，发出“重大声音”，提高学术影响力和话语权，使我校人文社会科学发展水平进入国内同类高校的第一梯队。

重交叉，就是要依托学校优势特色学科，通过跨学科合作建设，促进学科交叉融合，拓宽学科领域，形成新的学科增长点，增强学科竞争力。要进一步寻找确定交叉领域和交叉点，搭建交叉平台，完善交叉机制，形成内生动力，推动人文社会科学与理工学科之间及其内部各学科之间的交叉渗透，促进学科之间的良性互动和共同发展，提升学术水平，增强解决复杂现实问题的能力。

创特色，就是要坚持有所为有所不为，集中力量，选准主攻方向和突破口，形成自身学科优势领域。要面向国家、地方重大战略和经济社会发展重大现实需求，立足学校学科基础条件，选取特定领域特定区域的特定问题，从新的角度、以新的方法开展创造性研究和探索，提出创新性的理论观点和解决方案，塑造“重大风格”，彰显“重大特色”。

四、切实担负起加快创新发展高水平人文社会科学的时代责任

习近平总书记在哲学社会科学工作座谈会和全国“两会”期间看望文艺界社科界委员时对广大文化艺术工作者和哲学社会科学工作者赋予了时代使命、寄予着殷切厚望，要求哲学社会科学工作者肩负起启迪思想、陶冶情操、温润心灵的重要职责。中共中央《关于加快构建中国特色哲学社会科学的意见》要求哲学社会科学工作者立时代潮头、发思想先声，积极为党和人民述学立论、建言献策。这为全校人文社会科学工作者特别是人文社会科学教师指明了努力的方向，明确了职责要求。大家要进一步增强责任感和使命感，勇担发展学术、立德树人的历史重任，积极投身国家建设，引领并推动社会健康发展和人类文明进步。

一要做先进思想的倡导者。纵观世界历史，人类社会每一次重大跃进，人类文明每一次重大发展，都离不开哲学社会科学的知识变革和思想先导。中国特色社会主义进入新时代，我国各项事业的发展正经历着历史上最为全面而深刻的变革。这是一个需要新思想引领的时代。任何有理想有抱负的人文社会科学工作者，都应该传承历史的优良基因，立时代之潮头、通古今之变化、发思想之先声，成为不辜负时代的“先进思想的倡导者”。人文社会科学工作者必须旗帜鲜明地坚持马克思主义，必须坚持以人民为中心的研究导向，扎根中国大地做学问，深入社会，深入基层，了解国情社情民情，聚焦人民创造，坚持为人民述学立论，多出经得起实践、人民和历史检验的优秀成果。

二要做学术研究的开拓者。创新是人文社会科学发展的永恒主题，是社会发展、实践深化、历史前进对人文社会科学提出的必然要求。新时代，人文社会科学工作者要不断推进知识创新、理论创新、方法创新，提升学术原创能力。要坚持用中国理论阐释中国实践，用中国实践升华中国理论，创新对外话语表达方式，提升国际话语权，为世界贡献中国智慧和中国方案。我们要提高政治站位、发挥理论优势、突出战略思维，组织深入开展研究，及时推出研究成果，并以此武装头脑、指导实践、推动工作。

三要做社会风尚的引领者。中国知识分子自古就有“为天地立心，为生民立命，为往圣继绝学，为万世

开太平”的情怀,也正是这种情怀使中国的知识分子获得了社会的赞誉和民众的尊重。人文社会科学领域不同程度存在的学术浮夸、急功近利、闭门造车等不良学风,影响了人文社会科学的声誉形象和自身的繁荣发展。广大人文社会科学工作者应当珍视社会的尊重和信赖,继承先人“以人弘道”的精神传统,大力弘扬“崇尚精品、严谨治学、注重诚信、讲求责任”的优良学风,以“板凳要坐十年冷,文章不写一句空”的毅力和“铁肩担道义,妙手著文章”的筋骨,立志做大学问真学问,以严谨踏实的作风,成为社会风尚的引领者。

四要做党执政的坚定支持者。人文社会科学工作者要切实树牢“四个意识”,坚定“四个自信”,坚决做到“两个维护”,始终与党同心、与中国特色社会主义同行、与中华民族伟大复兴同进,积极传播好党和政府的声音,展示好当代社会的主流,反映好人民群众的心声,共同筑牢意识形态主阵地,自觉担负起培养拥护中国共产党领导和我国社会主义制度、立志为中国特色社会主义奋斗终生的有用人才的历史重任,着力培养德智体美劳全面发展的社会主义建设者和接班人,奋力做好“四个服务”。

老师们,同志们!党的十九大开启了中国特色社会主义的新时代、新征程,描绘了决胜全面建成小康社会、夺取新时代中国特色社会主义伟大胜利的宏伟蓝图。中国高等教育也进入新的历史发展阶段。这个伟大的时代,是人文社会科学可以大有作为而且必须、一定能够大有作为的时代。我们一定要牢牢抓住伟大时代赋予人文社会科学的重大发展机遇,紧紧围绕“双一流”建设战略部署,积极适应新时代新要求,加快构建人文社会科学创新发展体系,以新作为、新气象、新成效共同谱写人文社会科学繁荣发展新篇章,推动人文社会科学强力振兴,全面提高学校整体办学实力和育人水平,为早日建成中国特色世界一流大学,实现“两个一百年”奋斗目标,实现中华民族伟大复兴的中国梦而努力奋斗。

选择执着

——在重庆大学 2019 届学生毕业典礼上的讲话

重庆大学校长　张宗益

（2019 年 6 月 28 日）

亲爱的同学们：

夏荷满塘，蝉鸣盈耳。不知不觉又到了充满收获欣喜与离别思绪的毕业季。当你们挥扬手臂把学位帽抛向天空，看着帽穗划出一道道属于青春的弧线时，我由衷地为你们感到骄傲和自豪。祝贺你们成功毕业，身携“重大”徽章，即将开启人生新的征程。

借此机会，我也要向你们表示感谢，感谢你们用多彩青春成就了精彩重大。“没有人永远青春，但永远有人正青春”，正是因为拥有、见证和参与了一代代学子的美好青春，重大才能走过 90 载，犹葆活力，事业日新。我还希望你们与我一起，向身边的老师、同伴以及远方的亲友道一声感谢，感谢他们一路的陪伴支持。迈过今日，前路山高水远，他们的持续关注与鼓励仍将是你们继续奋斗前行的不竭动力。

当今世界飞速发展、瞬息万变，处于不断变化与迭代之中，不确定性成为社会主要的特征。特别是对于“网生代”的你们而言，信息的“刷屏”式轰炸早已成为生活常态。据有关报道，如今一个人一年的信息接收量相当于 17 世纪英国一个农场主 17 年阅读量的总和。层出不穷的新鲜事物通过万千信息渠道不断喷涌，足不出户便能“巡天遥看一千河”，世界在我们眼中越来越小。与此同时，在不断追求速度的道路上，“快消”逐渐占据时代的主题，日常生活的意义浓缩为瞬刻体验。众声喧嚣中，“人生无难事，只要肯放弃”成为新的“至理箴言”。不知不觉，这个时代正在丢失一股弥足珍贵的力量，这股力量曾汇万千梦想成星海，融无数血肉铸山河，这股力量就是“执着”。唯有懂得执着、选择执着，才能于历经千帆的征程中收获无悔人生，这个时代才能锻造真正经得起时间与历史检验的成就，才能在人类文明的丰碑上刻写永恒的印记。

执着是有梦想的追求。

梦想是生命中最耀眼的阳光，是人生奋斗前行的方向与动力。执着的前提是有梦想。没有梦想的执着，就像没有目标的帆，任何方向的风都是逆风。执着于梦想而走过的人生必将自成高格、自带光芒，会让你们在跋涉多年后，真正感受到生命的光彩。我们的校友任正非，正是怀抱带领中国企业站上世界科技创新制高点的远大理想，深耕通信行业 30 余年，让华为凭借过硬的技术实力，在激烈的贸易战中，以游刃有余的姿态，生动诠释了执着于梦想的价值与意义。

执着就要不忘初心。2019 年是中华人民共和国成立 70 周年，也是重大建校 90 周年。时光荏苒，驻足回首，历史成籍，篇篇讲述的都是执着于伟大梦想的精彩故事。70 年风雨路，一代代共产党人接续奋斗，始终不忘“为中国人民谋幸福，为中华民族谋复兴”的初心；90 载兴学途，一代代重大人踔厉奋发，始终铭记“研究学术、造就人才、佑启乡邦、振导社会”的使命，复兴民族，誓作前锋。正是对梦想的执着追求，谱写了世界的东方奇迹，成就了重大的卓绝风采。

执着就要砥砺前行。每一代青年都有自己的际遇和机缘，都要在自己所处的时代条件下谋划人生、创造历史。正所谓“得其大者可以兼其小”，身逢中华民族复兴的关键时期，同学们既面临着难得的建功立业的人生际遇，也面临着“天将降大任于斯人”的时代使命。只有坚持把“小我”融入“大我”之中，将个人理想汇入时代主题，循祖国、母校执着之先迹，胸怀梦想、勇担使命，不负韶华、砥砺前行，方能实现人生价值，升华人生境界。“居高声自远，非是藉秋风”，只要目标高远，属于你们的青春之歌自然能远播各方。

执着是有定力的积淀。

历史过往看风云舒卷，所有高远理想的实现，都必然历经厚积而薄发的过程。“不积跬步，无以至千里；不积小流，无以成江海”，执着就是这样的积淀过程，蕴含着始终保持专注、追求卓越和恪守本真的定力。这种定力尤其珍贵，正是强大人生的核心竞争力，决定着你们能否有效控制自己、充分把握自己，并最终在执着之路上邂逅人生的五彩缤纷。

执着需要保持专注。专注是一种“任世事变迁，寒暑交替，我只此心不动”的境界。有专注才有效率，有专注才有积淀。当今时代，各种纷繁的信息，众多选择的机会，正分散支离人们的注意，让专注成为一种奢侈。保持专注，是一项高级修炼，要学会取舍，懂得拒绝，善于给自己的人生做减法，把时间、精力和智慧投入最重要的事情上，避免事事上心却事事无成。希望同学们都能把有限的生命，专注于正确且重要的事情。

执着需要追求卓越。所谓卓越，就是极致。“做完”与“做好”，只有一字之差，却映射了两种截然不同的人生态度，也是不同人生的分水岭。华裔建筑大师贝聿铭，正是一生秉承“最高级的灵魂，是一生把一件事做到极致”这样的“执念”，才成就了其在世界建筑史上的传奇与显赫。同学们，想要拥有一个别样的人生，最可靠的路径就是拒绝“差不多”，瞄准目标，追求卓越，用一生做好一件事。

执着需要恪守本真。走出校门，你们独自面对世间百态，会感受到“理想很丰富、现实很残酷”。面对现实中的真与假、善与恶、美与丑，能否恪守自我的本真，是一份需要终生回答的问卷。陶渊明东篱采菊，恪守一份自适；李太白醉酒狂歌，恪守一份狂傲；杜子美茅屋疾呼，恪守一份关怀。有意义的人生，一定是活成自己内心想要的样子，而不是别人喜欢的样子。希望同学们无论远行何处，永葆本真之美。

执着是有胆识的坚守。

“初心易得，始终难求。”执着之路注定道阻且长，既不会是一马平川的阳关大道，也不会是平淡无奇的海波不惊。执着的路上，有时会进入无人区，充满未知和挑战，也会遭遇失败，恐惧、孤独、疲惫、失落等都可能是经常的伙伴。执着是一种坚守，这种坚守不仅需要“十年磨一剑”的踏实刻苦、“梅花香自苦寒来”的坚韧不拔，更是需要不惧未知、不惧挑战、不惧失败，彰显无畏的胆识。

执着需要不惧未知。探索未知，是人生的常态。热爱未知，它就是机遇；惧怕未知，它就是障碍。生命最有趣的部分正在于存在着无数难以预料的未知，没有剧本、没有彩排。人生路途中，翻过眼前的山丘，我们或许会收获“柳暗花明又一村”的惊喜，也常常会沮丧地发现“在山的那边，依然是山”。“要以不忧不惧的坚定意志投入扑朔迷离的未来。”美国诗人郎费罗曾以这样的诗句激励世人敢于拥抱未知、执着探索未知，因为唯有如此，有限的生命才能遇见无限的可能。

执着需要不惧挑战。人生正是一种敢于与现实“较真”、不断迎难而上，敢于与自己“较真”、不断突破自我的过程。“桃李春风一杯酒”的潇洒，注定需要“江湖夜雨十年灯”的苦练。回首过往你会发现，最清晰的脚印，往往印在最泥泞的道路上。建材系 83 级校友张宝兰正是选择了“最泥泞的道路”，勇敢挑战“让大体积混凝土不开裂”这一世界级难题，驻守荒岛 7 年试验研发“超级配方”，才最终攻克让海底隧道“滴水不漏”的关键技术，成就了港珠澳大桥这一堪称世界桥梁史上的珠穆朗玛。

执着需要不惧失败。探索未知，迎接挑战，一定会伴随失败。执着与否就要看我们面对失败时的态度。输得起的人，一般只会输一阵子；输不起的人，注定将会输一辈子。古人云：“愿君学长松，慎勿作桃李。受屈不改心，然后知君子。”战胜失败，有时真就需要我们“轴”一点，需要钻一钻“牛角尖”。越是难熬的时候，越要输得起，勇于从头再来；越是想放弃的时候，越要咬紧牙关，敢于屡败屡战。

同学们，执着的人生，始于有梦想的追求，基于有定力的积淀，成于有胆识的坚守。执着的人生，因梦想而闪耀，因笃定而厚重，因勇气而强大。当然，置身大千世界，感受纷繁万物，真正懂得执着，勇敢选择执着，还需要我们明白执着不是思想僵化、坐井观天、固执己见，而是以开放和包容的态度，以广阔的视野和跨界的思维，与时俱进、兼收并蓄、博采众长，为实现梦想“执着”地不断升华自我认知、不断加快自我迭代的过程。我坚信，只要遵循执着本质的纹理，秉持执着辩证的价值，在未来的人生旅程中，同学们一定能避开“快消”的漩涡，远离“速成”的陷阱，以执着书写青春无悔的精彩人生，铭刻绚丽斑斓的时代印记。

亲爱的同学们，90 年前，创校先贤们就在《重庆大学宣言》中立下“不计久远之成功，惟是当前之戮力；不期一驾之企及，惟是十驾之不休”的豪迈誓言。重庆大学正是凭着这份执着，不管风云几何，我自步伐坚毅，眼望星辰，胸怀八荒，树西南风声，领时代风尚，历久弥新，成长为我们无比骄傲的精神家园。未来，同学们回到校园，跨越时间对话青春芳华的自己：“若是初心未改，多应此意须同！”

谢谢大家，再见！

选择重大 成就卓越
——在重庆大学2019级研究生开学典礼上的讲话

重庆大学校长 张宗益

（2019年9月6日）

亲爱的同学们：

大家好！桂影扶疏，青天万里，我们欢聚于山水之城、美丽之地，在此隆重举行2019级研究生新生开学典礼。首先，我代表全校师生员工向你们的到来表示热烈的欢迎！感谢大家选择重大！

嘉陵与长江相汇而生重庆，人文与科学相济而衍重大。重庆大学创办于1929年，今年入学的你们恰逢重大建校90周年。重庆大学研究生教育始于1948年，当年我校著名教授柯召、张洪沅、冯简招收11名研究生，开创了学校研究生教育的先河。改革开放后，重庆大学成为我国首批博士和硕士学位授予单位。2000年，重庆大学获批成立研究生院，之后学校研究生教育取得跨越式发展。2010年，重庆大学成为首批教育部专业学位研究生教育综合改革试点单位，开启了学校专业学位研究生教育快速发展之路。2011年，重庆大学获全国工程硕士教育创新院校称号，并成为全国首批"工程博士"授权试点单位。2019年，重庆大学又成功获批成为全国学位授权自主审核单位，标志着学校研究生教育进入新的历史阶段，我们将致力于打造卓越研究生教育，为同学们的成长成才创造更好的条件，营造更好的氛围。

正如站在历史发展新起点的重庆大学，此时的你们也正式踏上人生的新征程。为此，你们首先需要明确身份定位，转换思维意识，调整精神状态，因为你们即将面对有别于本科阶段的学习生活模式和要求。研究生和本科生有什么不同？至少有几点供大家参考：一是周围的牛人比较多，时不时能体验到跟大神们接触的紧张感与激动感。二是自由时间更多，除了一年级，二、三年级课程很少，有时间自主学习、娱乐、运动、发呆、恋爱，几年后有人更上一层楼，有人白白浪费了时间，今天的开学典礼也可能是同学们未来人生分水岭的起点。三是机会更多，听讲座、搞调研、做实验、宣读论文、出国交流，能不能抓住机会全靠自己，正所谓"我命由我不由天"。四是逐渐成熟并真正独立，研究的问题通常没有最佳答案，需要自己去探索判断，也是对独立能力的检验。这其中，非常重要的是，同学们要善用师生关系，理解导学关系，发挥主动性，与导师共同探索一个新问题、一个未知领域。相较本科而言，研究生学习更要求立足于专业领域开展"知其所以然"的探索，是对自主学习、独立思考以及深入研究能力的锤炼。在实现国家富强、民族复兴的新时代征程中，研究生这一身份带有天然的使命感。这份使命感庄重而宏大,需要大家以融小我入大我的信念,勇担国家富强、民族复兴之责。为此,我与大家分享三点经验。

第一,要以创新成就卓越。

创新是研究生阶段的首要目标,也是研究生学习的核心能力。从创新的本质特征看,从无到有、“从 0 到 1”的原始性、颠覆性创新,是最重要、最根本、起决定作用的创新,也是当前解决我们国家“卡脖子”关键技术最需要的创新,但这种创新也最困难。我们鼓励同学们积极探索和挑战“从 0 到 1”的创新,但也不希望大家觉得创新高不可攀,因为创新还有渐进的一面。

事实上,在质变式创新之外,还存在量变式的“微创”,一项小发明、一点独特想法,铢积寸累、集腋成裘,都能为人类社会进步做出贡献。理工类实验室里一个模型结构的调整,文史类诗篇文章中一段语句辞藻的更替,艺术类练功房中一串音符韵律的变动,这些各具学科色彩的推陈出新同样彰显着创新的魅力。诺贝尔经济学奖获得者丹尼尔·卡内曼从自身心理学专业出发,向经济学领域延展,开创出心理经济学,成为“跨界”创新的典范。同学们作为新时代下的研究生,希望你们以创新为要,在科研训练中,培养创新思维、提高创新意识、学习创新方法、提升创新能力,真正学会创新。

第二,要以专注成就卓越。

有人说轻松读研的秘籍是自己要努力。做学问没有捷径可走,要有十年磨一剑的专注精神,潜下心来把冷板凳坐热。《资本论》背后的“马克思脚印”,爱迪生的 7 000 次实验,这些传世不朽的故事皆在告诉我们这一道理。

同学们放弃进入职场,或者从职场回归,继续深造,攻读硕士或博士学位,相信都是大家面向未来,做出的理性选择,希望通过读研,进一步沉淀知识、拓展视野、丰富思维、淬炼能力、提升修为,为人生长远发展打下更加坚实的基础。因此,大家一定要真读研,选对一个问题,探索这个问题,学会主动学习。而不是缺乏追求、缺乏思考的假读研,空耗自己的时间与生命。

第三,要以多彩成就卓越。

“一入学门深似海”,锐意创新,专注于学,往往也意味着你需常伴“独上高楼”的寂寞,坚持往返于寝室与实验室或图书馆的两点一线。有人说,搞科研就是一条孤独无趣的路。但我想说,读研的生活会如何,完全取决于你自己。

你可以立足兴趣,广博求知。自然科学严谨精妙,人文社科博大幽深,无论是何种研究领域都存在其独具风格的魅力。而真正聪明的人善于捕捉和感知这些魅力,从中挖掘自身的兴趣点,从兴趣出发创造研究的价值。“嗜之越笃,技巧越工”,专业领域内依据于兴趣的课题选择会让枯燥的数据理论变得鲜活生动;专业领域外依据于兴趣的探索发现能在思维碰撞的过程中体验世界的多维。总之,希望同学们懂得从兴趣入手,收获学习的快乐。

你可以知行合一,积极实践。科研之外,学校也为你们搭建了各类实践培养平台。大家可以在教学实践中巩固理论知识，同时以辅助教学的形式深化对知识的理解；可以在对外交流实践中开拓视野，体验跨文化风情，提升国际化素养；也可以在创新创业实践中发挥本领，锤炼技艺，强化责任心。相信在科研之余，积极走出书斋，于实践中历练成长，你们会拥有更开阔的心境。

你可以广结良友，丰富生活。研究生群体身份多样，有刚入学术之门的硕士，也有早已深谙学术之道的博士；有的刚从职场撤离，有的仍在边工边读。不同年龄层次，不同社会阅历的人在一起，必将开阔拓展大家的认知视野。置身其中，你们将会增添思考观察事情的多种角度，发现解决问题的多种可能。“天下快意之事莫如友”，希望同学们广结良友，在彼此互动中丰富阅历和智识，让科研之旅因志趣相投、惺惺相伴而散发出温暖的光芒。

同学们，下个月我们就将迎来中华人民共和国成立 70 周年国庆，也会迎来重庆大学建校 90 周年校庆。长期以来，一代代重大人秉承“研究学术、造就人才、佑启乡邦、振导社会”的办学宗旨，践行“耐劳苦、尚俭朴、勤学业、爱国家”的校训精神，在探寻未知、追求真理、矢志创新的道路上前赴后继，为国家富强、民族复兴做出了卓越贡献。“鹰击天风壮，鹏飞海浪春。”今天，你们选择重大，成为九秩薪火的传承者，希望大家弘扬重大精神，勇担时代使命，以创新、专注、多彩的研究生生活，成就卓越！

谢谢大家！

青春接力　筑梦前行

——在重庆大学2019级本科生开学典礼上的讲话

重庆大学校长　张宗益

（2019年9月8日）

亲爱的同学们：

上午好！高斋闻雁鸣，桂华秋皎洁，很高兴在这个美好的时节与大家相见。你们的到来，为秀美虎溪平添了青春灵动，更为弘深学府注入了蓬勃生机。祝贺大家如愿步入大学殿堂，欢迎大家选择重大筑梦前行！

能够亲自见证重大成为“90后”的那一刻，你们无疑是幸运的，而我更看到这幸运背后，是“00后”的你们日夜挥洒的汗水和坚韧不拔的勇气，它们点亮了你们的青春底色，让飘扬的“重大蓝”愈加生动光彩。同学们，5个月前，也就是在你们紧张备考的日子里，重庆大学校旗正是从你们脚下的这片土地出发，开启了一场跨越全球74个城市的传递之旅。她承载着母校对远行游子的关爱与祝福，寄托着40万重大人对母校的思念与情愫，再一次向世人展现了90载兴学报国的风雨从容。

1929年，重大在救亡图存的时代呼唤中应运而生，从此便投身于“建完备弘深之大学”的迢迢征途。经受过物力维艰，遭受过战火纷乱，承受过牺牲悲恸，但她昂首不屈，百折不回，始终以“研究学术、造就人才、佑启乡邦、振导社会”的责任担当，以“耐劳苦、尚俭朴、勤学业、爱国家”的笃实力行，为民族独立、人民解放和祖国富强培养了大批优秀人才，首创了累累学术成果，写就了树声西南、引领风尚的壮丽篇章。改革开放以来，重大更是紧紧抓住国家实施科教兴国战略、人才强国战略和三校合并的历史机遇，先后跻身“211工程”“985工程”重点建设高校和“世界一流大学建设高校”行列，开启了“对标一流、追求卓越、服务发展、引领未来”的新征程。

同学们，爱国奉献、自强不息，是一代代重大人砥砺青春、接续奋斗的真实写照。重大在90年的上下求索、革故鼎新中，淬炼了振兴中华、匹夫有责的爱国精神，涵养了崇尚学术、追求真理的科学精神，磨砺了勤俭朴实、吃苦耐劳的奋斗精神，锻造了锐意进取、勇于创新的时代精神，它们指引着我们执梦前行，成为弥足珍贵的精神财富。作为最年轻的重大人，衷心希望你们珍惜眼前际遇，以时不我待的紧迫感和责无旁贷的使命感，用心感受、认知、获取并传承重大精神的伟大力量，早日成长为九秩薪火的光荣接力者、新时代的勇敢追梦人。

筑梦前行，要弘毅笃志，做一名有目标的“实心人”。

“站得高”才能“看得远”。《朱子语类》有云：“为学须先立志。志既立，则学问可次第着力。立志不定，终不济事。”悬梁刺股、凿壁偷光、程门立雪、牛角挂书……这些与学习相关的成语，无一不是古人求学意志的象征。时至今日，大学生活的正确打开方式，依然是先为自己树立前行的目标。有的同学，很早便立定志向，以理想指引学习，对他们而言，学习就是世界上最快乐的事；而有的同学始终不知为何而学，“拔剑四顾心茫然”。同学们，“有志”才会“有心”，让我们点燃青春理想，坚定信念再次出发，永远不要做没有方向、举步不前的“空心人”。

苏轼说，“古之立大事者，不惟有超世之才，亦必有坚韧不拔之志。”崇高的理想信念是建功立业的明灯，也是慎独自修的警钟。90 年栉风沐雨，重大人正是恪守着“复兴民族、誓作前锋”的坚定信念，才将学校发展与民族、国家的前途命运紧密相连。你们恰逢在实现中华民族伟大复兴的关键时期步入大学校门，更要以“复兴民族”的前锋宏志，根系祖国、魂系民族、情系人民，主动担负起时代使命，立足“少年志四方”的抱负与志向，自强自立，实干担当，日后才不会因嗟叹“韶华不为少年留”。

在“立大志、做大事”的同时，我还希望你们“立小志、谋小事”，把梦想具体化、把目标实心化。换言之，就是要在日常学习生活中，合理规划、设计属于自己的发展蓝图，并在实践中结合个人所学、爱好特长以及社会发展趋势，不断地优化“人生的小目标”。你们的学姐，新闻学院的白紫冉同学，自入学起就立志继续深造，并为此不懈努力。大一打基础，大二开始做科研，大三开始出成果……在获得 3 次国家奖学金、6 次甲等奖学金以及 30 余项其他荣誉后，她终于如愿以偿地被推免为中国人民大学新闻专业研究生。你们的另外一位学姐，就读于弘深学院的杨正洁同学，立志于为推动新型能源发展而奋斗，大学四年一边夯实理论基础，一边通过实践锤炼科研技能，拿下全国节能减排大赛一等奖，并在今年夏天如愿收获了宾夕法尼亚大学、加州大学伯克利分校等八所世界顶尖高校的 offer。同学们，在仰望星空的同时，不要忘记脚立大地，理想与现实不会百分百契合，但要在二者的最佳平衡中，澄澈心思，修炼内功，摒除诱惑，迎接挑战，从而达成人生追求的新高度。

筑梦前行，要勤学慎思，做一名会学习的“明白人”。

大学是熔铸新知、传承文明的殿堂，也是启迪心智、塑造灵魂的圣地。重大学子素来以“勤学业”作为向学求真的根本，希望你们以前辈为荣，在优越的学习环境中，深潜学术，学思并进，历练专注，掌握独立思考、明智善辨的能力。

大学与中学存在着天然不同，在大学要培养家国情怀，养正人格品行，树立正确的价值取向，建立广博深厚的知识结构，历练融会贯通的思维方式，以实现科学精神与人文素养协调发展，最终消弭文理分科造成的知识结构的缺陷。你们的学长，建筑学院的陈飞樾同学，现已进入麻省理工学院建筑与都市研究学系继续深造。提及对建筑学的认识，他说：“这个学科外延很广泛。一方面建筑学中很多理论是针对基本的结构、形态，另一方面又会向社会学方向延展。”正是这种交叉融合、学思并行的学习方式，促使他突破了专业局限,从多维视角发现了学术理性与人文感性交汇的闪光点。

大学学习的本质,是学会如何在读书中思考,如何在思考中读书。到目前为止,读书还是世界上最好的学习途径,没有之一。值得注意的是,读书与思考唯有结合在一起,才会产生新质的“化学反应”。有的书会帮我们填补知识空白,有的书会帮我们架起不同领域的桥梁,有的书甚至会颠覆我们的世界,但思考会将书中传递的信息,通过融合、碰撞,吸纳进我们的知识体系中,最终为我所用。就像叔本华所说,只有通过自己独立思考获得的知识,才能融入我们的思想体系,成为整个思维体系的一个鲜活部分,并与整体保持一种完整、坚实的联系。我希望你们每一年能够阅读至少50本老师列出的学业参考书,如果做到了,请告诉我,我会真心向你道贺。

筑梦前行,要身体力行,做一名重实干的“有为人”。

前行的目标一旦确立,其实现的关键就在于坚持和行动。把人生规划说得天花乱坠或想象得妙不可言,都不如躬行实干来得实际。我们不曾见到有谁能以“洪荒之力”轻松改变世界,却总能在现实中看到“铁杵成针”和“水滴石穿”的鲜活事例,就像我们经常作为人生榜样的那些重大人,他们无一不是勤奋、毅力、勇气、持之以恒的典范代表。挺进《最强大脑》全国12强的材料学院王德才同学说:“你会发现有很多人,一直在做规划,把大部分时间花在想我要干什么,但从来没有去践行。所以我更愿意一步步来,做好眼前事。”步步为营的实干,远比心浮气躁的空谈,更显弥足珍贵。希望你们遵从内心信念,不舍十年寒窗苦读的韧性,始终以奋斗的脚步,铿锵的足印,追梦的劲头,向着未来全力以赴。

要将梦想变成现实,还必须秉持创新精神。创新始终是重大发展的核心动力,从第一座35千瓦短波电台的问世到第一台工业计算机断层扫描成像装置的诞生,从第一批棓酸塑料的研发,到让月球生长出第一片绿叶的“生物科普试验载荷”实验,重大因创新而日益精彩。创新的本质是追求真理,希望同学们在积淀广博知识的同时,秉守精益求精的治学要求,发扬不懈探索的实干精神,树立“不法古,不循今”的批判思维,勇敢面对挫折和失败,不惧挑战权威,大胆开拓创新,力争有所发现、创造和突破。

相对中学而言,大学是开放的、宽广的、活跃的,被老师家长呵护的、被动的学习生活方式一去不复返,但这并不意味着你们从此可以“不羁放纵爱自由”,我希望你们守住初心,保持理想,理性思考,不要亦步亦趋地玩乐,不要随波逐流地游戏,不要浑浑噩噩地上课,不要人云亦云地交友,正确处理好现实世界和虚拟世界的关系,不要产生“自己比别人了解得更多”的幻觉。同学们,你们最大的优势就是年轻,最大的劣势可能也是年轻。因为年轻,你们标榜独立和自由;因为年轻,你们又很容易跟从大众和“潮流”。你们就如同璞玉,内心深处的美好是至纯至净的,只是在雕琢时,需要投入百倍的呵护。我相信重大一定能给予这种关爱,高质量立德树人。

同学们,身为青年,应“人人奋青春之元气,发新中华青春中应发之曙光”。百年前的民族革命,青年人勇举先锋火把,一往无前威震寰宇;70年前的大国巍立,青年人高扬主力旗帜,前赴后继气贯长虹;今天的你们,更应汇聚磅礴的青春力量,以热血与担当共奏砥砺前行的时代和声。习近平总书记说,有信念、有梦想、有奋斗、有奉献的人生，才是有意义的人生。愿大家珍惜时光，继承与发扬重大精神，乘时代东风，担时代使命，以青春之我、奋斗之我，成就青春之重大、青春之中国！

谢谢大家！

复兴民族　誓作前锋

——在重庆大学建校90周年纪念大会上的致辞

重庆大学校长　张宗益

（2019年10月12日）

尊敬的各位领导、各位来宾、各位校友，老师们、同学们、朋友们：

今天，我们在此隆重集会，共同庆祝重庆大学建校90周年。首先，我谨代表学校，向莅临大会的各位领导、各位来宾、各位校友表示热烈的欢迎和衷心的感谢！向全球重大人致以节日的问候和诚挚的祝福！

11天前的国庆盛典，鲜花竞放，万众欢腾，我们与亿万人民一起，共贺佳节，同享荣光。那一天，最直击我们心底的是，华夏儿女于国家前途充满热望，对未来生活充满向往，曾经积贫积弱、饱受欺凌的中华民族，以坚韧不拔、砥砺前行的信心与勇气，迎来了伟大复兴的光明前景。此时此刻，我们齐聚在风雨操场，共同追忆重大人为民族复兴而奋斗的沧桑风雨，共同感怀重大人为国富民强而立学的赤子初心，共同向重庆大学90华诞献上最美好的祝愿。

翻开重庆大学的办学历史，每一页都见证了大学发展与国家强盛、民族复兴的休戚与共。重大90年的发展历程，既是近现代高等教育发端到新中国高等教育蓬勃发展的生动写照，更是一部报效祖国、服务人民的创业史、奋斗史。

20世纪初的中国，内忧外患，战乱频发，民众在苦难中挣扎，巴渝大地广大爱国志士高呼“文化学术之兴衰，关系国家民族之兴亡”，为教育救国、兴学图强四方奔走。1929年10月12日，一声清脆的行课铃，在长江岸边的杨家花园敲响，重庆大学宣告成立。这一铃声，吹响了重大人“建设完备弘深之大学”的梦想号角，开启了重大人“研究学术、造就人才、佑启乡邦、振导社会”的奋进征程。

创办之初，重庆大学在风雨飘摇中顽强成长，经受过物力维艰，遭受过战火纷乱，承受过牺牲悲恸。无论风云几何，广大师生高唱着“启兹天府，积健为雄”，众志成城，勇往直前，艰苦创业，积极投身民族独立与解放的革命斗争，铸就了重大人“耐劳苦、尚俭朴、勤学业、爱国家”的精神风貌。1935年，成为四川省立大学。1942年，成为当时中国学科门类最为齐全、综合实力最为雄厚的国立大学之一，拥有文、理、工、商、法、医六大学院，蜚声海内外。

中华人民共和国成立后，重庆大学在变革图强中奋楫中流，不断发展壮大。1952年，为支持国家高等教育发展，学校文、理、商、法、医5个学院以及工学院中的土建系、化工系、无线电系等调出，创建和支援了国内10余所兄弟院校。1960年，学校被确定为全国重点大学，成为国家布局西部、有重要影响的，以机械、电气、动力、采矿、冶金等工科为主的多科性大学，为国家工业建设、"三线"建设、军工建设培养了大批高级专门人才。

改革开放以来，重庆大学抢抓人才强国、科教兴国、重庆直辖、西部大开发等重大战略机遇，加快改革发展步伐，综合办学实力快速提升，谱写了与民族共命运、与时代共发展的崭新篇章。1998年，入选"211工程"重点建设高校。2000年，原重庆大学、重庆建筑大学、重庆建筑高等专科学校三校合并组建为新的重庆大学，奠定了高水平大学建设的坚实基础。2001年，入选国家"985工程"重点建设高校。2004年，成为中央直管高校。2017年，入选"世界一流大学建设A类高校"，学校发展迈入新的历史时期。

90载薪火赓续，一代代重大人坚守着"复兴民族，誓作前锋"的铿锵信念，以中华儿女的万丈豪情，投身于兴学强国的伟大征程中，这面凝聚着大学使命、镌刻着民族自觉、体现着时代风貌的"前锋旗帜"，就是我们弥足珍贵的精神财富，也是我们生生不息、坚韧前行的永恒动力。

90年来，重庆大学始终以研究学术为使命，勇作科技创新的前锋。历代重大人坚持以学术研究、熔铸新知为永恒追求，自强不息、孜孜不倦，敢履崎岖登绝顶，为国家科学技术进步做出了重要贡献。国内首次北极科学考察，第一座35千瓦短波电台，第一批棓酸塑料，第一次发现3亿年前古生物节甲类鱼化石，高校第一个国家发明奖，研制成功第一台工业计算机断层扫描成像装置，生长出月球第一片绿叶的嫦娥四号生物科普试验载荷……重大人用潜精积思的严谨治学，用脚踏实地的学术成就，为经济发展、社会进步和人民福祉，贡献着重大智慧和重大力量。

90年来，重庆大学始终以造就人才为根本，勇作卓育菁莪的前锋。重大始终铭记"人类之文野，国家之理乱，悉以人才为其主要之因"的先贤警训，自创办之初就以"择天下英才而用之"的气度广延名师、施教育人，马寅初、李四光、何鲁、冯简、柯召、陈志潜、吴宓、吴冠中等名师巨匠在此授业科学、传道人文，造就了学术争辉、文化交融的生动局面，形成了严谨的治学、育人传统。历届40余万重大菁英成为祖国建设各条战线的中坚力量，其中当选为两院院士的有40余人，他们用创造、执着和坚忍，为民族复兴拼搏奉献，为人民幸福建功立业，书写着矢志报国的绝美华章。

90年来，重庆大学始终以佑启乡邦为责任，勇作造福桑梓的前锋。重大建校于1929年，重庆建市于1929年，重大与重庆市相伴九秩，始终同心同向、互助并进、荣辱与共。巴渝大地孕育了重大、浸润着重大，塑造了重大爱国进取、坚忍顽强、开放包容、自由民主的基因和品质。"因渝而生，依渝而兴"的重大，始终以"增进本埠之繁荣，拓殖西南之福利"为己任，从解放碑的设计到支援三线建设，从西电东输到三峡库区保护，从超过1/3的毕业生留渝工作，到全方位对接服务重庆打好"三大攻坚战"和实施"八项行动计划"，重大以实际行动为重庆发展聚势赋能，成就了大学与城市融合发展的典范。

90年来，重庆大学始终以振导社会为理想，勇作引领风尚的前锋。阔步于科教兴国之大路，激昂于民族复兴之大潮，重大人以"明知困难滋多，相期黾勉勿替"的昂扬斗志，以"惠助其始，乐观其成，加以教督而不我弃也"的坚定信心,肩负起"基于社会自然之需,不徒藉以润色鸿业"的时代重任。抗战岁月,山河破碎,师生同袍齐心戮力,共御外侮,以血肉之躯抗击敌寇,气贯长虹;学校不顾自身困窘,毅然为内迁至此的中央大学提供土地,建设校舍,慷慨相助;为追求民族独立与人民解放,周均时、张现华、何柏梁、薛传道等革命志士烈卧青冈,魂铸红岩,铁骨铮铮。无论是点亮"沙磁学灯"、高擎"红岩旗帜",还是和平年代"哪里有建设,哪里有工业,哪里就有重大人";无论是对服务国家战略需求和区域经济社会发展的主动请缨,还是为提升一流大学治理能力作出的革故鼎新,无不体现出重大儿女为社会进步、为民族复兴的使命担当。

老师们、同学们、朋友们:

回首来时的路,有凝望初心的感动,有岁月涤荡的厚重,有攀山越岭的豪迈,有勇立潮头的澎湃。特别是"双一流"建设以来,学校在人才培养、学科发展、队伍建设、科学研究等方面均取得了显著进步,在一些关键领域实现了历史性突破,全校师生、广大校友和社会各界对学校发展的信心明显增强,投身和支持学校发展的积极性主动性创造性得到极大调动,全校上下干事创业的精气神进一步提升,呈现出快速向上向好的发展势头。展望明天,党的十九大已经开启实现中华民族伟大复兴的新征程,中国特色社会主义建设已经进入新时代,对高等教育的需要比以往任何时候都更加迫切,对科学知识和卓越人才的渴求比以往任何时候都更加强烈,中国高等教育发展正迎来崭新的春天,我们肩负的责任更大,面临的机遇更多。

"行百里者半九十。"在办学 90 周年这样一个重要时点,作为国家在西部重点部署的世界一流大学建设 A 类高校,重庆大学承载着党和国家新的希望和更高要求。面向未来,我们必须进一步提高站位和定位,坚持以习近平新时代中国特色社会主义思想为指导,增强"四个意识",坚定"四个自信",坚决做到"两个维护",全面贯彻落实党的教育方针,把牢社会主义办学方向。我们要从 90 年光辉办学历程中汲取智慧和力量,不忘初心、牢记使命,复兴民族、誓作前锋,坚持以发展为要义、以卓越为灵魂、以人民为中心,对标一流、追求卓越,服务发展、引领未来,奋力推进"双一流"加快建设、特色建设、高质量建设,努力探索中国特色世界一流的大学之路,共同建设好、发展好重庆大学,以更高质量的办学成就和更高水平的育人能力,更好担负起为党育人、为国育才的历史重任,不负党和人民的重托与厚望。为此:

我们要坚持立德树人,着力培养一流创新人才。人才培养是大学的核心使命。我们将坚守大学本位,突出德智体美劳"五育"并举,加快推进"三全育人"改革试点,全面深化人才培养模式改革,努力打造中国特色重大风格的一流本科教育体系,全力构建支撑"双一流"建设的卓越研究生教育体系,培养更多有理想、有本领、有担当的社会主义建设者和接班人。

我们要坚持内涵发展,着力构建一流学科体系。一流学科是一流大学的基础。我们将紧紧围绕"双一流"建设整体目标,按照"强化工科、夯实理科、振兴人文社科、拓展医科、推动交叉、发展新兴学科"的总体思路,尊重学科发展规律,大力实施五大类学科重点建设项目,优化学科综合布局,深化学科内涵建设,构建一流学科体系,打造一流学科高峰。

我们要坚持以人为本,着力建设一流教师队伍。人才的高度决定大学的高度,一流的大学关键在于一流的大师。我们将继续深入实施人才强校战略，不断健全完善“四层次七类别”人才引育体系，打造“近者悦、远者来”的制度、环境和氛围，大力引进和培育具有全球视野和国际水平的领军人才、学术带头人、优秀青年学术骨干及创新团队。

我们要坚持创新引领，着力培育一流创新成果。一流大学最重要的标志是拥有一流的创新成果。我们将抢抓创新驱动发展重大机遇，瞄准国际学术前沿和国家、地方重大战略需求，聚焦大平台、大团队、大项目、大成果，继续加强科研前瞻布局，不断完善“1+5”科技创新体系，鼓励“从 0 到 1”的原始创新，促进高水平科研成果产出，提升科技核心竞争力。

我们要坚持传承创新，着力营造一流校园文化。一所大学的文化反映着学校的历史积淀和血脉基因，是实现大学功能的精神动力和力量源泉。我们将紧紧围绕“关爱学生、尊重学者、崇尚学术”这一大学文化内核，弘扬优良校风学风，繁荣校园文化，建设优美环境，不断通过对学校文化的内涵挖掘、载体培育和品牌打造，唱响主旋律、汇聚正能量、树立新风尚。

我们要坚持开放办学，着力扩大国际学术声誉。国际化是一流大学建设的重要牵引。我们将放眼全球，继续深入实施国际化发展战略，创新完善国际化发展体制机制，积极营造有利于国际化发展的良好生态，加快提升国际竞争力和影响力，努力在国际高等教育和科技创新舞台上以及“一带一路”建设、人类命运共同体构建等国家开放战略中担当重大使命。

我们要坚持扎根重庆，着力提升服务发展能力。城市孕育大学，大学滋养城市。我们将坚持以服务求支持、以贡献求发展，把服务重庆作为学校发展最主要的方向、最根本的动力、最重要的路径、最核心的任务，不断增强匹配和对接重庆发展的能力，为重庆立足“两点”定位，实现“两地”“两高”目标，发挥好“三个作用”提供强有力的人才、科技和智力支撑。

我们要坚持依法治校，着力完善现代治理体系。一流的大学需要一流的制度构建。我们将加强党对学校的全面领导，贯彻落实好党委领导下的校长负责制，继续深化校院两级管理体制改革，加强学术治理体系建设与作用发挥，完善民主管理和监督机制，健全以大学章程为统领、科学规范的现代大学制度体系，提升办学治校能力和水平，不断激发和释放办学活力。

老师们、同学们、朋友们：

重温初心引九秩薪火，大有可为领创新时代。习近平总书记强调，“历史只会眷顾坚定者、奋进者、搏击者”。90 载栉风沐雨，90 载漫漫征程，“复兴民族”的精神信念，“誓作前锋”的永恒追求，早已根植于每位重大人的灵魂深处，成为重庆大学的精神内核。在当下，它肩负着全体重大人建设中国特色世界一流大学的希望与梦想，指引着我们奋勇前行。站在新征程新起点，让我们昂首阔步，以气吞山河的磅礴力量，和衷共济，再次出发，共同为成就重庆大学下一个 90 年的辉煌，为实现“两个一百年”奋斗目标和中华民族伟大复兴的中国梦而努力奋斗！我们坚信，重大的明天一定会更加美好，祖国的明天一定会更加辉煌。

谢谢大家！

(二)年度工作要点与总结

中共重庆大学委员会　重庆大学2020年工作要点

学校工作总体要求:高举中国特色社会主义伟大旗帜,以习近平新时代中国特色社会主义思想为指导,深入贯彻党的十九大和十九届二中、三中和四中全会精神,深入学习贯彻习近平总书记关于教育的重要论述和全国教育大会、学校思想政治理论课教师座谈会精神,按照"五位一体"总体布局和"四个全面"战略布局,增强"四个意识",坚定"四个自信",做到"两个维护",坚持稳中求进工作总基调,坚持高质量发展,坚持和完善党对学校工作的全面领导,深入推进世界一流大学内涵建设,落实立德树人根本任务,提高高质量人才培养能力,加强治理体系现代化建设,深入实施"奋进之笔",办好人民满意的大学,为决胜全面建成小康社会、实现"两个一百年"奋斗目标做出应有贡献。

一、坚持和完善党对学校工作的全面领导

1.持续深入学习贯彻习近平新时代中国特色社会主义思想及党的十九届四中全会精神

问题描述:学以致用、学用结合还不够,在学懂弄通做实方面有待进一步加强,效果有待进一步深化。

目标任务:进一步学懂弄通做实习近平新时代中国特色社会主义思想,引导广大师生树牢"四个意识",坚定"四个自信",坚决做到"两个维护"。

工作措施:持续抓好校院两级党委理论学习中心组学习,将习近平新时代中国特色社会主义思想作为重点学习内容,在学深悟透上下狠功夫,在真学真懂上求实效。完善学习教育、研究阐释、理论普及等方面制度机制,建设和用好"学习强国"学习平台,推出一批高质量、有深度、有分量的理论研究成果,着力强化理论武装、教育师生、指导实践,为学校内涵式发展提供坚强思想保证和强大精神动力。

责任单位:党办、宣传部。

2.全面贯彻落实党委领导下的校长负责制

问题描述:党委统一领导、党政分工合作、协调运行的工作机制有待进一步完善,对议决事项的督查、评估和反馈机制还不够健全。

目标任务:充分发挥学校党委领导核心作用,把方向、管大局、作决策、抓班子、带队伍、保落实,切实履行管党治党、办学治校主体责任。

工作措施:学校党委切实履行管党治党、办学治校主体责任,坚决落实中央决策部署,持续完善学校领导体制和运行体制,推动管党治党和办学治校紧密融合。认真落实意识形态工作责任制。健全和完善学校党委以及各二级党组织在工作中总揽全局、协调各方的工作机制。加强对党委常委会会议、校长办公会议议决事项的执行、监督、问责追责及执行情况报告。加强学校领导班子自身建设,加强党建带团建,充分发

挥党外代表人士、教职工代表大会及工会等组织作用。

责任单位:党办、校办。

3.不折不扣落实立德树人根本任务

问题描述:立德树人、教书育人的意识需进一步增强。

目标任务:全面推进“三全育人”综合改革。

工作措施:深入贯彻落实《新时代爱国主义教育实施纲要》,加强思政工作队伍建设,持续推进习近平新时代中国特色社会主义思想进教材进课堂进头脑。深化“三全育人”综合改革,全面构建“十大育人”工作体系,积极推进“六大育人阵地”建设和虎溪校区示范区建设,积极做好综合改革试点验收工作。完善师德师风建设长效机制。持续推动“高校思想政治工作创新中心”建设。加强学生体育、美育和劳动教育,充分发挥学生社团育人功能。以第二批全国文明校园创建工作为牵引广泛开展文明校园创建工作。

责任单位:党办、校办、宣传部、“十大育人”工作体系建设牵头单位、“六大育人阵地”建设牵头单位、虎溪党工委、虎溪管委会。

4.持续加强党的组织建设和干部队伍建设

问题描述:“不忘初心、牢记使命”制度化建设有待进一步加强,干部队伍适应新时代、实现新目标、落实新部署的能力有待进一步提升。

目标任务:建立“不忘初心、牢记使命”主题教育制度,推动党建工作规范化、制度化,提高干部队伍建设质量。

工作措施:深入实施“对标争先”建设计划,做好全国党建工作“示范高校”“标杆学院”“样板支部”的创建验收工作,抓好智慧党建云平台建设,完善“双带头人”培育和作用发挥机制。建立和完善“不忘初心、牢记使命”主题教育制度。贯彻落实激励广大干部新时代新担当新作为的实施意见,加强中层领导班子和干部队伍建设,完善干部担当作为激励机制,持续推进优秀年轻干部工作,全面落实党员干部教育培训规划,增强干部队伍活力,建设高素质专业化干部队伍。

责任单位:组织部。

5.积极推进学校全面从严治党向纵深发展

问题描述:“两个责任”压实不够,“四风”问题禁而未绝,巡视整改仍需深化,校内巡察推进力度需要加大。

目标任务:推动“两个责任”贯通协同、形成合力、一体落实,促进全面从严治党向纵深发展、向基层延伸,持续正风肃纪,建设良好政治生态。

工作措施:严格执行《重庆大学深化落实全面从严治党责任清单》,进一步压实“两个责任”。加强政治监督,建立完善配套的政治监督工作机制。紧盯“关键少数”和“重点领域”做实日常监督,抓好廉政风险防控,切实规范制约权力运行。巩固拓展作风建设成效,锲而不舍落实中央八项规定及其实施细则精神,持续发力纠治师生身边作风和微腐败问题。持续深化巡视整改落实工作,开展巡视整改“回头看”。加大校内巡察力度,压实工作责任,推进巡察同步整改。

责任单位:党办、纪委办、巡察办。

二、加强世界一流大学顶层设计

6.总结“十三五”启动“十四五”规划编制

问题描述:“十三五”规划实施情况需要系统总结,“十四五”规划编制工作需要及时启动。

目标任务:结合“十三五”总结,启动学校“十四五”规划编制工作,推动落实把学校相关发展项目纳入重庆市“十四五”规划。

工作措施:在“双一流”建设中期自评及整改的基础上,做好“十三五”总结评估工作。加强规划研究,分析研判高等教育事业发展的阶段性特征、面临的机遇和挑战,开展重大问题咨询论证,启动“十四五”规划编制工作。坚持统筹协调,加强与国家、区域、行业规划的对接,积极推进相应的体制机制改革,积极推动把学校相关发展项目纳入重庆市“十四五”规划,大力促进“双一流”建设和全面发展。

责任单位:发规处、双一流办。

7.稳步推进“双一流”内涵建设

问题描述:学科有高原、缺高峰,缺乏支撑培养引领未来和具备国际竞争力的学科。

目标任务:五类重点项目(学科群、水平提升、跨学科合作、新兴学科培育、学科公共服务平台)建设取得预期进展,有效发挥示范带动作用。全力推动校级学科公共平台谋划建设。

工作措施:持续推进“双一流”重点建设项目实施,做好“双一流”建设监测指标体系填报工作,做好“双一流”建设方案与学校发展规划的衔接。加快谋划大物理、大生命、大土木、泛信息、泛智造等领域校级公共平台构建,为学科和教师的发展提供强有力支撑。

责任单位:发规处、双一流办。

8.继续推进学科布局调整

问题描述:理科、基础文科、医科等基础相对薄弱,学科发展不平衡、不充分的矛盾突出。学科学院小、散的状况没明显改变,支撑国家急需、产业转型升级、区域发展的新兴学科和交叉学科较为缺乏。

目标任务:坚持“对标一流、追求卓越、服务发展、引领未来”的发展理念,着力建设相互支撑、交叉融合、协同发展的一流学科体系。

工作措施:深入研判学科发展新趋势和未来国家重大布局,前瞻性把握学科专业“卡脖子”与“不可替代”的战略关系,整合强化一流学科高地,大力加强理科、基础文科、医科建设,推进“人工智能”学科建设,优化调整学科布局。做好学科参评规划,迎接全国第五轮学科评估。

责任单位:发规处、双一流办、研究生院。

三、提高高质量人才培养能力

9.进一步深化本科教育教学改革

问题描述:本科人才培养模式需要从专业教育逐步向通专融合过渡,以学生成长与发展为中心的理念应贯穿于人才培养的全过程。

目标任务:稳步构建中国特色、重大风格的一流本科教育体系。

工作措施:举办全校在线教学经验交流会,推进线上线下混合式教学、研究性教学改革。持续开展和全面推进课程思政。开展图书馆和档案文化服务于本科教育教学的改革。扎实做好基础学科招生改革试点(强基计划)工作,与基础学科拔尖人才培养有机衔接。成立本科生院,进一步深入推进本科大类招生及大类培养模式改革。加强校地、校企合作,筹备成立学生创新中心(X-CENTER)。实施《重庆大学关于加强本科生体育工作的实施办法》。落实《重庆大学切实加强新时代学校美育工作实施方案(试行)》。积极构建体现时代特征的本科学生劳动教育体系。

责任单位:教务处、图书馆、档案馆、体育学院、校团委。

10.加强本科教育教学内涵建设

问题描述:课程建设、专业建设和师资队伍建设的水平尚不能满足一流本科人才培养的需要。

目标任务:实施专业评估及动态调整,深入推进一流课程建设,建好建强一流专业,持续提升人才培养质量。

工作措施:制订本科专业设置及动态调整管理办法,建立校内的专业评估及动态调整机制。做好2020年国家级一流本科专业建设点的申报工作。以专业核心课程群、学科交叉课程、通识课程、荣誉课程和经典传承课堂五大类课程建设为抓手,全面推进国家级一流本科专业建设点的建设工作。鼓励教改成果和科研成果融入教材和教案,不断修订和完善教材,积极做好申报新一轮国家级规划教材的准备。

责任单位:教务处。

11.优化学位授权点与人才培养结构

问题描述:学位授权点与研究生人才培养结构尚不能完全适应经济社会发展需求和学校“双一流”建设要求。

目标任务:动态调整优化学位授权点,自主增列国家急需学科、新兴交叉学科(含二级)学位授权点,建立健全与经济社会发展相适应的学位授权点动态调整机制。

工作措施:自主增列2个博士学位授权点、3~5个新兴交叉学科硕士学位授权点,动态调整2~4个硕士学位授权点,不断优化学位授权点结构。坚持质量和需求导向,制订学位授权点动态调整管理办法。修订博士、硕士研究生招生指标分配办法,进一步优化研究生人才培养类型和层次结构。

责任单位:研究生院。

12.深化研究生培养体制机制改革

问题描述:培养体系传统,开放不足。培养模式单一,交叉不够。学术型和专业型研究生培养区分度不够,研究生国际化经历占比不高。培养质量保证体系与新时代研究生教育形势不相适应。

目标任务:构建优质高效开放的研究生教育体系,加强研究生知识创新能力和实践创新能力培养。统筹研究生教育外部质量监督评价和内部质量管理体系建设,提升研究生培养质量。

工作措施:筹备召开学校研究生教育大会。创新研究生招生宣传机制和优质生源吸引政策。完善科教融合、产教融合育人机制,持续开展专业学位研究生培养模式改革。开展本—博课程贯通培养试点。加大研究生国际化培养力度。组织开展专业学位水平评估。加强研究生培养质量监控,制订博士研究生分流管理办法,设立"重庆大学研究生创新奖"。完善学位论文质量评价制度,修订学位授予标准和实施细则。

责任单位:研究生院。

13.全力推进毕业生就业工作

问题描述:受全球新冠肺炎疫情等因素叠加影响,2020 届毕业生就业形势严峻,就业工作面临巨大压力。

目标任务:稳定就业率,优化就业结构,实现更高质量更充分就业。

工作措施:积极应对疫情对就业工作的冲击,确保"招聘工作不打烊、指导咨询不掉线、管理服务不断线"。成立学校就业工作领导小组,压实学院主体责任。学院及多部门联动主动对接国家战略需求,拓宽就业渠道,努力为毕业生提供更多的优质岗位。设立科研助理或辅助人员岗位支持毕业生短期就业,组织好"选调生""三支一扶""西部计划"等基层项目招聘及征兵工作。逐步健全就业质量反馈,完善招生—培养—就业联动机制。

责任单位:职就中心、学工部、研工部、校团委、教务处、研究生院、科发院。

四、提升关键领域科研创新能力

14.做好科技创新系统谋划

问题描述:新时代高校科技发展面临新形势和新要求,学科科技工作抓住新的发展机遇、换思路换打法、谋划新作为的意识和能力有待进一步增强。

目标任务:准确研判高校科技创新工作的发展态势,分析学校面临的形势和挑战,明确学校未来科技发展路线和路径。

工作措施:编制学校"十四五"科技发展规划,提出科技工作总体发展目标与思路、发展任务、发展路径等。召开学校科技工作大会,深入研讨,厘清下一步工作思路和工作部署。

责任单位:科发院、社科处、前沿院、产研院、国防院、科技园办。

15.着力提升原始创新能力

问题描述:学科发展不平衡,学院发展不充分。基础研究薄弱,学科交叉融合不够。研究标志性成果少,尤其缺少“从 0 到 1”的基础研究。

目标任务:推进学校科技创新体系内涵建设,强化基础前沿原始创新,鼓励“从 0 到 1”基础研究,力争在“无人区”“最前沿”培育重大原创成果。

工作措施:继续深化科研体制和评价改革,激发学院和科研人员积极性,完善制度体系,优化政策措施。全面推动“1+5”科技创新体系内涵建设。继续实施“基础研究珠峰计划”,促进学科交叉,推动理工结合、医工融合和文理渗透。优化创新氛围,继续实施科技后备拔尖人才、创新团队、高水平成果、重大项目等培育。布局 1~2 个新的前沿交叉研究中心,加快超瞬态物质科学实验装置培育建设,力争进入国家“十四五”规划。完善重点实验室管理体制和运行机制,推进国家重点实验室良性运行,做好新增教育部重点实验室培育申报。

责任单位:科发院、前沿院。

16.**加强校地校企科技合作**

问题描述:科学研究服务地方经济建设的成效还不够显著,服务范围有待拓宽,服务力度有待加强。联合企业开展科技攻关、实现关键技术突破的能力需要提升。

目标任务:围绕国家和地方战略发展规划,优化校地、校企科研合作模式,协调组织优势科研力量,创建各类综合及专项新型科研机构,深入开展科技创新合作。

工作措施:抓住“西部陆海新通道”“成渝地区双城经济圈”等重大战略发展需求,深化与高新区、沙坪坝区、璧山区等合作,重点推进产业技术研究院、国际联合研究院、璧山先进技术研究院、超算中心、人工智能研究院等联合研究平台建设。完善联合共建体制机制,借力地方和企业资源,拓展科研发展空间,提升解决关键技术的能力,为经济社会发展提供新动能和智力支持。

责任单位:科发院、前沿院、国防院。

17.**大力提升人文社科创新能力**

问题描述:科研平台建设水平不高,咨政服务能力不足,重大项目竞争力不够,原创标志性成果缺乏,基础研究薄弱。

目标任务:坚持“卓越研究、社会引领、国际影响”核心追求,加强科研核心竞争力建设,支撑人文社科高质量发展。

工作措施:推动“一院一平台”建设,形成平台、学科、人才“三位一体”发展格局。推动文科与理工科交叉融合,培育学术竞争力新增长点。加强国家级项目培育和组织申报。强化智库建设统筹,持续培育高端智库,提升咨政服务能力。推动标志性成果培育,抓好新一届重庆市社科奖申报组织。加强对习近平新时代中国特色社会主义思想原创性学理化学科化研究阐释,提升基础文科研究能力。推动高水平学术队伍建设。

责任单位:社科处、发规处、双一流办、人事处、计财处、房管处。

18.**优化人文社科科研组织管理**

问题描述:高水平、有组织的科研和管理服务能力有待进一步加强,良好的学术生态尚未形成。

目标任务:全面提升科研谋划和组织服务能力,建设良好学术生态,推动人文社科高质量发展。

工作措施:进一步优化完善科研评价。加强科研管理队伍建设,提升科研管理过程组织和知识服务能力水平。完善科研管理组织架构,增强科研管理资源配置。鼓励潜心学术,提倡团队合作,促进科研育人,推动文化传承创新,形成良好学术生态。

责任单位:社科处、人事处、相关学部。

19.**推进一流学术期刊培育和建设**

问题描述:学术期刊总体规模偏小,办刊质量有待进一步提升。国际化专业学术期刊偏少,具有国内国际影响力的期刊偏少。

目标任务:以打造一流学术期刊为目标,加强高起点英文期刊培育和高水平中文期刊建设,打造具有国际影响力、业界公认的重要期刊和品牌期刊,提高学术期刊的国内国际话语权。

工作措施:推动实施高水平学术期刊培育资助计划。推动校内中外文期刊在科研评价中同质等效。支持和鼓励校内学术团队创办更多能代表国际学术前沿、填补国内空白的高水平中英文新刊。探索期刊规模化、集约化发展路径,推动期刊质量稳步提高、办刊规模适度增长。加强办刊队伍建设,拓展学术服务功能。

责任单位:社科处、期刊社、人事处、科发院、计财处。

五、抓好人才队伍建设

20.**优化引才工作机制**

问题描述:高层次人才偏少,青年人才储备不足。缺乏快速响应的全面引才机制,引才效率仍有待提高。

目标任务:大幅提升高层次人才比例,加强青年人才储备,稳步实现人才倍增。

工作措施:探索建立包含人才“发现、响应、跟踪、评价、监督”等人才引进全过程的工作机制,形成完整的引才工作链条。充分发挥学院和专家引才主体作用,实施学校主要负责人与学院主要负责人人才引进谈话机制。实施引进按过程奖励机制,激发人才引进的积极性。采取线上线下相结合的方式,积极组织开展各种形式的人才招聘,确保每月一场招聘会。继续办好海内外优秀青年学者论坛。

责任单位:人事处。

21.**改革人才评价机制**

问题描述:国家近期先后出台一系列关于人才评价的改革文件,学校的相关人才评价文件需要调整。

目标任务:建立体现国家最新文件精神的人才评价制度,健全分类评价体系,完善人才长效发展机制。

工作措施:健全分类评价体系、同行评价制度、代表作制度,建立评审专家评价信誉制度,优化三级学术评价机制。围绕国家和重庆市重点人才计划,开展重点人才的培育、申报以及后续评审支持工作,根据不同人才计划的特点,提前谋划,力争 2020 年人才工作取得更好实效。启动“弘深青年学者计划”校内遴选工作,形成人才蓄水池。

责任单位:人事处、教务处、研究生院、科发院、社科处。

22.**完善绩效工资体系**

问题描述:国家近期先后出台系列文件对资源分配提出新要求,绩效工资中的资源分配和考核评价机制有待进一步完善。

目标任务:优化资源分配体系,完善考核评价机制。

工作措施:修订《重庆大学绩效工资实施办法》的任务指标体系。推进落实《重庆大学年薪制教师管理办法》,推动年薪制体系与绩效工资体系的有机融合,强化学院的用人主体责任,规范年薪制教师聘期工作任务和绩效奖励,优化“百人计划”年薪制教师管理。

责任单位:人事处、教务处、研究生院、科发院、社科处。

六、深化拓展国际国内交流与合作

23.**着力推动国际化内涵发展**

问题描述:国际化战略意识需提升,发展方向与路径需明确和创新,中长期学生交流项目需增加,国际化工作机制与体系有待进一步完善,师生和管理队伍的国际交流能力需要大力提升。

目标任务:完善国际合作交流工作机制,激发学院的主体作用,主动拓展对外开放空间,增强管理队伍的国际化素质和能力。

工作措施:召开国际化工作会议,出台国际化发展规划(2020—2025 年)(暂定)和加快推进学院国际合作交流的指导意见。强化以我为主、全面开放,拓展交流合作的国家和地区。强化国际合作与一流学科发展的紧密结合。推进与美国辛辛那提大学、乌克兰国立航空大学等合作办学项目。健全国际合作交流工作体制机制,明确工作职责。加强学生外语能力与跨文化交流能力培养,持续推进学生海外访学与深造。加强管理队伍海外培训。筹备设立外事服务中心,加强国际交流信息化建设。

责任单位:国际处、组织部、教务处、研究生院、科发院、社科处、职就中心、外语学院。

24.**积极稳妥做好港澳台工作**

问题描述:因多种因素影响,与港澳台的校际合作、师生交流和学术交流均受到较大程度的影响。高层次、实质性合作交流项目和品牌项目需进一步扩大和深化。

目标任务:在国家政策的指导下尽快恢复师生交流,积极开展实质性合作与交流,打造新的品牌项目。

工作措施:密切关注港澳台地区的局势与动态,准确把握国家政策,积极做好涉港澳台师生相关工作。积极深化与港澳台高校、台湾优久大学联盟的交流和实质性合作。

责任单位:港澳台办、教务处、研究生院、人事处。

25.高质量推进来华留学工作

问题描述:学位生规模需要扩大,生源结构有待优化。奖学金类别有待拓展。留学生教育管理与服务有待规范与提升。

目标任务:拓宽招生宣传渠道和生源地,加大对欧美发达国家和东欧国家的招生宣传力度。完善奖学金资助制度。理顺留学生教育管理体制机制。

工作措施:创新招生机制,加大与学院协同力度。加强全英文课程与专业的建设,开展校企合作培养模式。强化留学生归口管理职能,推动留学生趋同化管理,改善留学生生活条件,提升服务质量。

责任单位:国际学院、教务处、研究生院、后勤处、国合办、校友办。

26.加强定点扶贫和校地校企校友工作

问题描述:定点扶贫、对口支援工作特色还需凝练,校地校企合作需要突出重点,校友工作需创新深化。

目标任务:高质量完成定点扶贫和对口支援工作任务。在与地方政府合作上力争实现重点突破,创新校友联络与服务工作方法,有效拓展办学空间。

工作措施:创新教育科技扶贫帮扶模式,多措并举,形成教育科技帮扶特色,决战决胜脱贫攻坚。有计划、有重点地推进校地合作以及与国有大型重点企业、科研院所精准对接,力争实现校地合作重点突破。坚持以服务求发展,积极融入成渝地区双城经济圈建设,落实学校服务重庆市“3+8”行动方案,助推重庆经济社会高质量发展。建立健全校院两级校友工作体系,充分发挥校友力量全方位服务学校发展,逐步建立服务校友的信息系统。

责任单位:国合办、校友办、基金会秘书处、继教学院、网络学院。

七、增强财经保障和内控建设

27.实施预算绩效管理改革

问题描述:理财意识、成本意识、绩效意识有待加强,资金使用效益有待提高。关于预算绩效管理的要求落实不到位。

目标任务:学校预算收支全面纳入绩效管理,实现学校及各单位整体预算绩效和重要资金项目的绩效管理。

工作措施:构建事前、事中、事后全过程预算绩效管理体系。建立健全绩效评价指标体系和评价标准。优化预算体制机制、强化预算评估论证,提高项目资金预算的科学性。加强预算绩效监控,保证资金执行合法合规以及国拨专项资金的执行进度。开展基于业财融合的预算绩效综合分析评价、建立激励约束机制,落实绩效评价结果的应用。

责任单位:计财处、发规处、双一流办。

28.加大内部审计监督力度

问题描述:依法依规开展经济活动的意识和能力需进一步提高,审计发现问题整改机制尚需加强。

目标任务:深入推进审计全覆盖,积极拓展审计监督广度和深度;促进完善内部控制,加强风险防控;继续大力推进审计结果运用,全面履行审计监督职责。

工作措施:围绕学校"双一流"建设等重点领域和重点资金,组织实施专项资金绩效审计。针对内部控制薄弱环节,开展专项内部控制审计。加强工程建设全过程跟踪审计,推进建设工程投资评审工作的开展。加强审计与纪检、巡查、组织人事等部门的沟通协作,建立结果共用机制。

责任单位:审计处。

29.基本完成校办企业体制改革

问题描述:根据教育部财政部有关文件规定,校办企业体制改革工作应于 2021 年 6 月 30 日前基本完成。

目标任务:2020 年 12 月 31 日前,完成 15 家企业(含分支机构)的清理关闭和 1 家企业的脱钩剥离,持续推进其他难度较大的企业体制改革。

工作措施:制订《重庆大学所属企业体制改革方案》,明确改革方式、路径、时间节点、保障措施等,报教育部、财政部审批后实施。

责任单位:资产公司。

八、加强校园建设管理与条件保障

30.加强校园基本条件建设

问题描述:基建项目较多,专业管理人员不足。规划调整及电力增容工作需要地方支持配合。基建信息化管理手段薄弱。

目标任务:做好 2021 年改善基本办学条件基建项目申报工作。采取多种方式引进专业管理人员。建设基建信息化管理平台。

工作措施:启动编制"十四五"基本建设规划。争取教育部对改善基本办学条件项目的更大支持。争取重庆市财政支持,积极跟进国重实验室建设项目。推进信息技术科研楼、体育中心、A、B 校区地下通道等 32 个基建项目建设管理。从学院、设计院、监理公司等单位引进工作负责、技术能力强的专业人员。积极与地方政府联系协调,争取得到更大支持。推进基建信息化管理平台的建设,在信息技术科研楼、体育中心项目建设智慧工地。

责任单位:基建处、发规处、双一流办、计财处、审计处、后勤处、房管处。

31.提高后勤服务保障能力

问题描述:后勤服务质量和水平与学校"双一流"建设不相适应,内部管理和流程需要进一步完善和优化。

目标任务:继续推进学校后勤管理体制改革。完成附中、附小办学调整工作。

工作措施:优化后勤工作流程,制订服务标准,提高保障服务效率。完善后勤保障激励机制,提高后勤保障的有效性。加强与沙区相关职能部门及西大附中协调沟通,做好附中、附小办学调整工作。

责任单位:后勤处、党办、校办、校工会。

32.**加强学校房地产管理**

问题描述:“重大花园”一期C、D栋及危房避险搬迁工作需要加快推进。公有房屋房地产权证办理存在诸多困难。

目标任务:根据“重大花园”一期C、D栋住户安置及申购选房方案,完成181套住房的住户搬迁安置工作。完成235栋学校公有房屋联合审批及其土地、房屋测绘工作,确保2020年取得绝大部分公有房屋产权证。

工作措施:加快落实《“重大花园”二期工程所涉部分公有住房住户安置及申购选房方案》,补充完善《柏树林54号、69号及六栋D级危房中福利分配房住户调整安置方案》,研究制订柏树林54号、69号及六栋D级危房中的午休房住户调整安置方案和部分公有住房住户搬离工作方案。推进公有房屋房地产权证办理落实到位。

责任单位:房管处、资产公司、基建处、保卫部(处)、后勤处、社区办、国资办、虎溪管委会、校办、离退休处、校工会。

33.**建设平安宜居和谐校园**

问题描述:学校安全稳定工作存在薄弱环节,安全意识和安全责任落实还不完全到位。实验室技术安全体系建设及水平有待进一步提升。部分老旧住宅消防设施不完善。离退休服务管理工作效率有待提高。

目标任务:继续深化校园安全稳定综合防控体系建设。持续完善和落实实验室技术安全责任体系,顺利通过教育部2020年实验室安全检查与评估。推进住宅区的消防设施改造及完善。推动离退休服务管理精准化。

工作措施:加强校园综合治理及周边治安秩序治理,深化立体化安全稳定综合防控体系建设。完善实验室危险化学品与安全管理及应急物资配备,完善实验室安全管理制度建设。推进校园内社区消防设施改造及完善。继续推进老旧住宅增设电梯工作。建成离退休工作信息系统,提高服务管理工作效率。

责任单位:保卫部(处)、实设处、社区办、虎溪管委会、离退休处。

34.**推进“智慧校园”“智慧图书馆”和档案文化建设**

问题描述:“信息孤岛”现象依然存在。智慧图书馆主动服务一流学科建设意识还不够。档案文化建设还需要进一步加强。

目标任务:落实教育信息化2.0行动计划,推进“智慧校园”建设。完善和拓展智慧图书馆的功能。加强档案文化建设,展示学校深厚文化底蕴。

工作措施:推进教育大数据建设,进一步加强网上服务大厅的应用,加强移动OA功能开发和完善。持续推进业务信息化建设,促进信息化与教育教学、管理服务深度融合。完善“图书馆运行大数据中心”建设与服务,完善"+馆藏"系统,完善"双一流"学科文献资源,构建动态学术情报监控系统。形成线上线下相辅相成的档案文化宣传教育平台。

责任单位:信息化办、图书馆、档案馆。

35.**打赢新冠肺炎疫情防控阻击战**

问题描述:新冠肺炎疫情防控工作任务艰巨。

目标任务:做好新冠肺炎疫情防控工作,打赢防控阻击战。提高医疗与公共卫生服务能力。

工作措施:按照中央、教育部、重庆市关于统筹推进新冠肺炎疫情防控和经济社会发展工作部署,做好学生开学返校工作,建立完善常态化疫情防控机制,落实疫情防控指南各项要求,结合学校实际制订防护措施和应急预案,提升校园疫情防控和应对能力。继续规范化开展社区卫生服务工作,持续推进医疗服务质量与水平提高。

责任单位:疫情防控工作领导小组各工作组、校医院。

36.**推进治理体系和治理能力建设**

问题描述:综合统筹协调机制不够完善,有关综合事务的管理有待进一步规范。重要事项办理有时不能得到及时有效落实。校内信访工作责任不明晰。全员保密意识有待进一步提升。

目标任务:健全学校综合统筹协调机制。进一步完善有关综合事务管理的制度和办事流程。理顺信访工作机制。确保不发生失泄密事件。

工作措施:进一步强化党委办公室、校长办公室统筹协调和牵头抓总作用。加强督查督办力量,提高执行力和落实力,保证政令畅通。强化督查督办结果在二级单位考核和干部选拔中的应用。研究制定信访工作责任制实施细则。持续推进规章制度"废改立"。加强日常保密教育和监督检查,加快推进学校保密工作体系建设。

责任单位:党办、校办(信访办、法制办)、保密办。

重庆大学2019年度工作总结

2019年是中华人民共和国成立70周年,也是重庆大学建校90周年。学校高举中国特色社会主义伟大旗帜,以习近平新时代中国特色社会主义思想为指导,深入学习贯彻十九大和十九届二中、三中、四中全会精神和习近平总书记关于教育的重要论述以及全国教育大会精神,全面贯彻党的教育方针,落实立德树人根本任务,深入实施教育"奋进之笔",对标一流、追求卓越、服务发展、引领未来,推动理念再更新、行动再落实,奋力推进"双一流"建设,学校各项事业发展呈现新气象新局面。

一、系统推进党的建设,党对学校工作的全面领导得到进一步加强

(一)坚持以政治建设为统领,党的建设各项工作有力推进

学校深入学习贯彻习近平总书记关于"不忘初心、牢记使命"主题教育重要指示精神,把主题教育同全面贯彻落实党的教育方针、落实立德树人根本任务相结合,同庆祝中华人民共和国成立70周年、纪念建校90周年相结合,同加快"双一流"建设、推动改革发展稳定相结合,将主题教育成效切实转化成为指导实践、推动工作的精神力量和重要举措,让师生员工切实感受到主题教育带来的新变化和新成效。

学校更加自觉地在思想上政治上行动上同以习近平同志为核心的党中央保持高度一致。带头深入学习习近平新时代中国特色社会主义思想和习近平总书记关于教育的重要论述,坚决落实党委领导下的校长负责制,认真履行管党治党、办学治校的主体责任,修订完善并严格执行党委常委会、校长办公会议事规则,不断提高科学决策、民主决策、依法决策水平,提升管党治党、办学治校的能力。

学校准确把握学校党的建设和思想政治工作新形势新要求,扎实推进习近平新时代中国特色社会主义思想进教材、进课堂、进头脑,引导干部师生切实增强"四个意识"、坚定"四个自信"、做到"两个维护"。坚持社会主义办学方向,把牢意识形态工作领导权。持续抓好校院两级党委中心组学习和全校教职工政治理论学习,坚持立德树人鲜明导向。加快推进马克思主义学院建设和发展。以学校获批教育部首批"三全育人"综合改革试点高校和高校思想政治工作创新发展中心为契机,大力推进"三全育人"和思想政治工作创新发展。学校入选首届全国国防教育典型案例30强。袁利同志获全国"最美高校辅导员"称号,1名博士生获评"第十四届中国大学生年度人物",1名硕士生获评"全国向上向善好青年"。

(二)推进党的组织建设,干部队伍担当作为本领得到增强

学校以"全国党建工作示范高校"创建为统领,抓牢抓实全国党建标杆学院、样板支部和"双带头人"支部书记工作室建设和首批校级党建示范单位建设,带动学校基层党组织全面进步、全面过硬。班子成员带

队开展党建工作现场督查,组织二级党组织书记抓党建述职评议考核,推动基层党建工作责任落实。扎实开展“支部建设年”各项工作,严肃党内政治生活,着力提升党员队伍质量。做好党建带团建,巩固和扩大青年学生基础,机械工程学院团委获评“全国五四红旗团委”。

围绕学校“双一流”建设需要,着力培养选拔忠诚干净担当的干部。持续推进干部精准化教育培训,增强教育培训实效。顺利完成二级党组织换届工作,进一步优化中层领导班子结构。制订完善《中共重庆大学委员会关于进一步激励学校干部新时代新担当新作为的实施意见》《重庆大学中层领导人员选拔任用工作办法》,激励广大干部担当作为。

(三)坚持党要管党,全面从严治党向纵深发展

学校围绕新时代全面从严治党新形势新任务新要求,制订落实《重庆大学深化落实全面从严治党责任清单》,对校院两级党组织及班子成员、纪检组织、职能部门明责、督责、考责、问责,确保管党治党政治责任全面覆盖。学校党委切实担负起全面从严治党的主体责任,全力支持和发挥学校纪委在全面从严治党中的监督职责。持续深化“三转”,支持学校纪委聚焦监督执纪问责主业,加强对全体党员的教育引导和纪律规矩意识的树立。强化政治监督,做实日常监督,持续督查落实中央八项规定及其实施细则精神,依规依纪查处违反纪律的行为。持续加强政治生态建设,营造风清气正的育人环境。常态化推进巡视整改“回头看”和校内政治巡察,成立党委巡察工作办公室,2019 年对 10 个二级党组织开展了巡察,压实整改责任,推进全面从严治党向纵深发展、向基层延伸。通过巡察,2019 年调整 1 名履职状态不佳的干部,给予 2 名干部党纪处分,对 4 名干部进行诫勉谈话或批评教育。

二、落实立德树人根本任务,高素质创新型人才培养能力取得新进展

(一)实施“本科教育 2029 行动计划”,本科人才培养能力进一步提高

学校认真学习贯彻新时代全国高等学校本科教育工作会议精神,落实“新时代高教 40 条”,坚持“以本为本”,推进“四个回归”,制定教育教学成果高端项目奖励办法,营造重视教学和奖励教师先进的文化氛围,进一步巩固和夯实本科教育的基础地位。深化“思政课程”和“育人阵地”内涵建设,强化“课程思政”育人功能,立项建设习近平新时代中国特色社会主义思想和党的十九大精神“三进”专题课程 52 门。制订加强本科生体育工作的实施意见和加强美育工作实施方案,促进学生知识、能力、素质协调发展,加快构建中国特色重大风格的一流本科教育体系。

大力落实“双万计划”,制订本科课程建设工作实施意见,启动新一轮课程建设。27 个专业获国家级一流本科专业建设点认定,29 个专业获重庆市一流专业立项建设。工程管理、给排水科学与工程、安全工程 3 个专业通过专业认证。数据科学与大数据技术、人工智能、机器人工程、智能医学与工程 4 个新工科专业首次招生,深受考生欢迎。大力落实“六卓越一拔尖”计划 2.0,13 个卓越工程师教育培养计划专业、406 名优秀学生参与。以校级教改项目方式推进“线上线下混合式”一流本科课程建设,2 门课程入选第二批国家精品在线开放课程,开设混合式教学课程 170 门。获准立项重庆市教改项目 36 项。提升教师课堂教学能力,

打造“研究性学习”教师队伍，推行“以学生为中心”的研究性学习教学。

加强创新创业教育，本科生和研究生超过 10 000 人次参与各类竞赛，获省级及以上奖项 1 320 项，其中国际级特等奖 2 项、一等奖 22 项，国家级特等奖 12 项、一等奖 55 项。在第五届中国“互联网+”大学生创新创业大赛中斩获 2 金 4 银 2 铜，实现重庆市在该赛事金奖零的突破。在第十届“挑战杯”全国大学生课外学术科技作品竞赛中，捧得“优胜杯”。在全国大学生电子设计竞赛中，获得 5 项全国一等奖，创历史最好成绩。获 2019 Innovate FPGA（Field Programmable Gate Array）全球创新设计大赛全球总冠军。在第十七届 Jessup国际法模拟法庭辩论赛中国区选拔赛中，首次实现三项奖励“大满贯”。学校获评“2019 年度全国创新创业典型经验高校 50 强”。本科毕业生就业率 90.1%，继续深造比例达到 40.3%，同比提高近 3 个百分点。被第三方机构评为年度“就业最受欢迎奖”高校，位列“最受三类百强企业青睐高校排行榜”第九名。

（二）更新研究生教育观念，研究生教育改革不断深化

学校推动实施“卓越研究生教育行动计划”，打造卓越研究生教育。召开首届博导大会，推动研究生教育观念更新。制订研究生导师立德树人实施细则，落实导师立德树人责任。加强研究生导师队伍建设，获批重庆市研究生导师团队 32 个。激发导师出国热情，研究生导师出国访学交流、参加国际高水平学术会议和开展国际联合培养研究生 356 人次，同比增加 18.3%。

经国务院学位委员会审议批准，学校增列为学位授权自主审核单位，并开展了首次学位授权自主审核工作，新增新闻传播学一级学科博士学位授权点。开展了学位授权点动态调整工作，撤销“测绘科学与技术”硕士学位授权一级学科。博士研究生学制由三年调整为四年。全面推行博士生“申请—考核制”招生，加大学院和导师招生录取自主权，招收博士研究生 867 人。进一步规范研究生招生工作，建设集中命题场所，加强自命题管理。全年招收硕士研究生 5 607 人。围绕攻克“卡脖子”关键技术领域，继续扩大工程博士招生规模，达到 150 名。完成 2019 级工程类博士专业学位研究生培养方案制订。积极推进长安汽车“智能网联汽车精英人才”、江苏省产业技术研究院集萃研究生等联合培养项目。获准立项第六批重庆市研究生优质课程 13 门、教改项目 30 项。修订研究生学位论文评阅管理办法，加大论文自检抽检力度。一流水准博士毕业生比例达 21.4%，同比提高 3 个百分点。毕业研究生就业率 97.5%，赴国家重要行业、国防军工重点单位、世界 500 强企业、选调生项目就业的人数不断上升，就业结构持续优化。

三、加快推进一流学科建设，全球学术影响力持续提升

（一）稳步推进学科优化调整，一流学科体系加快形成

学校围绕学科发展前沿和国家地方重大战略需求，按照“强化工科、夯实理科、振兴人文社科、拓展医科、推动交叉、发展新兴学科”的思路，制订实施了学科学院优化调整方案。通过调整，解决了部分一级学科建设单位分散、建设合力不足等问题，进一步完善了学科管理体制。继续推进医学学科布局建设，继年初重庆市肿瘤医院正式划转为学校直属附属医院后，12 月 31 日重庆三峡中心医院划转为直属附属医院正式签约并挂牌。继续调整加强信息学科，支撑服务重庆大数据与智能产业发展。

（二）切实促进学科交叉融合，一批交叉学科平台顺利搭建

学校大力支持跨学科、多学科研究机构建设，做实做强“植物功能基因组学研究中心”“跨尺度多孔材料研究中心”，新成立“超瞬态物质前沿科学中心”“量子材料与器件研究中心”。围绕基础前沿领域、区域和行业重大科学问题，继续组织实施中央高校基本科研业务费“前沿交叉研究专项”，资助青年教师开展前瞻性、创新性、颠覆性前沿交叉研究，着力催生重大原创性科技成果。实施公共平台建设计划，积极推进大物理、大生命、大土木、泛信息、泛智造等领域公共平台建设。

（三）实施学科重点建设项目，“双一流”中期评估成效良好

学校推动调整学科建设资源配置模式，对学科建设经费实行申报制、竞争性分配，激发学科内生动力，提升学科建设绩效。启动实施学科重点建设项目，12 个项目立项，共计划拨经费 2.0 亿元；5 个项目已完成专家论证工作。按照教育部要求，开展了“双一流”建设中期自评，得到教育部专家组和部领导的充分肯定。完成“双一流”建设 2019 年度进展报告，顺利通过市政府的绩效评估。

2019 年，学校全球学术影响力持续上升，环境与生态学、生物学与生物化学、物理学新进或重回 ESI 前 1%学科，总数增加至 10 个，机构整体排名同期由第 772 位前进至第 667 位。在 QS 世界大学排名中，学校同期从 801～1 000 位上升到 751～800 位区间。在软科世界大学学术排名中，首次进入前 400 位，连续三年实现跨挡前行；8 个学科进入 2019“软科中国最好学科”排名前 10%，其中土木、机械、电气进入前 5%。

四、健全人才制度体系，高水平师资队伍建设成效显著

（一）完善人才制度体系，人才存量得到有效盘活

学校深入推进人事制度改革，组织制定绩效工资实施办法、人才引进管理办法、“弘深青年学者计划”实施办法等制度，构建起由 3 个基础性人事制度和 7 个用人制度政策组成的“3+7”人事人才政策体系，打造了“四层次七类别”人才引进“金字塔”岗位体系和引才机制，教师队伍成长环境明显改善，办学活力得到极大释放。克服“五唯”倾向，出台实施自然科学和人文社科科学研究分类分级体系。对标“双一流”建设关键指标，完善专业技术职务评聘办法，鼓励各展所长。坚持优绩优酬、目标牵引、按岗定责，顺利实施绩效工资改革。2019 年 9 月起，在职人员和退休人员正式进入重庆市机关事业单位养老保险系统。坚持“德才兼备、以德为先”原则，加强师德师风建设，将培育和践行社会主义核心价值观融入教书育人全过程。鲜学福院士获评全国“最美奋斗者”，王时龙教授获评“2017—2018 年度富民兴渝贡献奖”。

（二）加大人才引进工作力度，人才增量规模可观

学校高度重视人才引进工作，举办海内外优秀青年学者论坛和海外招聘会，推动市政府出台博士后专项支持计划。制订实施“弘深青年教师”支持计划，加强新进教师队伍建设。全年共引进教师 141 人，其中国家杰出青年科学基金获得者 1 人、海外高层次人才 12 人、教授 8 人、学校“百人计划”17 人、副高级人才 13 人、弘深青年教师 40 人。统筹设计管理、实验等岗位用人机制，探索建立行政文员制度，首批拟录用文员 51 人。

(三)落实高层次人才递增计划,高端人才队伍建设成效明显

学校高度重视高端人才队伍建设,依托国家和地方各类各层次人才计划,做好高层次人才培育遴选工作,加快扩大国家级人才队伍规模。

五、完善科研创新体系构架,科研创新能力和服务水平持续提升

(一)加强科研前瞻布局,科研创新发展步伐明显加快

学校深刻把握科研创新发展的新形势新要求,以提升科研创新能力为核心,深化科研体制机制改革,完善科研创新体系构架,促进高水平科研成果产出。对接落实"珠峰计划",实施"引领学校未来发展的 20 个关键科学问题"规划,科学谋划未来学科发展。围绕"新能源与新材料器件""人工智能与智能制造""生命科学与人类健康""大数据与新一代信息技术"等领域,组织多次学术"头脑风暴",鼓励支持"从 0 到 1"的探索。"1+5"科技创新体系全面完善。推动军民融合发展,成功列为国家军民融合重点支持高校,与璧山区共建"重庆大学璧山先进技术研究院",打造"7+2"军民融合创新平台。获国防科研项目立项 239 项,合同经费超过 2 亿元,同比增长 79%;实到经费 1.23 亿元,同比增长 86%。

(二)做好科研基础工作,科研产出水平进一步提高

学校不断强化重点研究基地建设与管理,稳步推进国家重点实验室优化重组,开展了实验室研究方向优化、优秀人才队伍引进、团队建设、运行与管理机制优化等工作。新增教育部"野外科学观测研究站"1 个、重庆市高水平科研创新平台培育计划 1 个。实施"大型仪器设备开放共享提升计划",加强与国家科技资源信息平台对接,更新校级共享平台,价值 7.8 亿元的 1 056 台仪器设备纳入校级共享平台。科研项目承担能力进一步增强,2019 年新增各级各类项目 3 300 余项,科研总经费 18.8 亿元,同比增长 26.2%。获得国家自然科学基金项目 251 项,直接经费 1.41 亿元,其中杰青 1 项、优秀青年基金 4 项、重点项目 4 项、重大仪器项目 1 项。牵头获批国家重点研发计划项目 10 项。新增科技部重点领域创新团队 1 个。牵头获得国家科技进步奖一等奖 1 项,实现历史性突破,另获国家科技进步奖二等奖 1 项。获高等学校科学研究优秀成果奖科技进步一等奖 1 项、自然科学奖和科技进步奖二等奖各 1 项,获中国机械工业科学技术奖等行业一等奖 19 项。发表 SCIE 检索论文 4 369 篇,同比增长 12.4%,其中通讯作者 3 571 篇,同比增长 22.3%;首次以通讯单位在 *Science* 上发表论文,在 NSC 子刊上发表论文 10 篇,再创新高。获权国内专利 1 106 项,其中发明获权 829 项,同比分别增长 20.3%和 25.4%;获权国际发明专利 9 项。修订促进成果转化管理办法,探索科技成果权益让渡工作。完成专利成果转让或许可 118 项、合同金额 4 692 万元,其中 1 项合同金额超过 2 000 万元。科技园新增各类入园企业 27 家。

学校积极推动人文社科振兴,成功组织召开文科工作会,启动外语学科水平提升计划和新闻学科水平提升计划。获批首个人文社科部级研究基地。人文社科新增国家级项目 64 项,同比增长 45%。其中,国家社科基金项目 37 项,居全国高校第 19 位、"双一流"A 类高校第 13 位、西部高校第 4 位、卓越大学联盟(E9)高校第 1 位,取得历史最好排名成绩。获得人文社科国家重点研发计划项目 2 项、国家社科基金中华学术外

译项目 2 项,均实现零的突破。到校科研经费 6 469 万元,同比增长 50%。其中,纵向经费 3 909 万元,同比增长 52%;国家级项目经费 2 990 万元,同比增长 113%。获得国家艺术基金项目 4 项,取得历史最好成绩。发表 CSSCI 期刊论文 455 篇,其中 A 类期刊论文 40 篇。发表 SSCI 论文 113 篇,同比增长 98%;高被引论文 15 篇、热点论文 6 篇、UTD24 期刊论文 2 篇。出版专著 45 部,同比增长 7%。32 篇论文入选"2018 年度人大复印报刊资料精选佳作",占全国入选论文数的 14.5%。获得 A、B 级艺体类创作奖 19 项。

(三)提升科研服务工作,支撑经济社会发展能力进一步增强

学校坚持推进科研校地协同与深度合作,全面对接服务重庆打好"三大攻坚战"和实施"八项行动计划",全面参与"重庆科学城"建设,与市政府共同启动筹建"重庆实验室"。"环重大创新生态圈"和"国际联合研究院"正式揭牌启动,与西永微电园共建"复合半导体创新技术中心"和"类脑感知与普适智能科学研究院"取得积极进展,"华为重庆创新研究所"在虎溪校区落地建设。重庆大学产业技术研究院成功获批重庆市博士后科研工作站、重庆市技术转移示范机构,落地孵化中瓴埃斯科等 15 家科技型企业。积极参与重庆高校智库联盟筹建,打造"中国工程科技发展战略重庆研究院""地方政府治理协同创新中心"等新型高端智库,提升资政水平。积极组织 36 个项目参与第二届中国国际智能博览会,社会反响良好。

六、拓展办学空间和资源,国际国内合作与交流提质增效

(一)深化国际合作与交流,国际化办学水平进一步提高

学校大力推进国际合作与交流,加强与世界一流大学的实质性合作。与 15 个国家和地区的 36 所高校及机构新签、续签校际协议,其中与世界前 100 强高校新签合作协议 3 个;与 33 个国家和地区的 194 所高校及机构开展合作,其中世界前 200 强高校 47 所。加强合作办学与联合培养,深化辛辛那提联合学院中外合作办学项目,推进与乌克兰国立航空大学的中外合作办学机构的申报。加强港澳台合作交流,330 余名学生赴港澳台交换学习或短期交流,200 余名港澳台学生来校学习或交换学习。继续加大力度支持学生出国(境)访学、升学,共计 2 800 余人次赴海外交流学习,其中长期生约占 17%,具有出国(境)学习经历的本科生比例达 23.6%、研究生比例达 24.6%,585 名毕业生赴国(境)外深造。3 名学生通过考核赴联合国相关机构实习。申办国际会议 19 个,境外参会人员近 600 人。着力打造"留学重大"品牌,接受 104 个国家的留学生 1 912 人,其中长期生 1 055 人、短期生 857 人、学历生 668 人。多举措办好孔子学院。

(二)持续推进校地(企)合作,国内合作全方位发展

学校坚持以服务谋发展,以贡献求支持,主动加强与地方政府和企事业单位的合作,拓展办学空间,集聚办学资源。重庆市委市政府多次听取学校工作汇报,多次专题研究支持学校发展,落实"双一流"建设 1∶1 年度配套资金;推进与市政府共建"长江生态环境学院"。沙坪坝区政府大力支持校园环境改造,支持解决了 20 个历史遗留难点问题。发起成立"重庆市大数据产业人才联盟"。作为轮值主席高校,高质量主办召开卓越大学联盟第十次校长联席会,促成卓越大学联盟与台湾优久大学联盟合作签约。加强校友联络与服务,成功召开校友企业家联合会一届一次理事会、全球校友会校庆专题年会。多举措开展筹资工作,全年筹

集捐赠签约资金 2 亿元，实际到账 8 099 万元，获批国家捐赠配比经费 3 384 万元。精准助力脱贫攻坚，超额完成对云南省绿春县定点扶贫责任书任务指标；帮助开州区关面乡新修公路，新建图书角和多媒体教室以及培训基层干部。完成对口支援石河子大学和中南民族大学工作。重庆大学城市科技学院转设工作按期推进。

七、强化办学条件支撑，办学资源保障提档升级

(一)构建多渠道筹资体系，财务总收入稳步增长

学校努力拓展筹资渠道，不断增强财经保障能力。2019 年学校经费总收入再创历史新高，达 49.15 亿元，超过年度计划 3 亿元，较 2018 年增长 13.2%。制订学院财务改革方案，盘活学院存量资金，提高学校财务统筹能力。科学配置资源，加大重点领域投入，稳步提高教职工收入水平和福利待遇。其中，人才培养经费投入 2.23 亿元；学科建设和队伍建设经费投入 3.21 亿元。进一步深化公务用车管理，健全相应制度。全面完成政府会计制度衔接转换工作。进一步贯彻落实“放管服”精神，为科研经费松绑。初步建成“国有资产管理与采购平台”，实现采购、报销、管理“网上一站式”服务。推进审计全覆盖，审计总金额 51.67 亿元，其中工程审计审减金额达 2 925 万元。

(二)统筹校园建设管理，大后勤保障服务水平稳步提高

学校坚持推进基本办学条件持续改善，虎溪校区体育中心、信息技术科研楼、立新楼、博士生公寓，A 校区机械立体停车库、AB 通道，B 校区风洞、结构、桥梁实验室建筑群，C 校区医学院等建设改造项目有序推进，A 校区校史馆、中央大礼堂以及虎溪校区宿舍改造等维修项目高效完成。文字斋、理学院等早期建筑评定为第八批全国重点文物保护单位。协调校地联动开展违规占用公有住房专项整治行动，取得显著效果。协调市区两级政府帮助解决房地产权证办理历史遗留问题，有序推进危房处置，重大花园一期 C、D 栋建设稳步开展。打造宜学宜居虎溪，推进“智慧虎溪”“生态校区”建设，校区管理水平和管理效率进一步提高。加强社区综合治理，组织取缔“住改商”餐饮经营行为，加大违法搭建整治力度。积极推动老旧住宅增设电梯、附中附小与沙区中小学联合办学等民生工程和民心工程。师生就餐环境和校园环境明显改善，后勤服务质量稳中有升。学校被评为国家“节约型公共机构示范单位”。深化家庭医生签约服务，完善学校社区公共卫生体系建设，改善医疗保障和公共卫生服务，为师生健康保驾护航。

(三)加强文献、档案和期刊工作，智慧校园建设加快推进

学校重视文献、档案和期刊工作。实施“一流学科文献支撑计划”，新增以“双一流”学科为主的数字资源 8 个，“学术成果总库”正式启用，获批“全国高校国家知识产权信息服务中心”“世界知识产权局在华筹建技术与创新中心”。完成校史馆改造、校史修编。创新档案文化育人形式，打造“德行的力量”档案文化品牌，原创校史舞台剧《初心 · 1929》纳入新生入学教育环节。一流学术期刊建设取得新进展，*Journal of Magnesium and Alloy*(JMA)期刊成为学校第一本 SCIE 期刊，成功入选“中国科技期刊卓越行动计划”领军期刊项目。积极推进教育信息化 2.0 行动，网上服务大厅接入应用总计达 143 个，建成智慧校园自助服务点，

开通运行新老校区“文件驿站”,办公自动化(OA)系统3.0版正式上线运行,“互联网+校务服务”深入发展。

(四)加强校园安全管理,校园保持和谐稳定

学校重视校园安全管理,强化责任落实,聚焦重点环节,细化工作举措,全力管控风险,及时消除隐患。按上级要求建立总值班制度,完善值班工作体系。统筹做好校园交通、食品、实验室等各项安全工作,严格整治交通秩序,全面加强食品安全,实施“实验室技术安全水平提升计划”,确保实验室规范安全运行。构建“逐级排查、上下联动、全程督办”的隐患治理体系,强化情报收集研判和风险管控,牢牢掌握防范抵御风险主动权。统筹做好保密工作,顺利通过军工保密资格复查。积极做好信访工作,切实维护师生合法权益。做好离退休教职工服务工作,及时发放健康休养费,多渠道精准帮扶困难老同志,真诚帮助离退休教职工办实事解难事。

(五)坚持以庆促建,90周年校庆成功举办

学校策划并围绕“复兴民族、誓作前锋”的校庆主题,突出“学术”这条大学的“生命线”、“文化”这条大学的“标准线”、“校友”这条大学的“动力线”,始终按照“学术校庆、文化校庆、校友校庆”这条主线,成功举办90周年校庆系列活动。致力于用大学初心教育人、用大学文化感染人、用大学精神激发人,让师生广泛参与,让校友感受温暖,让嘉宾领略内涵,充分展示了一个有底蕴的重大、有使命的重大、有力量的重大、有温度的重大、有梦想的重大,得到了广大师生校友和社会各界的一致认可与广泛好评,达到了“铭初心、聚众力、塑文化、建一流”的良好成效,为学校“双一流”建设凝聚了强大发展动力。

回顾过去一年的发展,学校在党的建设、人才培养、学科建设、科学研究、队伍建设、国际国内交流与合作、社会服务、办学条件等各方面都取得了良好成绩,“双一流”建设的符合度、达成度、表现度迈上新台阶,学校呈现出高质量加速发展的良好势头。这些工作的推进和成绩的取得,是党中央坚强领导和全校师生员工共同奋斗的结果,是大家用汗水浇灌出来的收获!是学校老领导、老同志和一代一代重大人多年艰苦创业、甘于奉献的结果。

2019年是奋斗的一年,是收获的一年,也是辛苦的一年,我们要为自己鼓掌!但对标国家地方对高等教育比以往任何时候都更加迫切的需要,对表世界一流大学水平,特别是在全球高等教育百舸争流的历史大潮中,我们还有相当大的差距,还面临不少大困难、大挑战。“征程万里风正劲,重任千钧再奋蹄。”我们必须主动作为,敢于担当,勇于创新,不惧风雨,不畏险阻,蹄疾步稳推进学校高质量发展!

2020年对国家对学校都是具有里程碑意义的一年。国家将全面建成小康社会,实现第一个百年奋斗目标;学校站在“九秩重大”的新起点,开始谱写“百年重大”的新篇章。我们要秉承“研究学术、造就人才、佑启乡邦、振导社会”的办学宗旨,进一步砥砺初心,牢记使命,以实干笃定前行;进一步增强“对标一流、追求卓越、服务发展、引领未来”的意识;进一步增强战略思维,强化战术组织,提高战斗能力。让我们只争朝夕,不负韶华,以“复兴民族、誓作前锋”的精神状态和奋斗姿态,同心协力为加快中国特色世界一流大学建设步伐而努力拼搏奋斗,以优异的发展业绩迎接更加美好的2020年。

机构设置及负责人

学校党政领导及有关负责人

党委书记	周　旬(十一月免)
校　　长	张宗益
常务副校长	杨　丹(十一月免)
党委副书记、纪委书记	陶举虎
党委副书记	张宗益　王　旭
副 校 长	孟卫东　明　炬　刘汉龙　王时龙　廖瑞金
党委常委	周　旬(十一月免) 张宗益　刘汉龙　孟卫东　明　炬　陶举虎　王　旭　王时龙　廖瑞金　李学静　冯业栋　胡学斌
校长助理	夏之宁
副总会计师	孟卫东

党群机构及负责人

党委办公室	主　　任	冯业栋
	副 主 任	陈　林　谭英双(八月免)　关　慧(三月任)
(保密委员会办公室)	专职副主任	张建平
党委组织部	部　　长	李学静
	副 部 长	杨守鸿(十月免)　胡显芝　王宇红(兼,八月任)
(党委党校)	校　　长	张宗益
	副 校 长	李学静(兼)　彭守建
校党委副处级组织员		魏群义(八月任)
党委宣传部	部　　长	胡学斌
	副 部 长	李　炜(八月免)　周　辉　李阳模　郑恒毅(八月任)
(党委教师工作部)	部　　长	胡学斌(兼)
	副 部 长	彭述娟

（校史办）	主　　任	王　琰
党委统战部	部　　长	李学静
	常务副部长	高扬元
	副 部 长	陈跃英（五月免）　黄　萍（五月任）
纪　委	副 书 记	夏玉峰
纪委办（监察处）	主任（处长）	夏玉峰
	正处级纪检监察员	何　栎
	副主任（副处长）	奉　飞　李　利
	副 主 任	曾文革（兼，八月免）
（党委巡察办）	主　　任	何　栎（十二月任）
党委学工部（武装部、学生处）		
	部（处）长	陈　科
	副部（处）长	蒋研川　胡小华　吴　昊　韦迎春
（心理健康教育与咨询中心）		
	主　　任	吕　敏（副处级）
党委研究生工作部	部　　长	陈　东
	副 部 长	陈大勇
党委保卫部（保卫处）	部（处）长	王健卉（五月免）　尹国华（五月任）
	副部（处）长	贺　兵（十二月免）　姚渝春
		崔晓奎（十二月任）　王　伟
（政治稳定办公室）	主　　任	崔晓奎（副处级）（十二月免）
		贺　兵（副处级）（十二月任）
机关党委	书　　记	谢渝霖（五月免）　郭兴明（五月任）
	副 书 记	何　栎（兼）
	纪委书记	何　栎（兼）
工　会	主　　席	张宗益（兼）
	常务副主席	黄世荣
	副 主 席	黄　萍（五月免）　陈跃英（五月任）　于新党
团　委	书　　记	李成祥
	副 书 记	刘庆庆（六月免）　姚　璐　陈　洁（十二月任）
后勤党委	书　　记	明兴建

	副 书 记	伍百洲
	纪委书记	伍百洲
离退休党委	书　　记	王宇红（八月任）
	副 书 记	贾　源（五月免）　何　杨（五月任）
虎溪校区党工委	书　　记	吴丙山
	副 书 记	韦迎春
图书馆党总支	书　　记	彭晓东（五月免）　王　雨（五月任）
	副 书 记	魏群义（八月免）　李　炜（八月任）
产业党委	书　　记	雷小红（五月免）　李嘉明（五月任）
	副 书 记	李广治
	纪委书记	李广治
出版社党总支	书　　记	柏子康
校医院党总支	书　　记	蒋明伦

行政机构及负责人

校长办公室	主　　任	饶劲松
	副 主 任	蒋华林　崔志强　杨国梁　郑恒毅（十二月免）
（信访工作办公室）	主　　任	崔志强（兼）
（法律与制度管理办公室）	主　　任	陶孟欢（副处级）
发展规划处	处　　长	蔡珍红
	副 处 长	谭　进　陈兴品（七月免）
（“双一流”建设办公室）	主　　任	蔡珍红（兼）
	副 主 任	郭劲松
人事处	处　　长	邓绍江
	副 处 长	胡雪松　廖　冰　阳　春　田　辉
（人才引进办公室）	主　　任	阳　春（兼，副处级）
教务处	处　　长	李正良
	副 处 长	李　楠　袁云松　张小洪（二月免）　张永祥 罗远新（二月任）
（招生办公室）	主　　任	张永祥（兼）

（教师教学发展中心）	主　　任	李正良（兼）
	副 主 任	付红桥　黄　璐
科学技术发展研究院	院　　长	刘汉龙（兼，二月免）　明　炬（兼，二月任）
	常务副院长	朱才朝
	副 院 长	王开成　许　果　杨永齐　谢卫东
科协秘书处	秘 书 长	刘敢新（副处级）
前沿交叉学科研究院	院　　长	刘汉龙（兼，二月免）　明　炬（兼，二月任）
	行政副院长	康治平
（超瞬态物质科学实验装置项目建设办公室）		
	副 主 任	唐红琴（副处级，十二月任）
国防科学技术研究院	院　　长	谢更新
	副 院 长	熊　辉　杨小俊
教育部深空探测联合研究中心重庆大学工作办公室		
	主　　任	谢更新
	副 主 任	熊　辉　杨小俊
社会科学研究处	处　　长	袁文全
	副 处 长	张　蕾
期刊社	社　　长	袁文全（兼）
	副 社 长	游　滨　曾　忠
研究生院	院　　长	李英民
	副 院 长	陈　东　郑　忠（十月免）　刘京诚　谢昭明
	招生办公室主任	何德忠（副处级）
	学位办公室主任	谢昭明（兼）
	培养办公室主任	刘京诚（兼）
	学科建设及“211”办公室主任	郑　忠（兼，十月免）
	研究生工作办公室主任	陈大勇（兼）
国际合作与交流处	处　　长	许　骏
	副 处 长	叶　蕾　高　翔
计划财务处	处　　长	冉茂盛
	副 处 长	王立新（一月免）　陈　茸　杨　涛 辛清泉（十二月任）

（国有资产管理办公室）	主　任	冉茂盛（兼）
	副主任	陈　茸（兼）　王立新
（政府采购与招标管理中心	主　任	王立新（兼，副处级）
审计处	处　长	李嘉明（八月免）
	副处长	何海涛　黄　英
后勤管理处	处　长	谢心灵
	副处长	袁昌武（七月免）　陈泽晖　廖　琪（七月任） 徐宋兵
（节能办）	主　任	陈泽晖（兼）
房地产管理处	处　长	杨正书
	副处长	蔡　军（一月免）　周德里　黄　杰（一月任） 杨海华
（教职工住房流转服务中心	主　任	杨海华（兼）
实验室及设备管理处	处　长	张云怀
	副处长	廖　琪（七月免）　何　敏　袁昌武（七月任）
基建规划处	处　长	赵　彬
	副处长	王俊才　聂会元　彭华明　杨　柳
离退休工作处	处　长	李永海
	副处长	何　杨（五月免）　李　纾　贾　源（五月任）
虎溪校区管委会	主　任	杨　丹（兼，二月免）　夏之宁（二月任）
	副主任	刘　东（正处级）（一月免）
	办公室主任	姜　林（副处级）
	学生工作办公室主任	韦迎春（副处级）
	后勤与资产管理办公室主任	陈　欣（副处级）
	网络信息中心主任	方蔚涛（副处级）
国内合作办公室、校友工作办公室		
	主　任	胡友强（五月任）
	副主任	任　明　雷　达　姜雪峰
工程科教战略研究中心	主　任	李　华（八月任）
	副主任	林　勇（八月任）
图书馆	馆　长	杨新涯

	副 馆 长	唐孝云　李卫红
档案馆	馆　　长	杨　艳
	副 馆 长	喻　玲
信息化办公室	主　　任	唐蓉君
	副 主 任	汪培术
社区工作办公室	主　　任	尹国华(五月免)　李艾冬(五月任)
	副 主 任	黄　杰(一月免)　蔡　军(一月任)
资产经营有限责任公司	董 事 长	李嘉明(六月任)
	总 经 理	雷小红
	副总经理	林　勇
	财务总监	彭晓东(副处级)
出版社	社　　长	易树平(五月免)　饶帮华(五月任)
	总　　编	饶帮华(十月免)　陈晓阳(十月任)
	副 社 长	柏子康(兼)　石　琴
	副 总 编	马　宁(十二月任)
校医院	院　　长	张　毅
	副 院 长	蒋明伦　张亚辉　冉玖宏

建筑设计研究院(2017 年 9 月更名为:建筑规划设计研究总院,规划设计研究院并入建筑规划设计研究总院)

	院　　长	李秉奇
	执行院长	钟树生
	副 院 长	苟基佐　周智伟　周　茜
教育基金会秘书处	秘 书 长	张　军
	副秘书长	何荣山
大学科技园办公室	主　　任	李　林
	副 主 任	王永宁

学生职业发展与就业指导中心

	主　　任	张红春
	副 主 任	刘卫红　孙江林

学部、二级学院及党政负责人

人文学部	主　　任	杨　丹(兼,十一月免)

	副 主 任	蔡珍红(兼)
	综合办公室主任	曹跃群(副处级)
社会科学学部	主　　任	孟卫东(兼)
	副 主 任	姚树洁
	综合办公室主任	韦春霞(副处级)
理学部	副 主 任	夏之宁(兼)
	综合办公室主任	曹　阳(副处级)
工程学部	主　　任	廖瑞金(兼)
	副 主 任	尹光志(兼,四月去世)　胡友强(正处级)
	综合办公室主任	夏　天(副处级)
	学术事务办公室主任	廖　全(副处级)
建筑学部	主　　任	刘汉龙(兼)
	副 主 任	胡学斌(兼)　李英民(兼)
	综合办公室主任	陈　娜(副处级)
信息学部	主　　任	王时龙(兼)
	副 主 任	张　玲(兼,七月免)　廖晓峰(兼,七月任)
	主任助理	叶春晓(副处级)(十月免)
	综合办公室主任	叶春晓(副处级)
	学术事务办公室主任	郑洪英(副处级)
医学部	主　　任	刘国祥(七月任)
	综合办公室副主任	张　赛(副处级,十二月任)
外国语学院	党委书记	欧　玲
	党委副书记	何建华(五月免)　魏世平(五月任)
	纪委书记	何建华(五月免)　魏世平(五月任)
	院　　长	彭　静
	副 院 长	李小辉　范定洪　杨小虎
艺术学院	党委书记	张承康
	党委副书记	王　琦
	纪委书记	王　琦
	院　　长	雒三桂
	副 院 长	陈　燕　夏进军　张楠木

体育学院	党委书记	邱荣富
	党委副书记	李　永
	纪委书记	李　永
	院　　长	许定国
	副 院 长	落云柯　潘建华
美视电影学院	党委书记	袁政强(七月免)　李阳模(七月任)
	党委副书记	赵　华
	纪委书记	赵　华
	院　　长	张国立
	副 院 长	杨尚鸿　马　欣
国际学院	副 院 长	黎　静(主持工作)　江　燕　陈　颖
弘深学院	院　　长	唐胜利
	副 院 长	张　雄
博雅学院	党委书记	曾佐伶
	院　　长	廖瑞金(兼)
	党委副书记	胡　佳
	纪委书记	胡　佳(十一月任)
	副 院 长	李　东
人文社会科学高等研究院	院　　长	廖瑞金(兼)
	副 院 长	姚　飞(主持工作)　李放春
公共管理学院	党委书记	张邦辉(五月免)　张　玲(五月任)
	党委副书记	刘　淳(五月免)　袁晓浩(五月任)
	纪委书记	刘　淳(五月免)　袁晓浩(五月任)
	院　　长	刘炳胜
	副 院 长	刘渝琳　张　鹏　李　志
经济与工商管理学院	党委书记	严太华
	党委副书记	袁晓浩(五月免)　张　燕(五月任)
	纪委书记	袁晓浩(五月免)　张　燕(五月任)
	院　　长	杨　俊
	副 院 长	龙　勇(七月免)　但　斌　辛清泉(十二月免) 黄　河　刘　辛(七月任)

新闻学院	党委书记	凌晓明（六月任）
	党委副书记	魏世平（五月免）　郭秀荣（五月任）
	纪委书记	魏世平（五月免）　郭秀荣（五月任）
	名誉院长	马胜荣
	院　　长	董天策
	副 院 长	张　瑾（七月免）　郭小安（七月任）　龙　伟（七月任）
法学院	党委书记	刘西蓉
	党委副书记	张　燕（五月免）　刘　淳（五月任）
	纪委书记	张　燕（五月免）　刘　淳（五月任）
	院　　长	黄锡生
	副 院 长	秦　鹏　王本存　靳文辉
马克思主义学院	党委书记	罗　滁
	院　　长	肖铁岩（代）（五月免）　张邦辉（五月任）
	党委副书记	温健琳
	纪委书记	温健琳
	副 院 长	徐　鲲　吕　进（三月任）
数学与统计学院	党委书记	秦　岚（八月免）　谭英双（八月任）
	党委副书记	郭秀荣（五月免）　何建华（五月任）
	纪委书记	郭秀荣（五月免）　何建华（五月任）
	院　　长	穆春来
	常务副院长	秦　岚（兼，八月免）
	副 院 长	何传江　李　东（五月任）　黄小军
物理学院	党委书记	刘云宏（七月免）　韩　忠（七月任）
	党委副书记	余　涛
	纪委书记	余　涛
	名誉院长	温维佳
	院　　长	吴兴刚（七月任）
	常务副院长	刘雳宇（五月免）
	副 院 长	韩　忠（七月免）　王蜀霞（七月免）　钟小伟 吴小志（七月任）　胡自翔（七月任）
化学化工学院	党委书记	刘仁龙

	党委副书记	李泽全
	纪委书记	李泽全
	院　　长	魏子栋
	副 院 长	李泽全　董立春　　胡宝山
生物工程学院	党委书记	郭兴明(五月免)　　王贵学(五月任)
	党委副书记	黄克琼(三月去世)　刘庆庆(五月任)
	纪委书记	黄克琼(三月去世)　刘庆庆(五月任)
	院　　长	王贵学(七月免)　　蔡开勇(七月任)
	副 院 长	霍丹群(七月免)　　侯文生　钟代笛(七月任)
生命科学学院	党委书记	卓光俊
	党委副书记	夏　松
	纪委书记	夏　松
	院　　长	李正国
	副 院 长	张　泽
药学院	党委书记	凌　明
	党委副书记	周余斌
	纪委书记	周余斌
	院　　长	贺　耘
	副 院 长	闫海龙　张　敏(三月任)
创新药物研究中心	主　　任	贺　耘
	行政副主任	周余斌(副处级)
医学高等研究院(医学院)	副 院 长	王亚洲
电气工程学院	党委书记	周　林(八月免)　谢开贵(六月任)
	党委副书记	吴　嘉　孟繁琦
	纪委书记	孟繁琦
	院　　长	李　剑
	副 院 长	谢开贵(六月免)　王晓静　杨　帆　胡建林 杜　雄(六月任)
输配电装备及系统安全与新技术国家重点实验室		
	主　　任	廖瑞金(八月免)　李　剑(八月任)
	副 主 任	熊小伏(六月免)　李　辉(六月任)

机械工程学院	党委书记	王勇勤(七月免)　陈晓慧(七月任)
	党委副书记	樊　玮
	纪委书记	陈晓慧(七月免)
	院　　长	林明锦
	副 院 长	唐　倩(七月免)　任亨斌(七月免)　汤宝平
		罗远新(二月免)　曹华军(七月任)
		刘　飞(七月任)　陈　锐(七月任)
(工程培训中心)	主　　任	任亨斌(兼)
机械传动国家重点实验室	主　　任	陈兵奎(十月免)　罗　均(九月任)
	副 主 任	陶桂宝　邵毅敏
能源与动力工程学院	党委书记	潘良明
	党委副书记	徐方正
	纪委书记	徐方正
	院　　长	廖　强
	副 院 长	杨　晨(三月免)　冉景煜　李　俊　孙　宽(三月任)
资源与安全学院(2019 年 5 月,由资源及环境科学学院更名为资源与安全学院)		
	党委书记	陈大勇(七月任)
	党委副书记	林鉴军(七月任)
	纪委书记	林鉴军(七月任)
	院　　长	卢义玉(七月任)
	副 院 长	刘　莉(七月任)　陈　结(十月任)
煤矿灾害动力学与控制国家重点实验室		
	主　　任	卢义玉
	常务副主任	姜德义(七月免)
	副 主 任	尹光志(正处级,四月去世)　梁运培　姜永东
复杂煤气层瓦斯抽采国家地方联合工程实验室		
	常务副主任	姜德义(七月免)
	副 主 任	尹光志(正处级,四月去世)　卢义玉
材料科学与工程学院	党委书记	王　雨(八月免)　王敬丰(八月任)
	党委副书记	邓扶平　黄光杰(十月免)　邱贵宝(十月任)
	纪委书记	黄光杰(十月免)　邱贵宝(十月任)

	院　　长	黄晓旭
	常务副院长	刘清才（正处级）（八月免）
	副 院 长	黄光杰（十月免）　杨长辉（十月免）　邱贵宝（十月免）　王敬丰（八月免）　郑　忠（十月任）　陈先华（十月任）　陈泽军（十月任）　吕学伟（十月任）
（国家镁合金材料工程技术研究中心）		
	专职副主任	张丁非（副处级）
航空航天学院	党委书记	万　玲
	党委副书记	程　乐
	纪委书记	程　乐
	名誉院长	刘人怀
	院　　长	胡　宁
	副 院 长	刘占芳　严　波（十月免）　姚建尧（十月任）
汽车工程学院	党委书记	谢心灵（七月免）
	党委副书记	刁宇翔
	纪委书记	刁宇翔
	院　　长	郭　钢
	副 院 长	胡建军　贺岩松
经济可靠汽车协同创新中心专职副主任		郭　钢
重庆大学—辛辛那提大学联合学院		
	院　　长	张志清
	副 院 长	江　燕
建筑城规学院	党委书记	李和平
	党委副书记	陈　兰（五月免）　葛毛毛（五月任）
	纪委书记	陈　兰（五月免）　葛毛毛（五月任）
	院　　长	杜春兰
	副 院 长	卢　峰　褚冬竹　谢　辉
土木工程学院	党委书记	华建民
	党委副书记	马　骥
	纪委书记	马　骥
	院　　长	杨庆山

	副 院 长	夏洪流　刘　猛(六月任)　谢　强　杨　波　仉文岗
山地城镇建设与新技术教育部重点实验室		
	副 主 任	龙渝川
环境与生态学院(2019 年 5 月,由城市建设与环境工程学院更名为环境与生态学院)		
	党委书记	蒲清平(五月任)
	党委副书记	高　微(五月任)
	纪委书记	高　微(五月任)
	院　　长	何　强(五月任)
	副 院 长	宋福忠(五月任)　吴正松(五月任)　刘　猛(五月任、六月免)　杨永川(七月任)
管理科学与房地产学院(2019 年 5 月,由建设管理与房地产学院更名为管理科学与房地产学院)		
	党委书记	严　薇(五月任)
	党委副书记	葛毛毛(五月免)　陈　兰(五月任)
	纪委书记	葛毛毛(五月免)　陈　兰(五月任)
	院　　长	刘贵文(五月任)
	副 院 长	叶堃晖(五月任)　向鹏成(五月任)　周　滔(五月任)
光电工程学院	党委书记	凌晓明(六月免)　秦　岚(六月任)
	党委副书记	刘　俊
	纪委书记	刘　俊
	院　　长	郭永彩
	副 院 长	叶俊勇　刘嘉敏　朱　涛(三月任)
微电子与通信工程学院	党委书记	张　玲(六月免)　谭晓衡(六月任)
	党委副书记	袁　利(十月免)　余　嘉(十月任)
	纪委书记	袁　利(十月免)　余　嘉(十月任)
	副 院 长	谭晓衡(主持工作)　印　勇(六月免)　刘　敏　周喜川　曾　浩(六月任)
飞行器测控与通信教育部重点实验室(筹)		
	主　　任	杨力生(副处级)
计算机学院	党委书记	熊忠阳(七月免)　杨守鸿(七月任)
	党委副书记	郭坤银

	纪委书记	郭坤银
	院　　长	廖晓峰
	副 院 长	郭松涛　钟　将　向　涛
自动化学院	党委书记	孙　跃(七月免)　林景栋(七月任)
	党委副书记	余　嘉(十月免)　袁　利(十月任)
	纪委书记	余　嘉(十月免)　袁　利(十月任)
	院　　长	宋永端
	副 院 长	柴　毅(七月免)　林景栋(七月免)　尹宏鹏 戴　欣(七月任)　苏晓杰(七月任)
大数据与软件学院	党委书记	文俊浩
	党委副书记	萧　倩
	纪委书记	萧　倩
	副 院 长	张小洪　蔡　斌
继续教育学院	党委书记	冯海亮(五月免)　黄世荣(五月任继续教育学院党委书记,十二月任应用技术学院党委书记)
	党委副书记	李兴国(同时任应用技术学院党委副书记)
	纪委书记	李兴国(同时任应用技术学院纪委书记)
	院　　长	罗晓梅
	副 院 长	冯清平(同时任应用技术学院副院长)　岳　军 周　斌(同时任应用技术学院副院长)　廖元亮
网络教育学院	院　　长	杨成云
	副 院 长	张　忠
东西部高校课程共享联盟秘书处		
	副秘书长	朱正伟
附属肿瘤医院	党委书记	吴永忠(十月任)
	党委副书记	张　维(十月任)
	纪委书记	李　华(十月任)
	副 院 长	孙安龙(十月任)　周　宏(十月任)
城市科技学院	党委书记	王银峰
	院　　长	杨天怡(兼)
	常务副院长	王银峰(正处级)

副 书 记　　　　章锋云
副 院 长　　　　章锋云
学生处处长　　　　刘志国(副处级)
宣传处处长　　　　张旭东(副处级)
人文学院院长　　　　邓仕伦(副处级)

保留职级中层干部　　吴传明　曾　上　刘志成　赵　宇　董平荣　陈　文

(党委组织部提供)

2019 年新成立或调整的各类常设委员会、工作领导小组

研究生国家奖学金评审领导小组

(重大校办〔2019〕5 号　2019 年 1 月 10 日调整)

组　长:王时龙

副组长:王　旭

成　员:(以姓氏笔画为序)

冉茂盛　朱才朝　刘　猛　李　志　李　剑　李英民　何传江　张　玲　陈　东　范定洪　袁文全　夏玉峰　唐绍均　蔡珍红

公务用车改革工作组

(重大校办〔2019〕18 号　2019 年 3 月 14 日调整)

组　长:周　旬　张宗益

副组长:杨　丹　陶举虎　刘汉龙　廖瑞金

成　员:校办、人事处、计财处(国资办)、审计处、设备处、资产公司、纪委办主要负责人

中外合作办学工作推进小组

(重大校办〔2019〕21 号　2019 年 3 月 28 日调整)

组　长:明　炬　廖瑞金

成　员:机械工程学院、电气工程学院、土木工程学院、大数据与软件学院、化学化工学院、航空航天学院、能源与动力工程学院、微电子与通信工程学院、重庆大学—辛辛那提大学联合学院院长,教务处、国际合作与交流处主要负责人

学生创新创业工作领导小组

（重大校办〔2019〕26号 2019年4月4日调整）

组　长：张宗益

副组长：廖瑞金　王　旭　明　炬　王时龙

成　员：党委学生工作部、党委研究生工作部、团委、教务处、科学技术发展研究院、社会科学研究处、研究生院、国际合作与交流处、校友工作办公室、教育基金会秘书处、大学科技园办公室、学生职业发展与就业指导中心等部门主要负责人

经济责任审计工作、科研经费审计工作领导小组及工作小组

（重大校办〔2019〕28号 2019年4月8日调整）

一、经济责任审计工作领导小组

组　长：周　旬　张宗益

副组长：杨　丹

成　员：组织部、纪委办（监察处）、财务处、审计处等部门主要负责人

二、科研经费审计工作领导小组

组　长：杨　丹

副组长：陶举虎　明　炬

成　员：科发院、社科处、财务处、纪委办（监察处）、审计处等部门主要负责人

三、经济责任审计工作小组

组　长：李嘉明

成　员：组织部、纪委办（监察处）、财务处、审计处等部门相关负责人

四、科研经费审计工作小组

组　长：李嘉明

成　员：科发院、社科处、财务处、纪委办（监察处）、审计处等部门相关负责人

内部控制领导小组、工作小组和监督检查小组

（重大校办〔2019〕29号 2019年4月8日成立）

一、内部控制领导小组

组　长：张宗益

成　员：杨　丹　孟卫东　明　炬　刘汉龙　王时龙　廖瑞金

二、内部控制工作小组

组　长:杨　丹

成　员:校办、发规处、人事处、教务处、科发院、社科处、研究生院、财务处、审计处、后勤处、房管处、实设处、基建处、信息办、资产公司等单位主要负责人

三、内部控制监督检查小组

组　长:陶举虎

成　员:纪委办(监察处)、财务处、审计处主要负责人

实验室技术安全工作委员会

(重大校办〔2019〕32 号　2019 年 4 月 11 日调整)

主　任:张宗益

副主任:廖瑞金　王时龙　明　炬

成　员:保卫处、人事处、教务处、科发院、国防院、研究生院、财务处、后勤处、房管处、实设处、基建处、虎溪管委会

校庆专门工作小组

(重大校办〔2019〕37 号　2019 年 4 月 19 日调整)

一、秘书及综合协调组

组　长:杨　丹

二、办学成就展示组

组　长:杨　丹

三、校友工作组

组　长:廖瑞金

四、筹资及财务工作组

组　长:廖瑞金

五、师生工作组

组　长:王　旭

六、宣传及文体活动组

组　长:王　旭

七、校史档案组

组　长:王　旭

八、国际联络组

组　长:明　炬

九、校园建设组

组　长:刘汉龙

十、校园安全稳定组

组　长:王时龙

十一、廉政风险防控组

组　长:陶举虎

校史馆改造工作组

（重大校办〔2019〕39 号　2019 年 4 月 24 日成立）

组　长:胡学斌

副组长:杨新涯　饶劲松

成　员:郑恒毅　王　琰　李　炜　喻　玲　陈　燕　夏进军　王彦力

关心下一代工作委员会

（重大委〔2019〕52 号　2019 年 4 月 30 日调整）

主　任:王　旭

常务副主任:肖铁岩

副主任:刘汉龙　田　明　胡新炼　徐建华

委　员:(按姓氏笔画顺序)

王　旭　王佳眉　田　明　吕　屏　刘汉龙　肖铁岩　何云金　张伯建　赵泽洪　胡新炼　姚贵明　徐建华　曹新初

以及党委办公室、校长办公室、党委组织部、党委宣传部、党委学生工作部、党委研究生工作部、后勤党委、离退休党委、工会、团委、教务处、离退休工作处主要负责人

关心下一代工作委员会下设秘书处,挂靠离退休(党委)工作处,作为日常工作办事机构。

秘 书 长:王宇红(兼)

副秘书长:曹新初　李　纾(兼)　蒋研川(兼)　陈大勇(兼)　姚　璐(兼)

意识形态工作领导小组及办公室

（重大委〔2019〕60 号　2019 年 5 月 28 日调整）

一、意识形态工作领导小组

组　长:周　旬　张宗益

副组长:杨　丹　陶举虎　王　旭　孟卫东　明　炬　刘汉龙　王时龙　廖瑞金

成　员:党委办公室、校长办公室、党委组织部、党委宣传部(党委教师工作部)、党委统战部、纪委办公室(监察处)、党委学生工作部(处)、党委研究生工作部、党委保卫部(处)、虎溪校区党工委、工会、团委、离退休党委、人事处、教务处、社会科学研究处(期刊社)、研究生院、国际合作与交流处(港澳台办)、计划财务处、后勤党委、图书馆、信息化办公室、出版社、教育基金会秘书处的主要负责人

二、意识形态工作领导小组办公室

领导小组下设办公室,挂靠党委宣传部

主　任:胡学斌

成　员:党委办公室、校长办公室、党委组织部、党委宣传部(党委教师工作部)、党委统战部、纪委办公室(监察处)、党委学生工作部(处)、党委研究生工作部、党委保卫部(处)、虎溪校区党工委、工会、团委、离退休党委、人事处、教务处、社会科学研究处(期刊社)、研究生院、国际合作与交流处(港澳台办)、计划财务处、后勤党委、图书馆、信息化办公室、出版社、教育基金会秘书处、继续教育学院、艺术学院、博雅学院、新闻学院、法学院、马克思主义学院的相关负责人

绩效工资领导小组和工作小组

(重大校办〔2019〕59 号　2019 年 9 月 6 日成立)

一、绩效工资领导小组

组　长:周　旬　张宗益

成　员:明　炬　刘汉龙　王时龙　廖瑞金

二、绩效工资工作小组

组　长:刘汉龙　王时龙

成　员:工会、人事处、教务处、科发院、社科处、研究生院、计财处主要负责人

建校 90 周年校庆日工作指挥部

(重大校〔2019〕298 号　2019 年 9 月 9 日成立)

总 指 挥:王时龙

执行指挥:饶劲松

成　　员:李学静　冯业栋　胡学斌　夏之宁　陈　科　陈　东　尹国华　吴丙山　李成祥　邓绍江　朱才朝　许　骏　谢心灵　杨正书　赵　彬　李永海　胡友强　杨新涯　杨　艳　唐蓉君　张　毅(校医院)　欧　玲　黎　静

指挥部下设办公室,统筹协调校庆日工作和抽调相关工作人员,组成如下:

主　任:冯业栋　饶劲松

副主任:郑恒毅

1.纪念大会工作组

组　长:饶劲松

副组长:张建平　陶孟欢

2.国际文化节工作组

组　长:黎　静

副组长:陈　颖

3.中外大学校长论坛工作组

组　长:饶劲松

副组长:许　骏　欧　玲　蒋华林　高　翔　叶　蕾

4.E9 校长联席会议工作组

组　长:饶劲松

副组长:蒋华林

5.纪念晚会工作组

组　长:胡学斌

副组长:彭述娟

6.社团嘉年华工作组

组　长:李成祥

副组长:陈　洁

7.校史馆开放工作组

组　长:杨新涯

副组长:王　琰

8.抗战大礼堂开放工作组

组　长:杨　艳

副组长:喻　玲

9.科研平台开放工作组

组　长:朱才朝

副组长:王开成

二、职能组

1.文秘工作组

组　长:冯业栋　饶劲松

副组长:关　慧　杨国梁　郑恒毅

2.嘉宾邀请及信息工作组

组　长:冯业栋

副组长:陈　林

3.会务工作组

组　长:饶劲松

副组长:郑恒毅

4.接待工作组

组　长:饶劲松

副组长:崔志强

5.宣传报道工作组

组　长:胡学斌

副组长:李　炜

6.师生组织工作组

组　长:陈　科

副组长:胡显芝　胡小华　陈大勇　韦迎春　田　辉　何　杨　陈　颖

7.校友工作组

组　长:胡友强

副组长:任　明

8.境外联络工作组

组　长:许　骏

副组长:高　翔　叶　蕾　欧　玲

9.交通及安全保障工作组

组　长:尹国华

副组长:崔晓奎　汪培术

10.后勤保障工作组

组　长:谢心灵

副组长:杨正书　赵　彬　唐蓉君　张　毅(校医院)

11.志愿者工作组

组　长:李成祥

副组长:姚　璐

12.虎溪校区工作组

组　长:夏之宁

副组长:吴丙山

“不忘初心、牢记使命”主题教育领导小组办公室

（重大委〔2019〕100号　2019年9月18日成立）

主　任:陶举虎

副主任:李学静　冯业栋　胡学斌

办公室下设4个工作组:

(一)综合组

组　长:李学静

成　员:魏群义　关　慧　应　佳　杨聪林　刘东堃　杨乾龙

(二)学习宣传组

组　长:胡学斌

成　员:彭守建　周　辉　郑恒毅　姜鲁宁　赵深艳　刘修阳

(三)协调服务组

组　长:冯业栋　饶劲松

成　员:陈　林　崔志强　胡显芝　彭守建　张海鸥　张　磊

(四)联络指导组

联络指导一组:谢渝霖(组长)　冯欣艳(机关、后勤、产业、肿瘤医院、医学院,5个二级党组织)

联络指导二组:冯海亮(组长)　谷诗卉(电影、博雅、公管、经管、马院、生物、继教,7个二级党组织)

联络指导三组:孙　跃(组长)　郝小玮(法学院、电气、能动、资安、材料、航院,6个二级党组织)

联络指导四组:周　林(组长)　王琪琪(机械、汽车、建筑、土木、环境、管科、图书馆,7个二级党组织)

联络指导五组:袁政强(组长)　朱云清(光电、通信、计算机、自动化、离退休、校医院,6个二级党组织)

联络指导六组:王健卉(组长)　王庆贺(虎溪校区:数统、物理、化工、生命、体育、出版社,6个二级党组织)

联络指导七组:刘云宏(组长)　陈　亭(虎溪校区:党工委、外语、艺术、新闻、软件、药学院,6个二级党组织)

城科院党委由市委教育工委安排人员联络指导,离退休的老同志支部、肿瘤医院各支部由二级党组织根据实际安排人员联络指导。

第十一届学位评定委员会

（重大校〔2019〕371 号　2019 年 10 月 31 日成立）

主　席：张宗益

副主席：周绪红　王时龙

委　员：（按姓氏笔画为序）

王时龙　卢义玉　刘汉龙　刘贵文　杨　俊　何　强　张宗益　杜春兰　李英民　宋永端
周　旬　周绪红　贺　耘　郭永彩　黄锡生　彭　静　廖　强　廖晓峰　廖瑞金　蔡开勇
雒三桂　潘复生　穆春来　魏子栋

师德师风建设委员会

（重大委〔2019〕125 号　2019 年 11 月 1 日调整）

主　　任：党委常务副书记、常务副校长

副 主 任：分管教师思政工作副书记、分管人事副校长

成员单位：党委办公室、党委组织部、党委宣传部、党委教师工作部、纪委办公室（监察处）、党委学生工作部、党委研究生工作部、工会、校长办公室、发展规划处、人事处、教务处、科学技术发展研究院、社会科学研究处、研究生院、科学技术协会

下设重庆大学师德师风建设委员会办公室，挂靠党委教师工作部，办公室主任由党委教师工作部部长兼任

网络安全和信息化领导小组

（重大委〔2019〕181 号　2019 年 12 月 17 日调整）

组　长：校党委书记、校长

成　员：分管安全稳定、宣传、信息化工作的校领导

领导小组办公室设在党委办公室，由党委办公室主要负责同志任办公室主任，党委宣传部、党委保卫部、信息化办公室主要负责同志任办公室副主任

领导小组下设网络空间安全联席会、信息化建设联席会

一、网络空间安全联席会

组　长：分管安全稳定工作的校领导

成　员：党委办公室、党委宣传部、党委学生工作部、党委研究生工作部、党委保卫部、虎溪管委会、信息化办公室、图书馆主要负责人

二、信息化建设联席会

组　长:分管信息化工作的校领导

成　员:校长办公室、发展规划处、人事处、教务处、科学技术发展研究院、研究生院、计划财务处、实验室及设备管理处、信息化办公室主要负责人

综合管理与对外合作

综合管理

党委办公室

【概况】

2019年，党委办公室围绕上级和学校决策部署，抓落实、保稳定、促发展，推动落实立德树人根本任务、加快推进“双一流”建设，以优异成绩献礼校庆90周年。

【推进学校“不忘初心、牢记使命”主题教育】

作为学校“不忘初心、牢记使命”主题教育领导小组办公室组成单位，具体参与综合组和协调服务组工作。起草校级领导班子主题教育调查研究工作方案、专题民主生活会检视剖析材料及情况通报等文字材料。完成动员大会和校级领导班子专题党课及调研成果交流会、对照党章找差距专题会议等重要会议的组织协调、会议服务。牵头完成两项专项整治和一项专项整改。组织二级单位党政主要负责人现场学习考察。

【统筹维护校园政治安全和稳定】

认真履行学校国家安全工作领导小组和国家安全人民防线建设小组办公室职责。积极配合重庆市国安局开展工作。切实加大对境内外敌对势力渗透防范力度，牵头做好涉港师生安全教育管理。组织策划的反奸防谍舞台剧《暗流涌动》受到国家安全部、重庆市国家安全局领导和师生高度评价。妥善处置多起突发事件，每月按时上报稳定工作台账，节假日和特殊时期办公室24小时值班。协调沙坪坝区有关部门联合整治违规占用公有住房，收回被占公房120套。

【推进“三全育人”综合改革】

积极履行学校“三全育人”综合改革领导小组办公室职责，从整合育人要素和资源入手加强顶层设计、分步实施、统筹推进。牵头制订“十大育人体系”建设方案，推动牵头职能部门分别制订并实施“十大育人”专项工作方案。着力打造六大育人阵地，形成最大工作合力。牵头制订《思想政治理论课改革创新任务分工方案》，确保学校思想政治理论课教师代表座谈会精神在重庆大学落地落实。

【参与校庆保障与服务】

积极参与纪念大会工作组、文秘工作组、嘉宾邀请及信息工作组、接待工作组等工作。负责学校向重庆市委常委会汇报工作的联络接洽、材料准备。积极协调上级领导出席校庆纪念大会，联系市委市府等向校庆发来贺信。设计并发送嘉宾邀请函600余份，开发嘉宾信息采集App，实现嘉宾信息及行程安排零错漏。接待陪同向巴平措等重要嘉宾参加校庆系列活动。

【加强统筹协调服务学校发展】

1.积极做好综合协调

协助畅通校领导与部、市领导的沟通渠道。圆满完成陈敏尔书记来校参加全市思政工作会议、看望鲜学福院士的联络协调接待等工作。全年接待部市领导来宾、政府、高校和企业公务来访上百人次。在学校重要工作、重大活动安排和推进上，把握好节点节奏，形成工作合力。

2.服务学校重要会议

2019 年学校党委常委会议题规划全面落实，增强了党委常委会工作的系统性和计划性。严格对照《普通高等学校党委常务委员会会议和校长办公会议（校务会议）议事规则示范文本》修订完善党委常委会会议议事规则。完成 49 次党委常委会，以及党委全委会、书记例会、二级党组织书记例会、十九届四中全会精神报告会、干部大会等 60 余次重要会议的组织和服务工作。

3.统筹做好保密工作

以“进步显著”的评价结果顺利通过军工保密资格复查。修订完善 15 项基本制度，梳理规范 40 余项审批流程。进一步强化保密责任落实，推进保密归口管理。年度内开展全校性保密检查、保密教育培训活动 5 次，办理各类保密审查审批事项 600 余次。

【注重研究谋划服务领导决策】

1.提升信息工作水平

学校信息工作在教育部直属高校中排名第 16 位，市委、市教委信息排名均为重庆市高校第 1 名。4 篇信息获教育部《教育要情》采用并直呈中央领导，8 篇经验性信息在教育部门户网站全文登载。组稿报送的专家建议信息获市委采用 37 篇、中办采用 4 篇、市领导批示 4 次。编发《重大要情》180 期、《重庆大学简报》16 期。

2.提高以文辅政能力

全年撰写文件、讲话、上报材料等近 100 万字。牵头制定《中共重庆大学委员会加强和改进领导干部深入基层联系学生工作方案》《重庆大学一线规则实施方案》等重要文件。陪同校领导开展“育人阵地建设”等专题调研并完成调研报告。组织并参与上级部门及兄弟高校领导来校调研 20 余次，提供交流汇报材料。处理机要文件 559 份、校内外公文 880 余件，审核各类部门通知 250 余件，发布正式公文 223 件，对处理程序、公文格式及内容等严格把关，第一时间处理，确保了政令畅通。

【强化运行保障服务决策落实】

1.抓好决策落实和督促督办

日常工作紧抓快办、事不过夜。对上级安排、领导临时交办的任务，不讲条件，立即落实。对党委全委会、常委会会议和校长办公会议议决事项全程跟踪督办。对贯彻执行中央八项规定文件情况和巡视整改“回头看”等重点工作开展专项督查。每月梳理主要领导批示，与承办部门有效沟通，实时了解工作进展及困难,推动落实并书面报告。跟踪督办书记文件批示70余份。处理校领导信箱来信172件。

2.加强自身建设

坚持任务驱动、交流导向,每周例会交流学习心得、通报一周重要文件目录,打造阅览室。会同信息化办公室开发文件流转跟踪系统,利用现代化办公手段提升工作质量和效率。发挥支部战斗堡垒作用,继续弘扬“敬业、忠诚、勤奋”的办公室文化。

(撰稿人:关　慧)

校长办公室

2019年,校长办公室紧密围绕学校“双一流”建设部署,坚持“123456”的校办文化和工作格局,以打造研究型办公室为目标,以90周年校庆工作为重点,以深耕管理、深化改革为抓手,在尽职履责中争创一流,在攻坚克难中锻炼队伍,圆满完成各项任务。

【助力学校内涵提升，当好忠诚担当的先锋队】

1.九秩校庆成功举办

作为90周年校庆工作领导小组秘书处所在单位,全力投入校庆各项工作。工作中突出“学术”这条大学的“生命线”“文化”这条大学的“标准线”“校友”这条大学的“动力线”,始终按照“学术校庆”“文化校庆”“校友校庆”这条主线,致力于用大学初心教育人、用大学文化感染人、用大学精神激发人,让师生广泛参与,让校友感受温暖,让嘉宾领略内涵,在全校各单位的大力支持下,展示了一个有底蕴的重大、有使命的重大、有力量的重大、有温度的重大、有梦想的重大,得到了广大师生校友和社会各界的一致认可与广泛好评,达到了“铭初心、聚众力、塑文化、建一流”的良好成效,为学校“双一流”建设凝聚了强大发展动力。

2.牵头抓总成效明显

牢固树立全局观念,服务学校决策部署,在协调推进附属医院建设与发展、服务重庆“三大攻坚战”和“八项行动计划”、对接市委市政府落实学校恳请支持事项、与万州区全面开展合作、医学部筹备与建设、附属中小学建设、独立学院转设、“长江生态环境学院”筹建等学校交办的重要工作中,着力发挥统筹协调和牵头抓总作用,服务学校重大决策落实见效。

【加强综合管理协调，当好护航发展的排头兵】

3.服务保障坚实可靠

严格按照中央八项规定精神要求,高质量、高标准、高效率地组织指导各类重大会议、重大活动、重大事项30余次。牵头组织科技园入驻大学城启动仪式、学校“双一流”建设中期评估会等重大会议;牵头完成了教育部副部长翁铁慧、全国政协常委强卫、重庆市常务副市长吴存荣、国家发改委高技术产业司副司长沈竹林来校调研,沙坪坝区政府来校对接合作共建事宜、万州区政府洽谈附属医院合作事宜以及国家教育行政学院高校青年干部培训班和兄弟单位来校交流等重大事项;指导完成产业技术研究院奠基仪式、肿瘤医院划转及对接工作会、军委科技委来访、东西部课程联盟、中国教育国际交流协会、开学典礼、毕业典礼、春季运动会等重大活动的会务接待和会务保障工作。

4.规范管理推进有序

制订出台《重庆大学视觉形象识别系统管理规定》和《重庆大学视觉形象识别系统手册》,提升学校视觉形象识别系统的规范化水平。推进综合事务管理信息化建设,实现公共区域使用申请信息化,便捷服务师生。开通运行“文件驿站”,便利校区间纸质文件资料的传递,全年新老校区传递文件资料 320 余份。加强借调人员的规范化管理,为在京借调人员提供服务和条件保障,完成首期返校借调人员的考核。进一步加强对教育部社会团体的管理,开展社会团体分支机构情况专项检查。进一步深化公务用车改革,车改中取消的 197 辆公车已全部完成处置工作;指导资产经营公司制订《重庆大学校办企业公务用车制度改革方案》;制订《重庆大学公务用车管理办法》,规范公务出行用车保障,加强对保留的业务用车和专业用车的规范管理。建立总值班制度,完善了学校值班工作体系。

【提升文秘辅政水平,当好决策参谋的智囊团】

5.以文辅政提质增效

按照“立意高、内容实、文风新”的工作思路,精雕细琢各类文稿。牵头起草全国政协社法委来校调研汇报材料、教育部部长陈宝生来渝召开“长江经济带调研座谈会”学校汇报材料、学校落实市委书记陈敏尔指示精神的报告、报送市政府设立博士后专项支持计划的请示、校长年度履职亮点项目实施方案、教育领域“灰犀牛”事件材料,学校 2018 年度工作总结、学校 2019 年度工作要点、90 周年校庆纪念大会校长报告、领导讲话、嘉宾致辞和各类视频脚本以及其他各类日常文稿。根据上级要求,修改形成《重庆大学校长办公会议议事规则(审议稿)》,创新校长办公会议题收集审核机制,严把议题质量关。召开校长办公会 27 次、收集审议议题材料 320 件;召开院长工作例会 9 次,形成《院长工作例会纪要》9 期。

6.办文质量稳中有升

完善公文流转程序和处理要求,进一步规范行政类公文的主送单位名称、发文代字、机构简称,印发了《关于完善 OA 系统功能进一步加强公文规范管理的通知》。全年制发正式公文 1 423 件,处理并督办校外来文 1 580 件、校内签报 1 394 件,编制《收发文快报》150 期。开展好公文办理培训,组织市教委电子政务平台学习培训,到附属肿瘤医院、中心医院和基建处等单位开展 OA 使用培训、公文写作培训。举办第二次全校办公室系统工作及培训会。

7.信息化建设提档升级

OA 系统 3.0 正式上线,系统功能和性能全面优化升级。在运行过程中持续推进功能提升,实施各种优化项目 180 余项。组织完成“一周会议安排”模块开发并上线运行、打通校长办公会议题收集无纸化的最后“一公里”,实行在线文秘审查,实现议题材料从提出申请至上会审议“全程在线”。组织开发校长办公会纪要审签模块,积极推进审签电子化。积极推进数字认证(电子印章)平台建设。加大整合力度,将干部证件申办系统接入OA,推进科研服务大厅用印数据与OA连通,深化"互联网+校务服务"。改版升级督查系统,不断提高督查工作信息化水平。优化信息更新机制,做好信息主动公开和依申请公开;加强数据信息统计的质量管理,高质量完成2019年高等教育事业综合统计工作,统筹做好《重庆大学年鉴2018》出版工作,完成《重大画册》改版升级。

8.文秘服务再上台阶

组织"我是如何做联系秘书的"经验交流会,开展联系秘书业务能力提升培训,提升联系秘书政治素养和业务素质。规范协调行政校领导出席重要活动程序,全年协调校领导出席活动180余人次,主动服务好校内各单位。做好大学联盟相关工作,组织召开卓越大学联盟第十次校长联席会;指导协助重庆医科大学恢复重庆市大学联盟运行,年度联盟理事会成功召开。持续加强保密管理,组织开展年度宣传周活动,积极参与学校军工保密资格复查工作。继续增强保密意识和责任,全年收文处理涉密文件44件、不予公开文件41件,协助保密办流转涉密文件340余件,引入二维码登记管理涉密文件,全年无失泄密事件发生,校长办公室被评为2018年度保密工作先进集体,1人被评为先进个人。

【提高依法治校能力,当好科学治理的多面手】

9.制度建设体系渐成

制订《重庆大学2019年行政类规章制度建设计划》,不断完善规章制度立项规划建设机制。加强业务指导,废止规章制度14份,审查规章制度40余份,校长办公会审议通过率100%。加强政策咨询研究,开展"固定资产处置程序""校外车辆收费依据"等专项研究。加强合同管理办法执行监督,进一步规范合同管理,理顺部门职责,调整涉外教育培养类合同审查审批流程。优化功能设计,推进合同管理信息系统建设。研究制订首批常用合同示范文本17份,提高合同签订质量和效率。

10.法务管理日益完善

加强法律顾问制度建设,规范聘任及聘后管理,拟订《重庆大学法律顾问聘用管理办法》。组织、参与涉法工作会议30余次,协助相关部门依法处理诉讼案件10余起、非诉纠纷20余起。强化涉生处分工作监督,再度实现全年学生申诉案件"零"目标。提高法律服务能力水平,接受相关部门以及师生法律咨询40余次。加强法治宣传,组织开展重庆市人民检察院"莎姐"进校园、国家宪法日等主题活动。续展商标34件,有效保护学校无形资产。

11.师生权益维护有力

坚持"阳光信访、责任信访、法治信访",立足"靠前指挥、靠前协调、靠前处理",统筹抓好源头预防,及时化解矛盾纠纷,维护校园和谐稳定。全年共接访65余件,办结64件,办结率达到98.5%。坚持通过法定途径分类处理不同信访投诉请求,有效处理了柑园村拆迁补偿协调问题、东林村69栋拆迁问题、研究生宿舍分配问题、附中办学问题、食堂职工退休补偿问题、绩效工资问题等集体信访事项,协调召开重大花园二期建设户型见面征求意见会。畅通信访渠道做实校长信箱、校领导接待日等工作，全年组织校领导接待日13次，处理校长信箱来信近600件，呈报《来信来访快报》6期，为学校决策参考提供支撑。

【强化立体督查效能，当好落实决策的尖刀连】

12.全员督查效能凸显

在办公室建立健全“谁承担工作，谁负责督查”的全员督查机制，切实加大工作落实强度和力度。探索以专题会议纪要形式推动落实的督查方式，进一步健全任务分解、落实报告、核查复核、督促整改等制度。做好校长办公会纪要决议事项督查，完成2018年15期至2019年15期会议共计250项决议事项督办；加强公文承办事项及主要领导批示事项的催办督办，重点跟踪督办21件；督办教代会提案41件，已办结31件。按照市教委相关要求，做好春秋两季开学督查。

【全面加强自身建设，画好党建与业务同心圆】

13.“矩阵”改革不断深入

为适应新形势新任务的要求，理顺工作模块，并建立灵活的人员力量组织机制，探索建立纵向畅通、横向协调、内部顺展的“矩阵管理”新模式，切实推进管理扁平化。打破现有科室设置，根据工作职责设立文秘一组、文秘二组、综合行政组、法制组、联系秘书组等5个工作团队，最大限度提升团队效能、激发个人潜能；突破班子成员分工局限，坚持推行工作流程优化再造，必要时授权班子成员审查其他团队的工作，以保障工作质量、提高工作效率。在改革中，坚持“123456”校办文化和工作格局，将办公室文化建设与人事工作、工会工作、语言文字工作、离退休工作、安全稳定工作、导服台建设创新融合，进一步提升推动办公室工作的文化自觉，为高效协调规范运转提供有力保障。

14.支部建设成效显著

一年来，校办支部以“不忘初心、牢记使命”主题教育为主线，以政治建设为统领，从严从实抓好思想建设、组织建设、作风建设和纪律建设，全面提升党建工作质量。2019年校办支部荣获“重庆大学先进党支部”称号，支部蒋华林同志荣获“重庆大学优秀共产党员”称号，支部张荆同志荣获“重庆大学优秀党务工作者”称号，支部“打造一流学习苑地，持续推进学习型党支部建设”的组织生活创新案例入选重庆大学党建工作“特色品牌”活动，支部上报的《自我革新铸利剑　牢记使命勇担当　校长办公室持续推进主题教育》信息入选了机关党委“不忘初心、牢记使命”工作简报，并被学校采用。支部书记饶劲松同志以专题党课为基础，形成了《莫把“问题导向”变成“导向问题”》理论文章，发表在中办主办的《秘书工作》上；为解决好党建业务“两张皮”的问题，校办实行由校办主任担任支部书记、副主任担任副书记的制度，坚持将“抓党建”与“精业务”同谋划、同部署、同推进，该制度在12月12日《光明日报》05版《重庆大学：厚植立德树人文化基因》一文中被宣传报道。

（撰稿人：杨国梁，李明秋）

发展战略与规划

【综述】

2019 年,发展规划处(“双一流”建设办公室)在学校党委和行政的领导下,在各兄弟单位的支持下,围绕统筹推进学校“双一流”建设、“十三五”规划、综合改革等重点任务,科学谋划,狠抓落实,圆满完成各项目标任务和学校领导交办的其他工作,有力地推动学校工作持续快速健康发展。

【“双一流”建设】

1.牵头完成学校“双一流”建设中期自评工作

牵头完成“双一流”建设项目中期绩效目标监控,顺利完成学校“双一流”中期自评工作,得到教育部专家组一致肯定。

结合中期自评整改工作,制订并经党委全委会审议通过,印发《中共重庆大学委员会关于进一步加强“双一流”建设的意见》。

2.牵头完成教育部和重庆市“双一流”年度管理工作

牵头完成学校“双一流”建设 2019 年度进展报告并报送教育部,公开接受社会监督。牵头编制完成学校 2020 年度“双一流”建设项目申报材料,并会同计财处报送教育部,积极争取“双一流”中央引导专项资金。

顺利完成重庆市重点学科和一流学科建设中期检查,以及市教委、市财政局对学校“双一流”2019 年度绩效评估,落实“双一流”经费 1∶1配套到校。

3.牵头完成部分学院学科调整工作

制订《2019 年重庆大学学院学科优化调整方案》,组织召开部分学科(学院)调整工作部署会,学校正式启动调整工作。通过调整,解决了 2000 年三校合并以来,管理科学与工程、土木工程、环境科学与工程等一级学科建设单位分散、建设合力不足等问题,为进一步理顺相关学科管理体制,促进学科内涵发展奠定了基础。

4.实施“双一流”建设学科重点建设项目

编制印发《重庆大学“双一流”学科重点建设项目管理办法(暂行)》,启动学科群建设计划、学科水平提升计划、跨学科合作支持计划、新兴学科培育计划、公共平台建设计划五类学科重点建设项目申报工作,对学科建设经费实施申报制、竞争性分配。学校已论证立项镁合金中心、分析测试中心、量子材料与器件中心等 12 个项目。

5.积极开展学校学科评估、分析与服务

积极跟进 ARWU、QS、THE、USnews 等世界大学评价活动,学校全球学术影响力持续上升。ARWU 排名从 2018 年 414 名升至 389 名,QS 排名从 2018 年 801~1 000 名升至 788 名,THE 排名从 2018 年 884 名升至 849 名,USnews排名从 2018 年 627 名升至 567 名。8 个学科进入 2019“软科中国最好学科”排名前 10%,其中土木工程、机械工程、电气工程进入前5%。工程学继续稳居ESI前1‰,新增环境与生态学、生物学与生物化学、物理学ESI前1%学科,ESI前1%学科数达到10个,机构整体排名前进至第682位(统计时间:2019年11月)。

完善学科建设管理服务监测体系,续订上海软科学科发展水平动态监控数据平台,加强各一级学科动态监测,改进学科对标对表工作,促进自身建设发展。不定期到二级单位开展调研,提供咨询服务,积极推进第五轮学科评估迎评工作。

【“十三五”规划实施】

按照“以发展规划为推动、以‘双一流’为目标、以综合改革为动力”的工作思路,继续探索规划实施机制,结合学校年度工作要点,将“十三五”规划重点任务和核心指标纳入年度工作计划,从人才培养、科学研究、社会贡献、文化传承创新和国际影响5个方面提出各项指标的分年度计划,进一步推动“十三五”规划的落实。按照有关“提示清单”要求,对制订实施学校发展战略规划情况进行自查。

着手总结学校“十三五”发展情况,启动规划“十四五”,推进市委市政府将我校发展纳入重庆市“十四五”规划。

【政策研究】

为教育部领导到校调研、《人民日报》访谈、财政部、全国政协“推动制造业高质量发展”、教育部直属高校工作咨询委员会、重庆市教育会议、卓越大学联盟第十次校长联席会、学校干部大会、院长例会、党政联席会等会议和活动准备相关文稿,服务学校改革发展大局。

分析学校在世界四大排名及国内相关机构排名中的表现,撰写《重庆大学QS亚洲大学排行分析报告》等10余篇材料。调研高校学科公共服务平台,明确我校学科公共平台整体布局。

【机构调整】

结合学校发展需要,完成校办、信访办、图书馆、工程科教战略研究中心、专利中心等机构调整,增设党委巡察工作办公室、医学部、超瞬态物质科学实验装置相关机构;完成管理科学与房地产学院、环境与生态学院、资源与安全学院更名工作。

【学术委员会建设】

开展学术委员会换届调研工作,完成换届方案。完成学术委员会各专门委员会、学部学术分委员会部分委员的增补调整工作。召开校学术委员会和学科建设专门委员会各2次,推动校学术委员会和学科建设专委会积极履职。编制完成《重庆大学2018年度学术年报》。

【其他工作】

积极参与90周年校庆多项筹备活动,撰写《重庆大学校史2009—2019》一书第一章,圆满完成校庆部分志愿者工作等;与人事处合作推进重庆市博士后专项资助经费设立;与市教委合作完成长江生态环境学院建设方案编制和论证工作等。

积极参加交流学习，先后赴大连理工、华中科大、西安交大、中科大、上海交大、天津大学等高校参加 E9 联盟发展规划与学科建设交流会、“双一流”建设相关会议，并接待西南交大战略与学科处等 5 个兄弟单位来访座谈。

（撰稿人：张　玮）

虎溪校区管理

【综述】

2019 年，虎溪校区管委会在学校党政的领导下，“不忘初心、牢记使命”，围绕立德树人根本任务和“三全育人”要求，为 70 周年国庆、90 周年校庆和学校“双一流”建设积极贡献力量，圆满完成了各项工作任务。

【文化校园】

大力开展第二课堂，打造舍区特色文化。全年开展各类舍区教育活动 100 余项。新装修 11 栋学生宿舍门厅和 13 间学生活动室，并在门厅的改造装修中融入松、竹、梅、兰的传统文化内涵。大力开展文明寝室创建活动，松园一栋学生公寓荣获“重庆市普通高校文明公寓”，2 间寝室荣获“重庆市普通高校特色寝室”，15 间寝室荣获“重庆市普通高校文明寝室”表彰。

挖掘校区食堂资源，打造食堂育人阵地。改善就餐大厅硬件设施，实现就餐、自习、研讨、活动等无缝转换。在传统节日组织学生开展包粽子等文化活动，在日常餐饮服务中倡导“耐劳苦，尚俭朴”的校训精神。

坚持举办丰富多彩的文化活动，打造特色活动品牌。组织或参与开展讲座（院长讲座、星期日讲座等）、学术报告、会议及文艺演出活动 790 余场（次），组织开展趣味运动会、健康跑、元旦游园活动、文化艺术展览等精品活动。

不断丰富校园景观，扩大校园文化内涵。新建贝多芬、托尔斯泰等 4 座名人塑像，为启兹亭、4 个书屋制作匾额、对联，改建历史甬道并增补学校办学和发展大事内容，扩大学院旗阵，为大剧场配置大型漆画 4 幅，建设纪念 90 周年校庆大型立体园艺、“我和我的祖国”大型展架，在校区主干道悬挂杆旗 300 余面，编制了校园文化景观地图。

充分利用各类载体，大力开展宣传工作。利用虎溪校区主页、微信、微博、电子显示屏等载体，采取“七位一体”方式全方位开展宣传工作。发布主页新闻 100 余篇、虎溪原创视频作品以及美文 40 余篇（个）、“重大虎溪”微信公众号原创推文近百篇（阅读量 10 万余次）、微博博文 500 余条、电子显示屏内容 100 余条，报送信息 10 余次。

【生态校园】

高标准维护 70 余万平方米校园绿地，重点打造了球宿根园、绣球园、紫绒鼠尾草路，对梅园学生公寓室外育人环境进行提档升级。更新图书馆楼顶中英文校名灯饰，增设校园景观灯 1 000 余支（套）。新建理科楼至荷花池景观道路。改建西一门、西三门及 12 065 平方米运动场。

更换主管道主干阀 50 个，增建自来水流量监测计 16 套，加大水电费回收力度，在校区入住单位和人员大幅增加的同时，全年水电实际支出与 2018 年持平。

【智慧校园】

优化和调整网络架构，出口带宽扩大一倍。完成 2 栋学生宿舍、博士生公寓的光纤入户建设，开展校区网络 IPV6 建设。制订"智慧虎溪"建设总体规划和建设计划。建设并投入使用学生宿舍管理系统、人脸识别系统、学生宿舍能源管理系统、虎溪党工委网上党建园地，完善了学生归寝行为分析系统、会议室报告厅管理系统，为车辆预约系统、会议室报告厅预约系统、水电缴费系统、学生住宿管理系统、学生行为分析系统开发了手机版。

【平安校园】

大力开展安全教育。在学生中开展了预防通讯诈骗、"防艾"主题教育活动，举办消防知识培训、应急疏散演练、公交安全演练活动，参与学生近万人次。在宿舍张贴安全知识海报和标识，播放安全知识视频，制作安全教育推文等。对食堂、物业、校园车队人员开展安全知识、专业技能的培训和教育 10 余次。

及时消除安全隐患。全年立项开展专项维修工程 20 余项。对建筑体进行排查，及时处理外墙砖脱落、天花板掉落、地砖起拱、屋面及房间漏水等问题。完成学生公寓 550 个房间 24 998 平方米的大修以及 4 000 余平方米建筑的漏水维修，更换学生一食堂南立面外墙干挂石材，为二食堂钢楼梯加装雨棚。更换学生公寓 2 084 套陈旧破损家具、食堂及综合楼空调室的电线电缆 44 套（近 10 000 米）。改造学生公寓楼栋防雷设施，维修食堂、教学楼、实验楼等区域 100 余个防火卷帘门，更换了 200 余个室内消防箱。对影响日常生活和安全的小型维修，提前做好材料申购审批，加快维修响应速度。

严抓交通和食品安全，惠民生，维稳定。校车全年安全运行 16 546 班，运送师生 48 8047 人次。更换 12 台校内穿梭电瓶车，建设完成电瓶车队专用停车充电设施。积极协调并配合沙区政府在东大门、西三门安装电子交通装置，保障师生出行安全。定期召开食品安全质量价格工作联席会，开展食堂经营大检查、流动红旗评比，严格台账管理，做好食堂油烟抽排系统改造。采取措施保证食堂饭菜的质、价、量不因猪肉等食材价格大幅上涨受到影响。利用法律手段完成商业街欠费追缴及回收门面工作。完成校园内 26 家商铺经营权的新一轮招租工作。

坚持做好意识形态工作。组织专人收集网上信息动态，全年制作《信息采集》35 期，采集信息 384 条。严格履行会议和活动场地审批程序。

2019 年，虎溪管委会顺利完成了 6 300 余名 2019 级本科生迎新工作和 6 500 余名学生搬迁任务，保证了 18 000 余名师生、13 个学院和 3 个中心在虎溪校区的学习、生活、教学、科研和工作的顺利进行。

（撰稿人：冯　梅）

合作与交流

国内合作及校友工作

【综述】

根据学校“双一流”建设工作方案和2019年重点工作，国内合作办公室、校友工作办公室坚决完成教育部、重庆市下达的各项扶贫攻坚任务，积极协调校内各单位，进一步加强学校与政府、企业、学校、校友之间的合作，助推学校“双一流”建设与发展。

【党建工作】

支部在学校党委和机关党委的指导下，深入学习贯彻党的十九大精神和习近平新时代中国特色社会主义思想，积极聚焦基层党组织“七个有力”，在规范支部组织生活，注重党员教育、管理和监督，密切联系服务群众，加强支部组织建设和作风建设等方面，开拓进取，务实创新，较好地发挥了支部的战斗堡垒作用和党员的先锋模范作用。按照主题教育活动要求，对照党章党规找差距；全面深化“党建+扶贫”，支部在2019年12月成立云南绿春前锋党小组，在精准扶贫最前沿协助学校做好定点扶贫工作；以支部联建为重要抓手，与对口帮扶的开州区关面乡水溪村党支部开展联建，以实际行动践行初心使命。

【扶贫工作】

按照国务院扶贫办、教育部及重庆市委组织部扶贫集团要求，助力云南省绿春县和重庆开州区关面乡成功脱贫摘帽。超额完成中央单位定点扶贫责任书任务指标，投入帮扶资金206万余元、引进帮扶资金318万余元、培训基层干部1 288人、培训医疗和教育技术人员498人、购买贫困地区农产品200万余元、帮助销售贫困地区农产品214万余元；组织召开相关部门和校友企业定点扶贫工作协调会6次，主办新老校区“绿春优质农特产品重庆大学展销订购会”和重庆大学第三届绿春农产品品牌推广大赛，推动农校对接红米线窗口的建立；帮助关面乡新修公路2千米，开展了慰问贫困户、贫困学生、困难党员、孤寡老人等走访慰问活动，协同网络教育学院为关面乡52名后备干部能力提升提供免费教育，协同校图书馆捐赠1.19万册图书，帮助建设了8个村社图书角，提供资金帮助建设村小学校多媒体教室等，加速乡村振兴；营造良好扶贫工作氛围，让全校师生了解扶贫、热爱扶贫并积极参与到精准扶贫工作中。

【校友工作】

圆满完成90周年校庆校友工作组任务。做好240余位嘉宾校友的邀请和接待工作；组织召开350余位各地分会代表参加的全球校友会校庆专题年会；策划并组织了22个国家90个城市的万余名校友参与校旗全球传递活动；组织举办全球汽车人峰会等活动；组织海内外校友校庆捐赠资金（签约）及各类实物约 2 亿元。积极开展校友联络工作。组织召开重庆大学校友企业家联合会理事会，协助募集 7 000 万元投资注册资金，助推建立科技成果转化和知识产权交易平台，形成学校、地方政府、校友合作共赢局面；陪同校领导走访各地分会并参加校友活动 50 余次。大力加强校友会组织建设。完成校友总会年审、会长及法人变更工作；新成立了东莞、内蒙古等 20 余个分会；推动英国等校友会的换届改选。全力服务学校“双一流”建设。组织校友助力学校完成精准扶贫任务，款项和物资超过 150 万元；组织各分会开展招生宣传、校友企业回校选聘优秀学子；推动成立了重大设计院青海、河南、粤港澳大湾区等分院，朝校办企业和校友企业合作共赢的趋势发展；邀请校友回校举办讲座 40 余场次。持续加强校友信息宣传工作。继续加强校友数据库建设，新增数据 1 万余条，总量达 23 万余条。

【校地校企合作】

积极服务重庆市“三大攻坚战”和“八项行动计划”，发挥重庆大学人才技术优势，探索校地校企合作新途径新方法，引领助推地方经济发展，实现校企共赢。组织学校、新尚集团和璧山区政府会谈，拟共建产学研用深度融合的技术创新体系；积极推进“重庆大学烟台研究院”“重庆大学烟台研究生院”工作；与江苏省产研院签署合作协议，共建集萃研究生联合培养基地；推进与永川区政府合作，发起成立“重庆市大数据产业人才联盟”，与武隆区签署战略合作协议、与市第五中级人民法院战略合作，共建法律硕士研究生联合培养基地；与西永综合保税区管委会合作，共建重庆大学类脑感知与普适智能科学研究院；与西昌卫星发射中心、奥特斯签订战略合作协议，重点在教学科研、学生实习基地、人才培养、学术交流等方面开展合作；与两江新区管委会、重庆机电控股集团、思爱普（中国）有限公司签署合作协议，联合共建重庆工业赋能创新应用中心；与中国电机工程学会签署合作协议，在重庆大学设立学会会员中心；联合艺术学院、浪尖设计共建重庆大学工业设计协同创新中心；组织召开重庆大学—华为技术合作研讨会，促进市经信委、华为、重庆大学签订战略合作协议；组织召开重庆大学校董会 2019 年联络代表会，以 90 周年校庆为契机，加强学校与校董会单位在人才交流培养与引进、校企合作平台构建、科研成果转化等方面进一步合作，推动校董会合作关系可持续发展。

【校际合作】

根据教育部要求，圆满完成对口支援石河子大学和中南民族大学工作。做好两所学校交换生 111 人的后勤保障工作；针对交换生数量大，分布广的特点，开展“交换生育人机制创新研究”的课题研究；积极协调土木学院、研究生院为石河子大学建立远程共享研究生课程及讲座系统；协调做好来校进修干部、派出支教人员及高层领导互访会务工作。

（撰稿人：杨蒙萌）

国际化与港澳台工作

【综述】

2019 年，在学校党政班子的领导下，在学院和相关部门的大力支持下，围绕“双一流”建设目标，国际合作与交流处暨港澳台事务办公室积极加快和扩大教育对外开放，着力提升学校国际影响力，学校进入 2019 软科世界大学学术排名 300~400 名，大学国际化水平排名第 34 名。

【校庆工作圆满完成】

学校 90 周年校庆期间，邀请并全程接待国（境）外嘉宾 55 人（其中校长 10 名，副校长 11 名，院士1 名），举办外交外事进高校、中英未来工程师领导力与创新学院、国际研究生奖学金信息说明会等系列大型活动，负责台湾优久大学联盟、淡江大学、台北医学大学签约仪式，协办校庆校长论坛、肿瘤学大会、国际文化节、校旗全球传递等大型会议和文化活动。

【校际合作成果显著】

与 15 个国家和地区的 36 所高校及机构新签/续签校际协议，合作高校和机构达 194 个，涉及 33 个国家和地区，其中世界 200 强高校 47 所。组织 21 个校级团组 25 人次赴国外和港澳台地区交流访问、参加教育展和工作会议等，深入推进全面战略合作。接待国外校级来访团组 51 批次 206 人次，包括大学、政府、企业、国际组织和研究机构代表团，推荐相关学院与国外高校建立合作伙伴关系。

共计加入 12 个国际高校联盟，搭建盟—盟合作平台，推动高等教育国际合作。依托中英大学工程教育与研究联盟，主办全球首个博士生层次、培养未来工程师领导力及创新能力的第三届中英未来工程师领导力与创新学院项目，中英两国 21 所高校博士生参加该项目；积极派遣师生参与 E9 联盟—日本国立六大学联盟、阿斯图联盟、台湾优久大学联盟各类项目。申办国际会议 19 个，参会人数达 3 200 人，其中国（境）外参会人员近 600 人，学校共资助经费 50 万元。举行重庆大学笹川良一优秀青年奖学基金 25 周年纪念活动，我校 3 名学生获得该项奖学金。

积极引进优质教育资源，与美国高校合作辛辛那提联合学院总体深造率 84.1%，境外深造率 52.2%，在国际化教学、校企协同联动、学生个性化培养方面不断探索，办学成效日益凸显。目前正与国（境）外大学磋商，拟于 2020 年组织向教育部申报中外合作办学机构，同时积极探索与其他国家和地区的世界一流大学开展合作办学项目（机构）。

【师生交流积极性高涨】

大力推进学生海外学习交流，全过程组织国家级项目 40 余个、校级精品项目 40 余个，评审立项院级项目 119 个，全年 2 776 人次海外交流学习，其中长期生约占 17%，具有出国（境）学习经历的本科生约 23.6%，研究生约 24.6%。另有 585 名毕业生赴国（境）外深造。承办国家留基委第十一届国际研究生奖学金信息说明会，13 个国家 50 余所知名大学及使领馆教育代表设展，吸引 1 500 余名学生参加；组织各类项目宣讲会、交流会、对接会,拓展渠道,搭建平台;做好奖学金和资助评审,协同教务处完成学分认定办法,用好经费支持,打通政策壁垒。

教职工出国(境)学术交流频繁,共计办理 812 批次 1 181 人次前往 60 个国家和地区公务出访,学术出访任务占总量的 85.9%。因各国签证政策原因,拒签 3 人,行政审查 36 人。严格因公证照管理,新申领因公证照 369 本,共保管全校因公证照 1 617 本。完成 2020 年计划申报和备案工作,校领导出访计划 13 批次、二级单位一般性工作访问 107 批次,学术访问 900 余批次。

【外专引智工作不断加强】

继续加强外籍专家的聘请和管理工作,全年聘请外籍专家 1 003 人次,其中长期外籍专家 98 人,全职中国工程院外籍院士 2 人,兼职教授 1 人新当选为中国工程院外籍院士。全年获国家外专局外专经费共 972 万元,涵盖专家指标数 100 人/年,共获批各类项目 15 个,建有学科创新基地 4 个,新申报 1 个(已获批)。

【港澳台合作交流日益丰富】

与 7 所港澳台地区高校和台湾优久大学联盟新签校际协议及学生交换协议,目前港澳台地区校级合作高校或机构达 36 个。

全年共选派 152 名学生赴港澳台交换学习,180 人次短期交流,获批并执行教育部港澳与内地大中小学校师生交流计划 4 项,对台教育交流项目 2 项,承办中教国际交流协会对台教育交流项目 1 项,共计 259 名港澳台师生参加项目。

共接收全日制港澳台学生 143 人,来校台湾交换生 58 名。协助教务处加强国情教育课程建设,牵头相关奖学金评审,组织各类国情教育交流活动近 10 次。

【管理与服务水平提升】

进一步严格规范因公出国(境)审批、国际会议申报、境非组织活动管理、涉外协议签署、与国(境)外相关机构合作等外事规章制度和工作流程,配合相关部门做好外籍教师聘请、讲座论坛审批、港澳台学生管理等工作,按协议负责附属肿瘤医院外事及港澳台事务管理,严抓行前提醒和归后回访,确保外事相关安全和管理零事故。积极开展保密培训和安全教育,邀请专家开展了"一带一路"、外交外事、两岸形势、外事政策等专题讲座,召开了 5 次外事工作及培训会(含两次涉密级)。

以"放管服"为抓手,以"认真、细致、专业、热情、责任、高效"为服务标准,优化审批流程,全年受理业务,寒暑假期间共计办理教师出国(境)审批 33 批 65 人次、护照签证 96 批 143 人次;同时大力推动外事服务系统建设,不断提高工作效率和服务质量。

(撰稿人:叶　蕾)

工程科教战略研究工作

【概况】

2019 年 1 月，工程科教战略研究中心正式成立，作为学校机关直属单位，代表学校承担中国工程科技发展战略重庆研究院办公室的工作，履行中国工程科技发展战略重庆研究院咨询研究、联合技术攻关、院士行和院士恳谈各项职能。与重庆大学可持续发展研究院合署，依托教育部战略研究基地“区域经济与科教战略研究中心”，做好高等教育学人才培养与学科建设，积极为高等教育改革建言献策，服务“双一流”建设，开展决策咨询和智库研究工作。面对新的职能要求，中心认真贯彻落实学校决策部署，紧紧围绕重庆市、中国工程院及地方研究院大局，围绕学校“双一流”建设重点任务，全面推进中国工程院“顶天立地”战略部署，按照“高质量、高标准、高水平”发展的要求，圆满完成本年度工作，学术贡献和社会影响力稳步提升。

【运行管理】

通过充分调研和内外协调，完成原发展研究中心多平台、多任务、多职责定位的优化整合，形成工程科教战略研究中心机构设置方案并圆满完成中心 6 名工作人员和重庆研究院 4 名临聘人员的选聘录用工作。起草并签订重庆研究院与沙坪坝区政府合作协议，获得沙坪坝区人民政府提供的 1 300 平方米场地和每年 300 万元经费用于研究院建设。2019 年重庆研究院获中国工程院、重庆市和沙坪坝区人民政府专项研究经费共计 1 981.4 万元，划拨 2018 年战略咨询项目资助经费 583.9 万元及 2019 年战略咨询项目资助经费 620 万元，完成重庆研究院共建单位重科院和重庆市科协 2018 年、2019 年两年运营经费划拨 300 万元。修订完善《中国工程科技发展战略重庆研究院项目管理办法》《中国工程科技发展战略重庆研究院经费管理办法》等规章制度，制订项目实施、技术转化、对外合作等实施方案。组织起草中心和重庆研究院工作计划、工作总结、工作报告等多份重要文件材料。积极推进创客港办公区域装饰建设项目，协助完成创客港办公区域硬装及软装、部分家具、办公设备的采购、安装及验收工作。

创立《院士专家建议》专刊使研究成果报送常态化。制作重庆研究院宣传册，编印 3 期重庆研究院简报，撰写新闻稿 80 余篇。新建微信公众号，启动工程科教中心、可持续院网站改版工作，新闻宣传工作取得显著效果。

【项目管理】

积极组织战略咨询项目专题培训会，有效推进咨询项目监督管理，召开重庆研究院学术委员会议对咨询项目进行中期成果检查，稳步开展 2019 年战略咨询项目选题征集、立项申报及项目启动工作。全年立项战略咨询项目 20 项，其中重大项目 5 项、重点项目 6 项、一般项目 9 项，预算资助经费 1 460 万元。开展 2020 年战略咨询项目选题征集及立项申报工作，形成项目清单并报中国工程院审定，其中重大项目 5 个、重点项目 7 个，一般项目 2 个，资助经费 1 280 万元。启动 2018 年战略咨询项目结题工作，共 17 个咨询项目即将结题。

【决策咨询】

充分发挥教育部战略基地新型智库作用，积极承担重庆市委市政府决策咨询任务。陈德敏教授作为重庆市人民政府参事和法律顾问多次列席重庆市人民政府常务会议，多次参加重庆市相关地方法规和政府规章草案论证咨询并提供修改意见，多次参加由市领导主持的专家座谈会以及与重庆市重大决策相关的重要会议。可持续发展研究院组织专家多次赴区县开展调研咨询工作。“关于《长江保护法》中设置三峡库区专节条文规定的研究建议”被全国人大环资委起草组采纳列入立法内容。中心和研究院各位专家充分发挥自身专业优势和多年积淀的政策研究基础，围绕科技、教育和区域发展战略，开展专题研究，积极建言献策。李华教授围绕重庆科技对外合作交流，林勇教授围绕全球“十四五”科技发展趋势为重庆科技发展五年规划建言。研究院“关于深化与‘一带一路’沿线重点国家经贸合作的对策建议”得到中央政治局委员、重庆市委书记陈敏尔重要批示和其他领导同志批示。“更好发挥重庆绿色发展示范作用调研报告”经重庆市发展和改革委员会采纳，分管市领导已作明确批示。

【学术交流】

服务学校“双一流”建设，积极配合学校 90 周年校庆，先后邀请李德仁、邬贺铨、孙永福、陈湘生、任南琪、付小兵等院士来校做客院士讲坛，重庆市相关政府部门、科研院所、企业代表、学校师生代表累计 2 000 余人次参加讲坛活动。邀请邬贺铨、杨士中、刘旭、周绪红、侯立安、任南琪、贺克斌等院士成功开展长江上游生态环境等“院士行”活动。全年累计邀请、接待 50 余位院士来渝参与各类活动。根据中国工程院要求，主动协助重庆市人大常委会多次参与《水污染防治法》执法检查工作。参与重庆格罗夫氢能乘用车下线暨项目签约活动、紫光华山智安科技公司访问交流、重庆悦来投资集团访问交流、天津科技局来访调研、浙江研究院来访调研、甘肃省科技厅来访调研等科技交流活动。

【人才培养】

继续承担“高等教育经济学”“高等教育管理学”“SPSS 在高等教育研究中的应用”“高等教育系统论”“高等教育政策与法律”专业课授课任务。在承担高等教育学专业 16 名硕士研究生培养的同时，依托教育部战略基地学科带头人所在学科培养硕士研究生 8 名，博士生 2 名。组织高水平讲座和学术沙龙，全年开展 3 次主题学术论坛及研讨活动。组织师生参加 2019 年春秋两季中国高等教育博览会、“双一流”建设与评价学术研讨会等重要学术活动共 10 余次。做好高等教育改革建言献策工作，撰写《关于在新型举国科研体制中进一步发挥高校创新作用的建议》。围绕区域经济、资源综合利用、“一带一路”等方向开展学术研究工作。组织申报或参与申报国家和重庆市高等教育研究相关课题，全年获得省部级科研项目 7 项，发表 CSSCI 论文 3 篇。

（撰稿人：洪　源）

社会捐赠

【概况】

2019年,基金会秘书处围绕学校中心工作,以90周年校庆为契机,聚众心,拓渠道,搭平台,多层次多渠道开展社会筹资捐赠工作,服务校庆保障支撑,助力学校“双一流”建设发展。90周年校庆年期间,筹集捐赠签约资金约2亿元,到账资金7 752.6万元,获批国家捐赠配比资金3 384.24万元。

【立足基础工作,为开展筹资捐赠提供保障】

1.编制筹资项目书,建立筹资项目库

发出《关于征集重庆大学90周年校庆筹资项目的通知》,向校内21家有关单位征集捐赠项目需求156项,进行汇总、筛选、编辑,编制印发了《重庆大学90周年捐赠项目书》。

2.加大筹资宣传力度,营造良好筹资氛围

完成了基金会网站改版升级,及时发布捐赠倡议、报道捐赠动态、公布捐赠方式与途径等;开通了“重庆大学90周年校庆在线捐赠平台”,在90周年校庆专题网站发布了“重庆大学90周年校庆捐赠公告”。

3.做好基金会财务管理工作,保障财务运行规范有效

2019年3月组织并通过上年年检和审计,被民政部作为首批合格单位公布。7—8月组织做好中央高校捐赠配比专项资金申报工作和核查工作。整理申报捐赠配比项目111项,申报捐赠配比金额3 519.16万元,审批合格金额3 384.24万元。9月组织接受由财政部、教育部组成的专家组对上年已获批的捐赠配比资金项目进行核查,核减率仅为4.3%。

4.强化项目管理工作,保障资金来源和使用的合法性、有效性

严格依照相关制度规定对300余个捐赠项目进行管理,按照项目论证及报批、立项、实施、监督、总结、评估、反馈等管理流程,管理和使用好各类捐赠资金,达成捐赠人意愿,提高捐赠效益。

5.重视党建工作,提高团队综合能力

发挥党支部战斗堡垒作用和党员先锋模范作用,为基金会各项工作的开展提供坚实的组织保证。

【着眼持续发展,构建校院两级筹资机制】

1.强化组织领导,建立校院两级筹资机制的组织架构

成立了筹资及财务工作组,建立了以廖瑞金副校长为分管领导,基金会秘书处为筹资统筹牵头单位,计财处、校友办、国合办为筹资主要参与单位,各学院为筹资主体的校院两级筹资体系。制订《90周年校庆筹资及财务工作组实施方案》《90周年校庆学院筹资工作实施意见》等文件。

2.激发筹资潜能,指导服务各学院开展筹资捐赠

制订《90周年校庆学院筹资金额建议计划》。逐一走访和沟通学院,宣讲筹资政策、交流筹资经验、激发筹资潜能。指导学院全面梳理校友信息,建立潜在捐赠者信息库;指导学院根据发展需求设计捐赠项目;指导学院开展外出拜访、邀请返校、合作共赢等活动。

3.开展筹资培训交流,提升筹资专业化水平

分别于2019年年初、年中和校庆前召开了筹资工作动员会、筹资工作中期小结暨培训会、筹资工作推进座谈会,还邀请校外专家浙江大学校长助理胡炜作筹资讲座。建立了“90周年校庆筹资工作组交流群”“重大基金会捐赠联络群”进行日常沟通交流。

【拓展筹资渠道,主动出击广谋支持】

1.开展“百名校友企业家风采”采访活动,培育和发展筹资捐赠对象

联合校友会、宣传部,通过以采访校友企业家为主线的形式,深度挖掘杰出校友企业家的创业经历和励志故事。该活动计划采访对象90位,在90周年校庆年启动,首期采访30位。

2.加强与部门联动,多渠道开展筹资

与计财处联动,争取并落实与各合作银行等金融机构的筹资捐赠工作;与校友办联动,前往多地校友分会开展筹资捐赠发动工作;与国合办联动,组织落实校董会单位及友好合作单位的筹资捐赠工作。

3.积极拓展港澳地区筹资市场

2019年4月25—28日,副校长廖瑞金带队访问了港澳地区14家友好团体和个人。通过交流,初步达成了捐赠设立奖助学金、国际留学基金、学科建设基金、相关课题研究基金等意向。

【丰富筹资捐赠项目,助力学校“双一流”建设】

1.设立学生发展基金项目,助力学校“三全育人”

社会捐赠设立学生发展基金项目新增59项,签约金额4 601万元,用于支持学生奖(助)学、社团活动、各类竞赛、国际交流、素质拓展等,成为学校资助育人体系的重要补充。

2.设立创新创业基金项目,助力学校培育创新创业人才

社会捐赠设立创新创业基金项目新增5项,签约金额1 240万元,用于支持学生开展社会实践、科技竞赛、建设创客之家、创新创业项目。

3.设立教师发展基金项目,助力学校营造“近者悦,远者来”氛围

社会捐赠设立教师发展基金项目新增8项,签约金额555万元,用于鼓励教师提升教学管理水平、开展科学技术研究、国际访学交流等。

4.设立校园建设基金项目,支持学校基础设施建设、文化建设

校园基础设施建设基金、校园文化建设基金项目新增22项,签约金额5 816万元,用于支持校园基础设施、改善教学条件、丰富校园文化。

5.设立学院建设基金项目,支持学院各项建设、学科发展

学院建设基金、学科发展基金项目新增45项,签约金额740万元。支持人文、社科、理、工、建筑、信息等学院建设与发展、学科研究与进步。

6.设立教育扶贫基金项目,助力学校定点扶贫

捐赠20万元用于云南省绿春县贫困帮扶。捐赠5万元支持开州区关面乡中心小学班班通一体化信息建设。

(撰稿人:陈　晓)

人才培养

本科生教育

本科生培养

【综述】

2019年，教务处认真学习习近平总书记关于教育的重要论述、围绕立德树人的根本任务，落实教育部新时代全国高等学校本科教育工作会议精神，深入推进《重庆大学本科教育2029行动计划》，以建设中国特色重大风格的一流本科教育为导向，以提高人才培养质量为核心，以提高教学管理效率为抓手，不断深化本科教育教学改革，圆满完成了2019年度本科教学工作任务，取得显著成效。

【日常教学运行管理】

顺利完成4 222门课程，11 175个教学班的课程安排。顺利组织4次本科学生选课工作，选课总量50万余人次。组织完成2019年暑期小学期110门课程的排课选课工作，涉及学生10 125人次。组织完成2次非限制性选修课选课工作，涉及课程500余门。

组织完成近19.3万人次的日常统考课程及期末考试、3.2万人次的全国大学英语四、六级考试及5 100人次的全国大学生英语四、六级口语考试。

组织31个学院开展助教申报、管理及考核工作，覆盖课程911门次，聘用助教1 942人。

开设实验课程753门，实验开出率100%。开出实验项目2 330个，其中综合性、设计性实验项目1 246个，约占总实验项目的50%。年实验教学人时数达232万，满足了全校各专业实验教学的需要。

开设通识与素质教育课程123门、359门次，修读学生25 305人次，授课教师383人次，基本满足学生的个性化修读需求。

组织4次全校教学大检查，完成了138次课堂出勤率的抽查工作。校、部处、学院领导干部听课1 657人次，校教学督导听课检查4 463人次，抽查教学文档近6 800份。

完成2019届毕（结）业学生6 074人的电子学历信息注册。处理成绩数据4万多条，打印成绩3万余份。

【课程思政】

创新课程教学实践改革，全面推动习近平新时代中国特色社会主义思想进教材进课堂进头脑。推动以“课程思政”为目标的课堂教学改革，发挥课程育人的主渠道作用。组织开展了习近平新时代中国特色社会主义思想和党的十九大精神“三进”工作专题课程建设项目第三批立项工作，开展课程思政优秀教案评比，评出课程思政优秀教案 10 本。在前期工作的基础上，再建 52 门，使“特色示范课程”达 100 门。

【教学改革研究】

组织 2019 年重庆市及校级教学改革项目申报立项工作，推荐研究意义重大、影响面广的 36 项申报重庆市高等教育教学改革研究项目并获准立项。针对学校教育教学的难点和重点，立项重庆大学教育教学改革项目 68 项。

【专业建设】

增设数据科学与大数据技术、人工智能、机器人工程、智能医学与工程等 4 个新工科专业，在 2019 年首次招生中受到考生欢迎。

积极落实教育部“双万计划”，推进一流专业申报工作。组织完成了 2019 年国家级一流本科专业建设点报送工作。共计报送专业 29 个，全部获准立项重庆市一流专业，获批国家级首批一流专业建设点 27 个，其中，理工类专业 21 个，人文社科类专业 6 个。

积极推进专业评估认证。协助工程管理、给排水科学与工程等 2 个专业通过住建部专业评估认证，协助安全工程专业通过工程教育专业认证。

积极推进“六卓越一拔尖”培养计划。组织 13 个卓越工程师教育培养计划专业遴选优秀学生共计 406 人。协助弘深学院完成拔尖人才培养基地申报工作。

组织重庆市“三特行动计划”第三批特色专业和第一批特色学科专业群验收工作。共计 11 个特色专业、5 个特色学科专业群通过验收。

【课程建设】

启动 5 类课程申报工作，预计 2020 年 3 月立项第一批课程建设项目。组织建设期满的优质课程开展结题验收工作。共计 91 门课程提交了结题验收材料，预计 2020 年 3 月完成结题验收工作。

精品在线课程资源逐步丰富。立项建设在线课程 38 门，投入经费 575 万元。同时对第三、第四批在线课程建设项目进行结题验收。

总结分析了 2015 年至今的研究性教学组织经验，拟订以校级教改项目方式推进“线上线下混合式”一流本科课程建设，形成教学研究成果。2019 年度开设混合式教学课程 170 门，22 个学院 250 余名教师参与，6 000 余名学生获得学分。

在中国大学 MOOC、学堂在线、智慧树等平台上线课程共 31 门，各平台累计选课达 31 万余人次。《数学实验》和《客户关系管理》2 门课程入选第二批国家精品在线开放课程，6 门课程入选重庆市第二批精品在线开放课程。

【创新实践教育】

新增和改造实验课程 33 门，实验项目 79 个，依托实验课程，教师自编讲义（指导书）8 套，自制实验设备仪器 225 台/套，正式发表实验教改论文 17 篇。新增实验教学 400 余学时，新立项实验教改项目 46 个。

立项国家级大学生创新创业计划项目 190 项,参与学生 750 人。立项重庆市级大学生创新创业训练计划项目 328 项,参与学生 1 104 人。在国家级、市级创新项目中教学科研项目转化而来的学生项目超过 50%。学生在各类项目支持下以第一作者身份正式发表论文 53 篇,学生获各类专利 17 项。

开展多项创新创业竞赛。超过 10 000 人次的学生参与各类竞赛。获省级及以上奖项共计 1 320 项,其中国际级特等奖 2 项,一等奖 22 项。国家级特等奖 12 项,一等奖 55 项,二等奖 170 项。在 2018 年全国普通高校学科竞赛评估中我校位居全国第五。其中,在全国大学生电子设计竞赛中,获得 5 项全国一等奖,创下我校最好成绩。在 2019 年 17 届 Jessup 国际法模拟法庭辩论赛中国区选拔赛中,荣获全国一等奖、最佳辩手奖、最佳书状陈述奖,首次实现三项"大满贯",再次进军国际舞台。

开展大学生科技创新团队建设。正式建设的包括"ACM 创新团队""Diatom 本科生科技创新团队"等 24 支创新团队。建设了《创新思维与创新实践》《学术论文写作》全校选修课程以及利用暑期新开设《电子设计与科技创新》《ACM 程序设计》等短期课程。

获评"2019 年度全国创新创业典型经验高校 50 强"。

【校企合作】

与企业紧密结合,培养行业领军人才,在原有的"固高班""长安班""中广核班"基础上,拓展了"金科班",培养过程按照"共同选拔、优化课程、滚动淘汰、联合培养"的原则实施。企业通过建设实习实训基地、提供实际设计题目、聘请高水平学业导师、开设特色讲座、资助国际化教学等多种方式,参与优秀人才的全过程培养,每年在本科生中选出约 100 名优秀学生参与其中。

【美育基地建设】

参与制订《重庆大学切实加强新时代学校美育工作实施方案(试行)》。完善工作机制,成立"重庆大学美育教育中心"。完善美育课程体系,开设艺术与审美通识课程。推进文化传承创新,支持建设中华优秀传统文化艺术传承基地 4 个,并拨付启动建设经费 40 万元。

【招生工作】

组建了以学院领导为主体的 30 人录取队伍,完成了 31 个省(自治区、直辖市)普通文理类、综合改革省市、港澳台地区各特殊类型学生的录取工作。2019 年学校本科招生计划为 6 400 名,实际录取 20 个类型共 6 333 名新生。进一步细化录取过程的监督制度,在预留计划使用和调整中,校纪委全面参与研究讨论,切实做到"阳光招生"和"公平公正"。

应对新一轮高考改革,大力推进大类招生。实施全校跨学部跨学院大类招生,全校 99 个专业按照 23 个大类和 17 个专业进行大类招生和大类培养。根据专业师资情况、历年生源质量、培养质量等情况综合考虑,暂停动画专业招生。

【教师教学能力建设】

将起源于加拿大的教师教学技巧工作坊进行了本土化改进,分别对新教师、参赛教师、学科教师、种子教师进行了分类分层训练，形成了具有重大特色的微型教学演练项目。参训教师中已有5人获国家级教学竞赛奖。

建立"研究性学习"教师队伍，开展理论研究及培训。通过开展教育技术相关培训、研讨会、工作坊等活动，协助教师跨越新教学范式的新困境。在今年的培训中更多地引入混合式教学新技术，共开展主题培训4次、工作坊6次，线下培训参与人员243人次，线上培训课程参加人数135人次。

通过微型教学演练项目，培养和组建了一支高水平的培训师团队，其中外聘世界一流大学专家2人，校本培训师17人。校本培训师队伍已经在全国超过18个省市、40余所高校、12所重庆市高校开展教师教学发展工作坊等相关活动。

以教学竞赛为契机，提升教师教学基本功。组织了"重庆大学第七届青年教师教学基本功比赛"。大赛工科组、理工组、文科组共评选出一等奖9名，二等奖15名，三等奖19名，教案设计奖6名，优秀组织奖6个。组织参加了"重庆市2019年重庆大学高校课堂教学创新大赛"，我校3名教师进入决赛并获得三等奖。

【语言文字工作】

组织普通话水平测试19批，参加测试考生10 262人次，其中本校师生1 243人次。

（撰稿人：刘　瑜）

本科生管理与服务

【综述】

2019年，在学校党委行政的统一部署下，学工部始终坚持以习近平新时代中国特色社会主义思想为指导，坚持立德树人根本任务，围绕"双一流"建设中心工作和"三全育人"综合改革，积极推动"十大育人"体系建设，牢固树立育人阵地，较好地完成了工作任务和预期目标。

【学生工作队伍建设】

1.专兼职思政队伍建设

启动研究生兼职辅导员选聘，先后分5次选拔了120名研究生兼职辅导员；先后选拔班主任939名（首次选拔优秀本科生担任低年级班主任），首次选拔本科德育助理90名；聘用通用技术集团中国汽研2名校外兼职辅导员；开展思政系列职称评审和分级评审；建立专兼职辅导员的动态监管机制，在全校范围内开展了专兼职辅导员队伍专项自查；组织辅导员参加了29期教育部示范培训，主办思想政治工作骨干培训班31期。

2.辅导员先进典型选树

袁利入选第十一届全国辅导员年度人物，同时获评中宣部、教育部首届"最美高校辅导员"称号；袁晓浩获评"宝钢奖教金"；张燕获评"重庆市高校辅导员年度人物"称号；王会丽获评"重庆市优秀辅导员"称号；

张雄获评“重庆市优秀思政工作者”称号；开展重庆大学“十佳辅导员”评选工作。

3.立德树人主题思想政治教育

开展“小我融入大我”“我和我的祖国”“青春告白祖国”“读懂中国”“讲红色故事、讲革命精神”等系列主题活动；举行首都教育系统服务保障国庆活动宣讲团全国宣讲重庆专场活动和“六老汉”时代楷模先进典型进校园专场活动；先后组织2场国企干部上讲台——“国企公开课”活动；组织第五届“重庆大学新生十佳班级”评选活动；协助宣传部组织全国第四届大学生网络文化节活动，共计20 000余人次学生参加。

4.思想政治工作特色项目

组织2019年教育部思政项目申报，全部获重庆市推送全国评选；“‘六动’工程培育有理想有本领有担当的时代新人”入选高校思想政治工作精品项目；开展2019年秋季大学生思想政治状况调查。

【学生指导与服务】

1.安全教育管理

实行学生安全隐患、网贷情况每两周排查整改制度，被市公安局和市教委评为“百城千校防‘套路贷’、防电信网络诈骗宣传活动示范学校”；发布本科学生安全教育管理通知，定期开展安全培训、保密教育及意识形态教育，做好学生的档案管理工作；通过强化宿舍育人阵地建设、发布新媒体安全提示与安全教育PPT范本、严格学生请假销假制度与重要时期安全稳定值班，抓好法定节假日、寒暑假、开学季、毕业季等重要时期的学生安全稳定工作；校庆期间组织学生参加重要活动25场次，7 500多人次学生参加；开展医疗急救培训36次，覆盖到全校每个班级。

2.少数民族学生管理

落实少数民族学生“一人一档”，每月走访学院等制度；对少数民族学生全覆盖进行爱国主义和安全培训；开展一对一谈心谈话和教育帮扶工作；开展“石榴籽”系列理想信念教育，提高学生入党积极性和就业愿望，协同教务处、就业中心等部门做好少数民族学生学业、就业、社会实践等工作。

3.学风建设

持续组织实施“晨曦计划”；评选学生个人及集体标兵30名、先进个人2 602名、集体233个；评定综合奖学金6 234人；评选德育奖学金、创新创业奖学金，表彰学生144人；引导学生品学兼优、特长发展，提升综合素质。

【实践育人】

组织开展26项学生素质能力提升项目；组织全校241名本科学生到重庆市48家单位参与暑期带薪实习；选拔学生参加渝港澳三峡文化夏令营等社会实践活动。

【资助育人】

实施精准帮扶与暖心资助；梳理和完善学生资助政策和制度3项；认定家庭经济困难学生7 157名；评选各类奖助学金34项，受益本科生28 305人次；发放国家奖学金、国家励志奖学金、国家助学金、社会专项奖助学金、勤工助学、特殊困难补助等5 000余万元;办理学生校园地贷款351名,金额309万元;学生生源地贷款3 355名,金额2 228万元;毕业生西部艰苦地区就业学费补偿及助学贷款代偿185名,金额436万元;开展2019年"资助育人 励志青春"奖助学金颁发仪式、"助学·筑梦·铸人"主题宣传活动、资助学生团队能力素质提升培训、学生奖助学金社团志愿服务活动等系列以"诚信、感恩、励志"为主题的教育活动30余场次,2 800余人次参与;利用春节等节日对孤儿、残疾学生、家庭经济困难学生等开展免费年夜饭、报销返乡路费等送温暖活动。

【心理育人】

推进积极心理品质塑造增强心理健康教育覆盖面,实现从被动心理咨询及心理危机应对到主动推进全体学生积极心理品质塑造的转变,同时强化心理咨询及心理危机应对能力建设;面向2019级本科新生开展了8学时、4个主题的心理健康普及教育,首次实现新生8学时心理健康教育全覆盖;新增短教学周3个教学班;推进积极心理品质塑造,将心理健康教育与体育、美育相结合,开展"运动健康·阳光心态"系列活动、"乐动我心·悦纳自我"音乐疗愈、"5·25"心理手语操等各类活动200余场,23 000余人次学生参加;3名学生当选全国百佳心理委员;强化心理咨询及心理危机应对能力建设,建立心理健康重点关爱学生动态名单,首次建立主动访谈制度;兼职咨询师由9人增加为34人,截至11月30日,完成学生预约心理咨询人次较2018年全年增加81%,成功干预危及自身及他人生命安全风险的心理危机次数较2018年全年增加52%(最严重的三级危机降为2018年的29%),心理危机早期预警体系初步建立;首次联合校医院在沙坪坝校区、虎溪校区分别开设每周一次的心理专家门诊,进一步夯实危机转介绿色通道。

【国防教育】

积极构建"一体一特三结合"国防与爱国主义教育新机制;完成6 340名新生的军事技能课和军事理论课教学任务,在教务处支持下全面落实教育部军事课教学大纲的学时和学分要求,强化学生内务卫生和习惯养成,开展第八届国防教育月系列活动;组建了国旗护卫队,每周一早晨及重要的节假日开展"升国旗唱国歌"活动30余场,为参军入伍的19位大学生颁发国防教育奖学金,对1 170余名复转军人和家属开展拥军慰问;学校的申报案例《依托红色文化资源,创新"一体一特三结合"大学生国防教育实践典型案例》成功入选首届全国学校国防教育典型案例30强("双一流"高校7所,中西部"双一流"高校唯一一所)。

(撰稿人:何 希,蒋研川)

研究生教育

研究生培养

【综述】

2019 年,我校围绕“服务需求、提高质量”发展主线,按照“寓教于研、激励创新”根本要求,以“分类改革、机制创新”为主要驱动,以学位与研究生教育系列提升计划为基础,实施“卓越研究生教育行动计划”,努力构建一流大学研究生教育体系。

【以学校获批学位授权自主审核单位为契机,积极开展学位授权点自主审核和动态调整工作】

学校增列为学位授权自主审核单位。这是学校学位与研究生教育发展的里程碑,为学校“双一流”建设和研究生教育内涵式发展注入强劲动力。研究生院等获得学校集体记大功表彰。

开展首次学位授权自主审核工作。按照自主审核程序,学校决定新增新闻传播学一级学科博士学位授权点,相关备案材料已报送国务院学位办审批。

开展学位授权点动态调整工作。经相关程序,撤销“测绘科学与技术”硕士学位授权一级学科。

【落实研究生导师立德树人职责,完善导师管理,积极提升导师指导能力】

召开重庆大学首次博导大会。张宗益校长作了题为《更新观念,追求卓越,为“双一流”建设贡献更大力量》的主题报告。会议收到了加强沟通、深化认识、凝心聚力、增强使命的良好效果,也是导师培训形式的积极探索。

加强和支持导师团队建设。鼓励“双一流”建设学科群、工程博士人才培养学院、“2011 计划”项目建设学院、以学科交叉开展“一流博士研究生”培养的试点学院研究生导师团队建设,促进学科交叉融合,32 个研究生导师团队获批重庆市 2019 年研究生导师团队。

2019 年我校继续强化导师研究生招生资格动态管理,完善我校研究生指导教师岗位任职分类考核与评价机制,不断推进我校研究生导师岗位管理改革。673 位教师通过 2019 年度博士生招生资格审核,1 451 位教师通过 2019 年度学术学位硕士生招生资格审核;1 538 位教师通过 2019 年度专业学位硕士生招生资格审核。

开展新一届全国专业学位教指委委员换届、第八届国务院学科评议组成员推荐工作。按程序向国务院学位办分别推荐 4 位教指委委员和 30 位学科评议组成员人选,李英民、杨俊、杜春兰、刘贵文分别当选全国工程、工商管理、风景园林、工程管理专业学位教指委委员。

开展 2019 年博士生导师信息采集工作。

【突出提高博士生招生指标和优质生源重要任务，努力实现研究生招生安全平稳】

推进生源质量内涵发展，继续扩大研究生招生规模。2019 年研究生招生规模首超本科招生规模，共招收硕士研究生 5 607 人（其中全日制 4 305 人、非全日制 1 302 人）、博士研究生 867 人（其中学术型 717 人、工程博士 150 人）。

全面推行博士研究生招生申请考核制。创新考试内容和形式，完善优质生源选拔与考核机制，加大学院和导师招生录取自主权，建立和完善校院两级监督体系，圆满完成博士招生选拔工作。

规范研招工作，保证研招工作安全平稳实施。制订系列文件加强研究生招生政策和制度建设，强化对重点环节、岗位、时段的监督。规范自命题工作要求，精简自命题科目数量（从 135 门减少到 98 门）。建设集中命题场所，加强自命题管理。

拓展招生宣传渠道，吸引优质生源。除招生微信公众号外，赴成都、西安等 7 省市高校举办专场宣讲会。

【深化研究生教育教学改革，发挥课程育人和教育教改引领作用】

调整博士研究生学制。统筹考虑博士生培养实际情况和教育部新拨款机制，适时调整博士生学制为 4 年。

严格落实“三进”工作方案。积极建设重庆市研究生优质课程。严格完成第五批重庆市研究生优质课程验收。积极申报第六批重庆市优质课程，获准立项 13 门。

改革公共课教学模式，完善网络课程规则。积极开设网络课堂和翻转课程，开设 8 门网络在线课程。

组织开展重庆市和重庆大学研究生教育教学改革项目申报工作。获准重庆市研究生教育教学改革项目 30 项（其中重大项目 4 项、重点项目 7 项），批准立项重庆大学研究生教育教学改革项目 23 项。

积极培育研究生教育教学优秀成果。制订相关文件和规定，开展研究生教育教学优秀成果奖培育工作。完成首批项目的立项评审。

【以扩规模调结构为主要抓手，加快发展专业学位博士研究生教育】

扩大工程博士研究生规模。2019 年新增 40 个指标。

修订 2019 级工程类博士专业学位研究生培养方案。围绕工程应用领军人才培养目标，结合我校工程专业特色，重点完善培养方案中课程设置、工程与国际实践和学位论文要求等，完成 2019 级工程类博士专业学位研究生培养方案制订。

【加强研究生创新实践能力培养条件建设，积极营造研究生创新实践培养的氛围和条件】

组织研究生联合培养基地、专业学位教学案例库建设项目申报，获准市级项目各 20 项。开展重庆大学—长安汽车“智能网联汽车精英人才”联合培养，首批 8 名学生入选进行培养。推进重庆大学—江苏省产研院研究生集萃研究生联合培养项目，启动冬训营活动。

着力打造“培训引导、研发实训、项目培育、竞赛提质、空间孵化”为一体的个性化、渐进式、生态化创新实践教育培养模式。“研究生国际学术会议”立项335项、奖励与资助各类高水平学科竞赛262项。第五届中国“互联网+”大学生创新创业大赛中马剑豪博士生团队获高教主赛道金奖，刘勇兵研究生团队获FPGA全球创新设计大赛全球总冠军。新增培育研究生创新创业团队476支（其中重庆市研究生科研创新项目团队145支、科慧研究生创新创业团队69支、高水平学科竞赛团队262支）。举办名家会客厅、科研实训与科技研发等9类创新实践教育品牌活动200余场次，主办、承办12项校市级研究生主题系列大赛。

【不断增强国际培养条件和培养能力，加快推进研究生国际培养】

积极拓展国际培养渠道，持续增长国际交流专项资金，深入完善国际培养管理制度，不断加强国际化培养条件和培养能力建设。2019年共选派1 266名研究生出国（境）交流学习（其中赴境外参加高水平学术会议378人），年招收全日制研究生出国（境）学习交流比例达到23.9%。大力发展全英文授课项目，在13个优势学科和特色专业新建成全英文授课项目，全校达到21个。研究生国际化培养质量不断提升，国际化培养效益逐步显现。

【进一步加大学位论文盲评和抽检力度，有效保障研究生学位授予质量】

完成研究生学位论文撰写格式标准和评阅管理办法的修订。加大论文自检抽检力度，启动抽检2016—2019年授位的498篇博士、1 287篇硕士学位论文。

开展博士学位论文质量整改工作。对在教育部抽检中出现的2篇问题论文所属单位进行约谈，并按规定进行整改。推动一流水准博士毕业生比例稳步提高，较2018年提高3个百分点，达到21.4%。

【进一步加强过程管理和规范管理，积极提升研究生教育管理服务水平】

严肃研究生学籍管理。加强报到注册管理，及时处理学籍变动，按期清理学籍异常人员。完成全校研究生进修班清查清理，对存在的不规范办学情况进行整改。

加强外聘任课教师和导师的教学管理及考核。完成2019年度专业学位外聘课程教师的申报和资格审查、外聘教师授课任务考核工作。

完成校学位委员会换届工作。开展优秀学位论文评审，在授位规模基本稳定的前提下，教育部扩大了校内评优和市级推优的比例。

进一步梳理、完善研究生业务流程再造，立项MIS系统升级建设。开发完成研究生导师助手App并试运行、开发完成导师招生资格填报服务系统，实施招生电子阅卷系统建设等。

（撰稿人：梁　源）

研究生管理与服务

【综述】

2019 年,党委研究生工作部深入贯彻落实习近平新时代中国特色社会主义思想和党的十九大精神,全面落实全国教育大会精神,紧紧围绕学校“三全育人”和“双一流”建设大局,圆满完成了本年度研究生教育管理工作目标。

【思想引领】

我校在全体研究生新生中开展“青春告白祖国”主题教育活动,并荣获教育部“我是中国研究生,我为祖国点赞”主题活动“优秀组织单位”称号。

【党建工作】

组织开展全国“研究生样板支部”和“研究生党员标兵”创建工作,推选的资源与安全学院矿业工程博士生第一党支部获评“全国党建工作样板党支部”。

【“年度人物”】

开展由教育部、人民日报社共同指导的“第十四届中国大学生年度人物”组织推荐工作,光电学院博士生李力同学获得第十四届中国大学生年度人物(全国仅十名)称号,是我校取得该奖项的历史性突破。

【心理健康】

组织召开了研究生心理普测结果的分析研判会议,部署并实施了 2018、2019 级研究生心理普测及后续工作。定期开展研究生心理异常情况的排查与追踪,并对心理档案数据库实行动态管理,成功干预并妥善处置 16 个学院报送的研究生异常情况 30 起。

【安全教育】

加强研究生安全教育,强化政治敏锐意识。定期开展教育引导,发布安全稳定工作专项通知。做好节假日、“两节三夜”重要时间节点以及敏感时段的安全教育管理与值班工作,国庆、“两节三夜”、五一期间派出研究生学生党员和骨干 300 余人次对我校 A、B 校区和虎溪校区研究生寝室进行了巡查。

【访学交流】

组织开展了“2019 年暑期美国哈佛大学、麻省理工学院访学交流活动”,来自 10 个学院、涵盖 6 个学部的 19 名学生参与了活动,开拓了国际视野、加强了文化交流。派出重庆大学研究生交流团赴澳门大学、澳门科技大学进行了为期一周的交流学习,系重庆大学党委研究生工作部首批成建制派出的研究生赴境外学习交流团队。

【实践育人】

集中派出 46 支研究生社会实践团队,深入农村、城市、企业开展了丰富多彩的社会实践活动,参与研究生达 3 000 余人次,遍布重庆、浙江、贵州、广东、福建等省市。

【校庆活动】

开展“研歌颂九秩,青春谱华章”重庆大学研究生歌手大赛、“九秩重大,谱写华章”研究生书法国画展、“九秩·春华”研究生摄影大赛、“九秩·言宣”诗文大赛、研究生教育成果展等校庆纪念活动。开展网络文化活动10余项。

【公益活动】

强化对郭明义爱心团队、研究生志愿者服务队的指导和建设,组织郭明义爱心团队等志愿服务队开展系列公益志愿服务活动20余次,600余人次参与公益活动,累积服务时长达2 500小时。

【文体活动】

举办研究生元旦综艺晚会、“仲夏夜之梦”研究生毕业音乐会、研究生室外音乐节、研究生联谊交友舞会系列活动,培育和践行社会主义核心价值观。举办研究生足球联赛、篮球联赛、研究生乒乓球联赛等体育活动400余场次,参与人数达1.2万余人次。

【奖学金评选】

加强研究生资助体系建设,完善奖助学金制度建设。顺利完成2019年研究生国家奖学金、学业奖学金等各项奖学金评选工作,347人获研究生国家奖学金,11 606人获研究生学业奖学金。

【“三助一辅”】

建立发展型资助体系,构建物质帮助、道德浸润、能力拓展、精神激励有效融合的长效机制。加强研究生“三助一辅”管理工作,选聘研究生助研2 721人,助管655人,德育工作助理126人,发放2019级新增住宿虎溪校区学院的研究生交通补助667人。

【贫困资助】

做好研究生助学贷款工作,为160名家庭经济困难研究生提供“绿色通道”服务,帮助2 230名贷款研究生办理学费缓交工作,签订助学贷款合同1 996人,获准贷款金额1 880.84万元。爱心救助基金资助4人,共计10.65万元。资助困难研究生2 032人次,临时特困研究生10人,孤儿研究生16人,家庭困难寒假留校研究生92人。

【网络思政】

加强UMD研究生网络工作室建设和研工部、研团委、研会网站、微博、微信等网络平台的建设,在重大新闻网发布新闻稿211篇,在研工部、研究生院和研究生组织等网站发布新闻信息1 951篇,微博2 513条,微信1 610条。

(撰稿人:冯佳文)

继续教育

【综述】

继续教育学院下设院办公室、学生工作办公室、招生办公室、非学历继续教育管理办公室、信息化办公室、学历继续教育办公室、教育硕士与职教师资培养办公室、财务办公室、后勤与资源保障办公室、培训管理办公室、教学办公室。

2019 年,继续教育学院深入学习贯彻习近平新时代中国特色社会主义思想和党的十九届四中全会精神,在学校党政的领导下,全面加强党的建设,深入开展"不忘初心、牢记使命"主题教育,准确把握继续教育办学方向,不断优化学历继续教育办学层次,强化办学规范,持续推进非学历继续教育的改革;完成了学院党委换届选举工作,为学院事业发展提供了坚强的组织保证。

为进一步推进学校继续教育规范创新发展,根据教育部和重庆市教委的要求,完成了《重庆大学 2019 年度继续教育发展报告》和《重庆市 2019 年高校继续教育发展情况数据统计表(重庆大学)》。完成校史《2009—2019"引领终身学习,建设一流继续教育办学体系"》版块的撰写,助推继续教育改革发展。

完成校内外 3 879 名学历继续教育(业余、函授)学生的教育教学管理;持续推进 5 个国家级基地建设,大力拓展高层次非学历继续教育,2019 年全年承接各类干部培训、专业技术人员培训和技能培训等共计 583 班次,32 117 人次。

【队伍建设】

2019 年全年学院在编教职工 56 人,其中一般管理岗位 34 人、专业技术岗位 18 人、工人技术岗位 4 人;一般管理岗位中有 1 人晋聘为六级职员。

聘任专业主任和课程负责人 8 人,外聘教师 178 人。完成一般管理与外聘人员岗位的调整及聘任工作。

【党建和思想政治工作】

学院有党员 45 人,其中教职工党员 37 名、学生党员 8 名。党支部 5 个,其中教职工党支部 4 个,学生党支部 1 个;2019 年度新发展学生党员 2 名;教职工党员比例 82.22%,具体见下表。

学院党员情况统计表

类别	教职工	学生	小计
党支部数/个	4	1	5
在册党员人数/人	37	8	45
全年发展党员人数/人	4	2	6

1.教职工党建和思想政治工作

根据《中国共产党章程》《中国共产党基层组织选举工作暂行条例》《中国共产党普通高等学校基层组织工作条例》等有关规定，学院党委召开党员大会进行换届选举，选举产生冯清平、李兴国、罗晓梅、岳军、金建华、周斌、黄世荣、程维、廖元亮 9 名同志为学院党委委员，黄世荣任党委书记，李兴国任党委副书记；选举邓诚、李兴国、江齐、陈海龙、秦昕 5 名同志为学院纪委委员，李兴国任纪委书记。

学院党委坚持立德树人教育主线，全面推进党建和思想政治工作。深入开展“不忘初心、牢记使命”主题教育。切实加强党风廉政建设，努力推进党务院务公开。组织召开党委会 13 次，党委中心组学习 18 次，教职工政治理论学习 12 次，党政联席会 38 次，民主管理及单项工作研讨会 4 次。加强意识形态工作，哲学社会科学类讲座严格执行“一师一表一报”制度。以绩效工资实施为契机，开展部门及个人岗位职能职责的调整工作，充分调动教职工的积极性。

2.学生党建和思想政治工作

按照学校推进“三全育人”综合改革试点工作的要求，学院完善规章制度，强化对二级办学单位、培训中心、函授站（点）学生思政工作指导，努力构建一体化育人体系；抓好新生入学、学生入党、学生安全、学生心理健康与毕业生就业教育。培养校级优秀团员、团干、创新先进个人 38 人，五四红旗团支部 2 个，培养了 50 多名学生入党积极分子；评出“优秀学生”与“优秀学生干部”234 名、“优秀毕业生”104 名。

【教学工作】

1.研究生教学

2019 年度，学院切实做好教育硕士专业学位研究生培养收尾工作，完成 2017 级 19 名学生的学位授予工作，确保培养质量。

2.学历继续教育

学院年度招生本科专业 12 个，专科专业 3 个，在全国 7 个省市设立 7 个函授站（点）。完成校内外 3 879 名学历继续教育（业余、函授）学生的教育教学管理，函授在册学生人数 1 621 人。完成市教委针对高校学籍管理的专项检查工作。

3.非学历继续教育

学院全面对接国家重大战略需求，积极响应重庆市“三大攻坚战”和“八项行动计划”，持续推进教育部、人社部、工信部、全国总工会等国家级基地建设，高端培训已覆盖到全国除台湾地区以外的所有省（区、市），构建起以江英、余明阳、刘红松、陈晋蓉、喻景忠、路长全等高水平专家为代表的培训师资库。2019 年度，结合中组部、教育部规范干部培训要求，进一步推进非学历继续教育在品牌文化、质量内涵、团队、基地、高端培训市场等的“五大建设”，丰富发展内涵。不断加强社会化培训中心的遴选、退出与质量监控，全面规范管理。

学院承办了科技部与欧洲空间局联合主办的“中欧科技合作‘龙计划’第四期——2019 年陆地遥感高

级培训班”；举办了工业和信息化部“互联互通·渝创渝新——中小企业经营管理领军人才第二十期领军企业家商业思潮巡回周”活动；作为5个指定经验介绍单位之一，在工业和信息化部中小企业局召开的2019年中小企业经营管理者培训工作座谈会（北京）上交流发言；举办了服务重庆和西南地区企业管理高层人才的学术性论坛——“嘉陵江”高管论坛9期；举办了国家人社部“新时代背景下的互联网+智慧能源”国家级高级研修班，工信部中小企业经营管理领军人才重庆培训班，浙江省直机关工会主席综合能力提升培训班，宁夏回族自治区固原市全域旅游人才专题培训班等一系列高端培训项目，逐步构建起具备较强社会影响力的重庆大学高层次继续教育品牌。

学院2019年度举办委托培训项目287期，培训学员16 065人次，合同金额4 050万元，涉及综合能力提升、党务党建、民主党派、教师教育、专业技术、企业管理等领域；举办社会化培训项目65期，培训学员3 496人，培训学费收入2 827万元；完成计算机等级考试3 479人次的考试报名与组织。

4.全校非学历继续教育归口管理

学院完成校级培训协议审核518份，并做好归档与台账管理；审核发放全校各类非学历继续教育培训结业证22 689人次；完成全校各类培训项目网上公示605期；协调学校职能部处、政府部门、行业企业，完成相关专题定向培训，并提供社会培训需求信息、项目意见建议、过程管理等服务。

重庆大学2019年学历继续教育（业余、函授）学生人数统计表

统计日期：2019年12月31日

名 称	毕业生数			在校人数		
	本 科	专 科	小 计	本 科	专 科	小 计
函授学生	885	256	1 141	1 430	191	1 621
周末学生	602	342	944	1 534	598	2 132
半脱产学生	92	82	174	113	13	126
成教学生合计	1 579	680	2 259	3 077	802	3 879

重庆大学2019年学历继续教育（业余、函授）招生专业统计表

层 次	专业名称	形 式	科 类	学 制	备 注
高起本	机械设计制造及其自动化	周末	理工	5	—
专升本	电气工程及其自动化	周末	理工	2.5	—
	机械设计制造及自动化	周末	理工	2.5	—
	土木工程	周末	理工	2.5	—
	工程造价	周末	经管	2.5	—
	工程管理	周末	经管	2.5	—
	工商管理	周末	经管	2.5	—
	会计学	周末	经管	2.5	—

续表

层　次	专业名称	形　式	科　类	学　制	备　注
专升本	人力资源管理	周末	经管	2.5	—
	财务管理	周末	经管	2.5	—
	行政管理	周末	经管	2.5	—
	工程造价	函授	经管	2.5	—
	工商管理	函授	经管	2.5	—
	会计学	函授	经管	2.5	—
	金融学	函授	经管	2.5	—
	土木工程	函授	理工	2.5	—
高起专	工程造价	周末	文理	2.5	—
	工商企业管理	周末	文理	2.5	—
	建设工程管理(定向)	业余	文理	2.5	—
	工商企业管理(定向)	业余	文理	2.5	—

（撰稿人:杨　安）

网络教育

【综述】

2019 年,网络教育学院坚持以习近平新时代中国特色社会主义思想为指导,深入开展“不忘初心、牢记使命”主题教育,围绕十九大报告、全国教育大会和教育部关于“办好网络教育”的指示精神,强化办学主体责任,完善人才培养体系,以技术和资源建设为核心,以教学管理、学生管理和学习中心管理为重点,积极推进网络教育,落实立德树人,确保培养质量。

【主题教育及支部建设】

学院积极开展“不忘初心、牢记使命”主题教育。学院领导班子围绕重庆大学 2019 年党建工作要点,认真贯彻落实“全面从严治党”要求,针对党员领导干部积极组织开展“不忘初心、牢记使命”主题教育,深入学习《党章》《准则》《条例》和党的十九大精神,学习《共产党宣言》《习近平新时代中国特色社会主义思想学习纲要》,读原著、学原文、悟原理;增强“四个意识”,坚定“四个自信”,做到“两个维护”,对照党章党规找差距,扎实开展检视剖析,问题整改,不断加强思想建设、组织建设、作风建设、廉政建设,用新时代中国特色社会主义思想武装头脑。

加强党支部建设。2019 年学院党支部主动加强党的理论知识学习,深入学习领会习近平总书记讲话精神,严格党内组织生活,每月召开两次组织生活。积极开展党员活动,组织全体党员到广安参观了邓小平故居,接受革命传统教育;组织观看了电影《我和我的祖国》《中国机长》《攀登者》等影片,积极参加机关党委组织的各类活动,严格党员日常教育和管理,充分发挥党员先锋模范作用。支部还配合工会组织员工参加跳绳、爬山等各类活动。

【技术支持】

完成教学管理系统开发,该系统涵盖了教学计划管理、教师管理、语音答疑、论坛管理、作业管理、考务管理、统考管理、毕业论文管理等业务。完成学生管理系统和财务管理系统需求分析设计。完成学院标准化机房建设。完成办公室存储扩容,由原来 162 T 空间扩容至 305 T。完善修正了学生成绩管理办法(形成性考核)。报名管理平台 v1.1 开发上线。移动教室 App v3.0 发布上线。学习平台 4.1 开发上线。题库系统功能升级,增加学生特殊网上考试(超期生网上考试、特殊学生网上考试、现场预约转网上考试)等。毕业管理平台增加了毕业小批次业务,且调整毕业证编号按大批次连续等功能。对学院网站进行了升级。

【资源建设】

学院重新建设完成了《高级会计学》《管理信息系统》《运筹学》《网络教育学习概论》等 26 门课程。启动未改造专业的课程建设,积极选聘课程建设教师。新签 25 门课程建设协议,为 2020 年课程建设打下了坚实基础。完成重庆大学第四批在线课程《机械原理》和第五批在线课程《电路原理》建设。为陆军勤务学院制作了《可分离变量微分方程的应用》微课程。完成了《部下艺术与执行力》《如何提高孩子的情商》两门视频课程的拍摄制作。

【教学管理】

顺利完成日常教学工作。2019 年共计聘请 1 218 名各类教师,共组织 227 门次课程的教学辅导和 244 门次的语音答疑,完成课程导学、网上论坛、作业及考卷批改、课程总复习答疑、毕业设计(论文)指导等教学任务。全年组织了两次网上考试和两次现场考试,完成 307 万课程学分;组织学生参加了 3 次全国统考,4.3 万余人通过统考;完成对 28 021 名学生的毕业设计(论文)指导工作,有 24 711 名学生取得合格成绩,及格率为 88.19%。

持续开展教学改革与调整。2019 年学院实施新的成绩管理办法和形成性考核办法,开发形成性考核成绩统计功能,修改题库系统、考试预约平台、成绩管理平台、平时成绩合成功能,保障新成绩管理办法的实施。新建课程练习库,完成了题库题目审核,实施新的考试命题方式。严查学位论文,防止学术造假,明确要求学生终稿论文重复比例不得超过 30%;学院实现了毕业设计(论文)管理平台和查重系统对接,提高毕业论文查重效率。加强教学管理队伍建设,实行员工大部制改革,提高员工综合业务能力。严格考场纪律,维护考场秩序。学院重视学生诚信教育,严肃考风考纪,加强考试监督和巡查力度,采用人脸识别系统验证考生身份,杜绝代考。实行多题多卷、课程混排的考试方案,防止学生考试作弊。坚持考场悬挂手机袋存放考生手机,防范考试风险。坚持采用微信拍照定位考点位置及上传照片做法,规范学习中心考试组织纪律。实施分片区组织考试,提高巡考覆盖率。

【学生管理】

完成 2019 年新生生成学籍并电子注册 26 130 人,其中对本科注册学生(15 432 人)进行了入学资格复审,398 人前学历待查,占 2.58%。2019 年毕业学生 44 867 人。截至 2019 年 12 月学院累计毕业学生 318 103人,总毕业率 91%。积极开展学生活动,组织学生开学典礼 151 场,评选了 500 名优秀学生。策划组织了庆祝重大建校 90 周年主题活动——"'九'要在一起,与你'零'距离",18 名学生作品获奖。开展了在读生和毕业生问卷调查,18 362 名在读生和 13 989 名毕业生填写了问卷。承办重庆市学位外语考试重庆大学考点的考试组织工作,制订详细工作计划并落实到人,严格按照考试要求布置考场,召开考试培训会,强调考试纪律。严格核对考生身份,严格考场秩序。继续深化预警工作,对即将到达最长学习年限学生、仅剩网上考试未完成学生、首毕业率低于学院整体水平的学习中心、新建学习中心的 191 批次学习进度等进行分析、反馈,提高学习中心的督学促学效果,做好学生支持服务。

【校外学习中心管理】

校外学习中心是学校网络教育学习支持服务体系的重要组成部分。校外学习中心在招生宣传、生源组织、学生管理等方面起着十分重要的作用。严把入学关,加强招生规范,确保生源质量。学院严格按招生计划进行招生,严控专本比例。春季专科生占比 49%,未超过 50%,秋季专科生占比 37%,未超过 40%。重视入学考试工作,部分学习中心采取线下测试方式,增加人脸识别报名。加强招生预警,通过公安系统比对,对部分手机号不是实名制的学生进行严格回访,条件不符一律不予录取。

加强巡点、培训和考核工作。制订全年巡点方案,制作"学习中心基本情况表",各业务部门共同参与,填写"巡点总结表",通过巡点,近距离感受学习中心支持服务,收集网络教育办学中存在的问题和建议。组织召开学习中心工作人员培训会,212 名校外学习中心老师参会。加强学习中心考核,从办公环境、招生工作、学生管理、教学管理等方面对 165 个学习中心进行了考核。

2019 年共新建 5 个校外学习中心。全年共有 8 个省(自治区、直辖市)教育行政部门开展网络教育校外学习中心年报年检工作,均顺利通过。做好招生宣传,严格执行学院《广告宣传用语管理办法》,校外学习中心广告必须经学院审核通过后才能投放。

【内部管理】

加强内部管理,促进学院发展。学院制订了《网络教育学院 2019 年工作要点》,明确 2019 年度重点工作。成立综合治理工作领导小组,进行安全隐患排查,维护学院消防安全,加强网站论坛监管,牢筑意识形态堡垒。按照校档案馆的要求及时将 2018 年行政类和学生类档案归档挂接。内部管理信息畅通,实现了信息共享,2019 年共发布 7 期信息简报共 93 篇信息。组织全体员工开展了手机摄影专题讲座等各类培训 47 次,组织开展了"寻找最美春天"活动,得到了 97%的员工好评。

重庆大学 2019 年网络高等学历教育招生专业设置

<table>
<tr><th>招生专业</th><th>层　次</th><th>入学考试科目</th><th>学　制</th><th>学习期限</th><th>学　分</th></tr>
<tr><td>建筑工程技术</td><td>高起专</td><td rowspan="18">•高起专:英语、计算机应用基础

•专升本:大学英语、计算机应用基础

注:已获得本科毕业证书的学生,免试入学</td><td rowspan="18">2.5 年</td><td rowspan="18">2.5~6 年</td><td rowspan="18">•高起专、专升本均为 80 学分

•本科二学历为 60 学分</td></tr>
<tr><td>建筑工程管理</td><td>高起专</td></tr>
<tr><td>机电一体化技术</td><td>高起专</td></tr>
<tr><td>工商企业管理</td><td>高起专</td></tr>
<tr><td>会计</td><td>高起专</td></tr>
<tr><td>安全工程</td><td>专升本</td></tr>
<tr><td>土木工程</td><td>专升本</td></tr>
<tr><td>工程管理</td><td>专升本</td></tr>
<tr><td>工程造价</td><td>专升本</td></tr>
<tr><td>房地产开发与管理</td><td>专升本</td></tr>
<tr><td>机械设计制造及其自动化</td><td>专升本</td></tr>
<tr><td>工商管理</td><td>专升本</td></tr>
<tr><td>计算机科学与技术</td><td>专升本</td></tr>
<tr><td>会计学</td><td>专升本</td></tr>
<tr><td>市场营销</td><td>专升本</td></tr>
<tr><td>采矿工程</td><td>专升本</td></tr>
<tr><td>公共事业管理</td><td>专升本</td></tr>
<tr><td>电气工程及其自动化</td><td>专升本</td></tr>
</table>

(撰稿人:金有春)

学生职业发展与就业指导工作

【综述】

2019 年,重庆大学结合“不忘初心、牢记使命”主题教育,围绕国家重点发展战略及学校“双一流”建设需求,瞄准“稳定就业率,优化就业结构,提升就业质量”工作目标,全力厚植“立德树人”,深入推进“三全育人”,将生涯规划和就业指导融入思政育人全过程,进一步强化学生思想价值引领,大力狠抓重点领域就业市场开拓,扎实推进就业服务保障,努力确保毕业生就业大局稳定,逐步实现毕业生更高质量和更充分就业。

【基本情况】

2019 年,就业工作面临极其复杂严峻的形势。重庆大学积极研判就业形势,认真学习领会上级主管部门对就业工作提出的新思路、新要求,不断加强对学院的指导,着力提高对学生和用人单位的服务质量。截至 11 月 22 日,我校有 2019 届毕业生 10 051 人,其中本科 5 949 人,研究生 4 102 人。本科毕业生就业率 90.08%,毕业研究生就业率 97.54%,全校就业形势保持整体稳定。

毕业生就业地域覆盖“一带一路”建设、长江经济带发展、京津冀协同发展、西部地区建设等国家战略所涉省份。其中 63.36%到“一带一路”地区就业,70.85%流向长江经济带区域,54%选择留在西部(其中留渝就业占比保持在 32%以上)。在进入企业就业的毕业生中,1 495 人(26.52%)被世界 500 强企业录用,1 992 人(35.34%)进入中国 500 强企业,1 582 人(28.06%)被中央企业录用。用人单位对 2019 届毕业生总体满意度为 97.05%,对毕业生职业发展潜力的满意度为 96.48%,可见我校毕业生具有较高的社会竞争力和良好的社会声誉。

【2019 年度就业工作亮点】

1.全面启动学生生涯规划教育,切实做到全年级覆盖

在坚持做好高年级学生就业指导的前提下,着重加强对低年级学生的生涯规划教育与思想价值引领。通过全覆盖的大一新生生涯规划讲座、低年级辅导员生涯规划指导能力集中培训、面向低年级学生开展的“培根铸魂报家国”系列讲座、“出国留学教育展”等活动,积极引导学生树立远大理想和抱负,激发学习原动力,切实落实生涯规划教育朝低年级学生前置,构建起覆盖全部年级的全方位多层次立体化生涯教育体系。

2.组织开展“小我融入大我,青春献给祖国”暑期社会实践活动,激发学生的爱国主义情怀

为了让学生亲身体验和见证中华人民共和国成立 70 周年来取得的巨大成就,激发学生的爱国主义热情,厚植学生家国情怀,启发他们自愿到祖国最需要的地方去建功立业的勇气和担当,2019 年暑期,我校选

拔了 340 余名优秀学生组成 26 个小组,赴中国航天科工集团等 16 家国防军工等重点单位开展“小我融入大我,青春献给祖国”主题实践活动;赴广州南沙、杭州建德等 10 个基层单位开展挂职锻炼。实践单位数量、参与学生人数均取得大幅增长。

3.完成就业系统升级,启用网上签约,实现精准化服务

新系统实现了学生、用人单位网上签约等功能,为实时监测学生签约进展情况、校园招聘情况、就业动态,进行精准就业信息推送、大数据统计分析、就业调研等工作提供了强有力的保障,为学生和用人单位提供更为精准的服务。

【围绕育人，立足指导，努力培养担当民族复兴大任的时代新人】

深入加强师资的专业化建设。通过校内选拔新增 15 名教师,生涯规划与就创业指导师资团队扩充至 66 人;聘任 32 名杰出社会人士为创新创业和职业导师。全年组织专业技能培训 39 次,培训辅导员 153 人次,积极开展课程研讨、案例督导,实地走访用人单位,进一步提升师资水平。师资团队在市内外影响力不断扩大,9 人入选重庆市高校就业创业指导专家库,3 人在重庆市普通高校就业创业指导教师课程大赛中获奖,学校获评“优秀组织高校奖”。

扎实推进辅导员的能力提升培训。以沙龙、讲座、培训班等方式,面向各年级辅导员开展培训:大一辅导员侧重开展新生生涯规划能力的培训,二、三年级辅导员侧重开展生涯定向与行动、留学指导专项培训,毕业年级辅导员侧重开展就业竞争力帮扶指导和就业管理业务培训。

充分发挥学院的主体作用。围绕学生发展不同的需求,制订指导项目清单,内容涵盖生涯意识启蒙、生涯定向与行动规划、留学指导、就业竞争力提升等,配备专业师资,鼓励学院积极承办项目清单中的活动,切实做到送指导到学院,共同助力学生成长成才。2019 年,指导各学院开展就业指导活动 460 场。

充分重视学生的分类指导。结合学生多元化的成长路径与发展需求,坚持分类开展多样化、全程化的生涯规划与就业指导教育,在全校范围内积极发挥示范引领作用。坚持第一课堂教学主阵地主渠道:继续开设“大学生职业生涯规划”“职业发展与就业指导”“创业管理”等课程,全校 2 266 名学生选修。强化第二课堂活动的分类指导:针对一年级新生,组织开展全覆盖的“铸魂报家国,规划创未来”新生生涯教育第一讲、生涯体验周等活动;针对二、三年级学生,着重组织开展“培根、铸魂、报家国”的时代先锋大讲堂等理想信念教育,进行生涯定向及行动规划指导,开展留学规划指导、选调生训练营、国际组织训练营等活动,引导学生立大志;针对毕业年级学生和研究生重点提升就业竞争力和职业素养,助力学生求职;选拔生涯领航人物,充分发挥朋辈教育在生涯规划及就业指导中的重要作用。

全年举办各类活动 550 余场,覆盖 36 000 人次,在重庆市第五届大学生职业生涯规划大赛中,2 名学子分别斩获一等奖和二等奖,学生对学校生涯规划及就业指导的满意度高达 97%。

【聚焦重点，深度开拓，扎实推进毕业生人才战略布局】

积极支持和引导毕业生面向服务国家重大发展战略和基层一线就业,着力实现人才合理配置。

打造服务上乘的校园招聘主渠道建设。积极构建“分层次、分类别、分行业”校园招聘体系，全年举办各类招聘会 1 705 场，邀请和接待用人单位 5 013 家。主动邀请国防军工单位来校招聘，中国核工业集团、中国航空工业集团、中国兵器装备集团、中国航空发动机集团均首次组团来校。我校优良的招聘服务广受各方好评，荣获 2019 中国年度最佳高校“就业最受欢迎奖”、最受三类百强企业青睐高校排行榜第九名、2019 届校园招聘 500 强企业青睐高校排行榜第七名。

实施聚焦重点的就业市场开拓机制。积极面向国防军工单位重要央企、基层一线开拓就业市场，学院、相关部门齐参与，走访中国工程物理研究院、中国飞机强度研究所、长沙经济开发区等重要单位 50 余家。经过 3 年的持续努力，构建起稳定、重要的就业市场，建立学生就业实习实训基地 175 个（含学院 53 个）。

持续强化“培养—选拔—培训—回访”选调生选送体系。专人负责选调生工作，积极与各地组织部门联系，2019 年到我校开展定向选调生工作的省市由 18 个增加到 23 个。开展第二期“龙骨行动”选调生训练营，邀请校内外专家、优秀选调生校友开展岗前培训；党委书记周旬欢送选调生出征；党委副书记王旭带队先后走访陕西省委组织部、河北省委组织部、重庆市委组织部和四川省委组织部。2019 届毕业生加入选调生队伍人数达 283 人，同比增长 40.8%。

继续加强国际组织实习任职人才培养输送工作。选拔优秀学生组建第三期“嘉陵之子”国际组织人才训练营，邀请校内外专家、校友开展为期 3 天的封闭培训。资助学生赴美国乔治华盛顿大学参加“国际组织人才定制培训”项目学习、赴京参加首届联合国机构宣讲咨询活动、赴津参加中国国际公务员能力建设项目。1 名博士和 2 名硕士赴联合国相关机构实习。

【强化服务，创新途径，全方位提升就业服务质量】

就业过程管理规范化。针对就业工作人员、毕业生、用人单位分别编制新系统使用指南和就业工作指南，注重建章立制，建立起规范的就业工作秩序和环境；组织毕业班辅导员沙龙，围绕就业流程管理的重点、难点开展交流、座谈，指导、规范学院就业工作。

就业困难帮扶精细化。建立少数民族、建档立卡贫困户、残疾生等重点帮扶群体台账，提供政策咨询、就业能力提升、岗位推荐等一对一的精准指导与服务，2019 年度累计为 2 715 名帮扶学生发放求职创业补贴 132.73万元。

就业需求调研专业化。找准关键节点，调研毕业生就业意向、需求及状态，编写《2019 届毕业生就业意向调研报告》《2019 届未就业毕业生情况分析报告》《2019 届毕业生就业质量年度报告》等，及时反馈毕业生就业动态，为就业工作反馈教育教学工作提供支撑。

就业信息推送精准化。利用“一网两平台”，做好精准服务。二期就业系统上线以来浏览量显著提升，点击率累计高达 2 100 万余次。“重大就业”官方微信关注人数 6.9 万余人，官方微博关注人数达 4.8 万余人。“一网两平台”成为我校学生就业信息获取主渠道。就业工作新媒体运营团队影响力持续扩大，受邀参加教育部主办的“中国大学生就业”微信公众号采编工作总结研讨会并作经验分享。

（撰稿人：张红春，杨　蓉）

科学研究

自然科学研究

【概况】

2019年是中华人民共和国成立70周年和重庆大学建校90周年，也是学校全面推进“双一流”建设的奋进之年。重庆大学2019年度科技工作在学校党委和行政的领导下，始终坚持以习近平新时代中国特色社会主义思想为指导，认真贯彻落实全国教育大会精神和习近平总书记对重庆发展的重要指示要求，紧紧围绕国家和地方发展的重大战略需求，坚持以提升科技创新能力为核心，以科技支撑创新发展为导向，以科技服务重庆地方发展为己任的内涵建设，深入推进全方位的科技创新、机制创新、管理创新，为实现学校“双一流”建设和人才培养目标提供支撑。经过全校相关学院和职能部门的共同努力，实现了学校科技事业稳步发展。

【科研管理】

1.提高政治站位，强化使命担当

学习贯彻习近平新时代中国特色社会主义思想，坚持党对科技工作的全面领导，将习近平总书记关于科技创新的重要论述指导科技工作内化为自觉行动；全面提高政治站位，压实政治责任，牢固树立“四个意识”，坚定“四个自信”，坚决做到“两个维护”，强化广大科技工作者服务科教兴国、科技强国的责任感和为国担当、为党分忧的使命感。

①加强党支部建设，高质量开展“不忘初心、牢记使命”的主题教育，对标对表党章党规，深入查找问题，狠抓整改落实，切实增强党支部的凝聚力和战斗力；严格“三会一课”制度，完善院内交流学习机制，切实将政治理论学习与业务工作有机结合；科发院班子成员轮流讲党课10次，科室负责人政治学习和业务交流16次，通过理论学习指导业务工作，打造学习型、创新型科发院。

②转变思想理念和发展路径，充分认识高校科技工作面临的新形势与新要求，强化科研的顶层设计和统筹规划，强化重大项目、重点平台、人才团队和重大科技成果的策划培育和组织服务，积极开展有组织科研。

③进一步改进工作作风，深入调查研究，先后走访物理、计算机、机械、医学院和附属医院等单位、重点实验室和中心20余次，主动宣讲科研政策、解决实际问题；提高科研管理服务水平。

2.完善“1+5”创新体系，扎实推进内涵建设

加强统筹协调，推进国际联合研究院的落地建设，深化和拓展国际科技合作与交流，全面完善学校“1+5”科技创新体系；进一步优化创新生态系统，明确职能分工，推进创新体系的内涵建设。

①与沙坪坝区人民政府正式签署共建国际联合研究院协议，标志着学校“1+5”科技创新体系架构的全面完善，有序推进共建研究院的协议内容，落实组织运行模式、场地和经费等。

②前沿交叉学科研究院成功组建了“量子材料与器件研究中心”，4 个研究中心正式运行；新引进兼职中科院院士 1 人、杰青 1 人、国际著名专家学者 2 人，高水平领军人才和青年优秀人才引进工作取得新突破。

③“超瞬态物质科学实验装置”培育建设稳步推进。成立专门机构并配备工作专班，积极落实项目实施条件，先后与上海交通大学、剑桥大学、上海光源、中科院物理所、清华大学等国内外著名高校和研究机构，建立合作关系与共建意向，并与上海交通大学签订合作共建协议，组建“超瞬态”前沿科学中心，共同开展关键技术攻关和核心仪器设备研制。多次与市规划自然资源局、西永微电子产业园区、沙坪坝区政府等部门商讨项目建设规划用地并初定方案。经过前期论证研讨，该大科学装置已通过教育部高等学校重大科技基础设施“十四五”规划项目评审和由重庆市发展改革委委托中咨公司组织的一期方案论证和可行性研究报告综合评审。

④产业技术研究院承担建设智慧物联技术创新中心，全力打造国家级新型高端研发机构；成功获批重庆市博士后科研工作站、重庆市技术转移示范机构，落地孵化中瓴埃斯科（重庆）环保产业有限公司等 15 家科技型企业，顺利推进科研成果转化落地。

⑤先进技术研究院加强与地方政府的协同创新，推进落实与璧山区人民政府共建重庆大学璧山先进技术研究院，积极打造“7+2”国防科研协同创新平台，聚焦关键领域核心技术突破；军工条件保障体系运行良好，成功列入国家军民融合重点支持高校。获准国防科研项目 224 项，实到经费 9 407 万元，同比增长 51%。

3.继续实施科研能力提升计划，切实增强科技竞争力

为进一步推动我校科研工作瞄准国际科学研究前沿，主动对接和承担国家重大战略任务和重大科技计划，突出关键共性技术、前沿引领技术、现代工程技术、颠覆性技术创新，开展原创性探索和研究；促进学校高水平科研成果的产出，继续实施科研后备拔尖人才、重大项目、高水平科技成果等培育计划，提升学校科研能力和核心竞争力，增强学校科研综合实力。

①持续强化基础研究，大力开展核心技术基础攻关。实施基础研究珠峰计划，强化系统部署，突出原始创新，设立“前沿交叉研究专项”基金，促进学科交叉融合，实现创新引领。

②继续开展“大项目、大平台、大团队、大成果”培育计划，针对关键领域技术创新 2030 重大项目、重点研发计划、重大科技成果等，开展有组织科研，推动学科交叉、医工融合、文理渗透，积极承担国家重大科技任务和获取重大成果。

③实施 2019 年度科研后备拔尖人才培育建设计划。培养一批具有国际先进水平的学科领军人才和学术带头人，提高我校持续承担重大科研任务和服务社会的能力，创造标志性学术技术成果，挖掘学科发展潜力和创新动力。

4.健全完善科研管理制度,全力营造良好创新氛围

贯彻落实国务院有关文件精神,修订完善相关科研政策,大力推进基于绩效、诚信和能力的科研管理改革,推进科技领域“放管服”改革政策落地见效,最大限度地调动科研人员的积极性和创造性。

①出台学校落实国务院有关文件精神优化科研项目管理和调整科研经费管理的有关举措;坚持正确导向,努力克服科技评价的“五唯”倾向,出台实施《重庆大学自然科学类科学研究分类分级体系》,配合修订《重庆大学专业技术职务评聘工作实施办法》和实施《重庆大学专职科研人员聘用管理办法》等,构建符合科研发展规律的管理制度和激励机制。

②落实科研领域的“放管服”改革,提升科研管理信息化水平,优化科研项目、经费、成果转化管理办法和流程,完善“科研网上服务大厅”,实现合同审批、科研外协、设备归对方、业绩考核等网络化办理,做到“让信息多跑路,让老师少跑路”。

③加强学术道德和科研诚信建设,营造良好的创新生态,打造“学校—学部—学院/单位—个人”一体化科研诚信管理体系,树立红线意识,推动严谨治学、学术诚信、优良学风,构建教育预防、调查处理工作机制。制订《重庆大学科研诚信管理暂行办法》,汇编《科学道德与学术规范学习资料》,做到宣讲教育全覆盖、诚信建设常态化、学术不端零容忍,全面营造弘扬科学家精神和优良作风学风的浓厚氛围。

【科研项目】

2019年,共组织申报各级各类项目4 096项(2018年3 528项),全校新立项各级各类竞争性项目2 768项(2018年2 911项),其中纵向1 614项(2018年1 467项),横向1 036项(2018年1 444项),技术转让118项。

1.获准的国家级项目

获批国家级重点研发计划、重大专项、国际合作等项目、课题及子课题共110项,国拨经费2.7亿元(2018年为75项,1.4亿元)。其中,获准牵头国家重点研发计划项目10项、课题22项、子课题77项,国拨经费2.5亿元;获批国家重大专项、国际合作、工业强基等课题(子课题)22项,国拨经费2 119万元。

2.国家自然科学基金项目

2019年,我校共组织申报各类国家自然科学基金项目1 062项(2018年1 049项),获准项目251项(2018年247项),获资助直接经费共计1.41亿元(2018年1.44亿元)。其中集中组织申报各类项目1 004项(2018年970项),获准项目230项(2018年224项)。获准重大研究计划重点支持项目1项、重点项目4项、杰青1项、优秀青年基金4项、国家重大科研仪器项目1项、国际地区合作与交流项目4项、面上项目126项(2018年124项)、青年基金87项(2018年88项)、联合基金项目6项(其中重点4项)、其他项目3项。

3.获准的省部级项目

获准省部级及有关纵向项目共275项(2018年360项),国拨经费9 000万元(2018年7 457.8万元),较2018年增长21%,其中牵头重庆市科技计划项目226项,重庆市教委项目23项。

4.中央高校基本科研业务费项目

按照“统一规划、分类组织、公开遴选、过程管理、绩效考核”原则,组织完成2019年中央高校基本科研

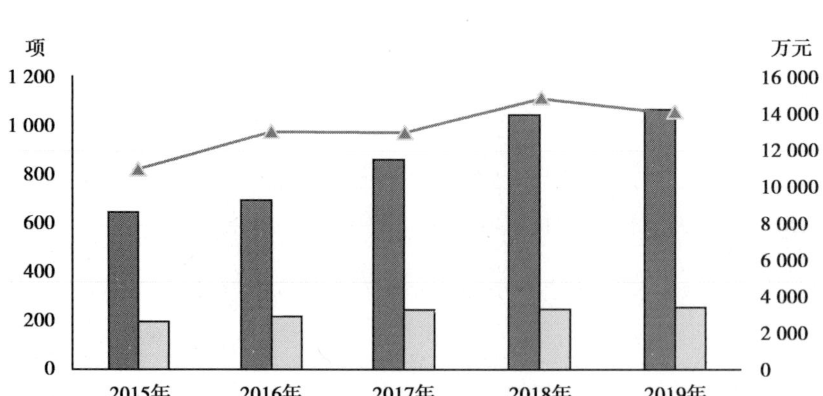

图 1　近五年国家自然科学类

业务费项目遴选、立项和经费拨付工作。2019 年新立项项目 416 项，资助总经费 6 148.65 万元。其中学院创新能力提升专项 48 项，资助经费 1 643 万元；前沿交叉项目 82 项，资助经费 820 万元；医工融合项目 39 项，资助经费 415 万元；成果和重大项目培育 211 项，资助经费 2 170.65 万元；科研基地与平台建设 7 项，资助经费 550 万元；国防科技创新专项 27 项，资助经费 400 万元；校长专项 2 项，资助经费 150 万元。拨付 2018 年立项项目经费 1 832.7 万元。

【科技经费】

2019 年，全校自然科学类科技总经费 17.16 亿元（2018 年 13.49 亿元），较去年增长 27.2%。其中实到科研项目总经费 7.96 亿元（2018 年 6.88 亿元），较去年增长 15.7%；产业口具有科技含量的经费 3.36 亿元（2018 年 2.68 亿元），较去年增长 25.4%；人才队伍建设经费（含科研启动费、博士后基金、重庆市人才及留创计划）0.79 亿元（2018 年 0.56 亿元）；自然科学类科研平台专项经费 0.7 亿元（2017 年 0.304 5 亿元）；附属医院科研经费 0.28 亿元；学科建设经费 2.0 亿元；科研事业发展等其他经费 2.07 亿元。

2019 年，全校实到科研项目总经费8.75亿元（2018 年 7.38 亿元），其中自然科学类研究项目共获得经费 7.96 亿元（2018 年 6.88 亿元），占研究项目总经费的 91.0%，较 2018 年增长 15.7%。其中纵向经费 4.98 亿元（2018 年 4.19 亿元），占 62.6%，较 2018 年增长 18.9%；横向经费 2.91 亿元（2018 年 2.69 亿元），占36.6%；成果转化经费 653 万元（2018 年 233 万元）。人文社科类研究项目共获得经费7 822万元（2018 年5 000万元），占研究项目总经费的 8.9%。

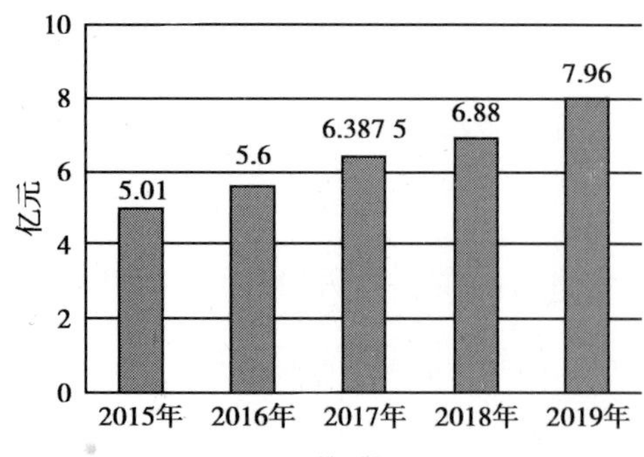

图 2　近五年自然科学类项目经费情况

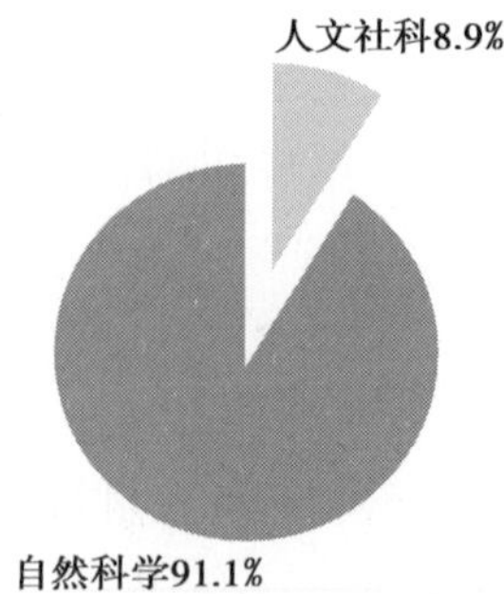

图 3　自然科学与人文社科项目经费比例

【科研成果】

1.科技奖励

(1)国家科学技术奖

2019年共组织推荐17项(参与11项)成果申报国家科学技术奖,7个项目(参与5项)进入了初评会议评审。经评审,牵头获国家科技进步奖一等奖1项,是学校牵头成果第一次获该奖项一等奖,实现了零的突破,这也是重庆市时隔7年再次获得国家科技进步奖一等奖;参与获国家科技进步二等奖1项。

表1 重庆大学2019年获国家科学技术奖情况一览表

项目名称	奖励类别	获奖等级	获奖单位	获奖人
高层钢-混凝土混合结构的理论、技术与工程应用	国家科技进步奖	一等奖	**重庆大学**,悉地国际设计顾问(深圳)有限公司,中建钢构有限公司,浙江绿筑集成科技有限公司,中冶建筑研究总院有限公司,哈尔滨工业大学,湖南大学,浙江大学,中国地震局工程力学研究所,中南大学	周绪红、刘界鹏、傅学怡、张素梅、杨想兵、徐坤、徐国军、杨波、童根树、周期石、林旭川、张小冬、李江、王宇航、刘晓刚
河谷场地地震动输入方法及工程抗震关键技术		二等奖	河海大学,中铁二院工程集团有限责任公司,东南大学,**重庆大学**,北京工业大学,山东省临沂市水利勘测设计院,山东临沂水利工程总公司	高玉峰、王景全、吴勇信、韩强、肖杨、曾永平、张宁、张飞、胡遵福、刘夫江

(2)高等学校科学研究优秀成果(科学技术)奖(教育部)

2019年共组织了9个项目申报高等学校科学研究优秀成果奖项。经评审,我校牵头获准3项,其中一等奖1项(科技进步奖),二等奖2项(自然科学奖1项,科技进步奖1项)。

表2 重庆大学2019年获高等学校科学研究优秀成果奖情况一览表

项目名称	奖励类别	获奖等级	获奖单位	获奖人
高钙镁钛精矿大型电炉冶炼高钛渣关键技术及应用	科技进步奖	一等奖	**重庆大学**,攀钢集团钒钛资源股份有限公司,攀钢集团攀枝花钢铁研究院有限公司	吕学伟、白晨光、陈小勇、党杰、韩可喜、游志雄、黄北卫、赵仕清、肖军、吕炜、马勇、胡凯、李凯茂、宋兵
大气海洋和生物学中几类非线性发展方程解若干问题的研究	自然科学奖	二等奖	**重庆大学**,长江师范学院,北京应用物理与计算数学研究所	穆春来、米永生、黄代文、郭柏灵
村镇饮用水安全保障技术体系、关键设备及应用研究	科技进步奖	二等奖	**重庆大学**,同济大学,西南大学,广东慧信环保有限公司,重庆市环境科学研究院	郭劲松、高旭、褚华强、黄磊、郑怀礼、谭铭卓、李崇明、高俊敏

（3）重庆市科学技术奖

2019 年共组织 37 个项目牵头申报重庆市科学技术奖，经通讯评审和会议评审，我校牵头 15 项进入综合评审答辩，其中突出贡献奖 1 项，一等奖 14 项（自然科学奖 4 项、技术发明奖 1 项，科技进步奖 9 项）。

2018 年牵头获准重庆市科学技术奖 16 项，其中一等奖 8 项（自然科学 2 项，技术发明 1 项，科技进步奖 5 项），二等奖 5 项；三等奖 3 项。参与获准 20 项，其中一等奖 3 项，二等奖 7 项，三等奖 10 项。

（4）重庆大学科学技术奖

2019 年共组织 33 个项目申报重庆大学科学技术奖，授予 23 项成果为重庆大学 2018 年科学技术奖，其中一等奖 12 项，二等奖 11 项。

（5）其他奖

2019 年累计申报其他各类奖励 220 余项，其中获 2019 年中国机械工业科学技术奖、中国有色金属工业科学技术奖、中国岩石力学与工程学会科学技术奖、绿色矿山科学技术奖、中国振动工程学会科学技术奖等具有推荐国家奖资格的行业一等奖 19 项。

2.知识产权工作

2019 年，我校共申请专利 1 404 件，其中，发明专利 1 311 件，实用新型 75 件，外观设计专利 14 件，国际发明专利 4 件。专利获权 1 106 件（2018 年 894 件），较去年增长 23.7%；其中，发明专利获权 829 件（2018 年 646 件），较 2018 年增长 28.3%；实用新型获权 249 件（2018 年 211 件），较 2018 年增长 18%；外观设计专利获权 23 件，国际发明专利获权 5 件。

2019 年共主编或参编国际标准 6 项，国家标准 6 项、行业标准 3 项和其他标准 9 项；获准软件著作权 106 项。

3.论文情况

2019 年，SCIE、EI 核心检索论文达 7 475 篇（2018 年 6 114 篇，增长 22.3%）。其中，SCIE 通讯作者检索论文 3 571 篇（2018 年 2 923 篇，增长 22.2%），EI 核心检索论文（不含会议）3 106 篇（2018 年 2 214 篇，增长 40.3%）；SCIE 一区 522 篇（2018 年 378 篇，增长 38.1%）、二区 1 381 篇（2018 年 871 篇，增长 58.6%），高水平论文增长显著，强力支撑 10 个学科排名进入 ESI 前 1%。

入选中国卓越国际论文较多的高校排名第 25 位，入选 2018 年国内论文被引用次数较多的高校排名第 20 位；首次以通讯单位在 *Science* 上发表论文，多个科研团队先后在 *Nature*、*Science*、*Cell* 子刊上发表 10 篇高水平论文，发表数量再创新高。

表 3　近五年被 SCIE、EI（核心）等检索系统收录的论文篇数统计一览表

收录系统	2015 年	2016 年	2017 年	2018 年	2019 年
SCIE/篇	2 283	2 762	3 123	3 900	4 369
SCIE（通讯作者）/篇	1 710	1 985	2 317	2 923	3 571

续表

收录系统	2015 年	2016 年	2017 年	2018 年	2019 年
EI(核心)/篇	1 829	2 070	1 950	2 214	3 106
合计/篇	4 112	4 832	5 073	6 114	7 475

【科技平台建设与管理】

优化调整国家重点实验室研究方向和运行体制机制，提升国家重点实验室内涵建设和创新能力；组建多学科交叉团队，构建多学科支撑体系，强化解决前沿科学问题和国家重大需求的能力。实施重点研究基地构筑计划，培育国家和省部级研究平台，促进信息学科、传统理学与优势工科的交叉融合；推进专职科研队伍建设，培养、造就关键领域科技创新人才与团队。

①保持实验室已有特色，强化国家重大需求和学术前沿，凝练优化实验室研究方向，以构建多科学交叉的研究团队为抓手，顺利完成 3 个国家重点实验室主任和学术委员会主任换届，传动实验室 11 个研究团队启动运行，稳步推进国家重点实验室的优化整改，获重庆市平台专项经费资助 2 300 万元。

②全面梳理和分析依托我校建设的省部级重点实验室情况，推进实验室内涵建设。顺利完成“输变电设备与系统安全创新引智基地”“低碳绿色建筑人居环境质量创新引智基地”的评估和验收。

③加大基地建设培育的支持力度，组织申报教育部工程研究中心和创新引智基地，新增“雪峰山电力装备安全教育部野外科学观测研究站”，“绿色建筑与人居环境质量保障科研创新平台”入选重庆市高水平科研创新平台培育计划。

④完成“山地城镇建设与新技术”“低品位能源利用技术及系统”“信息物理社会可信服务计算”3 个教育部重点实验室和“工业 CT 无损检测”1 个教育部工程研究中心的主任、学术委员会换届工作。

⑤组织召开“重点实验室(工程中心)工作汇报暨年度考评会”，完成对国家重点实验室、国家工程技术研究中心、教育部重点实验室等 18 个科研平台和机构的考核工作，切实加强重点实验室(工程中心)的建设与运行管理。

【科研人才与团队建设】

坚持人才为第一资源的创新驱动，落实人才优先发展战略。完善以人为本的科研人才培育机制，积极探索人才培养和创新团队建设的长效机制。

①组织 22 个人才团队申报 2019 年度科技部创新人才推进计划，1 个团队、2 位人才进入视频答辩；“多相反应流传递及转化过程强化创新团队”入选科技部重点领域创新团队。

②新增 2019 年度重庆市“英才计划”创新创业示范团队 2 个(张丁非、吴燕清)，2019 年度重庆市高校创新群体 4 个(曹华军、曹月青、朱涛、丁选明)。

③王宇航等 26 位老师入选重庆大学 2019 年度科研后备拔尖人才培育计划。

【社会服务与科技成果转化】

围绕重庆高新区升级版、重庆科学城、国家(西部)科技创新中心规划和建设,深入对接和服务重庆打好“三大攻坚战”和实施“八项行动计划”;加强校地联动,推进协同创新,着力打造“环重大创新生态圈”;拓宽科技成果转化渠道,完善科技成果转化的支撑服务体系,提升成果转化转移能力,加速学校科技成果转化。

①全面落实重庆市委市政府的指示精神,扎实推进服务重庆打好“三大攻坚战”和实施“八项行动计划”,全面参与“重庆科学城”建设。

②加强校地协同,与沙坪坝区人民政府共建的“环重庆大学创新生态圈”和“国际联合研究院”正式揭牌启动,11 个建设项目有序推进,积极构建“一校两区六圈多点”空间布局,全力打造重庆创新智核和创新创业示范区;与重庆两江新区沟通协调,积极谋划“重庆自主品牌汽车协同创新中心”落户重庆两江新区;推进与西永微电园共建复合半导体创新技术中心和类脑感知与普适智能科学研究院;协调落实与华为公司的科技合作,落实场地装修、拟订共建协议,有序推进 7 个项目的技术合作。

③2019 年实现专利成果转让或许可 118 项(2018 年 58 项),合同金额 4 692.42 万元(2018 年 1 725.49 万元),同比分别增长 103.4%和 171.9%,其中一项合同金额超 2 000 万元。

④首次探索并完成科技成果的权益让渡工作,全过程打通科技成果作价投资流程(温志渝团队成果 1 200万元)。

⑤组织 36 项成果参加“2019 年中国国际智能产业博览会”,得到社会高度认可和各大媒体热播。

⑥组织参加了第三届陕西“一带一路”科技创新创业博览会、第十七届中国·海峡创新项目成果交易会和第七届中国江苏产学研合作大会等展会,集中展示和路演学校相关科技成果。

⑦加强校地、校企等互动对接与服务,接洽全国相关地方政府、部门和企业等来访交流 200 余人次,发布地方政府和企业技术需求 500 余项;推进重庆大学技术转移中心的建设和运行,组织专家教授到内江、泸州和自贡开展科技成果对接、专题讲座,推介最新科研成果 300 余项。

(撰稿人:张俊丽)

附表 1　2016—2019 年国家自然科学基金项目统计表

序号	学部名称	单位名称	2019 年			2018 年			2017 年			2016 年		
			实报数/项	实获数/项	资助经费/万元	实报数/项	实获数/项	资助经费/万元	实报数/项	实获数/项	资助经费/万元	实报数/项	实获数/项	资助经费/万元
1	工程学部	机械学院	48	17	812	43	14	804.5	34	14	622	31	14	880.368
2		传动实验室	1	0	0	6	0	0	2	—	—	7	0	0
3		电气学院	58	11	811.5	66	13	1 073.68	74	20	1 580	48	17	997.5
4		材料学院	95	25	1 183	83	26	1 513	91	27	1 536	75	25	1 220
5		资安学院	49	13	556	41	14	776	36	11	517	32	14	850.5
6		动力学院	38	8	739	38	11	753	32	15	624.92	34	17	1 062
7		汽车学院	17	1	60	13	7	347	20	6	441	15	6	286
8		航天学院	28	8	617	36	14	1 047	28	9	1 119	26	9	718
9	理学部	化工学院	44	11	570	43	8	504.6	51	13	767	45	10	787
10		生物学院	46	9	394	65	15	1 273	59	16	982	35	6	288
11		生命学院	22	8	429	24	9	290	20	6	280	12	6	160
12		物理学院	23	8	423	23	11	463.6	19	5	306	26	13	834
13		数统学院	26	5	207	27	5	177.5	21	8	252	24	11	367.201
14		现代物理中心	1	0	0	2	0	0	2	—	—	2	0	0
15		药学院	18	6	396.5	24	9	455.54	18	6	175.1	14	8	301
16	建筑学部	建筑学院	39	7	385	42	11	518	28	12	540	30	10	451
17		土木学院	75	20	944	73	21	1 706	67	19	1 098	52	21	1 314
18		环生学院	45	18	721	57	14	703.6	29	11	413	30	7	459.8
19		建管学院	12	3	124	20	7	165.9	17	2	72	7	0	0
20	信息学部	光电学院	50	17	1 335.72	48	10	803.2	38	11	367	41	12	810
21		ICT 研究中心	1	0	0	3	0	0	1	—	—	1	0	0
22		通信学院	30	7	340	24	0	0	30	5	200	25	4	119
23		计算机学院	25	2	327	25	7	333	24	6	219	25	8	328
24		自动化学院	22	5	467	17	8	524	27	8	380	20	3	384
25		软件学院	26	4	199	11	1	65	12	2	86	15	5	142
26		测控中心	5	1	58	7	3	143.5	3	—	—	3	0	0
27	其他	经管学院	24	8	393.5	17	5	212	12	4	146	17	9	311.3
28		公管学院	5	2	69.5	1	0	0	5	3	89	2	0	0
29		外语学院	0	0	0	0	1	22	—	—	—	—	—	—
30		深空中心	0	0	0	1	0	0	—	—	—	1	0	0
31		附属肿瘤医院	77	4	129	63	3	100	—	2	40	—	—	—
32		附属中心医院	45	1	20.5	25	0	0	—	—	—	—	—	—
33		医学院	4	1	27	—	—	—	—	2	113	—	—	—
34		分析测试中心	5	0	0	2	0	0	—	—	—	—	—	—
合　计			1 004	230	12 738.22	970	247	14 774.62	800	243	12 965.02	695	235	13 070.669

注:2017 年以后的实报数均为集中申报期间的项目数。

附表 2　2019 年校内各单位发表学术论文(JCR)和专利获权情况一览表

序号	单位名称	SCI					SSCI					总计	专利获权		
		一区	二区	三区	四区	合计	一区	二区	三区	四区	合计		发明/项	实新/项	外观/项
1	材料科学与工程学院	247	147	29	52	475	—	—	—	—	—	475	36	—	—
2	土木工程学院	171	87	34	30	322	4	1	—	2	7	329	79	51	—
3	化学化工学院	175	73	14	25	287	—	1	—	—	1	288	6	2	—
4	机械工程学院	122	64	48	19	253	12	4	2	5	23	276	78	—	—
5	电气工程学院	148	65	39	17	269	—	—	1	—	1	270	95	4	—
6	能源与动力工程学院	143	40	25	13	221	—	—	—	—	—	221	29	—	—
7	环境与生态学院	149	24	16	13	202	5	—	—	—	5	207	8	—	—
8	生物工程学院	105	54	17	17	193	1	1	—	—	2	195	21	3	—
9	资源与安全学院	86	41	46	9	182	2	1	—	—	3	185	34	—	—
10	物理学院	89	24	10	11	134	—	—	—	—	—	134	4	1	—
11	航空航天学院	86	22	13	11	132	—	—	—	—	—	132	2	—	—
12	汽车工程学院	75	14	30	7	126	—	—	1	1	2	128	23	3	—
13	光电工程学院	77	30	7	8	122	—	—	—	—	—	122	47	2	—
14	数学与统计学院	50	15	19	16	100	2	3	2	3	10	110	—	—	—
15	计算机学院	74	16	10	6	106	—	—	1	—	1	107	25	1	—
16	微电子与通信工程学院	55	19	9	8	91	—	—	—	—	—	91	42	—	—
17	自动化学院	59	9	8	4	80	—	—	—	—	—	80	53	—	—
18	药学院	39	9	5	5	58	—	—	—	—	—	58	5	—	—
19	大数据与软件学院	24	11	8	3	46	3	—	1	—	4	50	4	—	—
20	生命科学学院	29	12	2	2	45	—	—	—	—	—	45	1	—	—
21	附属肿瘤医院	6	14	6	11	37	—	—	—	—	—	37	—	—	—
22	通信与测控中心	12	4	5	2	23	—	—	—	—	—	23	1	3	—
23	建筑城规学院	5	3	—	—	8	1	2	—	—	3	11	3	—	—
24	机械传动国家重点实验室	4	2	2	1	9	—	—	—	—	—	9	2	—	—
25	附属中心医院	—	5	—	2	7	—	—	—	—	—	7	—	—	—
26	分析测试中心	2	2	—	1	5	—	—	—	—	—	5	—	—	—
27	ICT 研究中心	3	1	—	—	4	—	—	—	—	—	4	8	—	—
28	现代物理中心	—	—	—	1	1	—	—	—	—	—	1	—	—	—
29	其他	17	5	4	7	33	56	32	23	28	139	172	228	179	23
30	合作	418	176	113	91	798	26	6	8	12	52	850	834	249	23
总　计		2 470	988	519	392	4 369	112	51	39	51	253	4 622	—	1 106	—

附表 3　2019 年校内各单位发表学术论文统计表（中科院分区）

序号	单位名称	SCI					SSCI					总　计
		一区	二区	三区	四区	合计	一区	二区	三区	四区	合计	
1	材料科学与工程学院	38	176	154	107	475	—	—	—	—	—	475
2	土木工程学院	14	78	156	74	322	1	3	1	2	7	329
3	化学化工学院	87	102	69	29	287	—	—	1	—	1	288
4	机械工程学院	9	83	91	70	253	4	8	4	7	23	276
5	电气工程学院	24	124	89	32	269	—	—	1	—	1	270
6	能源与动力工程学院	43	111	34	33	221	—	—	—	—	—	221
7	环境与生态学院	72	73	29	28	202	1	3	—	1	5	207
8	生物工程学院	31	84	52	26	193	—	—	2	—	2	195
9	资源与安全学院	2	76	67	37	182	1	—	1	1	3	185
10	物理学院	46	50	29	9	134	—	—	—	—	—	134
11	航空航天学院	24	59	27	22	132	—	—	—	—	—	132
12	汽车工程学院	15	46	35	30	126	—	—	—	2	2	128
13	光电工程学院	31	54	26	11	122	—	—	—	—	—	122
14	数学与统计学院	5	31	40	24	100	—	3	2	5	10	110
15	计算机学院	12	55	20	19	106	—	—	1	—	1	107
16	微电子与通信工程学院	3	47	26	15	91	—	—	—	—	—	91
17	自动化学院	20	37	14	9	80	—	—	—	—	—	80
18	药学院	16	26	12	4	58	—	—	—	—	—	58
19	大数据与软件学院	1	17	11	17	46	—	2	1	1	4	50
20	生命科学学院	13	18	10	4	45	—	—	—	—	—	45
21	附属肿瘤医院	2	7	12	16	37	—	—	—	—	—	37
22	通信与测控中心	1	11	5	6	23	—	—	—	—	—	23
23	建筑城规学院	1	3	4	—	8	1	—	2	—	3	11
24	机械传动国家重点实验室	—	4	1	4	9	—	—	—	—	—	9
25	附属中心医院	—	—	3	4	7	—	—	—	—	—	7
26	分析测试中心	2	—	2	1	5	—	—	—	—	—	5
27	ICT 研究中心	1	2	1	—	4	—	—	—	—	—	4
28	现代物理中心	—	—	1	—	1	—	—	—	—	—	1
29	其他	9	7	6	11	33	28	17	29	65	139	172
30	合作	110	268	222	198	798	2	13	14	23	52	850
总　计		632	1 649	1 248	840	4 369	38	49	59	107	253	4 622

附表4 2019年校内各单位科研经费统计表

单位:万元

序号	单位类别	承担单位	国家级	省部级项目	军工项目	成果转化项目	一般纵向	横向项目	总 计
1	自科学院	材料科学与工程学院	4 814	1 059	1 084	44	125	3 253	10 379
2		土木工程学院	4 021	963	108	21	47	3 816	8 974
3		电气工程学院	2 927	291	433	28	43	5 030	8 752
4		机械工程学院	4 761	1 160	1 048	22	38	1 080	8 109
5		建筑城规学院	2 906	133	—	—	6	1 163	4 208
6		环境与生态学院	2 212	820	100	52	87	930	4 201
7		光电工程学院	1 553	467	1 636	2	40	431	4 129
8		资源与安全学院	1 644	344	100	60	18	1 619	3 786
9		能源与动力工程学院	1 558	168	852	—	20	833	3 431
10		自动化学院	717	210	1 100	41	31	1 209	3 308
11		汽车工程学院	1 065	345	361	12	10	710	2 503
12		微电子与通信工程学院	495	306	819	5	3	735	2 362
13		生物工程学院	1 753	111	—	12	32	285	2 193
14		化学化工学院	1 036	167	311	2	22	511	2 050
15		航空航天学院	1 074	103	490	—	21	268	1 956
16		大数据与软件学院	1 766	78	—	5	—	88	1 937
17		计算机学院	622	173	510	32	22	295	1 654
18		物理学院	505	68	7	—	16	945	1 541
19		生命科学学院	804	50	—	30	21	40	945
20		机械传动国家重点实验室	16	20	270	278	—	218	802
21		药学院	367	68	—	4	10	159	608
22		数学与统计学院	327	109	—	—	21	30	487
23		医学院	88	—	345	—	—	—	433
24		教育部深空探测中心	—	—	319	—	—	—	319
25		医学高等研究院	—	—	113	—	10	—	123
26		ICT研究中心	24	20	45	—	—	31	121
27		通信与测控中心	1	5	87	3	1	18	115
28		附属肿瘤医院	77	—	—	—	—	—	77
29		分析测试中心	16	15	—	—	—	4	35
30		数学研究中心	21	—	—	—	—	—	21
31		现代物理中心	16	—	—	—	—	—	16
32		附属中心医院	12	—	—	—	—	—	12
33		合 计	37 200	7 252	10 138	653	644	23 699	79 586
34	社科学院	经济与工商管理学院	2 002	192	—	—	40	396	2 629
35		公共管理学院	1 525	119	—	—	30	212	1 885
36		管理科学与房地产学院	530	60	—	—	9	1 233	1 832
37		法学院	150	87	—	—	23	225	485
38		发展研究中心	—	235	—	—	6	23	264
39		艺术学院	14	5	—	—	—	216	235
40		马克思主义学院	21	67	—	—	13	52	153
41		图书馆	44	4	—	—	—	67	115
42		新闻学院	26	8	—	—	1	28	63
43		人文社会科学高等研究院	57	3	—	—	0	—	61
44		外国语学院	25	6	—	—	—	29	60
45		美视电影学院	—	10	—	—	10	7	27
46		体育学院	1	—	—	—	9	5	15
46		合 计	4 393	795	—	—	141	2 492	7 822
47	机关部处		—	—	—	—	47	81	128
总 计			41 593	8 047	10 138	653	832	26 273	87 536

社会科学研究

【综述】

2019 年,社会科学研究处坚持以习近平新时代中国特色社会主义思想为指导,服务学校改革发展稳定大局,按照学校工作部署,紧紧围绕“双一流”建设,落实立德树人根本任务,聚焦“卓越研究、引领社会、国际影响”核心追求,紧密联系实际,求创新、抓重点、补短板、强弱项,着力推动科研创新发展、提升质量,圆满完成全年重点任务,各项工作成效显著。社科处荣获“2018 年度重庆市高校社科管理工作先进单位”称号。

【科研经费】

2019 年,全校人文社会科学 R & D 经费 16 288 万元,人文社科及软科学研究到校总经费 8 100 万元。其中,文科单位到校科研总经费 7 959 万元,纵向科研项目经费 5 430 万元。文科单位到校科研经费持续保持增长势头。文科单位 7 959 万元经费总额中,纵向项目经费 5 430 万元,其中:国家级项目经费 4 345 万元(较 2018 年 1 692 万元增长 157%);省部级项目经费 831 万元;一般纵向项目经费 254 万元;横向项目经费 2 529万元。从总体上看,我校人文社科领域国家级、省部级项目经费与一般纵向项目经费在比例结构上趋于合理,国家级项目经费增长势头良好。

【科研项目】

2019 年,科研立项大幅增长,新增国家级项目 64 项(同比增长 21%)。其中,国家重点研发计划 2 项、国家自然科学基金项目 14 项(含校外转入)、其他国家级项目 10 项;国家社科基金项目 35 项(重大项目 1 项,年度项目项、外译项目、后期项目共 33 项,校外转入 1 项),年度项目居 36 所“双一流”A 类高校第 13 名、全国第 19 名、西部高校第 4 名、E9 高校第 1 名。新增省部级项目 120 项(同比增长 2%),其中教育部项目 18 项(同比增长 38%)、其他省部级项目 112 项。文科领域在 1 年内获得 2 项国家重点研发计划项目,实现该领域“零”突破,单个项目合同经费超过 2 000 万元。国家艺术基金项目 4 项,取得历史上最好成绩。

【科研成果】

按照南京大学 CSSCI 中心滞后一年统计期刊原则,2018 年我校发表 CSSCI 来源核心期刊论文总数 455 篇。其中,文科学院发表社科 A 类期刊论文 40 篇(2017 年 54 篇,下同),社科 B 类期刊论文 110 篇(130 篇)。截至 2019 年底,我校文科学院发表的外文学术期刊情况:SSCI/A & HCI 论文 115 篇(同比增长 98%)、UTD 论文 2 篇、高被引论文 15 篇、热点论文 6 篇。32 篇论文入选“2018 年度人大复印报刊资料精选佳作”(全国 220 篇),我校占入选总数 14.5%。管科学院任宏教授和蔡伟光副教授团队首次在 *Nature* 子刊发表论文。2019 年是人文社科获奖“小年”，获得 A、B 级艺体类创作奖 19 项。教育部第八届高等学校科学研究优秀成果奖 3 项（公示已结束，尚未正式公布），其中二等奖 2 项、三等奖 1 项。组织申报重庆市第十次社会科学优秀成果奖（84 项）和第七届重庆市发展研究奖（17 项）。2019 年，我校文科学院出版著作 60 部，其中一类出版社专著 24 部。近几年来，学校人文社科领域出版学术著作数总体上保持平稳态势。

【专家队伍】

成功组织推荐“国家文化名家暨‘四个一批’人才 1 人；组织推荐重庆英才 · 名家名师项目 5 人，获批 3 人。向中央和国家部委推荐“有国外学习或工作经历的精通小语种外语”专家 108 人，文化遗产、考古、文物保护等专家 2 人。

【平台建设】

2019 年，持续支持校级重点以上科研平台建设，投入经费 317 万元资助 34 个平台创新项目；拟订并报审文科科研平台建设管理办法；启动了第二批校级人文社科重点科研平台遴选工作。获批首个部级研究基地“民政部政策理论研究基地”，成立“古典辞书编纂研究中心”；1 个科普基地荣获“2018 年度重庆市人文社科普及基地工作先进单位”。

【智库建设】

2019 年，全面落实学校与市文旅委“文化产业发展合作协议”，承办“重庆市文化旅游产业经营人才培训”项目，承担 2019 年度重庆文化产业发展专项资金重大项目 1 项。依托学校 3 所孔子学院，谋划建设国别和区域研究中心。多位智库专家评论文章被中央政府网等主流媒体转载或接受专访。组织参加中国高教学会主办的第二届“一带一路”国家教育高峰论坛，牵头举办中国高等教育学会“一带一路”研究分会 2019 年学术年会（首次）；组织参加“一带一路”高端智库论坛暨“一带一路”智库合作联盟理事会会议，深化交流合作；积极参与重庆高校智库联盟筹建；与市社科联达成深度开展共建高端智库合作意向。

（撰稿人：陈姿屹，李霁月）

学报期刊

【概况】

2019年期刊社按照学校工作总体要求和重点部署,深入学习贯彻习近平新时代中国特色社会主义思想和党的十九大精神,认真开展“不忘初心、牢记使命”主题教育,围绕学校“双一流”建设中心工作,坚持内涵发展和高水平建设目标,创新学术期刊发展机制,加快推进一流学术期刊培育和建设工作,提升办刊质量和水平,扩大期刊学术影响和国际影响,加强编辑队伍建设,增强学术服务功能,整体推进学术期刊群高质量发展。

【学术期刊编辑出版】

2019年,期刊社承办的5种学术期刊《重庆大学学报》(月刊)、《重庆大学学报社会科学版》(双月刊)、*Nano Materials Science*(季刊)、《土木与环境工程学报(中英文)》(双月刊)、《高等建筑教育》(双月刊),全年处理网络投稿7500余篇,按时完成5种期刊正刊34期的出版任务。期刊社指导的4种学术期刊*Journal of Magnesium and Alloys*(《镁合金学报》)(季刊)、《地下空间与工程学报》(双月刊)、《西部人居环境学刊》(双月刊)、《灯与照明》(季刊)完成正刊20期、增刊2期(共计22期)出版任务。所有学术期刊做到了按时出刊、差错率低、印刷精美,达到了出版要求。其中,《重庆大学学报》(CSCD核心期刊、北大中文核心期刊、中国科技核心期刊)刊发本校文章50篇(第一作者为本校师生);《土木与环境工程学报(中英文)》(CSCD核心期刊、北大中文核心期刊、中国科技核心期刊)刊发本校文章25篇(第一作者为本校师生);《重庆大学学报社会科学版》(CSSCI核心期刊、北大中文核心期刊、中国人文社会科学核心期刊、中国科技核心期刊)刊发本校文章16篇(第一作者为本校师生)。三类期刊总计刊发本校文章91篇。

【学术期刊办刊成效】

按照学校“推进学术期刊专业化国际化发展”重点任务要求,着力打造国际高水平专业学术期刊,加快一流学术期刊培育。《土木与环境工程学报(中英文)》(原《土木建筑与环境工程学报》)于2019年2月创刊出版;*Nano Materials Science*(纳米材料科学)(原《重庆大学学报英文版》)于2019年3月创刊出版;*Journal of Magnesium and Alloys*(《镁合金学报》)继2018年12月被SCIE收录后,于2019年7月获批国内刊号(2019年全国仅33种刊获批CN号),11月成功入选中国科协、财政部、教育部、科技部、国家新闻出版署、中国科学院、中国工程院七部委联合实施的“中国科技期刊卓越行动计划”领军期刊项目(全国仅22种,重庆市仅1种);《高等建筑教育》于2019年4月成立第九届编委会,进一步推进期刊的专业化建设;《重庆大学学报社会科学版》于2019年5月与“网络与大数据战略研究院”联合策划“网络与大数据法”学术专栏,不断提升综合性学术期刊的专题化、专业化发展水平。**期刊入选核心和来源数据库**:*Journal of Magnesium and Alloys*(《镁合金学报》)首次入选SCIE数据库,影响因子列全球同类刊物第5位;《重庆大学学报》、《土木与环境工程学报(中英文)》、*Journal of Magnesium and Alloys*(《镁合金学报》)再次入选Scopus数据库;《重庆大学学报》《土木与环境工程学报(中英文)》《地下空间与工程学报》再次入选CSCD(2019—2020)核心数据库;《重庆大学学报社会科学版》再次入选CSSCI(2019—2020)核心数据库;《重庆大学学报》《重庆大学学报社会科学版》《土木与环境工程学报(中英文)》《地下空间与工程学报》《西部人居环境学刊》入选2019年“中国科技核心期刊”;中国知网发布的“世界学术期刊学术影响力指数(WAJCI)2019年报”,*Journal of Magnesium and Alloys*(《镁合金学报》)入选Q1区(重庆市仅1种),《重庆大学学报社会科学版》入选Q2区(全市仅6种)。**期刊获奖**:《重庆大学学报》《重庆大学学报社会科学版》《土木与环境工程学报(中英文)》《西部人居环境学刊》入选2019年北京国际图书博览会(BIBF)“庆祝中华人民共和国成立70周年精品期刊”;在全国高校文科学报第六届评优活动中,《重庆大学学报社会科学版》获评“全国高校社科名刊”,《高等建筑教育》获评“全国高校社科优秀期刊”,期刊社获评“优秀会务单位”;在全国理工农医院校社科学报联络中心2019“四优”评比中,《重庆大学学报社会科学版》《高等建筑教育》获评“优秀编辑部”;在重庆市科技期刊编辑学会“四优”评比中,《重庆大学学报》《土木与环境工程学报(中英文)》获评“优秀团队”;期刊社获评“第三届中国科技期刊青年编辑业务大赛”优秀组织奖、重庆市高校期刊研究会成立20周年“先进集体”。**期刊获资助项目**:《重庆大学学报》“智能制造研究”系列选题、《土木与环境工程学报(中英文)》“山地城镇建设防灾减灾”重点选题、《重庆大学学报社会科学版》“社会研究与评价”栏目获2019年度重庆市出版专项资金资助(全市共21项);《重庆大学学报》《重庆大学学报社会科学版》《土木与环境工程学报(中英文)》《高等建筑教育》获国家新闻出版署出版融合发展(武汉)重点实验室“学术期刊融合出版能力提升计划”资助项目。**其他评优获奖**:期刊社编辑获评全国高校文科学报研究会“优秀主编”“优秀编辑”,中国高校科技期刊研究会“优秀编辑”“优秀论著优秀奖”,中国科技期刊青年编辑学术研讨会优秀论文二等奖,中国编辑学会第20届学术论坛征文三等奖,重庆市期刊协会“中华人民共和国成立70周年重庆期刊杰出人物”“2019年度重庆市期刊优秀经营人才”奖,重庆市高校期刊研究会成立20周年“先进个人”,重庆市科技期刊编辑学会“优秀主编”“优秀编辑”“优秀论著特等奖、二等奖”“学会工作先进个人”等荣誉。

【期刊传播平台建设】

加强期刊学术传播能力建设,利用新媒体创新学术传播方式。期刊日常采编工作通过稿件采编系统和稿件远程处理系统进行,目前已有5 273 479位用户访问过期刊社网站,网站日均访问量达2 000余人次。期刊论文电子版通过自建网站实现在线优先出版和开放获取。2019年5个微信公众号(“重庆大学学报”“土木与环境工程学报(中英文)”“重庆大学学报社科版”“高等建筑教育”“纳米材料科学”)推送学术文章共计1 136篇,有效提高了期刊的显示度和下载量。2019年期刊社在重庆大学新闻网站上共推送19篇新闻报道,其中,8 篇进入主页推荐,4 篇进入新闻网推荐。

【学科服务】

组织学术会议,开展学术交流、拓展期刊学术服务功能:

①2019 年 4 月与航空航天学院联合主办诺贝尔奖得主 KONSTANTIN NOVOSELOV 院士学术报告会(工程科学前沿讲坛),5 月主办 *Nano Materials Science*(《纳米材料科学》)首届编委会议,10 月主办 *Nano Materials Science*(《纳米材料科学》)青年学者研讨会,*Nano Materials Science*(《纳米材料科学》)主编吕坚院士(香港城市大学副校长)、顾问魏悦广院士(北京大学)等 10 余位编委来校作学术报告(工程科学前沿讲座、先进材料基因组表征与调控创新"111"引智基地学术讲座、第四届"嘉陵江"化学化工前沿学术论坛等),为师生搭建国际化学术交流平台。

②2019 年 6 月协办高等学校土木工程"金课"建设研讨会暨土木工程专业在线开放核心课程群项目结题会,《高等建筑教育》策划组织专刊推广项目研究成果。

③2019 年 6 月参与主办"重庆大学第十期(2019)社会科学实证研究方法"培训班,从 2010 年至今已举办 10 期,来自全国 20 余所高校约 2 000 名师生参加公益培训,取得良好社会效益。

④与机械传动国家重点实验室、土木工程学院、电气工程学院、化学化工学院、建筑城规学院、高研院和博雅学院等联合举办高水平论文写作和学术出版规范专题讲座,助力高水平成果发表和人才培养。

⑤承办第三届中国科技期刊青年编辑业务大赛复赛(重庆赛区)、高校科技期刊发展座谈交流会、重庆市高校期刊研究会 2019 年暑期学术研讨会暨青年编辑学术沙龙和简史编撰工作会等,举办期刊建设、媒体融合发展、国际学术期刊出版管理及发展模式专家讲座等,拓展期刊学术服务功能,充分发挥学术期刊对人才培养、科学研究、学科建设的重要作用。

(撰稿人:欧阳雪梅)

科普教育

【综述】

在学校的领导和重庆市科协的指导下，校科协深入学习贯彻习近平新时代中国特色社会主义思想和党的十九大精神，贯彻落实重庆市委“3+8 专项行动计划”，团结广大科技工作者紧紧围绕学校“双一流”建设，认真履行工作职能，在推动学校科研事业发展、学术交流、创新科普实践、提高公众科学素养、服务科技工作者以及科学道德和学风建设等工作中取得一定成效。获评“2019 年度全国科技工作者状况调查优秀调查站点”称号，重庆市科协 2019 年度科协工作考核结果特等奖。

【学术交流】

服务支持青年教师科协、老年教师科协、大学生科协开展相关学术活动，促进跨学科交流，助力学校“双一流”建设。开展“缙云论坛”学术活动，组织国内国际学术活动 10 余次；组织学生学术竞赛获助“未来种子计划”11 项等。

【扶智扶贫】

按照学校和重庆市科协统一部署，根据企业科技需求，先后组织专家赴北碚、万州、璧山等地开展科技资源精准对接活动。联合云南省开远市灵泉街道办事处工会、市团委、市妇联到三台铺村委会老邓耳村开展“腊月暖冬”行动，为建档立卡贫困户捐赠被子等生活用品；与国内几十所高校教师、科技企业等举办知识扶贫活动——四川丹巴公益行启动仪式，开展扶智扶贫工作。

【科普工作】

学校作为发起单位参与中国公众科学素质促进联合体成立大会，科普工作迈上新台阶。整合学校优质科技和教育资源，组织科普专家、科普志愿者开展“引进来、走出去”系列活动，举办科普活动、科普竞赛、科普报告和科普研学活动等 30 余次，累计科普对象 8 000 余人次。联合重庆市科协、沙区科协，学校重点实验室及相关学院开展科技活动周、中国航天日、全国科技工作者日、全国科普日等系列主题活动，为提高公众科学素养和提升学校社会影响力贡献力量。

推荐“嫦娥四号科普载荷”入选十大科学传播事件候选名单；重庆大学附属肿瘤医院周琦、吴永忠两位专家入选中国科协第六批首席科学传播专家；李芳昱、谢更新、刘礼、张育新、穆春来、张可入选首批重庆市院士专家科普讲师团成员。附属肿瘤医院张静荣获全国科普讲解大赛二等奖；王维、董攀分别荣获重庆市“最美科普志愿者”“最美科普志愿者提名奖”。

【青少年科技教育】

继续推进青少年科技创新教育，开展英才计划、雏鹰计划、科学营等。2019 年，英才计划培养数学、物理、化学、生物、计算机学科 33 名学员。青少年科学营“智创科技　逐梦青春”重庆大学分营顺利举行，四川、湖北、广东等 8 地约 290 名营员参与。“震所周知”建筑结构科普体验活动获得全国“2019 年青少年高校科学营特色营队活动”称号，志愿者晏吟晓等 10 名同学获得“2019 年青少年高校科学营优秀志愿者”称号。

举办雏鹰计划第八期学员“雏鹰论坛”，完成 43 个项目、130 余名学员的学习培养与结业答辩；5 位指导教师获得“高校优秀指导教师”称号，1 位获得“项目优秀负责人”。举行雏鹰计划第九期导师招募、150 余名学员遴选和 51 个项目对接工作。

【科学道德与学风建设工作】

根据“全覆盖、制度化、重实效”总体要求，深化教育效果、着力构建长效机制，高标准、严要求，做好科学道德与学风建设工作。针对研究生、高年级本科生、新上岗研究生导师、新入职教师和青年科技工作者等不同群体做好科研诚信宣讲工作。调查处理 2 起涉嫌学术不端案件。

【服务科技工作者】

作为全国科技工作者站点，组织调研和撰写信息报送 6 篇，刊发 1 篇；组织科技工作者调研 10 余次，积极反映科技工作者心声。4 位科技工作者入选第四届中国科协青年人才托举工程，15 篇论文入选 2019 年度重庆市科协自然科学优秀学术论文，2 人参加第十届海峡两岸青年学子科技交流，3 人获中国科协资助海外学术交流，2 人入选第五届重庆市十佳科技青年候选人，全国科学实验展汇演活动 1 项，重庆市首届“创新争先奖先进集体”1 个，“创新争先奖先进个人”8 人，以及全国学会和重庆市级学会推荐人选 20 余人等。

（撰稿人：李函锦）

人事工作

人事人才工作

【综述】

2019年,人事处以习近平新时代中国特色社会主义思想为指引,扎实开展“不忘初心、牢记使命”主题教育活动,把深入学习贯彻党的十九届四中全会精神同做好主题教育各项工作紧密结合起来,在学校党委和行政的正确领导下,在全校各单位的大力支持和配合下,紧密围绕学校“双一流”建设,深化改革、务实创新,各项工作成绩斐然,成效明显,为学校内涵式发展提供了坚强的队伍保障。

【人事人才制度改革】

2019年是学校的人事人才政策创新年。本年度,以“不忘初心、牢记使命”为抓手,从“为全体教职工谋幸福、为学校发展谋复兴”出发,持续深入推进人事人才制度全面改革,根据学校实际和“双一流”建设需要,适时推出了“3+7”人事人才政策体系。“3”指的是由《重庆大学绩效工资实施办法》《重庆大学绩效工资考核办法》和《重庆大学专业技术职务工作评聘工作实施办法(2019年修订)》3个文件构成的基础性人事制度政策,建立起了教师职业发展全过程的评价体系,进一步突出教师立德树人、教书育人的本位,追求卓越、鼓励所长,破除存在的“五唯”现象。“7”指的是由《重庆大学人才引进管理办法》《重庆大学年薪制教师管理办法》《重庆大学“弘深青年学者计划”实施办法》《重庆大学“弘深博士后青年教师”支持计划》《重庆大学专职科研人员聘用管理办法》《重庆大学文员制聘用人员管理实施办法》和《重庆大学外聘高级专家管理办法》7个文件构成的用人制度政策,打造了“四层次七类别”详细丰富的引才金字塔模式,形成了更加系统的人才引进体系。

【队伍建设】

1.人才引进

2019年,人才引进工作取得一定成效,开展了20余场海内外高校引才活动,举办了2019年重庆大学“海内外优秀青年学者春季论坛”和“秋季论坛”,通过论坛吸引美国、英国、日本、澳大利亚、新加坡等20多个国家和地区近200位优秀青年学者汇聚我校,促进学术交流和学科交叉,建立科学研究和人才培养合作,扩大学校影响力,聚才引才效果明显。2019年全年引进教师141人,其中杰青1人,“海外高层次人才引进计划(外专长期项目)”1人,“海外高层次人才引进计划(创新人才项目)”短期1人、“海外高层次人才引进计划(青年项目)”3人,教授8人,重庆大学“百人计划”18人,副高15人,青年教师54人,弘深青年教师40人。

2019 年，学校在各级各类人才计划申报中取得较好成绩。入选“海外高层次人才引进计划”创新人才项目人选 1 人、外专项目人选 1 人、青年项目 5 人。

2.人才队伍建设

略。

3.培养培训工作

积极开展国家留学基金委各类研修项目及单位公派自费出国人选审批备案；与教师教学发展中心一起开展青年教师岗前培训和教师资格证办理，健全系统的教师执业资格和教学能力；与工程学部、社科处等单位一起开展专业及科研能力提升培训；利用国家及重庆市“新闻双千”“法律双千”“双千双师”项目，提升教师实践能力。2019 年共为 95 位新进教职工开展教师资格岗前培训并办理教师资格证，选派 52 人出国研修，48 人学成回国；支持教师在职提升学历，审批通过 10 名教职工在职攻读博/硕士学位的申请，3 人获得博/硕士学位；组织 52 位青年骨干教师参加外语培训，另推选 5 位教师到企业开展双千双师交流计划。

4.博士后工作

为贯彻落实《重庆大学博士后专项支持计划实施方案》（渝教人发〔2019〕22 号）文件精神，将我校青年教师的预聘期和博士后在站培养充分结合，将博士后制度和资源优势与青年教师培养机制有机融合，学校制定《重庆大学“弘深博士后青年教师”支持计划》（重大校〔2019〕183 号），从招收培养、聘期考核及薪酬待遇等方面提出系列配套举措，落实三年内招收 1 000 人的目标，为人才强市及学校“双一流”建设吸引、集聚更多博士后人才。

2019 年，共开展海内外博士后招聘活动 20 余场，全年评审通过各类博士后 210 人，其中弘深博士后青年教师 118 人，出站 66 人。全年组织博士后申请各类项目 388 项，获准 147 项（获准率 38%），获资助经费 3 011万元。流动站博士后在站期间人均发表学术论文 5 篇、承担科研项目 3 项及获准科研经费约 10 万元。

5.教辅、管理队伍建设

2019 年，学校制定《重庆大学文员制聘用人员管理实施办法》（重大校〔2019〕311 号），对教辅、管理岗位实施文员制改革，调整学校教辅、管理岗位用人体系，形成了“事业编制”“事业编制准聘”和“文员制”三个聘用层次。2019 年教辅、管理岗位招聘分为事业编制和文员制两类岗位，采取多项创新举措：首次前往国内“双一流”建设高校进行宣讲和精准招聘，设置履历评分环节，事业编制管理岗位在复试环节由二级单位和复试人员进行双向选择等，共录用 92 人（事业编制岗位 41 人，文员制岗位 51 人）。

【晋升制度工作】

1.职称评审工作

2019 年职称评审工作办法继续按 2013 年发布的文件执行，但以新修订的职称条件为指引，提高质量、促进队伍发展。2019 年职称评审工作进一步强化了学院主体责任，加强学院材料审核、公示环节；将指标下达至学部，由各学部组织所属学院的职称评审工作。同时，因国家外语考试未开展，提前适用了新修订职称条件中的外语条件等。2019 年,共评审通过正高 33 人、副高 89 人、中职 28 人、初职 2 人。

2.专业技术岗位聘任工作

2019 年岗位分级聘用工作,强调教师及专业技术人员应保持优秀的学术研究和人才培养工作状态,通过高级专业技术岗位的评聘带动整支队伍优质发展。共聘用正高二级岗位 11 人、正高三级岗位 35 人,副高五、六级岗位 127 人,中职八级及以下 116 人。

3.行政职级评审工作

为激发管理人员工作积极性,建设一支稳定、高效的管理队伍,根据《一般管理岗位晋升聘用实施办法》,于 2019 年 12 月开展了一般管理岗位晋升聘用工作,目前前期评审工作已经结束,待公示并报学校批准后聘任。

4.工人技师评聘

组织 25 人参加重庆市人力资源和社会保障局全市机关事业单位工勤人员技术等级(岗位)考核工作,考评合格 23 人,其中高级工 4 人,中级工 14 人,初级工 5 人。组织 18 人参加重庆市机关事业单位工勤人员技师、高级技师考评工作,16 人通过考试进入评审阶段。

【薪酬工作】

1.绩效工资工作

各二级单位根据学校绩效工资文件精神,结合自身实际,充分征求教职工意见后,陆续制订了本单位绩效工资实施办法。学校组织相关职能部门对二级单位实施办法进行审核,对关键指标进行把关,通过一批,执行一批。截至 2019 年底,所有二级单位的绩效工资已经分批实施并兑现相关待遇。

2.养老保险工作

在前两年准备工作的基础上,本年度 7、8 月完成了全校教职工养老保险数据采集,并顺利通过重庆市社保局审核,自 2019 年 9 月起我校 5 687 名在职人员和 4 561 名退休人员正式进入重庆市机关事业单位养老保险系统。

3.离退休人员待遇调整

根据国家和重庆市相关规定并经学校研究同意,调整我校 3 981 名退休人员基本养老金,发放 4 367 名离退休人员健康休养费,核算 701 名退休“中人”一次性补贴。

【考核评价工作】

根据《重庆大学绩效工资实施办法》(重大校〔2019〕225 号)和《重庆大学绩效考核办法》(重大校〔2019〕401 号),开展了 2019 年度二级单位考核工作,分别对 33 个学院、6 个研究机构、43 个部处及直属单位、7 个学部办公室、2 个附属单位、继教学院和网络学院、资产公司及其下属企业单位进行了分类考核,有效贯彻了学校以考评促发展的指导思想。

根据《重庆大学教职工表彰奖励办法(2018 年修订)》(重大校〔2018〕306 号),重点表彰了在学校各项工作中取得显著成绩的先进集体和个人共计550项,其中集体记特等功4项,集体记大功52项,集体记功87项,集体嘉奖69项,个人记大功17项,个人记功28项,个人嘉奖212项,学校工作30年81项。

【人事管理工作】

完成全校在职和离退休近万名教职工的工资、岗位津贴、补贴、业绩等各类薪酬的变动和发放。完成教育部2019年度事业单位工作人员工资统计报表、绩效工资数据报表和2019年校领导工资收入统计报表。根据2019年第31次校长办公会决定,同意47名高级专业技术教师延长退休年龄,同意134名教职工2020年退休。完成2020年人头经费预算及各种离退休人员经费预算,协助财务处计算年度财政预算。切实做好临聘人员合同签署、工资发放、社保缴纳等工作;为使临聘人员对学校更具归属感,表现学校人文关怀,向1 000余人次临聘人员发放了工会慰问品。高度重视保密工作,做好各类信访接待,维护学校稳定。

【人员变动】

全年引进教师141人,全年专职科研岗位补充2人,教辅、管理岗位招聘录用92人;教辅、管理岗位A类合同聘用制人员转入事业编制27人,B类合同聘用制人员续聘137人。校内调动16人,减员178人,其中退休133人,在职死亡5人,调出8人,辞退3人,辞职26人,合同到期不再续聘2人,解除合同1人。

(撰稿人:杨天红)

2019年学校人员分布状况

【人员结构分布情况】

从业人员合计	在册正式工作人员			
	合　计	管理人员	在管理岗位的	工勤人员
6 741	5 213	887	3 880	446

【年龄、学历结构情况】

1.年龄结构(总)

类别 \ 人数/人 \ 年龄	小计	≤35	36~40	41~45	46~50	51~54	≥55
专技人员	3 880	928	642	649	638	419	604
管理人员	887	258	159	87	151	114	118
工勤人员	446	127	54	26	46	48	145
合　计	5 213	1 313	855	762	835	581	867

2.学历结构(总)

学　历	合　计	研究生		大学本科	大学专科	其　他
			其中博士			
人数/人	5 213	3 616	2 287	1 069	241	287
比例/%	—	69.4	43.9	20.5	4.6	5.5

【专业技术人员结构分布情况】

1.职务年龄结构

年龄 人数/人 职务	总　数	≤35	36~40	41~45	46~50	51~54	≥55
正高职	881	17	115	157	148	141	303
副高职	1 427	262	337	275	214	159	180
中　职	1 488	607	189	214	267	106	105
其　他	84	42	1	3	9	13	16

2.学历结构

学　历	合　计	研究生		大学本科	大学专科	其　他
			其中博士			
人数/人	3 880	3 182	2 240	597	88	13
比例/%	—	82.0	57.7	15.4	2.3	0.3

3.专业类别

年龄 人数/人 系列	合　计	≤35	36~40	41~45	46~50	51~54	≥55
合　计	3 880	928	642	649	638	419	604
教学人员	3 089	690	559	570	493	300	477
科学研究人员	257	138	30	19	20	23	27
工程技术人员	304	66	24	33	70	49	62
其他人员	230	34	29	27	55	47	38

2019年重庆大学专家、学者情况(部分)

【工程院院士(7人),外聘院士(17人)】

通信测控中心:杨士中

资安学院:鲜学福

土木学院:周绪红 杨永斌 田村幸雄(外籍院士)

电气学院:李文沅(外籍院士)

材料学院:潘复生

外聘院士:柴天佑 尤 政 孙世刚 钱 煦 洪茂椿 冯守华 严纯华 涂永强 万立骏 衣宝廉 刘忠范 李 灿 付小兵 张 杰 杨雄里 宋国立 叶培建

【国家级有突出贡献的中青年专家(8人)】

通信测控中心:杨士中

电气学院:廖瑞金

环境学院:何 强

资安学院:卢义玉

电气学院:陈伟根

机械学院:朱才朝

生物学院:蔡开勇

机械学院:汤宝平

【高等学校教学名师奖(1人)】

通信学院:曾孝平

【国家万人计划入选者】

略

【"长江学者奖励计划"特聘教授、讲座教授、青年学者情况】

略

【教育部"长江学者和创新团队发展计划"创新团队(6个)】

高压输变电安全运行科学与技术 负责人:廖瑞金

高性能机电传动系统 负责人:王家序

轻合金加工与制备中的基础问题和关键技术 负责人:潘复生

高效低碳制造系统 负责人:王时龙

非常规天然气高效开发与利用创新团队 负责人:卢义玉

先进制造、空间环境、信息、材料 负责人:谢更新

【"国家杰出青年科学基金"获得者(18人)】

电气学院:廖瑞金

经管学院:张宗益

材料学院:潘复生

机械学院:王时龙

能动学院:廖 强

土木学院:周小平

能动学院:朱 恂

土木学院:刘汉龙

电气学院:李　剑　　资安学院:卢义玉
物理学院:吴兴刚　　土木学院:杨庆山
电气学院:谢开贵　　土木学院:胡少伟
生物学院:蔡开勇　　光电学院:朱　涛
传动实验室:罗　均　　能动学院:陈　蓉

【“优秀青年科学基金”获得者(13 人)】

能动学院:陈　蓉　　材料学院:吕学伟
土木学院:丁选明　　能动学院:李　俊
土木学院:刘界鹏　　公管学院:刘炳胜
化工学院:蓝　宇　　化工学院:李　莉
土木学院:王宇航　　土木学院:肖　杨
通信学院:唐明春　　药 学 院:闫海龙
药 学 院:张　敏

【国家自然科学基金创新研究群体(1 个)】

高电压输配电装备安全理论与技术　　负责人:廖瑞金

【“国家百千万人才工程”人选(24 人)】

管科学院:任　宏　　汽车学院:秦大同
材料学院:潘复生　　化工学院:魏子栋
生物学院:王伯初　　能动学院:廖　强
材料学院:张　静　　电气学院:司马文霞
经管学院:孟卫东　　土木学院:刘新荣
机械学院:王时龙　　电气学院:廖瑞金
环境学院:何　强　　资安学院:卢义玉
土木学院:刘汉龙　　电气学院:陈伟根
机械学院:朱才朝　　资安学院:胡千庭
生物学院:蔡开勇　　经管学院:张宗益
土木学院:胡少伟　　计算机学院:廖晓峰
传动实验室:罗　均　　机械学院:汤宝平

【中国青年科技奖(5 人)】

材料学院:潘复生　　经管学院:张宗益
材料学院:张　静　　资安学院:卢义玉
生物学院:蔡开勇

关于表彰2018—2019学年度先进集体和个人的决定

2018—2019学年度，广大教职工自觉贯彻党的教育方针，教书育人，呕心沥血，为学校加快“双一流”建设，实现内涵式发展做出了巨大贡献，涌现出一批先进集体和个人。为表彰先进，树立典型，进一步激发广大教职工的发展动力和创新活力，学校决定对下列先进集体和个人予以表彰。

一、集体记特等功

1.获国家科学技术进步奖

机械工程学院王时龙等：复杂修形齿轮精密数控加工关键技术与装备

2.获国家级教学成果奖

机械工程学院王时龙等：机械专业人才创新能力跨界协同培养体系研究与实践

土木工程学院周绪红等：国际化引领建筑与环境领域“二三二”人才培养模式构建和实践

管理科学与房地产学院任宏等：面向国家创新驱动发展战略，重构工程管理本科专业人才培养体系

二、集体记大功

1.获国家科学技术进步奖(重庆大学排名第三)

土木工程学院杨庆山等：大型屋盖及围护体系抗风防灾理论、关键技术和工程应用

2.获国家级教学成果奖(重庆大学排名第三)

大数据与软件学院杨丹等：打造跨校跨地区通识教育联盟，构筑优质教育资源共享体系

3.获省部级科学技术一等奖

化学化工学院蓝宇等：四取代碳手性中心的构建

资源与安全学院尹光志等：煤岩体破裂与渗流理论及瓦斯安全高效抽采关键技术

材料科学与工程学院刘清才等：燃煤烟气协同脱硝脱汞催化剂制备关键技术及应用

材料科学与工程学院王敬丰等：结构功能一体化镁合金及挤压成形关键技术与应用

材料科学与工程学院张育新等：硅藻土基净水材料制备及工程应用

建筑城规学院杜春兰等：三峡库区城镇消落带生态系统修复与景观优化关键技术研究及应用

土木工程学院刘汉龙等：粗粒土颗粒破碎机理与塑性本构理论

环境与生态学院柴宏祥等：山地城市径流污染低影响开发控制与治理技术研究与应用

4.获教育部高等学校科学研究优秀成果奖(科学技术)一等奖

能源与动力工程学院廖强等：多场耦合能质传递强化及调控理论与方法

土木工程学院周小平等：岩石材料裂纹演化机理及非连续数值方法研究

土木工程学院周绪红等：钢管约束混凝土结构的理论、技术与工程应用

5.获学校认定的行业科学技术一等奖及以上

机械工程学院曹华军等:机床绿色再设计与再制造关键技术及产业化应用获中国产学研合作创新成果奖一等奖

机械工程学院黄云等:高性能航空发动机复杂型面叶片精密砂带磨削技术及其应用获中国机械工业科学技术奖(技术发明奖)一等奖

机械工程学院魏静等:高性能重载行星齿轮传动装置关键技术与应用获中国机械工业科学技术奖(科技进步奖)一等奖

电气工程学院谢开贵等:大规模复杂电力系统可靠性评估技术及工程应用获中国电力科学技术一等奖

资源与安全学院陈结等:盐穴能源储库围岩力学响应机理及安全性评价方法获中关村绿色矿山产业联盟科学技术奖一等奖

建筑城规学院杨春宇等:咸阳市渭城北平街夜景照明工程获中照照明工程设计奖一等奖

环境与生态学院柴宏祥等:山地城镇合流制污水处理与资源化技术及产业化获中国产学研合作创新成果奖一等奖

6.获批科技部国家重点研发计划

电气工程学院冉立等:大容量电力电子装备多物理场综合分析及可靠性评估方法的研究

建筑城规学院李和平等:村镇聚落空间重构数字化模拟及评价模型

微电子与通信工程学院李正周等:军口国家重点研发计划

7.获批国家科技重大专项

机械工程学院刘静等:JG2018123

航空航天学院李卫国等:复杂热冲击环境下超高温材料抗热冲击性能的高通量测试仪器研制

环境与生态学院赵志伟等:JG2019005

国防科学技术研究院谢更新等:JG2019013

8.获批国家自然科学基金重大项目

土木工程学院周绪红等:钢结构高效抗震体系研究

9.获批单项科技成果转化 1 000 万元以上的项目

材料科学与工程学院窦鹏等:JG20180178

10.获批国家社会科学基金重大项目

外国语学院李永毅等:拉丁语诗歌通史(多卷本)

经济与工商管理学院姚树洁等:习近平总书记关于扶贫工作的重要论述的理论和实证基础及精准扶贫效果研究

11.获批科技部重点领域创新团队

能源与动力工程学院朱恂等:多相反应流传递及转化过程强化创新团队

12.新增国家级人才

公共管理学院:刘炳胜获得国家优秀青年科学基金

物理学院:秦思学入选国家海外高层次人才引进计划青年项目

物理学院:张学锋入选国家海外高层次人才引进计划青年项目

化学化工学院:蓝宇获得国家优秀青年科学基金

化学化工学院:李莉获得国家优秀青年科学基金

土木工程学院:王宇航获得国家优秀青年科学基金

光电工程学院:朱涛获得国家杰出青年科学基金

药学院:李亦舟入选国家海外高层次人才引进计划青年项目

生物工程学院:蔡开勇获得国家杰出青年科学基金

前沿交叉学科研究院:黄建峰入选国家海外高层次人才引进计划青年项目

前沿交叉学科研究院:张大梁入选国家海外高层次人才引进计划青年项目

13.成功举办影响大、规格高的大型(境外100人或国别在10个以上)国际学术年会

自动化学院:第三届自主无人系统国际会议

14.在工作中做出其他重大贡献

材料科学与工程学院、期刊社:*Journal of Magnesium and Alloys* 期刊被 SCI 收录并获高影响因子

研究生院等:成功申报增列为学位授权自主审核单位

三、集体记功

1.获省部级科学技术一等奖(重庆大学排名第二)

机械工程学院魏静等:复杂载荷下重载齿轮传动装置关键技术与应用

土木工程学院刘界鹏等:装配式钢-混凝土混合结构建筑及其信息化建造成套技术

2.获省部级科学技术二等奖

物理学院方亮等:ZnO 薄膜掺杂及光电磁特性研究

电气工程学院杜雄等:新能源发电系统中的功率变换拓扑及控制研究

建筑城规学院黄勇等:重庆历史文化名城资源化传承模式、技术及工程应用

光电工程学院臧志刚等:基于半导体物性调控、薄膜晶化及界面电荷输运的光电能源器件研究

自动化学院宋永端等:新能源电力系统先进控制理论

3.获教育部高等学校科学研究优秀成果奖(科学技术)一等奖(重庆大学排名第三)

数学与统计学院朱长荣等:复杂动力系统的分解与规范化

4.获教育部高等学校科学研究优秀成果奖(科学技术)二等奖

机械工程学院何彦等:低碳制造环境下机械加工“机床-车间”能耗规律及调控

电气工程学院姚陈果等:微秒陡脉冲不可逆电击穿治疗肿瘤的作用机理

电气工程学院张志劲等:电网不停电冰灾防御技术和智能融冰装置及其应用

材料科学与工程学院陈先华等:镁基功能材料的功能特性与力学性能协同调控的基础研究

5.获省级人民政府人文社会科学研究优秀成果二等奖

公共管理学院刘渝琳等:防范“贫困化增长”——后危机时代FDI评价、甄别与优化机制研究

经济与工商管理学院龙勇等:重庆市区域旅游合作模式研究

经济与工商管理学院徐鸿雁等:产品定价与销售激励的联合优化

经济与工商管理学院徐细雄等:放权改革、薪酬管制与企业高官腐败

新闻学院张瑾等:抗战时期中国共产党在重庆的舆论话语权研究

法学院陈德敏等:新常态下重庆经济发展的动力机制与路径

法学院陈德敏等:重庆市域森林碳汇测算、碳源评价和碳交易实现路径研究

工程科教战略研究中心王睿等:中国(重庆)自贸试验区人力资源开发研究

6.获学校认定的行业科学技术一等奖及以上(重庆大学非牵头单位)

资源与安全学院彭康等:低固废排放绿色矿山建设及高效充填采矿技术应用获中关村绿色矿山产业联盟科学技术奖一等奖

资源与安全学院彭康等:价值破碎矿体精细化开采充填工艺及采矿方法研究获中国黄金协会科学技术奖一等奖

资源与安全学院彭康等:区域构造带内倾斜中厚破碎矿体精细化安全开采关键技术获中国有色金属工业科学技术奖一等奖

资源与安全学院夏彬伟等:大空间采场坚硬顶板地面压裂控制技术获中国岩石力学与工程学会科学技术奖一等奖

资源与安全学院夏彬伟等:煤矿坚硬顶板地面压裂控制技术煤矿坚硬顶板地面压裂控制技术获中国煤炭工业协会科学技术奖一等奖

土木工程学院黄达等:高地应力环境下岩石高边坡卸荷破坏机理及稳定性评价基础理论获中国岩石力学与工程学会科学技术奖特等奖

土木工程学院刘新荣等:大跨度悬索桥隧洞锚岩石力学关键技术及应用获中国岩石力学与工程学会科学技术奖特等奖

环境与生态学院邵知宇等:海绵城市雨水模型研究与Uwater平台构建获中国地理信息产业协会科技进步一等奖

自动化学院石欣等:人机共融外骨骼智能机器人技术与系统获中国仪器仪表学会科学技术奖一等奖

7.获批国家重点研发计划(重庆大学非牵头单位)

机械传动国家重点实验室陈兵奎等:多物理量综合作用的多齿啮合效应与减速器优化设计

8.获批国家自然科学基金重大项目(重庆大学非牵头单位)

化学化工学院魏子栋等:新型能量转换材料及电化学反应过程中的介尺度机制及调控

9.获批国家自然科学基金重点项目

机械工程学院张根保等:复杂机电产品以元动作可靠性为中心的多元质量特性协同设计技术研究

电气工程学院司马文霞等:电网大规模实测过电压统计分布特性及其对典型绝缘影响的基础研究

电气工程学院谢开贵等:高比例可再生能源电力系统概率规划

能源与动力工程学院陈德奇等:JG2019032

能源与动力工程学院廖强等:自然生物系统高效转化生物质过程仿生原理及方法

资源与安全学院姜德义等:盐矿废弃溶腔综合利用的基础研究

材料科学与工程学院栾佰峰等:失水事故下锆合金包壳燃料元件关键特性研究

航空航天学院付绍云等:液氧贮箱用碳纤维/环氧复合材料与液氧交互作用机理及性能演变规律研究

航空航天学院胡宁等:热塑性超混杂复合材料汽车零部件的材料·结构设计及成型工艺研究

土木工程学院刘汉龙等:地震环境下陆域吹填珊瑚礁砂液化机理与微生物加固研究

自动化学院宋永端等:基于脑操作性条件反射的控制理论及其在柔性灵巧欠驱机器人系统中的应用

生物工程学院宋关斌等:力学微环境调控肝癌干细胞募集/转移的机制

10.获批国家社会科学基金重点项目

经济与工商管理学院刘斌等:新时代资本市场背景下去产能的会计财务研究

11.获批重庆市重点实验室

化学化工学院:理论与计算化学重庆市重点实验室

生命科学学院:植物激素与发育调控重庆市重点实验室

土木工程学院:工程结构抗震防灾重庆市重点实验室

微电子与通信工程学院:空天地网络互联与信息融合重庆市重点实验室

12.获批重庆市工程研究中心

电气工程学院:重庆市极端电磁脉冲生物效应技术创新中心

电气工程学院:重庆市雪峰山能源装备安全野外科学观测研究站

自动化学院:智慧无人系统重庆市工程研究中心

13.获批重庆市教育教学改革项目、教学基地

经济与工商管理学院:工商管理专业获批重庆市首批本科一流专业立项建设项目

经济与工商管理学院:会计学专业获批重庆市首批本科一流专业立项建设项目

法学院:法学专业获批重庆市首批本科一流专业立项建设项目

数学与统计学院:数学与应用数学专业获批重庆市首批本科一流专业立项建设项目

机械工程学院:机械电子工程专业获批重庆市本科高校大数据智能化类特色专业建设项目

机械工程学院:机械设计制造及其自动化专业获批重庆市首批本科一流专业立项建设项目

电气工程学院:电气工程及其自动化专业获批重庆市本科高校大数据智能化类特色专业建设项目

电气工程学院:电气工程及其自动化专业获批重庆市首批本科一流专业立项建设项目

能源与动力工程学院:能源与动力工程专业获批重庆市首批本科一流专业立项建设项目

资源与安全学院:采矿工程专业获批重庆市首批本科一流专业立项建设项目

材料科学与工程学院:材料科学与工程专业获批重庆市首批本科一流专业立项建设项目

建筑城规学院:城乡规划专业获批重庆市首批本科一流专业立项建设项目

建筑城规学院:风景园林专业获批重庆市首批本科一流专业立项建设项目

建筑城规学院:建筑学专业获批重庆市首批本科一流专业立项建设项目

土木工程学院:土木工程专业获批重庆市首批本科一流专业立项建设项目

环境与生态学院:环境工程专业获批重庆市首批本科一流专业立项建设项目

环境与生态学院:建筑环境与能源应用工程专业获批重庆市首批本科一流专业立项建设项目

管理科学与房地产学院:工程管理专业获批重庆市首批本科一流专业立项建设项目

光电工程学院:测控技术与仪器专业获批重庆市本科高校大数据智能化类特色专业建设项目

光电工程学院:测控技术与仪器专业获批重庆市首批本科一流专业立项建设项目

微电子与通信工程学院:电子信息工程专业获批重庆市本科高校大数据智能化类特色专业建设项目

微电子与通信工程学院:电子信息工程专业获批重庆市首批本科一流专业立项建设项目

微电子与通信工程学院:通信工程专业获批重庆市本科高校大数据智能化类特色专业建设项目

计算机学院:计算机科学与技术专业获批重庆市本科高校大数据智能化类特色专业建设项目

计算机学院:计算机科学与技术专业获批重庆市首批本科一流专业立项建设项目

大数据与软件学院:获批重庆市普通本科高校新型二级学院建设项目

大数据与软件学院:软件工程专业获批重庆市本科高校大数据智能化类特色专业建设项目

大数据与软件学院:软件工程专业获批重庆市首批本科一流专业立项建设项目

生物工程学院:生物医学工程专业获批重庆市首批本科一流专业立项建设项目

14.获批重庆市高校创新团队

光电工程学院唐孝生等:新型量子点显示技术创新创业团队

15.获“全国五四红旗团委”称号

机械工程学院:团委

16.成功举办影响较大的大型(境外不低于20人或国别在5个以上)国际学术会议

机械工程学院:2018国际智能制造与物联网会议暨2018可持续能源与环境中的智能计算会议

17.在工作中做出其他突出贡献

马克思主义学院:获批全国首批民政部政策理论研究基地

党委宣传部:承建教育部高校思想政治工作创新发展中心

党委宣传部:川剧获批全国普通高校中华优秀传统文化传承基地

出版社:获中国出版政府奖装帧设计奖

四、集体嘉奖

1.获省级人民政府人文社会科学研究优秀成果三等奖

公共管理学院曹跃群等:公共政策背景下农业资本投入运行机制研究

外国语学院辜向东等:大学英语四、六级考试反拨效应历时研究

艺术学院王海涛等:重庆“大足石刻”舞蹈形象研究

公共管理学院李志等:高新技术企业企业家创造性研究

公共管理学院杨宝等:高度关注我市精准扶贫中的“不精准”问题

经济与工商管理学院曹国华等:三峡库区移民保险制度研究

经济与工商管理学院姚树洁等:中国是否挤占了OECD成员国的对外投资

法学院贾焕银等:群体性突发事件的预防与处置机制研究

马克思主义学院杜俊华等:红岩精神与其他中国革命精神比较研究(1900—1949)

马克思主义学院梁平等:重庆基本养老保险替代率水平研究——基于合意性视角

马克思主义学院刘洪彪等:提高学习型党组织建设科学化水平研究

环境与生态学院蒲清平等:重庆市大学生政治认同现状与对策研究

管理科学与房地产学院任宏等:太阳能在建筑领域规模化应用激励政策研究

机械工程学院王旭等:重庆城乡统筹基本医疗保险一体化管理政策研究——探索与创新

经济与工商管理学院冉茂盛等:提升重庆市公共财政主导型民生供给能力研究

工程科教战略研究中心蒲勇健等:重庆打造旅游休闲度假目的地的路径研究

2.获重庆大学先进集体

外国语学院大学外语教育中心大学英语创新课程组

艺术学院音乐系

体育学院体育教育系

美视电影学院文学系

博雅学院（人文社会科学高等研究院）教学事务办公室

公共管理学院公共管理学系

经济与工商管理学院会计系

新闻学院新闻传播融媒体实验教学中心

法学院民商法学系

马克思主义学院中国近现代史纲要教研室

数学与统计学院办公室

物理学院应用物理系

化学化工学院化学工程系

生命科学学院微生物学团队

机械工程学院办公室

电气工程学院电力系统及其自动化系

能源与动力工程学院热能工程系

资源与安全学院安全系

材料科学与工程学院建筑材料系

航空航天学院基础力学系

汽车工程学院车辆工程研究所

重庆大学—辛辛那提大学联合学院学生事务办公室

建筑城规学院学生工作办公室

土木工程学院结构原理与分析课群组

环境与生态学院环境工程系

管理科学与房地产学院工程造价系

光电工程学院测控技术与仪器系

微电子与通信工程学院办公室

计算机学院行政办公室

自动化学院智慧工程研究院

大数据与软件学院智能科学系

药学院药物化学系

生物工程学院生物工程系

校长办公室法律事务科

党委组织部干部工作室

纪委办公室、监察处巡察联络室

党委保卫部 B 校区保卫办公室

虎溪校区管理委员会学生工作办公室

人事处博士后管理办公室

教务处实践教学科

国防科学技术研究院国防项目管理办公室

社会科学研究处《纳米材料科学(英文)》编辑部

计划财务处基建财务科

审计处基建审计科

后勤管理处机关办公室

实验室及设备管理处实验室管理科

离退休工作处离休工作办公室

图书馆理工图书馆

信息化办公室信息化建设管理部

资产经营有限责任公司企管部

重庆林鸥监理咨询有限公司

出版社外语分社

继续教育学院信息化办公室

五、个人记大功(节选)

1.获省级人民政府人文社会科学研究优秀成果一等奖

艺术学院龙红:古老心灵的发掘——中国古代造物设计与神话传说研究

公共管理学院陈升:“十三五”重庆社会矛盾及创新社会治理研究

经济与工商管理学院但斌:生鲜农产品供应链补货与协调

经济与工商管理学院冉光和:现代农村金融制度构建与创新

2.获中宣部、文化部、中国文联及其全国性协会主办的获奖作品一等奖

外国语学院李永毅:《贺拉斯诗全集:拉中对照详注本》获第七届鲁迅文学奖(文学翻译奖)

3.国家杰出青年科学基金获得者

光电工程学院:朱 涛

生物工程学院:蔡开勇

4.国家优秀青年科学基金获得者

化学化工学院:蓝　宇

化学化工学院:李　莉

土木工程学院:王宇航

5.国家“万人计划”青年拔尖人才入选者

略

6.国家“万人计划”科技创新领军人才入选者

略

7.在工作中做出其他重大贡献

自动化学院宋永端:获中国侨界贡献一等奖

六、个人记功

1.获省级人民政府人文社会科学研究优秀成果二等奖

美视电影学院范蓓:世界电影史

2.重庆市“百名海外高层次人才集聚计划”入选者

电气工程学院:李　奇

能源与动力工程学院:AKEEL ABBAS SYED SHAH

能源与动力工程学院:夏　昇

土木工程学院:陈增顺

土木工程学院:闫渤文

计算机学院:冯　亮

药学院:李亦舟

3.重庆市教学名师入选者

经济与工商管理学院:龙　勇

大数据与软件学院:文俊浩

4.重庆市百千万工程领军人才入选者

材料科学与工程学院:陈先华

5.重庆市青年拔尖人才入选者

化学化工学院:申威峰

资源与安全学院:陈　结

管理科学与房地产学院:洪竞科

微电子与通信工程学院:张　磊

6.重庆市首席专家工作室领衔专家

化学化工学院:魏子栋

7.重庆市高等学校巴渝学者特聘教授入选者

法学院:胡德胜

建筑城规学院:卢 峰

8.获重庆市五一劳动奖章

博雅学院(人文社会科学高等研究院):万曼璐

9.获重庆市教书育人楷模

电气工程学院:蒋兴良

10.获全国辅导员年度人物提名奖

机械工程学院:杨联星

11.获重庆青年五四奖章

自动化学院:苏晓杰

12.其他省部级人才入选者

新闻学院凌晓明:入选教育部高校思想政治工作中青年骨干队伍建设项目支持计划

党委学生工作部吴昊:入选全国网络教育名师培育支持计划

13.在工作中做出其他突出贡献

航空航天学院张元勋:重庆大学牵头研制嫦娥四号科普载荷项目主任设计师

自动化学院宋永端:获评国际欧亚科学院院士

国防科学技术研究院杨小俊:重庆大学牵头研制嫦娥四号科普载荷项目副总指挥

出版社饶帮华:获中国出版政府奖优秀出版人物奖

七、个人嘉奖

1.获省级人民政府人文社会科学研究优秀成果三等奖

外国语学院李永毅:比较之维——诗歌与诗学论稿

艺术学院张楠木:重庆吊脚楼民居建筑美学意义初探

经济与工商管理学院陆静:Does the weather have impacts on returns and trading activities in order-driven stock markets

经济与工商管理学院辛清泉:上市公司虚假陈述与独立董事监管处罚

新闻学院董天策:问题与学理——新闻传播论稿

新闻学院郭小安:当代中国网络谣言的社会心理研究

法学院靳文辉:经济法行为理论研究

法学院齐爱民:私法视野下的信息

法学院袁文全:社会保障体系覆盖城乡居民的理论与实践

2.获全国民族研究优秀成果奖三等奖

博雅学院(人文社会科学高等研究院)代启福:少数民族地区资源管理的困境与策略

3.获重庆大学优秀教师(按姓氏笔画排序)

文海家　卢啸风　吉芳英　李永毅　贾云健　陶长元　黄瑞成　蒋兴良　蒲艳萍　臧志刚

4.获重庆大学优秀青年教师(按姓氏笔画排序)

龙少波　付　乾　冯　亮　张吉喜　陈立明　陈家伟　钟　准　秦越石　蔡伟光　张　磊(通信)

5.获重庆大学第七届最受学生欢迎的老师(按姓氏笔画排序)

苏　素　肖冬萍　张小强　张财志　陈朝晖　葛　亮　董　攀　魏　华　王　林(管科)

刘　静(机械)

6.获重庆大学十佳辅导员(按姓氏笔画排序)

朱洪召　汤　婕　李秋南　杨志杰　张亚楠　徐　峰　常　进　谢　丽　谢璧如　李　明(电影)

7.获重庆大学先进工作者(162人,按姓氏笔画排序)

马进军　王　开　王　正　王成红　王宇航　王　宏　王国强　王智慧　王　靖　王　韬

韦　丽　韦　玮　毛亚斌　毛凌滢　文争为　方　石　邓　飞　邓　诚　邓绍江　甘孟渝

石　宏　龙庆会　叶　贵　田　琳　冯巨澜　冯　玲　冯　斌　吕彩霞　朱渝鹏　华建民

向　星　向继书　刘乃梁　刘　飞　刘丰林　刘　军　刘晓芳　刘晓蓉　刘　瑶　齐小平

关雪芹　孙良斌　纪素芬　苏向丰　苏　素　李正良　李成武　李丽昆　李　挺　李　峰

李　瑜　李　想　李　蔚　李　蕾　杨　安　杨宏宇　杨春花　杨　俊　杨聪林　肖　剑

肖　智　吴正松　吴叶红　吴映波　邱　丹　何子奇　何　栎　何章伍　何清达　余　茜

邹远鹏　沈　敏　宋永端　宋建华　宋晓波　宋朝省　张云怀　张志飞　张贤巍　张　昊

张　娅　张雪姣　张　翔　张　榕　陈　东　陈　勇　陈家伟　陈祥勇　林梦迪　周小元

周云华　周亚平　周述娟　周尚波　赵灿林　赵素琼　赵　朔　郝龙龙　胡自翔　胡学东

胡晓松　胡　悟　胡盛东　胡耀波　段晓昀　段　铭　侯长军　侯自兵　侯淑婧　饶劲松

秦昌雷　秦海波　袁凡宁　袁　敏　聂诗东　贾国涛　钱　锋　倪　霖　徐志耕　殷克明

高　义　高亚锋　高海燕　郭孝恩　郭坤勇　唐　进　唐丽灵　唐鸣放　陶熊新　黄辉斥

曹志群　曹海林　常宝龙　康　明　梁小春　梁　伟　梁建军　梁　涛　彭向和　葛　亮

蒋雪梅　舒　湛　曾　一　曾文革　蔡春艳　魏子栋　魏顺安　龙　彬(土木)

刘　红(公管)　刘　畅(保卫部)　刘　星(经管)　李　宁(房管处)　李　华(资产公司)

李　宏(环生)　李鹏程(教务处)　张　红(后勤处)　张　玲(公管)　张　瑾(资安)

陈　刚(光电)　罗　丹(建筑)　黄　川(资安)　彭　静(外语)

8.学校工作三十年(81人,按姓氏笔画排序)

万体智　马亚兰　王成良　王伯初　王　玲　王畦颖　王蜀霞　王彰红　支愧云　牛建平
毛凌滢　尹　刚　邓小山　龙春玲　龙　勇　叶相国　冉玉顺　付子龙　刘延海　刘　虹
刘晓涛　江　虹　汤　玲　许钦苹　许瑞娟　孙俊贻　孙棣华　阴文革　杜俊华　杨　忠
杨晓春　杨继东　杨署东　杨　颖　吴心红　何传江　但　斌　宋　翔　张　宁　张运清
张宜芳　张培丹　张　渝　陈东利　陈泽晖　陈柳松　林玉梓　罗学全　周泓利　周　艳
郑伟炜　郑　忠　赵万民　胡　纹　胡　昱　饶帮华　秦　莺　徐志耕　徐　溢　殷鑫浩
黄义军　曹燕梅　梁玉前　蒋魏川　舒永录　童庆生　温良英　雷　咏　廖晓峰　谭红兵
谭晓倩　蹇开林　王　毅(通信)　刘　伟(资产公司)　张　红(后勤处)　张　勇(教务处)
陈　兰(后勤处)　周　杰(材料)　秦　梅(出版社)　高　飞(马院)　高　飞(法学院)

离退休工作

【综述】

2019 年,离退休工作深入贯彻党的十九大和十九届二中、三中、四中全会精神,以习近平总书记关于老干部工作重要论述为遵循,“不忘初心、牢记使命”,坚持稳中求进工作基调,秉持以人为本、服务为先的理念,紧紧围绕学校“双一流”建设战略发展目标,牢牢把握新时期离退休工作正确方向,切实提高离退休工作质量。

【人员基本情况】

截至 2019 年 12 月,我校有离退休人员 4 285 人。其中,离休干部 39 人,党员 1 564 人。

【党建与思想政治工作】

抓主题教育,凝聚守初心担使命强大动力。制订《离退休党委“不忘初心、牢记使命”主题教育实施方案》。班子成员集中学习研讨 10 次,从离退休党支部建设、离退休工作信息化等五个方面进行了专题调研,专题党课涵盖“积极应对老龄化”“新时期离退休工作面临问题及对策”等内容。在职党员对照党章党规找差距,设置“共产党员示范岗”。组织支部书记参观重庆市国际物流枢纽展示区,B 区五支部老党员与建筑学院师生近百人开展了演绎《我和我的祖国》“快闪”活动。

抓基层党建,激发基层党组织工作活力。11 月 15 日召开中国共产党重庆大学离退休第五次代表大会,顺利完成新一届党委委员选举,组建踏实作为的新班子,圆满完成离退休党委换届工作。为平均年龄 89.6 岁的离休党支部选配在职工作人员担任联络员,协助开展工作。设立离退休党建工作专项经费,制订《重庆大学离退休党委党建经费管理使用办法》,实现支部经费集中财务报账。做好重庆市 12371 党建信息平台维护工作,全年转接党组织关系 60 多人次。建立学习强国 App——重庆大学离退休党委联合学习小组,鼓励老党员下载注册学习。加强网络意识形态阵地管控,教育引导老党员利用网络媒体正面发声。

抓思政建设,提升基层组织凝聚力。召开离退休党委党员重温入党誓词暨“七一”表彰大会,向 2019 年入党 50 年的 16 名老党员颁发荣誉证书,表彰离退休先进党支部及优秀党员、优秀党务工作者,慰问困难党员 70 人。征集“我和我的祖国”“我和我的重大”主题稿件 25 篇。“七一”收到一位老党员缴纳的特殊党费 1 万元,并通过学校党委组织部上交中组部。12 月 11 日邀请马克思主义学院教师陈娜为老同志宣讲十九届四中全会精神。全年编印学习资料 4 本,累计发放 500 余册。建立支部书记微信群,传播教育部老干局《初心 · 使命》系列“微党课”。

【离退休服务管理工作】

与信息化办公室协作推进“离退休人员服务管理系统”建设，进一步提升信息化建设水平。编写《离退休工作服务指南》，对二级单位离退休工作进行考评、汇总和反馈，指导二级单位开展离退休工作。

【离退休人员待遇落实】

更加注重离休干部精神慰藉和生活诉求。安全完成离休干部市内参观考察 6 次。建立上门走访慰问制度并排班落实到人，全年慰问离休干部 260 多人次。推进离休干部家庭医生服务工作。完成离休干部“庆祝中华人民共和国成立 70 周年”纪念章颁发工作。及时报送教育部“关于提高享受部分离休干部医疗待遇”人员信息，落实黄绍群医疗待遇。离退休处领导多次慰问易地安置重病住院离休干部。离休重大疾病帮困补助 37 人次，金额约 11 万元。

更加注重为离退休教职工办实事解难事。配合人事处完成退休人员平稳纳入社保工作。积极做好退休人员进入重庆市机关事业单位养老保险参保系统的政策宣传和解释工作。老同志医疗补助正式纳入市级公务员医疗补助统筹系统并实施即时结算。参照重庆市政策发放离退休人员健康休养费。

更加注重多渠道精准帮扶困难老同志。落实走访慰问制度，全年划拨离退休人员公用经费约 213 万元，走访慰问费约 1 229 万元，二级单位重大节日走访慰问离退休人员共 8 500 余人次。多部门联动推进志愿者工作，召开志愿者培训会，安排新一批志愿者加入结对服务老同志队伍。退休人员重大疾病医疗帮困基金补助 200 人次；困难补助 47 人次。发放高龄补贴 4 672 人次，金额约 219 万元。为老同志发放慰问品 15 000 余份。

【特色老年文体活动】

开展“迎祖国七十华诞，展重大九秩风采”老年之春系列活动。包括广场舞表演、趣味运动会、养老机构咨询等。与重庆银行重大支行联合举办“春之声”卡拉 OK 大家唱，最大参与者 91 岁，参与投票人数 21 942 人，评选一等奖 5 名，二等奖 5 名，三等奖 10 名。

开展“庆新中国七十华诞，祝福重大九秩生日”老年节系列活动。召开“金秋敬老祝寿暨情况通报会”，为年满 70、80、90 周岁的 304 名老同志祝寿，张宗益校长向老同志通报学校发展情况，组织“祝福祖国·放歌重大”大型文艺演出，在四个校区开展趣味游园活动。

组织老同志明星队伍参加校内外演出。组织中老年教师舞蹈队参加重庆市第八届老干部艺术节开闭幕式演出，获优秀组织奖。组织老干部艺术节高校专场文艺演出，获“最佳组织奖”。组织老年合唱团和中老年教师舞蹈队参加建校 90 周年纪念晚会演出。

群团活动添光彩。高教老协重庆大学分会被评为市老科协第四届先进基层组织；老科协举办科技成果展览；老年体协举办太极拳展演、桥牌比赛等；诗书画院出版《丹墨双庆》诗书画影专集；关工委与学工部共建，设立德育奖学金，每年 200 万元，每人 10 000 元，助力“三全育人”；老年合唱团获重庆市合唱协会三等奖；老年大学推行网上报名，开设 14 门课程，共设 20 个教学班级，学员发展到 1 200 余人次/年。

【离退休工作队伍建设】

严格落实领导干部双重组织生活制度，行政党支部结合业务工作组织党员群众参观市内老年公寓，听取先进事迹报告等，树立全心全意为老同志服务理念。培养了1名青年职工发展为预备党员。建党98周年离退休党委获学校表彰“优秀共产党员”16名，“优秀党务工作者”1名，“先进党支部”5个。离休工作办公室获学校先进科室称号。

（撰稿人：李晓辉）

财经与国资管理

财务工作

【综述】

2019年,计划财务处围绕学校"双一流"建设,充分发挥财务的统筹引导、支撑保障和激励约束作用,优化资源配置,创新财务管理思路、运行机制和管理手段,圆满完成了各项工作任务,促进学校各项事业全面发展。

【财经状况】

2019年学校总收入达到46.9亿元,同比增加3.46亿元,增幅为7.97%。其中:各类经费拨款收入21.57亿元,占总收入的45.99%,同比增加1.95亿元,增幅为9.96%;其他经费收入25.33亿元,占总收入的54.01%,同比增加1.5亿元,增幅为6.23%。

2019年末,学校资产总计82.34亿元,同比增长7.42%;负债累计6.02亿元,同比下降7.95%;净资产累计76.32亿元,同比增长8.86%。

【财务工作】

1.构建多渠道筹资体系,学校经费收入再创历史新高

学校进一步加强多渠道筹资体系建设,通过落实重庆市政府"双一流"建设经费1∶1配套资金,争取重庆市政府博士后计划项目经费和银行校庆捐款,开展"智慧校园"银校合作等举措,千方百计增加收入。2019年学校经费总收入达到46.9亿元,再创历史新高。

2.科学配置资源,保障学校各项事业发展

(1)坚持"以人为本",保障教职工及离退休人员收入稳步提升

2019年学校人员经费总支出较2018年增长7.62%,其中:在职人员经费预算增长8.53%,离退休人员经费预算增长6.55%,"医保"及公费医疗支出预算增长17.46%,住房公积金预算增长11.11%。

(2)支持拔尖创新人才培养,人才培养投入持续增长

2019年投入人才培养经费2.23亿元,占校级经费预算的6.92%,其中:教学工程专项经费2 650万元,教学团队建设经费472万元,研究生、本科生国际交流经费2 000万元;用于学生资助的人头经费3.07亿元,其中:研究生奖助金25 165万元,留学生生活费1 535万元;科研绩效奖励2 000万元。

(3)围绕学校"双一流"建设,加大重点领域投入

2019年,学校学科建设和队伍建设投入32 060万元,同比增加6 678万元,增长26.31%。其中学科建设

经费投入 21 670 万元；队伍建设经费投入 10 390 万元。

(4)改善基本办学条件，条件改善资金持续高投入

2019 年条件保障建设投入 40 743 万元。虎溪校区信息技术科研楼项目、风洞实验室、虎溪校区博士生公寓、虎溪校区学生宿舍维修(二期)等项目开工建设。

(5)厉行节约，严格控制一般性支出

从严控制“三公”经费预算，进一步加强对因公出国(境)、公务接待、公务用车等方面支出事项的审批管理，使“三公”经费开支保持在合理范围。2019 年，学校安排部门运行经费 1 594 万元，与 2018 年基本持平。

3.创新财务管理机制手段，提升财务管理精细化水平

(1)构建全面预算管理体系，推进预算绩效评价

围绕“科学预算、过程控制、绩效评价、问责问效”这一主线，进一步丰富和完善全面预算管理内容。推行专项资金项目库制度，对重点建设项目实行年滚动预算编制。规范专项资金申报、评审、审批程序，提高资金使用效率和效益。制订二级学院财务改革方案，探索提高学院资金使用效益的手段和方法。全面开展专项项目绩效自评工作，增强绩效管理理念。完成“双一流”项目教育部中期评价和重庆市绩效评价，确保重庆市配套资金足额到位。

(2)完成全面预算管理系统升级，进一步完善功能

为预算申报、项目归口管理、资金分配等模块提供新的功能支持。实现与核算系统、科研服务大厅数据接口的互联互通，为有效进行预算执行分析打下坚实基础。

(3)深化财务分析，促进财务转型升级

按季度编制“重庆大学财务状况分析报告”，全面提供学校的财务状况、财务指标分析、专项经费执行及财务风险提示等重要信息，为领导决策提供支持和参考。

(4)采取积极有效措施，加快国拨专项资金执行

2019 年国拨专项经费拨款 6.91 亿元，较 2018 年增长 14.03%。建立预算额度弹性控制和统筹调整机制，实行通报、约谈、调整、扣减等措施，确保国拨资金总体实行进度达到预期要求。

(5)做好基建财务管理工作

完成 13 个工程结算的审核工作，核减工程造价 256.78 万元，核减率 5%。完成 5 个基建项目、36 个维修改造项目的资金审核支付工作，完成基建财务与大财务的并账工作，基本完成基建财务管理系统开发工作。

(6)国资和招投标工作

初步完成“国有资产管理与采购平台”建设，提供从采购、报销到管理的“网上一站式”服务。完成第一批出租出借公房在教育部的备案工作，备案面积 2 826.15 平方米。完成公车改革处置车辆 197 辆的报批报备工作。为学校事业资产及校办企业资产办理由财政部颁发的国有资产产权登记证 20 本(仅有 11 所部属高校获审批通过)。

全年审核并备案采购项目 244 项，审查采购类合同 1 021 份，完成工程采购 42 项，货物采购 12 项，服务采购 58 项，通过竞价网采购设备 7 254 台(件)。

4.强化服务意识，全面提升服务质量和服务水平

(1)完成全年核算工作，凭证量再创新高

在学校资金总量逐年增长，核算业务量连年攀升，财务人员数量持续减少的情形下，计划财务处全体职工团结一致，出色地完成了全年核算任务，2019 年累计制作会计凭证 26 万余份。

(2)进一步贯彻落实“放管服”精神，为科研经费松绑

深化“放管服”改革，出台简化科研经费预算调整流程、落实科研成果转化奖励税收优惠政策等一系列松绑及减负措施，进一步提高科研人员积极性和工作效率。

(3)建设智能财务系统，促进财务转型升级

智能报销系统 1 期建设以差旅费报销为突破口，通过与主流商旅平台以及学校财务系统全面对接，实现不需整理票据、不需填制报销单、不需现场审批、不需现场投递的全过程线上报销，有效解决“报账繁”难题。

(4)建设移动端财务信息平台，提供全面及时的财务服务

推出“重大财小通”微信公众号和“重大财务”App，集智能报销、资讯发布、财务查询、缴费充值等功能为一体，将财务信息平台由电脑端扩大到个人移动终端。

(5)全面落实国家助学贷款政策，帮助困难学生顺利完成学业

2019 年校园地贷款 636 人，放款 568 万元，生源地贷款确认 5 138 人，贷款金额 3 898 万元，做到应贷尽贷，确保没有一名学生因贫困而无法完成学业。

5.全面实施政府会计制度

自 2019 年 1 月 1 日起正式实施政府会计制度，构建了新的会计核算、预算及报告体系，顺利完成了政府会计制度衔接转换工作。

(撰稿人：易丹丹)

审计工作

【综述】

2019年,审计处紧密围绕学校综合改革和“双一流”建设,努力践行“审计全覆盖”,突出“管理效能”和“绩效思想”,着力“信息化建设”,并充分运用信息化建设成果,不断提升审计服务效能、推进审计转型和创新,全面履行审计监督、预防、服务和参谋职能。

【业务工作实绩】

1.财务审计工作

共计开展财务审计项目14项,审计总金额35.70亿元,其中:绩效审计3项、预算执行审计1项、经济责任审计7项、内部控制评审1项、财务收支审计1项、专项审计调查1项,提出审计意见及建议58条。包括:组织实施了“2017年国拨改善办学条件专项”——设备购置项目、“2018年学生国际交流经费项目”、学校近三年节能改造项目(含7个子项)等三项绩效审计,审计金额8 215万元;组织实施了2018年度学校财务预算执行审计,审计总金额29.20亿元;组织实施了7个单位7名领导干部的经济责任审计(其中:离任审计1人,任中审计6人),审计金额3.36亿元;组织实施了“预算管理业务模块”的内部控制评审;开展“补交党费”使用管理情况审计,审计金额259.66万元;组织实施了学校“水电气管理”审计调查,审计金额2.30亿元。

2.基建审计工作

共计开展工程审计项目249项,审计总金额15.97亿元,已审结项目审减金额2 925万元,审减率7.67%。继续推进以内控审计、造价审计、招标审计、付款审计为核心的重点审计;全面推进重点项目全过程跟踪审计。包括:工程结算审计227项,审计金额4.31亿元;开展重点工程项目全过程跟踪审计22项。

【管理服务亮点】

1.信息化建设取得阶段性成果

2019年是审计处“信息化建设年”。截至2019年12月,“重庆大学内部审计信息系统”第一期的开发建设已顺利完成。该系统现已集成“审计管理”“财务审计作业”“数据管理”和“审计资源管理平台”等模块,并于12月4日通过专家评审验收,正式投入运行。第二期“工程审计管理模块”也已完成功能需求分析和程序流程设计。该信息系统对拓宽审计范围、提高工作质量、提升工作效率、规范内部管理具有积极的促进作用。

2.审计理论研究有所创新

组织开展了校级专项建设项目“高等学校预算执行绩效评价体系”研究工作，尝试构建预算绩效评价指标体系并进行实务验证。根据绩效评价的基本原理、原则和预算绩效管理的相关要求，参考《财政项目支出绩效评价共性指标框架》，现已完成“学校层面”“学院层面”和“项目层面”三套预算绩效评价指标体系的构建。

3.全面落实审计规章制度宣贯工作

组织编写《重庆大学规章制度汇编》第四辑，全面推进新制度的贯彻落实。在财务审计方面，结合新“政府会计准则”和新“领导干部经济责任规定”，落实我校财务审计规章制度。在工程审计方面，组织召开了“工程审计制度宣传及业务交流会”，对《重庆大学建设工程全过程跟踪审计实施办法》《审计处工程项目委托审计任务分配办法（试行）》进行了解读；拟订“重庆大学建设工程全过程跟踪审计主要工作内容及要求”，对审计事务所的工作职责进行了明确；完成《工程审计制度宣传手册》的编写工作。

4.审计结果运用不断加强

继续大力推进审计结果运用。在财务审计方面，组织编发了《2018 年度经济责任审计情况通报》；召开了 2018 年度经济责任审计问题及整改工作会；汇总编写《关于 2018 年经济责任审计发现问题整改情况的报告》。在工程审计方面，对 2018 年已审结工程项目进行了统计分析，按照项目实施的不同阶段，分类汇总“6 大类 18 个问题”，形成“2018 年度工程审计项目发现问题及整改建议”；组织召开了 2018 年度工程审计发现问题通报及整改工作会。

【其他重要工作】

1.完成教育部中国海洋大学审计任务

根据教育部安排，由我校审计处担任主审，实施了对中国海洋大学校长经济责任审计工作，共有 5 名同志参与审计工作，外勤时间 1 个月。审计工作获得教育部充分肯定，并向学校发来“感谢信”。本次审计是继 2018 年西南交通大学书记校长经济责任审计项目后，我校又一次承担教育部审计任务。充分展现了我校审计人员的良好素质和作风，也对锻炼审计队伍，扩展视野，提升重庆大学影响力具有深远意义。

2.参加学校政治巡察工作

我处何海涛同志作为副组长参加了产业党委巡察工作；黄英同志作为副组长、李慧芳同志作为组员参加了后勤党委巡察工作；王策同志作为组员，参加了艺术学院党委、外语学院党委巡察工作。通过巡察，切实推进加强全面从严治党，取得了较好效果。

3.承担教育审计学会工作

作为教育审计学会学术委员会主任单位，受学会委托，组织实施了 2019 年度教育系统优秀审计论文遴选工作；组织开展了 2019 年度教育审计优秀案例评选工作；组织开展了 2019 年度教育审计科研课题立项评审工作。

（撰稿人：王　策）

房地产管理

【综述】

以习近平新时代中国特色社会主义思想为指导，深入贯彻全国教育大会精神，结合“不忘初心、牢记使命”主题教育活动，紧紧围绕学校“三全育人”和“双一流”建设，房管处以突出问题为导向，以专项工作为抓手，攻坚克难、求真务实，历经了科研平台保障、民生工作推进、历史问题疏解等诸多历练和洗礼。

【公房与土地管理】

全面启动学校公有房屋房地产权证办理工作。对全校所有公房共 259 栋的产权情况及建房资料情况进行梳理，整理汇总联合审批表，已完成 235 栋房屋联合审批。组织协调开展土地房屋测绘工作，基本完成 A、B、C 3 个校区土地测绘 257 栋，为完善学校国有资产权籍管理奠定基础。

牵头撰写全国重点文物保护单位申报登记材料，与重庆市文物管理局积极沟通，组织校内专家和相关职能部处人员，完成国家文物局对我校文物评审工作。现重庆大学早期建筑（理学院、工学院、文字斋、寅初亭）被确定为第八批全国重点文物保护单位（属近现代重要史迹及代表建筑，编号为 8-692-5-176），为校庆 90 周年献礼，为“三全育人”建设贡献力量。

完成政府征收工作。内环快速路扩宽工程征收项目在 2019 年完成了补偿费用核算、安置房屋选定、上报校长办公会审议、合同签订、国有资产处置手续等工作。被征收无产权证房屋（建筑面积 1 466.5 平方米）置换成了 27 套商业住宅（建筑面积 2 037.19 平方米）优质资产。深圳黄木岗征收项目，完成原房屋产权更名手续、补偿经费核算及协议讨论审核工作，校长办公会审议通过深圳黄木岗征收房屋国有资产处置上报工作，以产权调换方式进行补偿的 4 套房屋，建筑面积约 430 平方米，市场价值增值 4 000 余万元。

开展办公用房调整专项工作，与公共管理学院、法学院、土木工程学院、艺术学院、计算机学院等单位进行沟通，制订切实可行的公房调整方案。起草了 A 校区体育馆分配、B 校区三教学楼搬迁等 7 个公房调整方案。完成医学部、医学院、公共管理学院、心理咨询中心、资源与安全学院、计算机学院等单位公房调整，调配单位 18 个，调整面积约 12 800 平方米。

继续实施公房定额管理，对公房数据进行分类梳理，完成了 70 余个二级单位定额核算工作；根据学校《在“不忘初心、牢记使命”主题教育中开展专项整治的工作方案》要求，对全校副处级及以上领导干部办公用房情况进行清查，对发现的问题要求各单位及时进行整改，确保学校领导干部严格执行办公用房使用标准。

【住宅管理】

校地联合整治违规占用公有住房专项工作。根据学校与沙坪坝区政府联席会议精神和工作部署，经学校党委常委会审议通过《校地联合整治违规占用学校公有住房专项行动方案》，校地多部门组成专项行动小组，连续开展了多次集中大规模整治行动，通过集中张贴公告、按户张贴或送达告知书、多次上门入户进行政策宣讲劝退、组织力量协助搬离等多种手段方法，收回违规占用学校公有住房118套。

危房处置及“重大花园”一期C、D栋专项工作。加快危房处置工作，截至目前，已签订避险搬迁过渡相关协议139份，已封存危房163套，按规定向已搬离住户发放过渡租房补贴及搬迁费，已拆除柏树林170号、新华村51栋旁D级平房。积极推进“重大花园”一期C、D栋项目工作，校长办公会审议通过《六栋D级危房及新华村109—110内已售房住户安置及选房方案》和《“重大花园”二期工程所涉部分公有住房住户安置及申购选房方案》；通过张贴通知、公告，对柏树林54号、69号的周转房住户和应退午休房住户开展清退工作，目前合计已清退27户；拟订了《柏树林54号、69号及六栋D级危房中的部分公有住房住户搬离工作方案》。

加强周转性住房管理。完善新配租周转性住房合同签订、到期房屋清退和合同延期手续，全年收回周转房房源207套，解决部分新(引)进教师的住房问题，共安置37人。

【住房流转服务】

学校教职工住宅房地产权证办理工作。全年办理产权证678套，其中，办理教职工住房两证403套(累计办理3 245余套)，现已办理分证及两证合一152套，完成退购住房产权回办批复123套(累计有612套产权已办回学校)；完成21栋住宅联合审批，办证资料收取220余户，申报并缴纳相关税费303套，住改批复补充申报48套。

住房交易管理。根据房改住房交易办法和虎溪花园住房交易方案，积极为教职工提供住房交易与经济适用住房取得完全产权相关咨询与服务。2019年办理老校区房改住房交易手续60余套，累计办理140余套；办理虎溪花园经济适用住房取得完全产权手续380余套，累计办理2 790余套。

住房补贴核发与公积金提取。发放教职工住房补贴33 147人次，发放金额1 188.8万元。办理公积金提取手续2 073人次，提取金额9 861.63万元。

【房地产运营管理】

开创性完成我校首批出租出借公房报批报备材料上报教育部备案工作；全年审订合同146份，催缴租金1 800余万元；协同保卫处、资产公司对管辖门面进行日常、专项消防安全隐患排查等共计23次，送达安全整改书13份，并跟踪落实消除了安全隐患；关停学生宿舍餐饮11家，收回长期存在安全隐患的出租出借场所13处；配合学校90周年校庆对B区后门实施改造，解除其场地租赁合同并协助进场拆违，对周边门面开展环境整治工作。

(撰稿人：孔令峰)

实验室及设备管理

【综述】

2019年，实验室及设备管理处在学校党政正确领导下，以90周年校庆活动为契机，围绕学校中心工作及部门职责，统筹推进教学实验室“三全育人”工作，持续推进“一流教学实验室建设计划”“大型仪器设备开放共享提升计划”等“五个提升计划”，科学规划与组织实验室建设与设备管理工作，圆满完成各项目标任务，为学校教学、科研和学科建设提供了强有力支撑。

【实验室建设与管理】

统筹推进教学实验室“三全育人”工作，构建“实验平台建设”“实验实践教学体系建设”“实验室文化建设”“实验技术队伍建设”四位一体的“实验实践育人”体系，努力建设高质量的“实验室育人阵地”。

推进“实践育人”平台建设。以“中央高校改善基本办学条件项目”为建设重点，推进“实践育人”平台建设，为本科实验教学体系改革和实验教学资源提供重要支撑。组织24个2018—2022年中央高校改善基本办学条件教学实验室设备购置项目开展申报、评审、建设、绩效评价、教育部现场检查工作，项目总建设经费11 451万元。3个2018年项目新增或改进实验课程30门，新增或改进实验项目119项，受益专业10个，年受益学生1 600余人。

发挥实验教学示范中心创新人才培养作用。组织19个实验教学示范中心完成年度建设任务制订、实施及考核，工程材料实验教学中心在2018年度全国896个国家级示范中心考核中排名第85位。国家级实验教学示范中心服务学生115.65万人时数，新增实验教材5种，支持学生获奖594人，支持学生发表论文205篇，支持学生获得专利112项，承办大型会议29次，承办学生竞赛20次，开展科普活动21次，承办培训项目10项。结合学校90周年校庆宣传主题，组织举办示范中心开放日系列活动47项，受益人数6 400余人次。

推进信息技术与实验教学的深度融合。组织申报2019年国家虚拟仿真实验教学项目10项，其中6项被重庆市教委推荐参评国家项目。立项建设校级虚拟仿真实验教学项目20项、校级虚拟仿真实验教学管理平台和虚拟仿真思政课体验教学中心。

【实验技术队伍建设】

健全实验技术队伍培训机制。开展实验技术人员海内外研修，为高端实验技术人才创造良好成长环境和国际化培养平台。2019年实验技术人员研修项目立项25项，结题20项，完成项目后评价13项，项目覆盖面、受益面和影响力进一步提升。

完善实验技术队伍激励机制。制订新的实验技术系列职称评聘条件，组织实施 2019 年实验技术系列职称评聘。与人事处共同组织 2019 年实验技术岗位招聘，参与完成 2019 年 A 类合同聘用制实验技术人员续聘和转编考核。

【实验室技术安全】

持续加强实验室安全管理责任体系和制度建设，进一步规范实验室安全管理。与 39 个二级单位签订《重庆大学 2019 年实验室安全责任书》，与 7 个二级单位签订《重庆大学 2019 年度辐射工作安全责任书》。发布《重庆大学实验室安全检查实施细则》，细化实验室安全检查制度。持续推进科研项目安全准入制度、本科教学实验项目安全准入制度、研究生安全准入制度、新进实验人员安全准入制度、实验用房安全准入制度和危险品运输车辆进校备案登记制度。

采取多重手段，加大实验室安全宣传教育力度。持续开设校—院两级实验室安全课程教育，受教育人数 400 余人。组织全校新生学习《重庆大学实验室安全手册》，并签订实验室安全责任书。组织 16 个学院 5 318名师生参加实验室安全知识在线学习及准入考试。组织实验室管理及技术人员参加实验室安全管理进修，共计 61 人次。完成高危化学实验安全实训虚拟仿真项目建设。

开展专项检查，强化实验室安全监管。开展科研实验室安全专项检查、教学实验室危险化学品安全管理专项检查、危险化学品专项排查、特种设备专项排查、用电及取暖设备专项排查、实验室安全隐患日常巡查等系列专项行动。实验室安全督导组巡查实验室 5 676 间次，出具整改通知书 119 份，提出整改意见1 305 条，组织学院完成整改 1 125 条。

【大型仪器设备管理与共享服务】

推进大型仪器设备开放共享。完成重庆大学校级开放共享平台与国家科技资源信息平台对接，更新 295 台仪器设备基本信息及开放共享情况。更新校级共享平台信息，将 1 056 台总价 7.8 亿元仪器设备纳入校级共享平台开放共享。大型仪器设备维修基金资助 31 台大型仪器设备，资助金额 87.35 万元，设备原值 9 171.6万元。大型仪器设备开放基金立项 154 个，资助金额 74.75 万元。完成重庆大学第四批 214 台大型仪器设备开放共享服务收费标准制订相关工作。完成 2018—2019 年度大型仪器设备 989 台(套)使用效益考核，与 2018—2019 年度大型仪器设备使用效益考核结果相比，单价 20 万元以上的教学科研仪器设备平均使用机时从 1 118 小时上升到 1 182 小时，增长率 5.7%；对外服务总收入从 1 348 万元上升到 1 661 万元，增长率 23.2%，科技部效益考核结果由 37 名上升至 32 名(高校内排名)。协助发规处筹建大土木、大生命、泛信息、大物理、泛制造等校级公共服务平台。

【仪器设备采购管理】

设备采购管理系统上线试运行，设备采购各环节的规范及标准化持续推进。完成 54 台(套)总价 8 359 万元大型仪器设备的购前技术论证，完备的论证质量控制体系确保了仪器设备建设质量。有序组织采购招标项目 160 项，购置设备 7 516 台(套)，合同总金额 10 834.97 万元，与预算相比，为学校节约经费 490.48 万元,平均节约率为 4.33%;归口审核、签订零星采购合同 143 个,合同总金额 1 586.04 万元;执行仪器设备进口项目 62 项,进口设备 90 台(套),合同总金额约 6 486.37 万元,通过减免税申报为学校节约经费约 1 167.55万元。规范化、标准化的采购组织和信息化的管理手段确保了仪器设备采购廉洁高效。

【固定资产管理】

进一步规范仪器设备固定资产管理。2019 年新增固定资产建账 14 164 台(套),价值 1.4 亿元;下账 47 982台(套),金额 1.3 亿元。修订《重庆大学仪器设备借用、调拨、处置实施细则》(重大校〔2019〕366 号)和《重庆大学仪器设备丢失、损坏赔偿处理实施细则》(重大校实设〔2019〕3 号)。开展仪器设备(家具)固定资产清查,对 14 个二级单位的 2 329 台仪器设备进行了现场复查。完成仪器设备固定资产管理系统与学校财务系统对接工作,实现仪器设备固定资产实物账与财务账的实时对账,进一步规范固定资产管理。

(撰稿人:张　波)

条件保障

基建规划

【综述】

2019年,在学校党委和行政的正确领导下,基建规划处紧紧围绕服务学校发展大局、深抓项目建设主线、创新基建管理机制的工作思路,统筹规划、设计、管理三大环节,以“护航学科建设深发展、构筑办学空间新格局、建设绿色美丽新校园”为目标,全处职工同心协力、恪尽职守,顺利完成各项工作任务。

【教育学习】

坚持思想政治教育为先导。深入学习习近平新时代中国特色社会主义思想和党的十九大、十九届四中全会精神,党支部扎实开展“不忘初心、牢记使命”主题教育,开展支部学习42次,切实加强职工的政治理论学习教育,推进政治学习常态化,提高领导干部和职工的思想理论水平和政治素质。

加强廉政教育。从思想根源抓廉政建设,通过开展党组织生活、主题党课、廉政警示教育等形式,加强道德教育和法制教育,提高职工的廉政风险防控意识和责任担当。同时,根据教育部加强基本建设领域廉政风险防控工作要求,基建处开展自查工作,坚持问题导向,以基本建设工作流程为主线,再次排查项目建设13个环节中的关键廉政风险点,总结经验教训,升级防控措施,巩固廉政建设成果。

【基建管理】

1.强化组织管理,注重内外协调

对内紧密协同保卫处、计财处、审计处、后勤管理处、房管处、虎溪管委会等学校相关职能部门以及项目相关学部及学院,做好项目建设前期需求调研及建设过程中的协作配合工作。对外加强与市发改委、住建委、规资局、城市管理局、电力公司以及沙区相关管理部门的联系,争取其对我校项目建设的支持,如与市公管局协调办理项目招标审批流程、加快工作进程,使虎溪校区信息技术科研楼、体育中心项目顺利完成施工招标。

2.创新建设管理模式

虎溪校区立新南楼作为校友捐赠项目,应捐赠者要求,采用实物捐赠的全新方式。基建处在学校的支持下,经过政策研究及走访调查,积极向主管部门报告情况,经过沟通、协调,设计了“共同建设方”管理模式,与捐赠方签署了建设管理协议,推动了项目最终落地实施。

3.利用信息化手段,探索基建管理新模式

基建信息化系统已基本建立,该系统将解决信息碎片化、信息断层、信息缺损、信息处理低效等问题,拟逐步建设成为一个实用性高、数据量大、信息共享且符合学校基建管理实际情况，能与现阶段管理模式衔接的信息管理系统。

4.建设项目档案管理喜获佳绩

基建处牵头制作的微视频作品《传承“佑启乡邦”，彰显兰台流芳——重庆大学一教学楼重修记》参加国家档案局、国家发展改革委员会组织的建设项目档案微视频征集活动，在全国各部委及大型国企推荐的526部作品中获得三等奖，为教育部直属4所获奖高校之一。

5.承办教育部直属高校基建投资计划会议获肯定

12月，教育部直属高校基本建设投资2019年调整计划和2020年建议计划工作会在我校召开，全国75所高校由分管基建校领导带队逐校接受教育部发规司集中会审工作组审核，共300余人参加会议，会期5天。会议由基建处牵头承办，经过周密计划，与相关单位协调一致，全处上下共同努力，保障了会议各项任务的圆满完成，获教育部发规司的肯定和各高校好评。

【项目建设】

1.中央预算内投资项目取得重大进展

为解决我校虎溪校区研究生和留学生住宿紧张及条件差的问题，经过认真组织，积极实施，年底前虎溪校区博士生公寓已顺利完成主体及装饰工程施工，将于2020年初竣工验收。虎溪校区体育中心在设计中遇到了防排烟设计对规范理解的问题，基建处积极主动联系市建委消防设计处、市建筑消防协会，组织设计院、审图公司共同研讨，调整后的方案通过了专家评审，完成招投标工作及国拨资金支付。

2.“双一流”建设项目取得突破

虎溪校区信息技术科研楼的设计工作在学校的要求下，积极探索学科交叉、融合管理的专用实验室和通用实验室相结合的设计理念，完成了项目方案设计、初步设计、施工图设计工作，组织并通过超限高层抗震设防专项审查、人工挖孔桩可行性论证，取得了项目规划许可证，完成了招标工作。

风洞实验室项目与B校区乌龟山基础设施和实验室专业工艺建设相关联，同时还涉及管涵保护、高压电下地、沙区规划调整等问题，经过不断地组织攻关，克服困难，年底前确定了建设方案并完成地勘工作，同时，积极推进初步设计及施工图设计，办理建设项目规划许可。

3.90周年校庆项目优质高效完成

校庆项目时间紧、意义重大，基建处集中全处力量，无论暑假期间或是国庆假期以及周末休息日，甚至夜间连续开展工作，紧盯项目立项、设计、招投标、施工各关键时间点，全力推进A校区主校门维修及环境改造，A校区宣言墙改造，A校区风雨操场看台维修，A校区校史馆维修，A校区中央大礼堂维修，B校区大门维修及环境改造，B校区新建后门，A、B校区运动场改造8个校庆工程，严格把控施工进度和工程品质，为校庆活动和师生员工学习、工作和生活提供了崭新的场地和厚重历史文化景观，成为校庆一道道靓丽的风景线。

4.高等医学研究院建设项目全面推进

根据学校有关高等医学研究院(医学院)建设项目(一期)立项的决定,开展C校区规划调整工作,以实现建设医学院(近期)、组建医学部(远期)两步走战略,编制了《重庆大学C校区(医学院)校园总体规划(调整版)》。同时,高等医学研究院建设(一期)各子项工程全面推进,C校区六教维修改造已竣工;C校区二教维修改造已进场施工;C校区实验大楼(图书馆)维修已开展设计工作。

5.改善基本办学条件项目顺利实施

2019年改善基本办学条件项目虎溪校区学生宿舍维修(二期)已竣工;体育设施改造(二期)运动场改造部分已完工,B校区游泳池改造正在实施中;A校区机械立体停车库进行外装工程施工;A、B校区地下通道改造项目在面临施工开挖后主网络线群,主天然气管和电缆线等众多管线聚集和渣场关闭等困难的情况下,全力协调各相关部门开展工作,推动完成A校区路面部分施工,正实施A、B校区合并段顶板、道路及环境工程施工。

申报完成2020年改善基本办学条件专项项目,C校区第二教学楼修缮、C校区图书馆修缮、C校区第七教学楼修缮、B校区乌龟山片区电力增容及基础设施改造、A校区第九教学楼修缮五个项目通过评审,金额9 860万元。

【队伍建设】

1.坚持民主公开,提高议事决策的效率与水平

两周召开一次处长办公会和项目建设推进会,落实学校有关决策和要求,解决项目建设中的问题,推进项目建设进度。制订督办机制,强化执行,及时反馈工作落实情况。

2.转变项目管理方式,领导班子坚守建设一线

进一步明确各科室职责,成立项目组,采用项目组管理与科室管理同步推进的双向管理方式,扎实推进项目建设工作。领导班子成员扎根项目现场,严格项目管控,切实解决建设过程中出现的问题,坚持以身作则,强化重任担当。

3.增加总工程师岗,强化技术把关

设立总工程师岗位,聘请专业学院的技术专家担任总工程师,对工程设计、图纸会审、技术交底、设计变更与技术签证、施工组织计划等重要技术工作组织把关,致力于工程品质的保证和管理水平的提升。

(撰稿人:向　娟)

信息化建设

【综述】

2019 年,信息化办公室"不忘初心、牢记使命",认真学习贯彻党的十九大精神,根据学校"互联网+重大"发展战略,聚焦服务学校"双一流"建设,持续完善"大平台",不断丰富"微应用",推进"重庆大学以大数据智能化为引领的教育信息化 2.0 行动"。

【网络基础设施建设与网络服务】

2019 年网络基础设施建设各项工作开展顺利,信息化办公室进一步完善光缆系统、优化无线网络、加强主干交换系统建设等,为学校的教学、科研、管理提供了有力的网络支撑。

1.网络基础设施建设

优化完善教学办公区和室外公共区域无线网络,升级了 H3C6112 无线控制器,部署 200 余台 POE 交换机和 4 000 余个无线 AP(包括 200 个电信室外 AP);完善无线访客系统,大幅提升无线网络应用质量;升级更换校园网核心交换机,扩大 IPv6 出口带宽至双万兆,大幅提升主干网络性能和稳定性。

完成校园网光缆增补方案、招标流程,拟新建 97 条光缆(包括 6 芯 5 000 米、12 芯 3.6 万米,96 芯 8 000 米),完成 B 校区园林实验室、A 校区青教楼光缆布线,完成虎溪雅思考场光纤波分专线调试使用。

完成 A 校区大门光缆抢修(A 校区 11 舍 2 条 48 芯,A 校区图书馆 2 条 24 芯,资环学院 1 条 24 芯,东林村 6 芯。电信 1 条 48 芯、联通 1 条 48 芯)。完成 A 校区机器人实验室、青教楼、保卫处、研究生院,B 校区实验楼、主机房,C 校区六教光纤熔接抢修。

2.IPv6 规模部署应用

推进 IPv6 规模部署应用,部署 IPv6 运营支撑系统,保障网络运行安全,开展信息系统 IPv6 升级,共有超过 250 个网站和信息系统支持 IPv6 访问。IPv6 出口由双千兆升级为双万兆线路,大大提升 IPv6 出口运行质量。

3.对校内各项工作进行网络保障

顺利完成重要会议或重要活动的网络保障工作,开展校庆现场网络保障、两会及国庆网络安全保障、教育部视频会议保障(校办、保卫处)、招生网络优化保障、迎新网络保障、东西部课程共享联盟大会网络保障、研究生考试阅卷专网建设保障、英语四六级考试保障、高清视频互动教室网络建设保障、托福考场优化保障、标准化考场网络保障、毕业生就业双选招聘会保障、党政内网保障、财务专网保障、一卡通专网保障、高校计算机大赛网络保障、研究生选房网络保障、数模建模竞赛保障、教务评审网络保障、研歌赛网络直播保障、毕业典礼直播网络保障、国际处 IGSF 会议网络保障、基建计划会网络保障等，确保各项工作顺利进行。

【信息化建设与运行维护】

1.信息化制度建设与管理服务

为推动学校信息化工作规范化、制度化，在梳理全校信息化建设组织机制、管理流程与要求的基础上，重新制订并发布了《重庆大学校园信息化建设管理办法》。为落实国务院、教育部要求，充分发挥数据在学校综合改革、职能转变、管理创新、教学科研中重要作用，解决全校数据共享问题，参照国务院和教育部相关规章要求，编制并发布了《重庆大学数据管理办法》。根据《教育部关于印发〈教育信息化 2.0 行动计划〉的通知》（教技〔2018〕6 号）要求，信息办会同校办、发规处、教务处、研究生院等部门，以大数据智能化为核心，围绕学校“双一流”建设，编制并发布了《重庆大学以大数据智能化为引领的教育信息化 2.0 行动计划》。

2019 年，信息办按照学校合同管理办法的职责分工，完成 50 个信息化合同的审核，其中一般合同 46 个，重要合同 4 个（100 万以上合同 2 个），涉及二级单位 29 个，合同金额 1 372.84 万元。

2.“互联网+重大”建设

加强“网上服务大厅”建设，丰富师生信息化服务，通过“一对一”模式与校办、保卫处、档案馆等业务部门对接，上线文件驿站、公共场地申请、公务车通行、毕业生成绩证书翻译、后勤服务、老年大学报名等一批微应用。信息办邮箱申请、域名申请、虚拟机申请、临时卡申请等服务实现网上办理。网上服务大厅总访问次数超过 250 万人次，接入信息系统 51 个，开发微应用 92 个。

3.信息化基础平台建设

①与“大平台”承建方金智公司紧密合作，完成了统一认证平台、主数据平台、业务协同平台、应用管理平台、能力开放平台等基础平台的部署，完成了认证登录、移动集成等一系列定制开发，按计划完成了数据迁移与应用集成工作，并于 11 月通过第一年度服务考核专家验收，有效提升全校信息化基础能力。截至 12 月，主数据平台提供 API 接口数超过 300 个，接口调用次数超过 3 000 万次。

②为实现线上人员真实化、内容数据凭证化、网上办事可信化、窗口服务网络化，从而构建全校可信应用支撑体系，按照《中华人民共和国电子签名法》和国家密码应用要求建成了学校可信服务平台。该平台建设在 2019 年 6 月教育行业密码应用专题培训会上得到国家密码局点名表扬。目前基于平台开发的研究生电子成绩单已发布上线并可在国家“学信网”验证，档案查阅用户验真、学历证书遗失证明用户验真、OA 公文印章、电子荣誉证书等一批应用正在开发中。学校正基于可信服务平台向教育部密码办申报教育行业密码应用试点示范项目。

③建成学校数字资源管理平台，构建了教学资源云服务平台和声像档案收集归档平台两大专题资源应用，实现了与统一认证平台、SAKAI 网络教学服务平台和 AVA 教学资源平台的系统集成。截至 12 月，平台汇集图片资源 2.17 GB 共 9 214 张，视频资源 1.69 TB 共 4 446 个，文档资源 172.52 GB 共 67 388 个，音频资源 2.18 GB 共 438 个，其他资源 208.88 GB 共 13 734 个。

4.业务信息化建设

加强与业务部门的沟通与交流，调动业务部门在业务信息化建设中的主体责任和积极性，有效推进了项目建设，全年共实现可信服务平台、数字资源管理平台、内部审计信息系统等 14 个项目验收，10 个新立项项目招标，10 个项目初验，经费支付超过 800 万元，项目执行达到预期目标。

①启动了图书馆 RFID 建设，完成了理工图书馆、建筑图书馆、虎溪校区图书馆等共计约 200 万册图书和 1 万多层架标的电子标签加工，实现了图书的自助借还及快速盘点，图书的三维导航帮助师生快速定位，App、微信端扫码借书提升了用户体验，提高了借阅率。

②建设了重庆大学学术成果总库，实现了对本校成果数据的全面精准收集与管理，教师及时认领自己的学术成果，管理者能从多个维度查看学校成果数据。支撑了教师科研，推动了图书馆的服务转型。

③建设了易班校本化及特色应用，实现了基于易班的网薪商城、校园易生活、易打印、易投票（抢票）、易采集（编辑）等特色应用，有效支撑了学校学生工作。

④建设了研究生历史数据查询与导师审核，实现了研究生历史数据库及导师审核数据的查询、统计与打印，确保了历史数据的安全，提升了研究生管理系统的整体性能与安全性。

⑤建设了外事服务管理系统，实现了外事工作业务流程的线上操作，进一步提升了国际交流管理效率，有效提高了外事工作质量监控的力度，更好地服务教职员工、留学生及驻外使馆工作人员。

⑥升级了后勤学生宿舍管理与能源信息管理系统，提高了管理效率及实现宿舍精细化管理，学生利用移动端可方便进行选房、调房、用能查询与网络缴费等，提升了用户体验。

⑦建设了内部审计信息系统，通过对审计全过程的信息化管理，实现审计工作科学化、管理工作协同化、工作流程规范化，提高内部审计人员的工作效率。

⑧建设了电子文件及电子档案管理系统，在“存史、留凭”的基础上，进一步规范了归集信息资源，加强了我校海量电子文件留存和利用，促进了我校电子文件归档和电子档案管理，并为资政、育人、学校发展服务。

5.数据中心建设与运维工作

升级网站群系统，提高系统性能和易用性，为解决性能瓶颈和防止站点间相互干扰，部署了 3 套独立的站群平台，将主页、新闻网等重要站点和一般站点分割开来；结合学校办学理念及目标，助力我校“双一流”深化发展，将教师主页与站群平台有机结合，抽取科研和教学等数据到站群平台，一步到位地解决了我校教师主页空间建设、管理和维护的各种问题。优化升级电子邮件系统，延长历史邮件查询时限，完成邮件系统每日巡检及故障处理。建成人脸识别基础平台，服务全校人脸识别应用；优化数据中心网络和存储，提高数据安全保障能力。部署了新的正版软件管理平台，优化了平台界面，新增加了 Office 2019、Visio 和 Project 等软件。完成数据中心主要服务器、重要应用的精细化监控管理，做到重要数据有备份，重点应用采用高可用架构，故障 1 分钟可感知、5 分钟可响应，大幅提高故障响应速度，减少非计划停机时间，保障数据中心 500 余台虚拟机、170 余台服务器、存储、UPS 等机房硬件设施稳定运行，全年系统总体可靠性达 99%。配合主管部门处理迎新、离校系统相关数据,保障迎新和离校系统正常稳定运行。

【网络信息安全与保障】

建成 IPv6 运营支撑系统,保障 IPv6 网络运行安全;持续推进二级单位网站向网站群迁移;增加邮件系统的口令复杂度,提升了邮件系统安全;进一步加强网络信息安全漏洞的收集、通报、整改督促等工作,减少安全隐患,全年共处置 7 起网络安全事件;开展 4 次全面的安全漏洞扫描,组织 1 次网络安全应急演练;加强重要时段网络安全保障,确保在中华人民共和国成立 70 周年、建校 90 周年的"大庆"年中不出现重大网络安全事件。

【用户服务工作】

全年呼叫中心共接听电话 14 909 个,服务前台受理业务 5 275 笔,网络维护人员上门维护 1 614 次。加强与用户的沟通交流,通过信息化服务网站、民主湖论坛等,发布通知公告及建设运行动态 27 条,回复用户问题建议 93 条。通过学校主页、QQ、微信公众号等发布推文、新闻稿 2 篇,组织线下活动 2 次。加强用户服务团队建设,对学生助管培训 9 次。完成学校重大活动的网络直播,共参与视频会议 14 次。指导的学生社团蓝盟纳新 80 人、举办培训 5 次、电脑义诊 18 次,为师生处理电脑软硬件故障 1 043 次。

【一卡通建设运行维护管理】

2019 年,制订了以支持移动支付和完善的自助服务体系为标志的重庆大学新一代一卡通系统升级建设方案,拟通过银校合作和学校信息化专项资金共同支持的方式升级建设新一代校园一卡通系统。全年一卡通各卡务点现金充值和入账准确无误,四校区全年现金充值 5 万余笔,解挂解冻 1.4 万人次,补助发放 4 万余笔,换卡 1.6 万人次;一卡通网上服务平台稳定运行,网上业务办理继续保持较高比例,其中网上充值 140 万人次,共计 15 238 万元;网上缴费 16 万人次,共计 700 万元。

【其他工作】

1.地区网络工作

保障了 CERNET 重庆节点、CERNET 2 重庆核心节点的安全稳定运行,为重庆市内各高校提供了高速稳定的教育网接入服务。配合完成了 CERNET 2 接入设备的升级更换工作,教育宽带网新接入学校 2 所,5 所学校新开通 IPv6 网络。配合市招办和相关单位完成了重庆市教育宽带网接入高校的高招网络保障工作。

2.对外合作与交流

组织重庆高校开发生态技术培训会和 2019 年重庆教育和科研计算机网年会,参加教育行业密码应用专题培训会和"第十九届中国教育信息化创新与发展论坛",并作了题为"漫谈高校可信应用支撑体系建设与实践"的报告,参加 2019 年高校智慧校园研讨会、2019 科技后勤·智慧校园新技术应用推广论坛、WE+2019 智绘互联校园新生态峰会、高校网络信息安全学术年会,接待了 5 所兄弟高校来校调研,与兄弟院校和企业技术人员交流智慧校园建设、应用相关问题。

(撰稿人:杨小春)

图书情报

【综述】

2019 年图书馆坚持以习近平新时代中国特色社会主义思想和党的十九大精神为指引,"不忘初心、牢记使命",认真落实立德树人根本任务,全面推进文献服务高质量发展,秉持"文献支撑、文化育人"办馆宗旨,以"校庆与数据"为工作主题,在学校党政的领导下,在各部门和读者的支持下,圆满完成各项工作。

【创新和亮点工作】

1.成功开展各项"学术校史"的 90 周年校庆主题工作

集中力量开展"90 周年校庆校友捐赠",接受何知礼院士、李行健教授等多位优秀校友的捐赠;接受广州市政府捐赠《广州大典》。编辑出版《文献中的重庆大学:1929—1949》,含该时期报刊资料中与重庆大学有关的 589 条文献、595 张图片,为学校 90 周年校庆献礼。举办"聆听重大　岁月留痕:校庆 90 周年主题展"及"《文献中的重庆大学》主题展",在学校官微及图书馆官微推送,累积阅读量超过 10 万,被多家国内主流媒体报道。

2.开展数据驱动与数据清理工作,完善数据管理制度

推动以大数据为核心的智慧图书馆研究与实践,启用"图书馆运行大数据中心",启用"重庆大学学术成果总库",为职能部门和我校师生提供完善的成果数据分析服务。与教务处合作完成课程文献中心的内容建设,实现文献服务全方位、深入融入本科教学过程的目标。加强数据清理和数据安全工作,构建了虎溪校区异地备份系统,确保重要数据的完整性和有效性。

3.成功获批全国高校国家知识产权信息服务中心和世界知识产权局在华筹建技术与创新中心

获批首批 23 家高校国家知识产权信息服务中心,为知识产权的创造、运用、保护和管理提供全流程服务,促进高校协同创新和科技成果转移转化。入选世界知识产权局和国家知识产权局联合遴选的在华第三批技术与创新支持中心(TISC)筹建机构,是全国 11 家获批高校之一。

4.开启声音图书馆,构建大学文化育人氛围

声音图书馆于 11 月 15 日开馆,以声音艺术为主题,保存重庆大学记忆,打造重庆大学特色的有声资源体系,为广大读者提供丰富的多媒体馆藏资源、专业的视听设备和舒适的科研教学场地。

5.启用"你选书,我买单"京东平台,深受读者喜爱

10 月 15 日正式启用的读者在京东直接买书的系统,开创了国内高校首个馆配网络化服务,与京东线上

书城进行了无缝对接，深受读者好评。截至12月31日，读者下单总人数1 485人，通过平台选中15 611册图书，审核通过图书5 852册，下单总金额36.89万元。

【党建工作】

积极开展“不忘初心、牢记使命”主题教育。在各校区分馆设置“不忘初心、牢记使命”专题书架；领导干部带头讲党课；各支部严格“三会一课”制度，开展党员民主评议和党员微党课等特色主题党日活动。12月19日举行中国共产党重庆大学图书馆党员大会，圆满完成新一届党总支委员会换届选举工作。

【文献服务工作】

1.文献资源建设

2019年新增实体馆藏75 746种14 0341册，新增数字馆藏868 975种。2019年实体馆藏累积量217 341种492.73万册，数字资源累积量1 209.29万，文献资源累积量1 702.02万册。加强图书二次采购，采购畅销书12批共400种。数字文献资源续订65个，续增资源3个，新增“双一流”学科为主的数字资源7个，文献保障能力大幅提高。

2.特色资源建设

推动“老科学家文库”，收集图书37册，资料1 000余份；建立重庆作家书院，收藏重庆籍作家文学作品2 000余册；启动“+馆藏”计划，收藏4 500余件数字特藏资源。

3.文献服务

全年总计入馆人次达到239.57万，同比增长9.16%。纸质文献借阅量47.11万，全年数字文献全文下载量1 113.9万。完成科技查新182项、查收查引8 331件；重庆市高校图工委完成文献传递419项。

【学科服务工作】

全面开展面向“双一流”的学科服务。开展新生培训月活动，举办新生培训16场；完成研究生公共选修课《科技文献检索与利用》教学工作，共计14个教学班1 120人；完成2019年学科影响力年度报告，重庆大学ESI学科影响力速报6份，重庆大学2018年度人文社科高水平论文分析报告。

【文化育人与阅读推广工作】

完成大学生图管会、书友会、民主湖论坛的管理与运行工作，编辑《重庆大学新生学习生活羊皮书》，印刷发放1.25万册。开展“书香四季”（新生季、成长季、读书季、毕业季）系列文化育人活动。举办逸夫楼讲座4场、无字书屋主题活动4场、文化展览16场。组织重庆大学首届信息素养大赛，参与人次达1 082人。

【社会服务工作】

新增校友借阅卡1 785张，社会借阅卡1 012张。积极参与扶贫援边工作，为云南绿春、重庆开州、秀山和綦江、边防连队等捐赠图书，建设图书阅览室，共计21 736册58万元。同时与新疆石河子大学、西藏大学等边疆高校建立合作关系。

【学术研究与学科建设】

获批 2 个国家社科基金项目,全年共发表 CSSCI 论文 9 篇,承办了 2019 CALIS 外文书刊 RDAA 编目业务培训研讨会(300 人)、川渝高校情报工作研究会第二十九次学术年会(220 人)等重要学术会议。

【信息系统建设】

1.升级新一代图书馆管理系统

2019 年 1 月图书馆管理系统 ADLIB4 正式升级与切换,启用智能采访和快速编典系统,新增服务地图,发布实时运行数据。重新划分系统边界,优化和升级多个信息系统。

2.图书馆馆藏图书全面采用 RFID 管理

系统实现图书借还的无人化,顺架、查找、馆藏盘点智能化,提高图书管理效率。

【机构人员情况】

2019 年 6 月对图书馆机构进行调整,设置 9 个内设机构:综合办公室、学科服务办公室、虎溪图书馆办公室、资源建设部、网络服务部、特藏部、情报服务部、理工图书馆(总馆)、建筑图书馆。图书馆在职职工 115 人,临聘馆员 54 人,退休职工 145 人。2019 年,共 10 位同志职称晋升,正高职(研究馆员)三级 1 名;副高职(副研究馆员)六级 2 名;副研究馆员 2 名;中职八级 2 名;中职九级 1 名;中级职称 2 名。

【其他工作】

作为重庆市高校图工委秘书长单位,推动全市高校图书馆员进行科学研究,设立"重庆市高校图工委科学研究基金",共 7 个项目获得资助。开展重庆市高校图书馆 2019 年图书情报学术成果奖的评审工作。

重视新闻与信息工作,向学校新闻网报送新闻稿 99 篇,报送信息稿 20 余篇,编印《图书馆工作动态》8 期。"我选书、你买单""声音图书馆开馆"等被人民网、中新社等多家媒体网站报道。注重新媒体工作,2019 年微信关注增至 6 万人,推送图文信息 133 篇,图文阅读总数 22 万次。加强人力资源建设,全年外派 40 余名馆员参加学术交流,提升馆员职业素养和业务能力。重视语言文字工作,制订年度"语言文字工作计划"。加强图书馆的档案收集与管理工作,提交各类档案 95 件。开展依法依规科学治密,加强综合治理和消防工作。重视离退休工作,认真落实对离退休老同志的关心帮扶。组织参加校工会、图书馆工会各项文体活动。

(撰稿人:李 哲)

档案管理

【综述】

2019 年，档案馆以政治建设为统领，以党的思想精神与科学理论指导工作，紧紧围绕学校中心工作和重点工作，始终树立“融入中心，服务大局”的工作理念，坚持开拓创新、内涵发展，大力夯实基础业务工作，着力提升服务能力和服务质量，倾力打造档案文化品牌，积极履行“留凭、存史、资政、育人”四大职能，圆满完成了各项工作。

【活化档案史料，谱写档案文化育人新篇章】

档案馆依托档案资源，深度挖掘学校历史文化，以讲好“重大故事”、打造“档案文化品牌”、多形式传递“重大力量”为目标，充分发挥校本文化在涵养师生品行、滋养师生心灵方面的独特作用，为一流大学文化建设贡献档案力量。

1.多形式生动展示校本文化，为 90 周年校庆添光彩

自 2016 年起，档案馆着力打造“德行的力量——重庆大学人文风采系列展”“德行的力量——重庆大学历史文化舞台剧”两个档案文化品牌，讲好重大故事。校庆期间举办《复兴民族，誓作前锋——抗战烽火中的重庆大学》《风雨回眸——国立中央大学西迁暨“七七抗战”大礼堂的历史沧桑》两个主题展，集中展示“七七抗战”大礼堂所承载的厚重历史文化，《重庆日报》以《“烽火抗战中的重庆大学”主题展举行》为题特别报道；联合创作大型校史舞台剧《初心 · 1929》，在新老校区公演多场，《重庆日报》予以报道；联合创作打磨话剧《寅初亭》，在科学会堂和重庆大剧院公演，《重庆日报》、重庆发布、中新网等主流媒体予以报道，并入选了重庆市文联文艺创作工程（2018—2021）规划；制作诠释重大精神、彰显传承重大人“德育为先，心怀家国”情怀短视频《时代的身影》，在 2019 届毕业典礼及校庆纪念大会单独展播。

2.多途径融合档案文化育人，践行“三全育人”思想

立足“立德树人”展馆发挥育人基地作用：展馆已成为新进教职工教育第一课堂、学生德育教育第二课堂、教工及学生党支部组织生活的重要场所、团校教学基地，全年接待 80 余场次，1 770 余人次；原创校史舞台剧《初心 · 1929》纳入新生入学教育环节，军训期间在虎溪连演三场，覆盖全体新生，被师生赞喻为“舞台上的校史课”；广泛吸纳学生参与舞台剧排演、短视频拍摄、“立德树人”网上展馆建设、口述档案转录、人物资料整理等工作，学生在参与过程中提升综合能力和素质、接受校史文化的滋养。

3.多方面配合支持90周年校庆工作,发挥档案独特价值

为90周年校庆纪念晚会“重大宝藏”之何鲁《百年笔记》的拍摄提供素材和场地,为校友办举办毕业合影展提供馆藏相片资源,为90周年校庆纪念大会“学生向老师献花”环节筛选各年代老师档案信息,为《重庆大学筹备会成立宣言》《重庆大学宣言》解读、断句及官微的七期校庆特别栏目《初心・1929》系列微文等提供档案史料及编研支持;打造融“文化、怀旧、休闲”为一体“七七抗战”大礼堂校庆开放活动点,以档案文化彰显厚重历史、以光影烘托建筑构造之美的独特效果,吸引了校庆嘉宾、师生、校友2 000余人次参观。

【推进“互联网+档案”,创新档案管理与服务模式】

1.创新档案服务,让信息多跑路,用户少跑路

构建“毕业生档案服务”和“毕业生档案投递查询”微服务,为毕业生提供便捷的规范填报和跟踪查询服务;构建多校区证书翻译自助打印服务,有效缓解多年来毕业生离校前冒酷热、多校区奔波、排长队等候的老大难问题,受到学生高度赞赏,毕业季日办理量达到200余人;构建一站式网上学籍翻译微服务,为已毕业学生提供远程学籍翻译服务,正处于测试完善阶段;构建查档认证预约服务平台,为校内外用户提供网上身份核认、申请、审批、支付、结果获取全流程网上服务,正内部试用。

2.变革档案管理,传统纸质向电子文件单轨归档转变

构建声像档案收集归档平台,实现声像资源由纸质、光盘模式转变为单轨电子归档管理,较好地解决了声像档案归档难问题,2019年收集各类声像资源3 175件,较2018年增长120%;启动电子文件归档与电子档案管理一期建设项目,先期开展电子学籍、电子公文及数字新闻网页单轨可信归档探索实践。

3.实施数据治理和资源数据化,全面规范优化馆藏资源

完成我校在中华人民共和国成立前历史老档案的深度著录10万余条、高质量扫描21万余页和抢救性修复近2万页,为校史挖掘文化传承提供数据支撑;完成2018年新进入馆27万余页档案资源的数字化;完成馆藏光盘2 515张毕业合影照的规范清理、著录和挂接;完成馆藏350枚印章实物的规范清理、编号入库;完成350余张备份光盘的全面检查、备份迁移。

【夯实基础业务,筑牢档案事业根基】

全年2019年共计接收机关部处文书类档案12 703卷/件。持续推进特色人物档案资源库建设,建立了38位优异生特色人物档案;校庆专项档案2 576件。全年共接待来馆查档6 159人次、24 636卷次;办理学历认证2 456人次、5 147卷次。接收本科新生档案6 000余份、硕士6 474份;投递毕业生档案本科6 139份、研究生3 838份;办理改派、改寄、退学学生档案1 838份;日常查阅、政审、咨询等2 100余次。在规定的时间内完成毕业生档案投递工作,无一例错投、漏投。盘点、规范库存档案11 644盒;接收人事处移交332卷、零散材料17 300份;整理37名新提拔处级干部档案及441名处级领导干部零散材料;提供441人次694卷次查阅利用;暑假期间配合人事处突击完成500名退休职工办理养老保险的集中查档复印工作。

多举措强化档案安全防范能力:委托专业公司对档案馆消防、电气以及房屋使用安全进行检测评估,形

成相关安全评估报告并即时整改;完成了全自动火灾报警及气体灭火系统改造;升级部署高清晰、无死角视频监控系统;升级网络防火墙,并通过了学校网络信息安全评估检测。

【强化管理,完善机制】

修订《重庆大学档案工作手册》《重庆大学立卷部门档案验收评定表》,2019 年新编制了《重庆大学 90 周年校庆专项档案材料收集归档实施方案》《重庆大学校庆专项档案档号编制规则》,并坚持走出去,主动到二级单位上门指导,今年除对全校兼职档案员进行常规培训外,还专门针对校庆档案收集开展了业务培训。

(撰稿人:朱文婉)

医疗卫生

【综述】

2019年,医院贯彻全国卫生与健康大会精神,以“师生健康、中国健康”为统领,围绕学校建设“双一流”大学的发展大局,努力提高医院医疗管理和服务水平,为全校师生员工提供安全、有效、便捷的基础医疗保障和公共卫生服务。

【思想政治工作和文化建设】

认真开展“不忘初心、牢记使命”主题教育活动,党员干部进一步增强了“四个意识”、坚定了“四个自信”、做到了“两个维护”,同时顺利完成党总支换届工作。围绕医院建设“师生满意、学校和政府肯定,职工认可的社区综合医院”的目标,坚持实事求是、开拓进取,充分调动全院职工的积极性和创造性,确保医院的正常运行和稳步发展,同时满足了全校师生多样化、差异化、个性化的健康需求。

【日常医疗工作】

全年门诊量129 032人次,住院1 626人次,急诊21 567人次,救护车出车急救151次,留院观察病人3 159人次,检查检验264 509人次,各类体检38 347次。

整合医疗资源,将优质医疗引进校园,切实提高校医院医疗服务能力。2019年医院与重医大学城医院签订医联体协议,在技术指导、双向转诊、人才培养、资源共享等方面开展协作,医联体协议的签订尤其对虎溪校区的急诊急救、会诊转诊等医疗服务提供了有力支撑。

完成预防接种门诊标准化建设并通过卫健委验收,同时完成人员培训及资质获取。该项服务开展后大受师生好评。

深入落实药品集中带量采购,大幅度降低药品价格;积极开展取消耗材加成,按照医疗改革要求调整部分医疗项目收费,进一步减轻患者医疗负担。

【传染疾病的防控】

继续加强对传染病实施有效监控和处置。处置传染病258例,聚集疫情6起,宿舍消毒30余次,确保校园内无传染病暴发流行。

切实做好肺结核、艾滋病防控,在管肺结核患者5人,疑似患者追踪23人,到位率100%,确诊病例处理20人,密切接触者筛查473人,做到连续5年新生艾滋病教育全覆盖。

【医疗服务保障】

开展面向全校师生的心肺复苏技能专项培训，与学工部联合举办“重庆大学第九届大学生急救知识与技能培训”，理论培训260人，实际操作培训130人。并分两批培训90名参加首届大学生安全与应急技能大赛的学生，参赛学生最终以团体总分第一的成绩获得一等奖、二等奖各一个，三等奖2个。

完成健康教育通识课教学64学时。

积极配合学工部开展军训现场医疗服务，每年派出8名医护人员保障军训期间入学新生的医疗安全。

为校庆90周年、学生大型双选会、各类考试、体育比赛、文艺活动等校内大型活动提供医疗保障；完成校内医疗保障服务282次。

【公共卫生工作】

依照公共卫生服务相关指南，针对重点人群，新建居民档案5 620份，累计建档70 942份；完成高血压、糖尿病、老年人健康管理分别为2 225、847、3 090人，随访9 436人次。

深化家庭医生签约服务，建立了面向学生的53个QQ家医服务群，覆盖8 984名学生，定期推送疾病预防知识，及时向学生们提供健康、就诊和医保相关线上问询服务；在C校区教职工家庭医生签约服务的基础上，启动了独居、高龄等特殊家庭及离休人员家医签约服务，落实慢病管理质量。

开展全校学生严重精神障碍患者排查评估，对筛查后的28名学生进行了专业评估；开展学校社区重型精神疾病登记管理，登记91人，纳入随访90人；开展针对精神疾病患者的上门排查、下社区督导；在学工部的支持下，在虎溪校区和老校区开设心理咨询专家门诊，将进一步开展心理治疗。

扎实做好健康教育工作。联合虎溪校区管委会、学工部等开展艾滋病防控主题班会、知识竞赛、广场宣传、社区大型防艾动员活动等一系列艾滋病宣传、宣讲、科普活动；利用结核病日、世界无烟日、世界精神卫生日等开展健康宣传活动10次、现场义诊9次；发放健康教育宣传资料约16 000余份。

【医保管理和计划生育】

组织完成2019年学生参保工作，大学生医保参保34 527人，参保率86%，商业保险27 770人，参保率69%，位居全区高校参保人数首位。完成“重庆大学学生健康档案及医保缴费系统”的升级改造。

落实职工校内医疗补助调整为市级公务员统筹，完成全校人员基本信息确认、上报、系统对接等具体工作，确保3月正式纳入公务员统筹系统。

【加强队伍建设，提高服务水平】

完善修订《重庆大学医院感染控制管理制度》等9项内部管理制度。草拟《重庆大学学生医疗管理实施办法（试行）》并经校长办公会通过实施；制订《重庆大学医院绩效工资实施办法》，落实定岗定编、岗位职责梳理、设岗聘用等工作；开展院聘人员专业技术人员职称认定，继续完善院聘人员薪酬待遇激励机制。

定期组织全院工作质量检查、处方点评、病历质量评审；外派进修学习24人次，组织职工参加沙区卫计委的三基三严比赛及心电图解读竞赛，获团体二等奖；开展护理操作技能考核及专科护士选拔培养，强化医院感染控制，建立三级院感质控体系，确保医疗安全。

在传统缴费方式的基础上，开通了微信、支付宝、POS 机等电子缴费方式，增加了异地医保联网结算，大大方便师生家属就医。

【落实基础建设，改善就医条件】

完成 CT 室建设、CT 采购、安装、接口改造、验收工作；完成虎溪校区医院检验室等达标整改；完成监护型救护车、激光治疗机等 10 余项设施设备论证和招标采购；完成医改处方点评等 4 项 HIS 接口改造及医院防火墙系统招标采购和安装等信息化建设任务。

（撰稿人：章华玲）

安全保卫

【概况】

2019 年,党委保卫部(处)坚持以习近平新时代中国特色社会主义思想为指导,坚持“总体国家安全观”,牢固树立安全发展理念,着力防范和化解重大风险,积极构建共建共治共享社会治安综合治理体系,在学校改革发展和“双一流”建设中写好保卫工作的奋进之笔。

【力保“双庆”安全稳定】

针对 2019 年国庆、校庆提前制订工作方案和应急预案,全面排查校园安全稳定风险隐患,扎实开展“防风险保安全护稳定迎大庆”攻坚行动,确保包括党和国家领导人在内的近 50 名省部级以上领导、30 余名院士、100 余名中外大学校长、1 000 余名社会各界知名人士和 5 万余名师生参与的纪念大会、校长论坛、社团嘉年华、国际文化节、纪念晚会等 5 场大型活动平安稳定。

【强化高校政治安全】

1.强化情报收集,打好风险研判的主动仗

获取各类情报信息 600 余条,上报《情况反映》169 期、《每日信息》121 期,向国安机关提供师生思想动态 8 期,开展网络行为审计巡查 143 次。了解师生思想动态,及时发现涉稳苗头,为上级决策提供有效的情报信息支撑,快速妥善处置 6 起非正常死亡、6 起较大集访、3 起闹访和 62 起矛盾纠纷事件。

2.严密阵地管控,抵御意识形态思想渗透

加强抵御校园宗教渗透,挡获基督教人员在校园内非法传教 13 起,联动公安机关将 2 名外籍传教人员驱逐出境;强化涉外人员管控,开展外籍人员基础数据摸排工作,全程监督有敏感地区人员出席的讲座论坛和有留学生参与的集会活动;严格落实哲学人文社科类讲座、讲坛等审核审批程序,审查审批 2 297 场讲座、论坛;夯实部分人员基础数据及档案资料,开展主题教育活动,让“两个共同”“三个离不开”“五个认同”的思想观念深入人心。

【筑牢校园安全防线】

1.校地共治,解决学校历史遗留问题

协调属地公安、街道、市场监督等政府部门,解决学校历史遗留问题。依法依规开展“住改商”专项行动,全面取缔 34 家“住改商”餐饮经营行为,保证校园食品卫生安全;参与强占公房集中清理,收回强占公房 120 套,维护校园的公平正义;解决 B 校区新开门租赁纠纷,拆除违法建筑,收回逾期占用门面,保证学校建设的如期推进；深入开展整治黄赌毒和扫黑除恶专项行动，开展经营场所摸排清查及流动人员背景审查，打造学校育人环境的风清气正。

2.部门共建，完善隐患排查治理体系

以安稳工作例会、隐患排查整改双周报制度为抓手，不断完善安全风险管控和隐患排查治理体系。全年组织召开安全稳定工作例会 8 次，传达部署重大安全事项 11 项，研讨各类风险隐患 104 项，挂牌督办落实重点隐患整改 18 项。坚持校园安全稳定风险周梳理、月评估制机制，形成“逐级排查、上下联动、全程督办”的隐患治理体系，跟踪督办隐患整改 1 200 余次，最大限度地化解校园风险。

3.平安共享，提升师生获得感安全感

引进“车驾管自助业务终端机”落户学校，提供交通违法、驾驶证、机动车等业务“一站式”服务；配合研发车辆通行权限办理和公务车辆预约微应用，上线学校网上服务大厅，简化办事流程，提高服务效率；服务学校引进人才计划，协调辖区派出所开通绿色通道，为引进人才快捷办理安家落户手续。

【确保交通消防安全】

全年新开车辆通行门 1 个，改造交通信号灯 5 组、新增行人过街交通信号灯 1 组，增设违停抓拍、限速和潮汐车道，实行周末交通管控，人车混行隐患得以解决，切实保障师生安全、畅通出行。针对消防安全短板和弱项，完成 46 栋人员密集场所 3 042 具消防应急疏散指示设备的安装，开展重点消防部位专项检查 35 次，建立火灾隐患整改实景档案，切实降低消防隐患风险。

【构建智慧技防体系】

技防建设由“看得清”向“智能化”迈进，高清视频摄像机 2 400 余台、人脸识别摄像机 80 个，形成“全域覆盖、全面监控、全时可用、全程可溯”的技防体系，为学校应急指挥和师生平安配备智慧“天眼”。

【推进安全文化育人】

坚持安全教育前置理念，探索将保卫工作与服务育人深度融合，与思政工作有机结合。结合“4·15”国家安全日、“5·12”防灾减灾日、6 月安全生产月、9 月安全文化节、11 月安全教育月及节假日、迎新季、毕业季等时间节点，线上线下相结合开展安全教育活动 82 场次，受益师生 56 000 余人次。持续落实新生安全教育全覆盖，成功举办校园安全嘉年华、消防运动会等体验式安全教育活动。配合组织学生参加重庆市大学生安全与应急技能大赛，囊括大赛前三名。安全教育形式丰富、覆盖面广、成效显著，受到教育部、新华社、人民网等主流媒体广泛关注报道。

【全力加强队伍建设】

全力打造好四支安保队伍，即保卫干部队伍、协管员队伍、平安志愿者队伍及安全专家队伍。全年组织内部消防演练、反恐防暴处突演练 8 次，外派教育培训 69 人次，风险评估论证会 3 次，参与活动安保 200 余场次、2 200 余人次，完成全国高校保卫科学研究重点立项课题 1 项，形成了一个敢打硬仗、能打胜仗、有温度、有力度的保卫团队。

（撰稿人：王　琬）

后勤服务

【综述】

2019年，在学校党政的正确领导下，在全校职能部处和学院的大力支持下，后勤党政班子贯彻“保障有力，服务有效，成本合理，师生满意”的工作目标和“三条线、一网格、一关爱”的工作体系，坚持“三服务、三育人”理念，促进后勤管理水平和服务质量再上台阶，圆满完成各项工作任务，积极为学校创建双一流大学做出贡献。

【党建坚持从严，引领后勤有序发展】

深入学习习近平总书记重要讲话和“十九大”精神，认真贯彻学校党委的各项文件精神和工作部署，努力抓好党组织建设和党风廉政建设，保证后勤工作的顺利进行。

加强思想政治建设，深入推进“两学一做”主题教育常态化制度化。

加强组织建设，切实发挥党委的政治核心、党支部的战斗堡垒、党员的先锋模范作用。

【保障基本有力，努力打造一流后勤】

为大型活动提供电力保障7次，排危抢险150余次，提供临时电源5次，倒闸送电25次，改造4个低压配电室。保障62台电梯、6套二次供水系统、中央空调系统正常运行，完成二次水箱清洗杀菌工作。

完成日常维修3.2万余项，清掏化粪池1.7万立方米；完成各类维修工程270余项，监管项目5项。

2019年用能与上年相比支出减少355万元，回收增加297万元，净支出减少652万元，比2019年学校能源预算减少支出999.8万元，学校获得“节约型公共机构示范单位”证书。

完成40余万条用能数据查抄、上机及费用收取工作。更换维修计量电表247只、气表160只、水表392只、数据采集设备238台。勘查维修地下水管漏损16处，漏气点4处。争取到市属企业“三供一业”改造剥离补贴政策，完成770户自来水“一户一表”改造剥离工作，节约资金280余万元。

完成全校4万人次的基本餐饮保障，同时接待校外用餐5万人次，各食堂进行安全检查和专项检查12次，质检员巡查10 000余次，开出整改书156份，罚款书39份，清洗烟道4次，机修小组巡检600余次，维修安装2 600余次，更换补充4类消防设备与设施100余个，确保饮食工作的“五大安全”，全年无一例安全责任事故。

【服务基本有效，力求做到师生满意】

呼叫中心全年受理各类报修、咨询、投诉建议3.7万余项，已处理3.2万余项，回访2.8万余项。

完成招标 21 项、立项 128 项、处内审计 853 项、送学校审计 57 项、申报 2020 年改善办学基本条件国拨项目 6 项、签订合同 188 项。

完成 30 余场大中型考试、1 200 余场招聘活动的后勤服务工作及 500 余间多媒体教室的日常管理工作，累计接待考生 1.1 万余人。

完成 6 900 间学生寝室安全检查 16 次，查处违章 4 000 余次，查收违章电器 129 件；更换消防器材 4 531 具，清理消防通道废弃桌椅约 3 500 套。

完成 9 650 人次的住宿安排工作。学生宿舍服务窗口全年接待咨询 1.5 万余人次，完成入住、换房和退房 13 974 人次，清退结业、肄业、退学学生 530 人次，处理投诉及建议 133 次，学生早出晚归登记 1.2 万余次。

参照物业服务合同对物业公司进行考核，有效督促物业公司按合同规范服务。

清理日常垃圾 560 余吨，废弃物 55 吨，全年外运除渣 900 余车次；冲洗道路累计 30 万平方米，完成草坪、大型桩景修剪 10 余次共计 30 万平方米，病虫害防治 10 次，喷洒面积约 80 万平方米，完成应急抢险排危 20 余次，排除树木断枝 100 余株，移植、移除大树 130 余株，清除马蜂窝 25 个，集中修剪高大乔木 257 株，使用高空作业车 98 台次，做好夏季抗旱工作。

改造食堂就餐环境，提升师生就餐体验；春节、元宵节为留校师生免费提供水饺、元宵；组织端午节包粽子、中秋节“校徽月饼”、欢送毕业生等活动。

加强与通信营运商合作，续签基站场地合同 10 份，共建合同 1 份；新装电话 92 部，宽带 19 部，移机 96 部，排除通信故障 900 余次。

完成邮件登记递送 34 万余件，分拣递送平信 71 万余件，各类报纸 119 万余份，期刊 61 万余本，外文邮件 5 000 余件。

服务会议和演出 2 700 余场，完成交通车、各单位公务交通、学校重大活动的车辆服务工作，保证院士专用车辆的安全检查、行车任务，完成本科招生保障工作。

加强附中、附小、幼儿园管理，强化师德师风建设，打造优秀教师队伍。扎实开展教育、教研工作，积极开展了以养成教育为核心的系列教育活动。重视家长工作，加强互动联系，促进家园共育。不断优化幼儿园的硬软件，营造整洁温馨的幼儿园环境，重视幼儿园卫生保健工作，加强校园安全工作管理。

【强化管理，确保后勤成本基本合理】

积极探索后勤服务管理模式，理顺学校与后勤，后勤与相关职能部门，后勤与下属服务实体之间的关系。拟订和完善多项规章制度和工作流程，逐步建立起有效的内控机制，确保后勤运行稳定。

2019 年后勤服务费用各科目支出与上年度相比均显著下降，做到了收入支出总体平衡，财务运行状况良好。

【凝聚人心，力保后勤基本和谐稳定】

落实《后勤教职工素质提升计划》，组织开展多种培训，提升职工队伍的整体素质。

开展住院、困难、离退休职工走访慰问，为职工办理大病帮困基金。

开展后勤职工趣味运动会、观影、春秋游等活动。积极组织参加学校举办的各项文体活动，有力地推进了校园精神文明建设。

【突出重点，关键时刻体现后勤保障服务能力】

顺利完成校庆校园环境整治和提升，完成校区主干道人行道改造，寅初亭、风雨操场、思群广场周边等景观升级；补栽补种 2 万余平方米苗木，大型景观布置及鲜花摆放点共 9 处，提供 3 万余盆鲜花保证校庆需要。

顺利完成校庆期间服务保障工作。保证电力、通讯畅通，确保校庆活动顺利进行；校庆期间餐饮接待 5 000余人次，楼宇参观接待 4 000 余人次。

（撰稿人：李　军）

社区工作

【综述】

2019 年，社区工作办公室在学校党委和行政的领导下，以“不忘初心、牢记使命”为主题教育，根据学校年度工作要点，结合社区办实际情况，在社区党建、综合治理、校地共建、民生服务、物业管理等方面积极开展工作，顺利完成各项任务。

【党建引领】

坚守立场，牢记宗旨。社区办全体人员始终与党中央保持高度一致。增强“四个意识”、坚定“四个自信”、做到“两个维护”。

贴近民生，多办实事。社区办在化解集体信访危机、维护学校稳定、解决邻里纠纷等方面，做好疏导工作，避免恶性事件的发生，先后调解居民纠纷 100 余起，解决居民实际困难 80 余件。

打造党建活动阵地，弘扬主旋律。依托建工村“微广场”、新华村“明德苑”、松林村“三色园”3 个党建活动阵地开展主题活动，传播正能量。

【综合治理】

1.坚持校地联动，群防群治

以“依托+主体”的工作方式，开展综合治理工作。依托沙区城管办的力量，确保小区违法建筑无新增，依托沙区市场监督管理所对校园内“住改商”商铺进行整治；依托沙区派出所民警的力量，对社区流动人口核查、“住改商”商铺等场所进行检查，严防黄、赌、毒等社会丑恶现象进入校园。

2.加强巡防队伍建设，确保社区平安

加强管理社区巡防队伍，确保对突发、偶发事件，第一时间到现场处理、上报，有效排查区域内的安全隐患。对巡防队伍，除了各种考核、考勤以外，经常组织巡防队员学习、训练等，在工作中查找问题，总结经验。

3.坚持深入一线排查，把问题消灭在萌芽状态

以高度的责任感要求社区办全体人员，每周 3~4 次深入一线实地走访了解情况，重点对社区的消防、治安等进行检查，听取和收集居民群众的意见和建议。全年，及时妥善处置暴力性精神病人 3 起；及时制止新增违法建筑 5 起；及时制止新增住改商 2 起；及时处理各类火灾隐患 10 余起。

【校地共建】

1.共商取得共识

建立每月一次的“校地共建联合协商会议”工作机制。重点协商解决校内“消防、综治、交通、环卫、文化活动、便民服务、社区事务、经济协作”等8个方面的工作。共同整治校园违法搭建、整治校园“住改商”餐饮经营、清理强占公有住宅、完善消防设施设备、政府“雪亮工程”进校园、迎接创文复检工作、建立警民共建办公点等,形成合力,成效显著。

2.共识实现共建

共识凝聚力量,共建才有发展。与辖区3个街道达成共识,社区办领导和街道主要领导对实际情况摸清“堵点”“难点”,形成“处方”,明确学校和地方政府各自的工作职责、任务、目标,以及工作步骤、工作内容等。全年累计拆除住宅区零星违法建筑共计500余平方米,基本消除了地面违法建筑;完成了全校88户“住改商”经营场所地摸底调查工作,坚决对34家“住改商”餐饮经营户进行了取缔;配合相关部门清理了110余家强占公有住房;启动了柏树林10—12栋和沙杨路142—145号住宅楼的消防改造,目前工程在实施中;协助完成了政府“雪亮工程”179处的监控采点工作;在建工村社区联合打造设立“警民共建办公点”,进一步加强了社区警民联系,强化社区治安防范。

3.共建实现共赢

秉持共享理念,推进校地共建向纵深发展。制订了校地共建联系会议制度等。与辖区街道召开联席会议10余次;积极争取地方政府的支持,沙区街道在建工新村投入60万元对住宅区进行了环境整治;对新华村居民休闲桌椅进行了维修与更换;对松林村临街道路房屋与围墙进行了整修;为虎溪花园小区争取到消防设施维保经费16万元;为加强小区环境综合治理,对松林坡实现封闭化管理,对小区出入口正式启动道闸管理,通过治理,松林坡社会车辆随意出入、消防通道堵塞、交通秩序混乱的无序状态得以彻底改观,松林坡社区作为全市6个受表彰的单位之一,获评“重庆市文明单位”。

【民生服务】

①我校老旧住宅众多,增设老旧住宅电梯的诉求越来越多,校领导高度重视。社区办积极推动该项工作,结合我校实际,制订了《重庆大学老旧住宅增设电梯建设管理办法(试行)》。松林村18栋92号楼,率先开展老旧住宅增设电梯试点工作,在社区办积极推动下,经过数月的努力,首部老旧住宅增设电梯开始动工。

②虎溪花园爱弥儿幼儿园因受条件限制,无法满足对校内教职工子女的入园需求,社区办积极应对,耐心解释,才使部分教职工未在校庆期间集体上访,化解了信访危机。

③热情接待来电来访。对能够处理的问题,立即加以处理;对本部门无法解决的问题,积极协调相关职能部门尽快加以落实解决。居民来信来访做到100%受理和回复。

【物业管理】

①2019年,结合重庆大学创建全国文明校园和90周年校庆工作之机,组织物业清理卫生死角200余

处、建筑垃圾 70 余处,全面开展住宅区消防通道堆放杂物清查、清理工作,确保消防通道干净畅通,改善了住宅区卫生环境。

②督促物业公司做好居民房屋装修工作,坚决制止违法搭建等行为。全年制止装修乱堆放、乱倾倒垃圾 30 余起,维护了社区生活环境。

③积极整治社区人居环境。先后对住宅区堵塞消防通道的花池实施拆除;对周边环境进行整治;安装不锈钢栏杆、晾衣竿、座椅等。

(撰稿人:姚　猛)

科技产业

国家大学科技园

【综述】

2019年,科技园办公室紧密围绕学校中心工作,以服务学校师生创新创业,促进科技成果转化为工作目标,通过不断提高服务质量、完善创新环境推动大学科技园各项工作向前发展。

截至2019年年底,大学科技园共有在园企业138家,其中符合教育部、科技部核定的在孵企业共83家(主孵化楼67家、虎溪基地16家),入驻团队35支,新增各类入园企业20家,入驻企业及团队数量及质量有明显提升。企业及团队数量达到国家大学科技园关于在孵企业数量的要求,在孵企业及团队主要分布在电子、机械、生物、材料、新能源、互联网等领域,孵化楼出租率为96%以上。

协调工商、税务、金融等相关单位,为在孵企业进行金融、财务、法律、"互联网+"、消防安全等各类培训达20余次,先后为50余家企业进行了企业创办、场地规划、创业咨询培训、融资对接等服务,组织园区30余家企业及团队进行政府各类项目、资金申报。

在孵化场地拓展方面,大学科技园在虎溪校区出版社大楼新拓展孵化场地8 044平方米,加上老校区主孵化场地,目前大学科技园自主经营的孵化场地为17 214平方米。

【强化党建工作】

科技园办公室以党支部为牵头,不断深化党组织建设工作。结合"不忘初心、牢记使命"主题教育,以专题学习、实地调查等多种方式,不断深入推进党建工作。一是坚持理论学习,坚定理想信念。二是坚持把调查研究贯彻始终,树立问题导向。三是党员领导干部上党课,扩大覆盖面和影响力。四是坚持对照党章党规找差距,力求做到勇于整改、即查即改。五是依托党员活动室,加强阵地建设。六是开展批评与自我批评,以期达到相互提醒、教育的效果。七是与相关机构联合开展主题党日活动、加强爱党爱国教育。

通过一年来持续的深入学习和系列活动的锻炼,凝聚了人心、锤炼了党性,使大学科技园更加具有战斗力,工作的积极性明显提升。

【高效推进各项日常工作】

1.完善和优化企业服务工作

为给企业提供更好的工作环境,科技园优化和完善物业管理、安全保障等工作流程,科技园办公室不断简化程序、提高效率,更新了公共区域灯光、消防设施,完成了园区监控系统全覆盖,不断提升入驻企业及团队的舒适性、安全性,受到企业的一致好评。

2.健全相关制度,完善内部管理

针对大学科技园内创新平台和入驻企业团队较多,各对应管理主体相对复杂等特点,大学科技园不断加强制度建设,办公室坚持不断完善监督约束机制,坚决贯彻“三重一大”决策制度,所有重点事项均由办公会讨论通过决定。2019 年又陆续完善了财务报销、公文管理、治安巡查、会议等多项制度,通过此系列政策的完善,明晰了工作流程,做到科学决策、规范管理。

3.改善孵化场地硬件环境

为不断提升大学科技园外部形象及公共服务环境,大学科技园 2019 年以来继续加强孵化场地硬件环境建设。先后完成了大学城虎溪出版社大楼孵化场地外部塑石、楼顶灯箱制作;对主孵化楼进行部分调整,使其更加规范合理,并挖掘潜力,为企业提供更多的孵化场地,完成了线路改造、内部设施修缮及电表安装等工作。此外,针对主孵化楼设施老化、安全问题突出等问题,完成了车库道闸系统的升级更新等工作,不断为入驻企业创造良好的办公环境。

【重点工作】

1.做好迎评促建工作

大学科技园对照评估要求,梳理各项指标,查漏补缺,按照评估要求推进大学科技园各项工作。目前已经按照分类指标情况梳理出 13 项相对薄弱需要加强的指标,并对其中 8 项指标进行了查漏补缺,并正在制订其余 5 项相对薄弱指标进行的强化补充方案。

2.科慧众创空间升级改造工作

2019 年度,为完善科慧众创空间服务功能,迎接评估,拟在科技园一楼划出 1 000 平方米场地,打造功能较为齐全的众创空间,目前已完成立项报批等工作,正在进行整体规划设计,下一步将继续建设招标和施工等工作。

3.优化管理体制机制工作

行政管理机构优化:经学校和沙区双方多次沟通协商,为提高效率、优化管理,现已由原校、区双方共同组建管理办公室调整优化为由学校按要求独立进行管理和运行,沙区协助并做好相应服务工作。

市场化运营平台优化:一是对大学科技园建设平台公司(重庆大学科技园有限责任公司)进行沙区股东减资退股,变更为重庆大学全资公司。前期已完成有关公司退股的审计及评估工作,目前正在进行后续退股撤资相关工作的谈判。二是对大学科技园孵化服务平台公司(重庆卓创科技孵化器有限责任公司)股东方市经信委股份进行减资退股,变更为重庆大学全资公司。前期已完成退股相关的审计、评估、股东会减资退股决议、登报公示、工商变更等大部分工作,目前正在进行教育部备案审批,待获批后,即按程序完成退资等全部工作。

【特色及亮点工作】

1.完成各孵化创新平台的评估考核工作

先后完成国家备案众创空间“重庆大学科技园科慧众创空间”、国家级科技企业孵化器“重庆大学科技园创业服务中心”以及大学科技园牵头建设管理的全国创业孵化示范基地“重庆大学大学生创业基地”的考核工作,并按照要求顺利完成教育部、科技部、人社部对大学科技园及其各相关创新平台、在孵企业的统计工作。同时,完成重庆市教委、科技局、人社局、沙区科技局对大学科技园内各类市级、区级创新平台的考核评估工作。

2.大学生创业实践基地正式入驻科技园

重庆大学大学生创业实践学生团队正式入驻大学科技园A区孵化基地,目前已经入驻有3D打印、机器人、无人机、智能赛车等10余个团队。

3.不断拓展合作领域

在杭州、南京、成都、昆明与全国大学科技园联盟、西南地区大学科技园联盟、四川省大学科技园联盟相关高校的大学科技园及创新创业管理部门进行了一系列对接、交流,在开辟合作通道的同时,拓展了业务范围。目前,已经有部分合作项目落地实施,如与北京科技大学科技园合作,在铜梁建设科技企业孵化器等项目已经进入实质性合作阶段。

(撰稿人:王海艳,陈　瑜,王永宁)

资产经营公司

【概况】

2019 年,在学校党委、行政的正确领导下,产业党委、资产公司以习近平新时代中国特色社会主义思想为指引,全面贯彻落实党的十九大和十九届二中、三中和四中全会精神,紧紧围绕学校“双一流”建设和立德树人根本任务,继续以“创新、发展、规范、服务”的产业理念,秉承“实干奉献、改革进取”产业精神,切实发挥“防火墙”作用,加强所属企业国有资产监管,强化产学研用相结合,促进科技成果转化,推动企业可持续发展。

【亮点工作】

①开展“不忘初心、牢记使命”主题教育活动,组织理论学习中心组、中层干部学习 17 次,调研校办企业和兄弟高校 15 次,党员领导干部讲党课 10 次,形成问题清单 21 项并逐条整改。组织党员前往朱德故里等地开展“不忘初心、牢记使命”主题教育。成功组织“不忘初心、牢记使命——庆国庆、迎校庆”歌咏比赛。

②配合学校对产业党委巡察并完成整改工作,梳理问题整改清单 31 项,制订整改落实措施 69 项,并立行立改。

③完成二级党组织换届,产生了新一届党委委员和纪委委员。

④截至 2019 年 12 月 31 日,校办企业实现营业收入 6.47 亿元,实现净利润 2 559.50 万元;校办企业资产总额 12.57 亿元,净资产总额 6.72 亿元;向国家上缴国有资本收益 275.64 万元,向学校上缴留存利润 3 000 万元,实现了国有资产保值增值。

⑤形成《重庆大学所属企业全面摸底工作报告》,制订《重庆大学所属企业体制改革方案》,并经学校经资委审核通过。

⑥完成 14 家企业(含分支机构)清算注销和 5 家企业税务注销,启动 19 家企业清算注销工作,制订并实施重庆大学科技企业(集团)有限责任公司清理处置方案,启动武隆区重大培训管理有限责任公司脱钩剥离工作。

⑦加强内控制度建设,新修订完善了《重庆大学资产经营有限责任公司差旅费管理办法》《重庆大学资产经营有限责任公司招标监督管理办法》等 12 项制度。

⑧采购云南绿春县农产品 24 万余元,超额完成扶贫帮扶任务。

⑨完成科苑大酒店装修改造,积极服务 90 周年校庆等重要交流活动。

⑩启动“重大花园”一期 C、D 栋项目建设。

【党的建设】

提高站位，落实党建工作主体责任，印发《产业党委2019年党建工作要点》等文件，强化主体责任，确保党委在企业经营管理中“把方向、管大局、保落实”作用。注重实效，扎实开展“不忘初心、牢记使命”主题教育。抓好落实，配合学校对产业党委巡察并积极完成整改工作。完成二级党组织换届工作。加强党风廉政建设，召开2019年党风廉政专题会议，与企业责任人签订党风廉政建设责任书，坚持利用微信群推送节日节点廉政提示及相关文件信息，加强警示、“以案说法”教育，开展新一轮风险防控工作，组织对新任命干部开展集中廉洁自律谈话。

【科学运营，实现国有资产保值增值】

坚持稳中求进总基调，全力打好“瘦身健体提质增效攻坚战”，坚持社会效益和经济效益并重，出版传媒、建筑设计、科技创新和服务保障四大板块健康发展，实现了社会效益和经济效益的双丰收。

【全面推进校办企业体制改革】

成立校办企业体制改革实施工作小组，对重庆大学所属企业进行全面摸底调查，形成《重庆大学所属企业全面摸底工作报告》，结合实际制订《重庆大学所属企业体制改革方案》。完成康弘科技等14家企业的清算注销；完成安驰科技等5家企业的税务注销；制订并实施重庆大学科技企业（集团）有限责任公司清理处置方案；启动海南黄河公司等19家企业的清算注销工作；启动武隆培训、激光中心拟脱钩剥离处置工作。

【促进科技成果转化，推动校办产业的优化发展】

积极融入学校“1+5”科技创新体系，全力推动产业技术研究院和建筑规划设计总院的发展。切实推进产学研用深度融合，完成温志渝教授团队光谱分析技术成果转化的评估及校内审批工作。完成对校办企业2018年年度考评工作。完成校办企业公务用车改革，《重庆大学校办企业公务用车改革实施方案》由学校批准实施，对24辆处置车辆进行公开拍卖和报废。

【认真履职做好服务保障工作】

完成科苑大酒店装修改造，于6月18日正式开业。启动“重大花园”一期C、D栋项目建设，完成项目地质勘察、方案设计等前期工作。做好经营性房产租赁管理工作。实施虎溪花园智能化安防改造工程。积极承担社会责任，助力绿春打赢脱贫攻坚战，共计采购24万余元农产品，超额完成帮扶任务。

【加强内控体系建设，提升管理水平】

加强内控制度建设，新修订完善了《重庆大学资产经营有限责任公司差旅费管理办法》等12项制度。完善风险防控体系，加强对企业风险防控工作；通过大额资金监管系统实时掌握主要校办企业大额资金动态；开展内部专项审计和年报审计，加强审计整改；推进所属企业全面预算管理。减少管理层级，完善部门设置，实施对科技企业（集团）公司的吸收合并工作。

（撰稿人：刘　志）

出版社

【综述】

2019 年,出版社坚持以习近平新时代中国特色社会主义思想为指导,全面贯彻落实党的十九大和十九届三中、四中全会精神,不断增强“四个意识”、坚定“四个自信”、坚决做到“两个维护”。加强党的建设,坚持将社会效益放在首位,落实意识形态责任制,毫不动摇地坚守意识形态阵地,推动出版工作守正创新。进行干部制度、薪酬制度和绩效考核体系改革,推动出版社下属企业改革调整。全年销售码洋突破 3 亿元,实现了社会效益和经济效益相统一。

【党的建设和意识形态阵地管理】

出版社严格按照“守初心、担使命、找差距、抓落实”的总体要求,扎实开展“不忘初心、牢记使命”主题教育,积极开展多形式、分层次、全覆盖的学习培训,推动干部队伍建设,严格执行“八项规定”和反“四风”要求,落实意识形态工作责任制。

【巡察整改】

对照学校党委巡察组的反馈意见和建议,按照巡察整改方案,把巡察整改措施落实、落实、再落实;举一反三,完善出版社内控制度,进行下属企业负责人任期责任审计和任中审计;加强企业文化建设,积极支持工会开展多种形式的活动,不断增强出版社的凝聚力和职工的向心力。

改革创新、常抓不懈、持之以恒,通过继续深化和巩固整改工作成果,扎实推进出版社各项工作,保持出版社健康可持续发展。

【出版工作】

出版社始终坚持将社会效益放在首位,紧密围绕中宣部《图书出版单位社会效益评价考核试行办法》文件精神,制订和修订完善《出版社关于对特定图书实施特约编辑制度的办法(试行)》《出版社学术著作出版管理办法》等多个文件,从出版版块导向、编辑管理、职工收入等方面引入社会效益评价考核机制,从制度上建立健全把社会效益放在首位,实现社会效益和经济效益相统一的机制体制。2019 年社会效益评价考核成绩等级为优秀。

2019 年,出版社有 14 种图书、教材、学术专著获得各种奖项,其中,《改革开放 40 周年　大国议题丛书》获得重庆市“五个一工程”奖,《蜘蛛生态大图鉴》成功入围中华优秀出版物图书奖(公示期)。7 种图书获得国家出版基金、重庆市出版专项资金资助共计 503 万元。

教材核心竞争力持续增强。出版社全面落实立德树人根本任务，扎实推动习近平新时代中国特色社会主义思想“进教材”工作，把习近平新时代中国特色社会主义思想贯穿课程教材建设全过程，将《出版社新时期教材编写基本要求》落实到教材的编写修订工作中。共出版22种国家规划教材，有210余种教材申报国家职业教育规划教材，上线运行150余门新形态教材；重庆唯一一套拥有自主知识产权的高中国家级课标教材《高中英语》，成功通过教育部国家教材委员会专家委员会的审核。

图书品牌战略不断深入。“万卷方法”成功注册国家商标，“好奇心”“里程碑”“万花筒”“鹿鸣心理”等图书品牌的出版规模和市场影响力不断扩大。“走出去”工作成绩突出，《从格罗托夫斯基到全息影像成功》等5种图书成功向英国等国家和地区输出版权。

产品质量稳步提高。2019年，在上级部门的各种质量抽检中，出版社被检产品全部合格；在重庆市新闻出版局春秋季印装质量检查中，出版社优质品率高居重庆出版单位之首。

【“双一流”建设】

出版社积极融入学校“双一流”建设，注重母体大学高水平、原创性教材的编写出版和将重大科研成果转化为学术著作和大众出版物出版。2019年，由我校科研团队为主要作者的“山地城市交通创新实践丛书”“自主品牌汽车创新实践丛书”获得国家出版基金资助；“万物智能与万物智联丛书”获得重庆市出版专项资金资助，并在智博会上发布；出版《天堑变通途——中国桥梁70年》，献礼中华人民共和国成立70周年；挖掘重庆城市历史文化，出版《历史与空间：晚清重庆城及其转变》，获得广大市民的赞誉。

为献礼学校90周年校庆，出版社精心编辑出版了《重庆大学校史2009—2019》《图说重庆大学》等彰显重大底蕴、弘扬重大精神的校庆图书，在校办的指导下策划制作的文创产品，受到全校师生和广大校友的好评。

【推进数字化运营】

规范数字资源和平台建设工作，制订《出版社数字化资源及平台项目验收办法（试行）》《出版社关于数字化资源建设的工作量计算办法（试行）》；全面启动新形态教材建设，进一步完善“课书房——重大社新形态教材支撑平台”的功能，完成建设并上线新形态教材150门；完成重庆市数字出版专项资金项目“自闭症儿童评量系统”建设，并开始试运行。100余所学校协同参与，全面启动特殊儿童培智教育资源库及教学服务云平台项目，完成技术招标，并开始资源建设。

【经营业绩】

2019年，出版社强化内部管理，理顺企业关系，加强创新，推动出版社持续健康发展。

按照国务院相关规定进行了出版社下属企业改革调整，清算解散了重庆报业集团图书有限公司和重庆书源排校有限公司，妥善地完成清算解散企业职工安置工作；理顺了电子音像出版社与出版社的经济关系，进行公司化运营，实现良好增长；调整了迪帕公司的市场重心，加强内部管理机制，成功实现扭亏为盈；重大书店重开虎溪校区书店，努力开拓新业务，全年销售收入增长15.6%，其中文创产品销售134万元，利润大幅增长。

大中专教材销售码洋首次突破 1 亿元，增长 14%；全社销售码洋首次突破 3 亿元，增长 15%，创历史新高。

2019 年共出版各类图书 1 644 种，其中新书 418 种，实现营业收入 21 680 万元，利润总额 1 580 万元，已扣减上缴学校房屋租金 589 万元，全面完成董事会下达的目标任务。上缴学校利润 1 100.99 万元（含补缴 2018 年 260.99 万元），向资产公司上缴国有资本收益金 128.12 万元，返还学校编制费 238.33 万元，累计共上缴学校 1 467.44 万元。上缴国家各种税金 921 万元。

（撰稿人：龙云飞）

党建与思想政治工作

组织建设

【综述】

2019年,在学校党政的正确领导下,党委组织部依托全校各级党组织扎实开展“不忘初心、牢记使命”主题教育;全面推进“全国党建工作示范高校”创建,着力夯实基层党组织党建基础;以二级党组织换届为契机,选优配强中层领导班子;着眼学校未来发展需要,培养忠诚干净担当的高素质干部队伍;实施精准培训,稳步提升党员、干部队伍综合素质,为学校发展提供坚强的组织保障。

【“不忘初心、牢记使命”主题教育工作】

在学校开展“不忘初心、牢记使命”主题教育期间,党委组织部起草了10个工作方案,统筹校院两级党组织主题教育各项工作落实。一是牵头组织各项会议。组织召开学校动员部署会、校领导调研成果交流会、对照找差距会、专题民主生活会、工作组推进会、专项整治工作会等会议;做好中央指导组接待和7个联络指导组的工作指导等任务。组织校院两级党组织开展集中学习研讨800余场,组织党支部开展集中学习3 000余次,发放学习资料累计25 000余册。二是推动问题查找。组织校院两级领导班子成员围绕本职工作精选调研课题370余个,讲专题党课400余场,校院两级领导班子召开对照党章党规找差距专题会议70余场,党支部召开对照检视问题会议600余场。三是抓好整改落实。统筹“9+1”个主题教育专项整治工作,牵头完成3个问题整治并形成专项报告。制订校院两级领导班子专题民主生活会工作方案,协助校级领导班子扎实做好会前准备并征求意见建议。与中央指导组建立良好的信息沟通机制;形成经验交流发言、工作推进情况汇报等阶段性总结材料20余篇,逾10万字;牵头草拟并上报学校主题教育自评报告、总结报告等材料。

【“全国党建工作示范高校”创建工作】

成立“全国党建工作示范高校”建设领导小组及工作办公室,形成建设方案并召开动员大会;组织召开任务推进会4次,高质量推进创建任务开展。积极对外扩大学校“全国党建工作示范高校”影响力,接待市内外兄弟高校来访,向高校思想政治工作创新发展中心报送工作信息5篇,制作示范高校建设成果展示视频,指导标杆学院和“双带头人”工作室制作成果展示材料,组织参加教育部新时代高校党建“双创”工作推进会成果展。组织1个标杆学院、3个样板支部、1个“双带头人”工作室参加中期评估;形成并上报18个亮点信息;完成重庆大学智慧党建平台一期建设任务;推荐1个二级党组织、3个党支部参加第二批“双创”评选,2个支部成功入选教育部第二批“全国党建工作样板支部”培育创建单位名单。

【二级党组织集中换届工作】

选优配强中层领导班子，深入42个二级党组织围绕班子运行情况开展调研，广泛听取教职工意见建议，组织开展民主推荐37场，听取意见2 000余人次，进一步选优配强中层领导班子。指导二级党组织开展换届各项工作，上报换届党组织情况形成批复38个。截至目前已有36个二级党组织完成换届选举工作。

【干部队伍建设工作】

科学制订干部队伍建设规划及相关制度，制订了《重庆大学2019—2022年中层领导干部队伍建设规划》《中共重庆大学委员会关于贯彻落实〈2018—2022年全国干部教育培训规划〉的实施方案》《重庆大学中层领导人员选拔任用工作办法》《中共重庆大学委员会关于进一步激励学校干部新时代新担当新作为的实施意见》。全年共提拔处级干部43人，调整52人，31人退出领导岗位。提拔科级干部24人，交流调整13人。大力推动优秀年轻干部队伍建设，着眼学校今后5~10年发展需要，制订了《重庆大学优秀年轻干部队伍建设规划》，组织调研组深入60个二级单位开展谈话调研，建立了学校优秀年轻干部数据库。多渠道提升干部实践能力，进一步加强校地合作，2019年先后选派了1名教师挂任云南省绿春县副县长，1名干部挂任云南省绿春县驻村第一书记，1名教师挂任新疆石河子大学水利建筑工程学院副院长，3名中层干部和教师分别到重庆市科技局、沙坪坝区等政府部门挂职锻炼。成功推荐2名教师分别到云南省环保厅和沙坪坝区经信委任职，协助地方政府完成了13名外派挂职干部的考核工作。从严从实抓好干部日常监督管理，切实做好领导干部兼职、个人事项报告、因私证照管理等日常监督，共完成39人次兼职申报、71人个人事项报告查核、173人次证照服务；全年与干部共谈心谈话55人次；组织完成了2018年中层领导班子和领导人员考核，评选出考核优秀的中层领导人员57名、学校先进工作者11名；协助完成了校领导2018年度考核和选人用人“一报告两评议”工作。

【党校教育培训工作】

制订《中共重庆大学委员会关于贯彻落实〈2018—2022年全国干部教育培训规划〉的实施方案》和《2019年党委党校培训计划》，作为校院两级党校开展干部教育培训工作的纲领和指南。分层分类组织实施，将中层干部、科级干部、青年干部、高层次人才、支部书记、发展对象、积极分子、党外干部等全部纳入培训，实现教育培训全覆盖；根据不同培养目标及学习需求，分层分类定制精品班次和课程。全年共举办“双一流”建设专题研修班、科级干部管理能力提升培训班、青年干部专题培训班等共计21个班次，累计5 000余人次参训。创新培训工作机制，将“集中宣讲、专家解读、小班教学、网络自学、分组研讨、现场教学、主题参观、工作解析”等多种学习形式充分融合，提高学习参与度。拓展培训渠道，积极推选干部参加中组部、教育部、市教委等各级调训，利用国家行政学院、国家教育行政学院等网络平台开展学习。与中组部培训基地浙江大学、井冈山干部学院等单位长期合作，2019年新增了中组部培训基地北京大学为合作培训机构。推进党校信息化建设，运用好各类网络资源，抓好干部网络培训。建立干部教育培训个人学习档案，打造干部教育培训信息管理系统。推进“重庆大学智慧党建平台”与“重庆大学党委党校网络云平台”一体化建设。

【党建基础工作】

组织二级党组织书记述职评议考核;完善基层党组织设置,完成附属肿瘤医院党组织转入,完成资源与安全学院党委、环境与生态学院党委、管理科学与房地产学院党委3个党组织更名,改建医学高等研究院党支部为直属党支部;夯实组织生活质量,共汇编9期组织生活学习资料,派出110余人次督查指导组织生活;严格把关党员发展,2019年度共审核发展党员材料3 600余份,发展党员2 069人;严格组织关系转接,推行新入校师生党员材料逐一审核制度,共转接党组织关系2 487人;高质量完成党内统计工作,2018年党统工作获全市“优秀”;严格管理党建经费,做好2018年党费收支及公示,完成2019年度党费收缴工作;做好“七一”表彰工作,推荐产生4个“先进二级党组织”、82个“先进党支部”、359名“优秀共产党员”、46名“优秀党务工作者”;加强党务干部队伍建设,定期召开工作例会对组织员队伍加强业务指导,召开全校教工党支部书记经验交流会,加强“双带头人”支部书记队伍建设;协助教育部党建工作联络员开展工作,为党建工作联络员在校开展工作提供办文办会等沟通协调服务,为我校选派出的党建联络员做好后勤保障。接受重庆市高校基层党建和思想政治工作集中调研督查及市教委对补交党费使用管理情况的专项审计和检查;持续开展后进党支部整顿工作,“一支一策”抓好6个后进支部整顿。

【常规服务工作】

落实好党委联系服务专家,协助完成人才工作;完成各级各类调研来访接待及后勤保障工作;办理出国党员登记、个人政审、补办党课结业证明等各种手续5 000余人次,提供高质量服务便利师生;积极参与“三全育人”等工作;完成部门财务、人事、保密、综合治理、工会、离退休、意识形态、校史编写、干部年统、部门及干部年鉴等各项具体工作。大力推动干部信息管理系统二期建设,集成干部因私出国(境)及因私证照管理、干部兼职、干部个人事项报告等功能;管理好CPC重庆大学党务工作平台和12371党建信息平台;定期做好党务信息公开。抓好自身建设,以学习促建设,充分利用上级业务专题培训、组织生活等学习方式,提升业务水平;以交流促建设,全年共派出9人次参加教育部干部专项工作、校内巡察、校庆等各级各类业务抽调,提升了队伍综合能力;以机制促建设,通过绩效方案考评、支部评议、科室建设等措施,持续推进部门党建与业务双融合双促进。

(撰稿人:张涵颖)

宣传思想文化工作

【综述】

2019 年,党委宣传部(教工部)认真贯彻党中央和教育部、重庆市委的部署,全面落实学校党委行政要求,以习近平新时代中国特色社会主义思想为指引,学习宣传党的十九届四中全会精神和《中国共产党宣传工作条例》,坚持新发展理念,紧扣“不忘初心、牢记使命”主题教育要求,围绕学校“双一流”建设,落实立德树人根本任务,实现新时代学校宣传、思想、文化、师德工作和 90 周年校庆工作新成效。

【政治理论学习】

坚持理论学习打头。组织开展校领导班子暑期读书班。围绕主题教育指定篇目列出 7 个集中学习专题,组织校级领导班子集中学习 5 天,二级单位领导班子召开专题研讨会 555 场次。组织开展校党委理论学习中心组 11 次专题学习会。举办 6 场全校师生大型集中学习报告会。组织党的十九届四中全会理论宣讲团,实现二级党组织宣讲全覆盖。做好全校政治学习安排。组织师生党员注册使用“学习强国”学习平台,比例达到 98%,建立“学习强国重庆平台”重庆大学供稿体系,主动供稿 16 门慕课、10 个视频和 3 篇稿件。为二级党组织订购、编印发放书籍杂志、学习资料 4 650 本(册)。

【意识形态工作】

全年完成舆情专报快报 50 期,月报 11 期,预警预判、引导应对“网传我校博物馆相关问题”等 22 起网络舆情热点。上报舆情咨政报告 3 886 篇,采用 2 885 篇,完成 140 余次上级委托的各类重大题材约稿调研任务,3 篇被中央办公厅采用,2 篇获得全国网研中心“高校网络舆情工作创新与发展论坛”十佳专报。多措并举建设重庆高校网络舆情基地。召开 4 次意识形态领域分析研判会和 1 场专题培训,有效防范化解意识形态隐患点,提高干部政治敏锐性与鉴别力。强化部门保密工作安全教育,增强国家安全总体观意识。加强部门归档工作,严格区分涉密档案和非密档案,做到归档及时、规范、准确。健全哲社类讲座论坛研讨会三级审查审批体系,2019 年全年,学校审查审批 2 582 场,报送市教委审批 31 场。重点审读 2019 智博会学校推荐的 4 本科普读物书稿。向上级报备学校师生与外国驻华使领馆交往活动 6 场。开发审查审批 App 并上线运行,实现审查电子化。上线运行“重庆大学网络舆情处置平台”,建立网上要情通报制、重大事项报告制,健全网信工作体系。

【宣传工作】

通过开设专题网、微信微博推送、微视频发布、直播、校报和电视台专题报道等方式,开辟“不忘初心、牢记使命"主题宣传，推出"爱国奋斗重大人""重庆市优秀党务工作者"等专题报道、"歌唱祖国""青春告白祖国"等系列策划。统筹推进校内新媒体联盟建设，积极参与中国大学生在线、全国高校思政网建设。举办"校园代言人选拔大赛"等网络文化精品活动，发动学生广泛创作新时代向上向善的好作品，组织优秀作品参加大学生网络文化节。制作《天耀中华》《我爱你中国》等 MV 发布"学习强国"平台。落实网络文化成果评价认证。继续推行新媒体审批、备案、年审制度。截至目前，登记备案新媒体账号 311 个，明确各级账号的责任人及指导老师。全年组织各类培训、沙龙交流活动 10 余次，提升二级单位新闻宣传素养。培育优秀网络育人平台，拓展抖音、B 站等新媒体平台。第一时间发布资讯和现场报道 110 余次，推出典型人物和团队 50 余个、原创主题策划 140 余篇，获中央及地方主流媒体报道 3 000 余次，《光明日报》整版报道学校主题教育开展情况。推出科普载荷成果和团队系列深度报道，深度策划报道科技进步一等奖、最美奋斗者、富民兴渝、最美辅导员、招生季、毕业季、迎新季系列报道。

【文化工作】

完善教育部高校思想政治工作创新发展中心（文化育人）工作机构和工作条件，推动打造全校性优秀传统艺术文化通识课精品课程、开设工作坊、开展理论研究；组建咨询服务队伍，打造各类网络阵地服务师生的咨询服务体系，组建工作组分赴 5 地 18 所艺术类专业高校开展调研，服务教育部思政司决策咨询；建立校地协作、校企协作、校友协作的外部协同机制。校园文化溢出效应明显，获得重庆市第十五届精神文明建设"五个一工程"表彰。建好中华优秀传统文化（川剧）传承基地，推动开设全校性民族特色艺术精品课程，创建实践工作坊和学生社团。积极引进高雅艺术进校园和戏剧戏曲进校园，与中国舞蹈家协会签署"顶尖舞者进校园战略合作协议"，合作共建舞蹈美育发展平台。统筹推进文明校园建设。维修、改造全校公共区域所有宣传栏，更新、规范宣传内容。建设"文明重大"专题网站。荣获"第一届重庆市文明校园"和"创建全国文明校园先进学校"称号。开展"知校爱校"主题教育，校史馆提供参观讲解服务 382 场。涵养"重大精神"、挖掘传承红岩革命文化，启动"红色基因传承工程"馆校共建基地，开展"让烈士回家"系列主题活动暨红岩精神走进重庆大学活动、"讲红色故事、讲革命精神"18 场巡讲活动，发挥好校史育人作用。

【教师思政和师德师风工作】

出台《重庆大学教师师德失范行为负面清单及处理办法（试行）》及修订相关师德建设文件，规范师德失范事件处理及舆情处置预案。开展思想动态调研，掌握教师思想动态和师德状况。完善师德审核工作机制，共计审核 41 类 1 200 余人次。成功推选鲜学福院士为全国"最美奋斗者"、王时龙获"2017—2018 年度富民兴渝贡献奖"。与人事处联合举办 2019 年教师节庆祝暨表彰大会。组织新进教职工入职宣誓仪式，举办师德模范报告会、师德主题演讲比赛、第七届青年教师教学基本功比赛等活动。推进书记、校长进思政课堂，开展思想政治工作骨干培训班、懋德讲坛，川剧传承课程获《重庆日报》"思政金课"专题报道。创作反映攻坚克难优秀科研群体奋斗历程的话剧《光华》、反映爱国奋斗及知行合一教育思想的《陶行知在重庆》等作品，新进教师代表参加校庆晚会节目。开展 10 场正念压力舒缓体验与培训。打造重大教师"两微一端"品牌栏目宣传。

【校庆 90 周年主题工作】

1.宣传展示校庆盛况及办学成就

一是策划《岁月留痕·笔尖下的重大》《聆听重大》画展，组织拍摄《重逢》《重来》等视频。二是策划制作“复兴民族　誓作前锋”重庆大学宣传片，推出 90 周年校庆主题策划，纪念大会综合报道，通过文字、图片、视频、航拍、直播等全媒体报道校庆盛况。推出为校庆送祝福 H5、校庆主题头像、校庆主题表情包等原创内容，配合校旗传递，原创设计传递路线图。打造优质的直播活动 50 余场，观看人次超过 230 万人次。校庆纪念大会现场直播大会观看量 39 万次，点赞 9 400 余次；校庆纪念晚会直播观看量达 53 万次，点赞超过 1 万次。分赴 7 个省市采访报道 16 位校友。三是组织人民网、《中国日报》《重庆日报》等媒体就学校“双一流”建设、科技创新、人才培养、国际化办学等主题开展系列深度采访报道。校庆日当天，科技日报、人民网、光明网等 300 余家媒体网站、新闻客户端报道重庆大学建校 90 周年纪念大会。纪念大会上 95 岁的学生代表向 94 岁的教师代表献花的感人瞬间受到各大媒体关注报道，新华社、《半月谈》《人民日报》等媒体通过微博微信、抖音等平台广泛报道，近百家媒体网站、新闻客户端转载。策划主办“2019 年全国主流网络媒体重庆高校行——大型融媒体采访活动走进重庆大学”，全国 30 余家主流媒体 100 余篇报道集中宣传报道重庆大学 90 年的办学成就。

2.牵头策划举办“文化校庆”活动，激发爱国爱校强大力量

一是举办建校 90 周年校庆庆典大会及纪念晚会。二是开展高雅艺术进校园迎国庆庆校庆活动，引进“顶尖舞者进校园”走进重庆大学、重庆市话剧院优秀剧目《红岩魂》、重庆市歌剧院民族歌剧《尘埃落定》等。

3.深挖校史资源，展示办学历程成就

一是出版《图说重庆大学》《重庆大学校史（2009—2019）》。二是全面升级改造校史馆。充分体现“复兴民族，誓作前锋”校庆主题，充分运用现代高科技手段，全面梳理学校 90 年办学历程所积淀的大学精神，记录 90 年求索的历史轨迹，展示重大人坚韧不拔自强不息的精神风采，记述前辈学人孜孜求索不懈奋斗的史实，宣传学校建设发展的辉煌成就。

（撰稿人：徐　爽）

统战工作

【综述】

2019 年,在学校党政的正确领导和市委统战部的指导下,我校统一战线紧紧围绕学校“双一流”建设中心工作,服务大局,凝心聚力,务实创新,推动了各项工作稳步开展,较好地完成了预期工作目标。

【民主党派工作】

各民主党派向学校教代会提交提案 30 件;协助校党委召开统一战线暑期座谈会、统战工作调研座谈会各 1 次,会上党外代表人士围绕学校“双一流”建设建言献策,就学校的建设与发展提出 25 条意见建议,并按党委要求督促各职能部处就相关意见、建议进行了及时反馈;向校内各民主党派划拨活动费 26 万余元;组织选送党外人士文艺节目参加“全市统战系统庆祝新中国成立 70 周年大型文艺晚会”活动;民盟重庆大学委员会荣获民盟中央“盟务工作先进集体”荣誉称号,青年专委会顾问司马文霞荣获“盟务工作先进个人”称号。

【党外代表人士工作】

按要求撰写了《关于高校统战工作“重点任务清单”贯彻落实的情况报告》报市委统战部、市委教育工委;推荐、选派 3 位优秀党外干部到地方政府进行为期 1 年的挂职实践锻炼;向市委统战部推荐市级党外代表人士后备人选 16 名,向区委统战部推荐区级党外代表人士后备人选 48 人,协助市、区统战部完成对 64 名推荐人选的谈话调研考察;协助市委统战部完成 3 位党外代表人士作为民主党派市级组织届中调整的拟进班子人选的考察工作;协助沙区统战部完成了 4 位区级党派后备干部的考察工作。

【民族宗教工作】

按照市委统战部要求,对我校民族宗教工作进行了全面总结,认真做好重庆市委常委、统战部部长李静来校调研考察民族宗教工作的准备工作;召开民族宗教工作领导小组成员单位负责人会议、二级党组织书记会议,及时传达教育部、中央统一战线领导小组有关宗教督查问责情况的通报,按照有关要求进行排查梳理。与市、区统战部、沙区公安分局建立了民族宗教工作协作机制;协助市委统战部、市民宗委成功举办“重庆市民族界庆新中国 70 华诞、颂民族团结进步”演讲比赛。

【港澳台侨工作】

在市委统战部举办的“共画侨界同心圆 · 共筑伟大中国梦”主题征文活动中获三等奖,我部获优秀组织奖(全市 2 所高校获得此奖);推荐 2 名侨界青年学者代表重庆出席中国侨联青年委员会第四次大会,1 人当选中国侨联青年委员会常委，1 人当选中国侨联青年委员会委员；我校与沙坪坝区侨联签订重庆市第一个校地三方联动开展侨务工作的《重庆大学侨联、重庆大学校友会、沙坪坝区侨联合作协议》；接待了中国侨联党组书记、主席、中国科学院院士万立骏一行到校考察调研，协办中国侨联重庆调研座谈会，重庆市委常委、统战部部长李静、重庆市政协副主席张玲陪同调研，在听取我校侨联推进"地方侨联+高校侨联+校友会"工作情况汇报后给予高度评价；3 人分别当选首届沙坪坝区欧美同学会名誉会长、会长、副会长，4 人当选理事；配合中联办、市委统战部、市台办等上级部门接待了香港大埔区青年网络活动策划会香港高中学生参访团等 3 批共 50 余人的香港、台湾青年学生、社区青年等来校参观交流；中秋节、国庆节前夕，向学校"三胞亲属"发出慰问信，积极引导他们增进国家认同感和中华民族意识；在重庆市首届创新争先奖表彰暨先进事迹报告会上，李莉、臧志刚等 2 位党外代表人士，刘玉菲、张育新等 5 名侨界代表人士获"创新争先奖先进个人"称号；侨界代表人士宋永端获第七届"中国侨界贡献奖"一等奖，这是重庆市至今唯一的一位一等奖获得者。

【服务人大政协工作】

积极引导各级人大代表、政协委员参政议政、建言献策、服务社会，根据学校相关制度文件对其履职情况进行了考核并按时发放了调研费 10 余万元；推荐并协助沙区统战部完成了对 2 名增补区政协委员的考察工作；将党外代表人士参政议政、建言献策及参加社会工作等作为"社会服务"内容纳入学校绩效评估考核。

【脱贫攻坚及咨政建言工作】

民盟重大委员会动员组织盟员赴城口县开展脱贫攻坚帮扶活动，在城市规划、教育、旅游、资源利用等献智出力；民进组织会员多次深入武隆区贫困乡村，开展"艺术教育希望行"艺术扶贫活动；党外代表人士夏玉先、知联会陈民铀同志加入"同心·星火"脱贫攻坚帮扶服务团，前往国家级贫困县深度贫困乡镇巫溪县天元乡，助力当地脱贫攻坚，市委统战部专门致函我校表示感谢；党外代表人士杨宇振发挥专业优势，帮助石柱县中益乡进行规划设计，助力打造绿色、特色、多元的美丽乡镇。市政府参事何培斌的研究课题《关于全面推进城市精细化管理　提升我市城市管理化水平》获重庆市发展研究奖一等奖；我校党外代表人士向全国、市人大提交议案 23 件，其中采纳 20 件；向全国、市、区政协提交提案 73 件，其中采纳 55 件，被市领导肯定性批示 2 件；在各类咨政会、调研会上提交咨政建言建议或调研报告等 51 件，其中被市领导批示或督办 5 件。

【新闻信息工作】

认真做好新闻信息工作，2019 年向党办报送要情并被采用 20 余条，向校新闻网报送各类快讯及新闻并被采用 30 余条，向市委统战部报送信息 10 余条。

【学习交流及理论研究工作】

接待了 6 所兄弟院校来校交流访问；选派统战干部参加全国、市、区统战部门、侨联等组织的各类统战业务培训 9 人次；主持完成了全国政协委重点调研课题《人民政协作为统一战线组织研究》之重点子课程《人民政协作为统一战线组织的组织学研究》，并被市社科联立项；获重庆市政协 2019 年调研成果三等奖，这是重庆市高校唯一获奖的调研成果；承担并完成重庆市委统战部 2019 年重点调研课题“利用校地合作机制推进民族宗教工作的实践与思考”的调研报告，形成了《围绕“三爱”答好“三个为什么”进一步夯实高校统一战线思想政治基础》的研究论文，并在 12 月初举办的全国高校新时代统战工作创新研讨会上书面交流；向市委统战部报送实践创新成果 2 项。

（撰稿人：陈西东）

纪检监察工作

【综述】

2019年，纪委在学校党委和上级纪检监察机关的领导下，增强“四个意识”、坚定“四个自信”、坚决做到“两个维护”，积极协助党委落实全面从严治党政治责任，忠诚履职尽责，坚定不移正风肃纪反腐，认真落实纪检体制改革工作要求，努力为营造学校良好的政治生态和育人环境提供坚实的政治保证和纪律保证。

【“两个责任”】

积极履行协助职责，推动落实全面从严治党政治责任。3月，协助学校党委召开了2019年全面从严治党工作大会。制订出台了《重庆大学深化落实全面从严治党责任清单》，把落实全面从严治党责任情况作为二级党组织领导班子和领导干部综合考核的重要内容，将考核结果作为各二级党组织及其负责人奖励惩处、选拔任用等的重要依据。围绕“四个落实”，学校纪委积极协助学校党委从严从实开展校内巡察工作，全年共巡察了10个二级党组织。深化运用监督执纪“四种形态”，综合运用工作约谈、廉政谈话、专项检查、听取汇报、列席民主生活会、不定期走访、下发纪检监察建议书等方式，指导督促相关单位工作，让咬耳扯袖、红脸出汗成为常态，抓早抓小、防微杜渐。

【政治监督】

加强对学校党组织深入学习贯彻习近平新时代中国特色社会主义思想和党的十九大精神的监督，把践行“两个维护”、学习贯彻习近平新时代中国特色社会主义思想情况等纳入学校纪委对二级党组织、二级单位调研检查的重点，纳入学校党委巡察工作的重要内容。加强对党中央重大决策部署的贯彻落实情况、教育部重要工作部署落实情况的监督检查。紧盯“三全育人”、基层党建、思想政治教育、意识形态等工作，加强监督检查，校纪委书记带队深入党办、组织部、宣传部、教师工作部等部门，督促主责部门落实政治把关责任。加强对组织生活、政治理论学习、执行“三会一课”、召开民主生活会等情况的监督检查，严明政治纪律和政治规矩，严肃党内政治生活。

【日常监督】

通过参加党委常委会、校长办公会等学校重要会议，对贯彻执行党委领导下的校长负责制和“三重一大”决策制度进行过程监督。强化对重点领域关键环节的再监督，纪委书记带队深入资产经营公司、附属医院、基建处、招投标中心、房管处等单位开展专题调研。加强对学校组织部、人事处、审计处、教师工作部等部门，以及奖惩委员会、师德建设委员会、学术道德与学风建设委员会等组织落实监督责任的再监督。紧盯

“四风”问题，加强对贯彻学校《集中整治形式主义、官僚主义实施方案》《关于落实基层减负年有关要求的通知》的监督检查，通报并要求限期整改在巡察中发现的“以会议落实会议，以文件贯彻文件”等现象。认真抓好节日期间作风建设，发送廉洁短信 2 300 余条。加强对干部选拔任用工作的监督，认真做好党风廉政意见回复工作，建立了全校 300 余名中层干部的廉政档案，学校纪委书记与副处级以上领导干部面对面谈话 170 余人次。建议组织调整干部 1 人、暂缓提拔干部 1 人、建议取消评优资格 8 名个人或单位。

【执纪问责】

认真贯彻落实《中国共产党纪律检查机关监督执纪工作规则》，梳理制订学校《监督检查执纪审查措施常用文书样式》《监督检查执纪审查流程常用文书样式》，不断完善问题线索管理制度，规范处置流程。高度重视审查调查安全工作，加大软硬件设施建设，建成规范化的“走读式”谈话室，认真落实审查调查各项安全工作制度，无审查调查安全事故发生。全年共受理各类信访材料 119 件。梳理问题线索 25 件，处置问题线索 34 件（含 2018 年 9 件），采用初核处置 17 件，谈话函询处置 11 件，直接了结处置 6 件。立案 3 件，办结 3 件。运用“四种形态”处置 29 人次：第一种形态 26 人次，第二种形态 2 人，第三种形态 1 人。发出纪律检查、监察建议书 10 份。严肃处理 1 名顶风违反中央八项规定精神的处级领导干部，给予党纪处分，并在一定范围进行通报。

【廉洁文化】

印发《关于扎实开展“以案说纪、以案说法、以案说德、以案说责”警示教育的实施方案》；组织全校中层干部观看警示片《警钟长鸣》、全体专兼职纪检干部观看警示片《“啃食”校园工程的“建筑权威”》；编写《以案明纪　引为镜鉴：高校党员干部、教师违纪违法典型案例剖析选编》警示教育读本，并要求二级党组织以读本和学校近期发生的案例广泛开展警示教育。全校共开展各层次警示教育 72 场，受教育师生 4 400 人次。联合校内相关单位启动“壮丽 70 年 · 风正扬帆恰当时”廉洁文化作品评选活动，联合学生就业办组织选调毕业生 200 余人参观市廉政教育基地。

【队伍建设】

坚持政治理论学习与业务培训制度，对学校专兼职纪检干部开展专题教育和培训，不断提升纪检监察干部的思想政治素质和业务能力。全年选派 54 人次专职纪检监察干部参加上级纪检监察机关举办的培训，或参与上级机关相关工作，锻炼提高业务工作能力。举办了二级纪委书记专题培训班。成功接入中央纪委国家监委内网系统，畅通工作渠道。积极开发重庆大学纪检监察电子化工作平台。依托学校“党风廉政建设研究中心”，加强党风廉政理论与实务工作研究。定期开展安全和保密教育，不断强化涉密人员的安全、保密意识，严格落实各项保密规定要求。

（撰稿人：谭　伟）

机关党建工作

【综述】

机关党委现有 36 个党支部,579 名党员,38 个工会小组,在职职工 873 人。2019 年,机关党委在学校党委的统一领导下,全面贯彻习近平新时代中国特色社会主义思想和十九大以来历次全会精神,以开展“不忘初心、牢记使命”主题教育为主线,自觉对标主题教育总目标和总要求,做实机关党建和机关工会工作,着力助推学校“双一流”建设和落实立德树人根本任务。

【政治建设和思想建设】

机关党委始终与以习近平同志为核心的党中央保持高度一致,以党委“五个到位”和支部“七个有力”为导向,坚决贯彻落实上级党委的各项要求,带头做到“两个维护”。“不忘初心、牢记使命”主题教育开展以来,机关党委发挥党支部、工会小组作用,围绕学校工作重点和人才培养大局,集中学习 100%落实,处级党员领导干部和机关各支部书记讲课 100%覆盖,圆满完成主题教育各项规定要求。同时,创新开展党务干部培训、攻坚克难案例展示等党建活动,紧密依托重庆市红色教育资源、抓住国庆 70 周年、校庆 90 周年契机,通过观看爱国主义影片等,深入开展革命传统教育、校情校史教育、先进典型教育和警示教育,实现党员和教职工教育全覆盖,不断强化干部职工的“四个意识”,坚定“四个自信”,坚决做到“两个维护”。

【组织建设和制度建设】

以深入开展“不忘初心、牢记使命”主题教育为主线,进一步修订完善和实施机关“两委”委员联系服务群众、党员领导干部双重组织生活、党建工作考核等工作制度。顺利召开机关第五次党员代表大会,圆满完成机关党委、纪委换届工作,及时完善、调整党委、纪委委员联系支部方案,全面落实集体领导与分工负责制,确保党建主体责任抓牢抓实。强化支部工作保障,根据学校干部调整累计完成 12 个支部班子的调整工作,组织机关各支部党务干部参加机关党委主题教育党务干部专题培训,及时为支部划拨建设经费和返回党费共计 18.04 万元。定期为支部配发学习资料,累计发放《党建》《习近平关于“不忘初心、牢记使命”论述摘编》等资料 3 000 余册,为支部准备主题教育学习 PPT、视频等资料 20 余份。做好党员发展及日常管理工作,6 人确定为入党积极分子,4 人确定为发展对象,发展预备党员 3 人,预备党员转正 5 人,按时交纳党费 45.6 万元,转接党员组织关系 61 人,实时完成 570 余名党员信息的维护和完善。

【作风建设和纪律建设】

结合主题教育,督促机关支部着力克服“脸难看、门难进、话难听、事难办”工作陋习,驰而不息纠正“四风”,力戒形式主义、官僚主义,机关党委率先在机关各支部设立党员示范岗和党员责任区。严格“三公”经费管理,自查自纠津补贴发放、办公用房等问题,督促校部机关各支部、各部门落实“一岗双责”,推进党务政务公开,推动党务工作与业务工作的深度融合,督促机关支部开展党风廉政主题党日、“以案四说”、参观廉政教育基地等廉政教育活动,实现节假日等重要时间节点廉政提醒常态化,完善线上线下党风廉政教育体系,切实履行主体责任。做好先进典型树推工作,完成机关党委“七一”表彰和2019年教师节表彰的申报、推荐、评选工作,获学校表彰先进支部4个,优秀党务工作者11人,优秀共产党员30人,先进科室12个,先进工作者21名,营造机关党委创先争优的良好氛围。

【工会与教代会工作】

加强机关工会组织建设,依托分工会委员做好对基层工会组织的联系与指导工作。做好机关工会、教代会、女工及青年方面服务和指导工作,认真贯彻落实工会教代会制度,关注干部职工思想动态和合理诉求,2019年征集提案12项,向学校提交提案9项,开展绩效工资实施办法、附小附中办学方案等意见征集4项,充分发挥教代会为学校发展建言献策,推进学校民主政治建设作用。抓好机关文化建设,组织教职工参加各项文体活动和赛事;结合实际,开展跳绳、趣味运动会等文体活动,加强和规范机关职工文体俱乐部的管理和活动开展;依托各工会小组开展春秋游、职工观影等活动,凝聚力量构建和谐机关。2019年,机关分工会“爱心妈咪小屋”获批重庆市示范点;组织队伍参加学校比赛,荣获教职工足球赛冠军、春运会团体第三名、消防运动会第三名等多项荣誉;机关文体俱乐部成员先后4次代表学校参加重庆市羽毛球和乒乓球比赛均获优异成绩,为学校赢得荣誉。

【机关职工小家建设工作】

积极推进机关职工小家建设,完成机关工会活动经费划拨标准及生病住院慰问标准调整,做好工会经费预算及经费报销等工作。以人为本,通过三级联动制度做好扶贫济困和送温暖工作,全年慰问家庭困难、生病、退休职工等97人,发放慰问金85 189元;为73名机关职工缴纳办理大病帮困金13 980元,帮助2名职工获得大病帮困金53 200元;配合学校做好职工体检、子女入读重大幼儿园附小附中等宣传工作;配合学校发放春节、五一等节日慰问品3 844人份,职工生日蛋糕券761人份,春节、中秋等节日慰问费112.9万余元,及时传递学校和组织的温暖。

(撰稿人:赖炳根,石万曲)

虎溪校区党建工作

【综述】

2019 年，虎溪党工委坚持以习近平新时代中国特色社会主义思想为指导，深入贯彻党的十九大和全国教育大会精神，强化政治引领，围绕立德树人根本任务，以三全育人综改示范区建设为抓手，切实推进全面从严治党和治理体系建设，全面落实基层党建重点任务，团结带领校区师生共建文化虎溪、智慧虎溪、生态虎溪、和谐虎溪、美丽虎溪。

【思想政治工作】

坚持用习近平新时代中国特色社会主义思想武装头脑、教育师生、统领工作，突出强调政治建设，积极引导教职工牢记立德树人根本、引导青年学生坚定理想信念。发挥理论学习中心组示范作用，全面落实学习制度，依托党支部“三会一课”，利用“学习强国”App、党工委自主开发的网络党建园地，组织全体党员认真学习贯彻党的方针政策、习近平总书记重要讲话精神和十九届四中全会、全国高校党建会议等重要会议精神，自觉做到“两个维护”、强化“四个意识”；充分利用虎溪校区微信公众号等“七位一体综合宣教平台”，以舍区教育项目为载体，持续开展“两学一做”，组织开展党的十九届四中全会精神专题宣讲和读书、研讨、交流等活动，引导师生坚定“四个自信”，自觉投身建设伟大工程、推进伟大事业、实现伟大梦想的洪流。全年理论学习中心组集中学习 11 次，教职工政治理论学习 60 次。

【党建工作】

扎实开展“不忘初心、牢记使命”主题教育，聚焦初心使命，党员领导干部集中开展学习研讨；围绕制约校区改革发展的瓶颈问题，展开调研并形成调研报告 9 份，召开调研成果交流会 3 次，讲授专题党课 9 次；对照党章党规查找差距不足，召开专题会议 3 次。在广泛征集意见、开展谈心谈话、检视剖析问题基础上，召开专题民主生活会 3 次。指导下设 6 个党支部开展主题教育相关工作，6 个基层党支部书记为支部党员同志讲专题党课 6 次，汇报个人学习体会 6 次，各党支部开展主题党日活动 46 次、专题学习研讨 22 次、对照党章党规找差距会 6 次、组织生活会 6 次、民主评议党员人数 78 人，参加志愿者服务党员 78 人。严格规范落实党内政治生活制度，全年通过学校党务工作平台（CPC 系统）报审组织生活 163 次，开展特色主题党日活动 17 次。

联合校区 6 个二级党组织，制订入党积极分子培训方案，2019 年度培育入党积极分子 146 人。严把党员发展质量关，全年发展党员 24 人，其中，临聘职工 3 人，学生 21 人，转正预备党员 4 人。依托重庆市 12371

党建信息平台、学校党务工作平台（CPC 系统）做好党员信息维护，年内转接党员组织关系 36 人次。通过谈心谈话，对家庭经济困难、身心健康存在问题的党员，表达组织关怀，给予帮助引导，年内谈心谈话 200 余次。

【意识形态工作】

主动引导与直面斗争相结合，借助“七位一体综合宣教平台”，编发《信息采集》38 期、微信 100 余期、微博 500 余条、新闻 100 余篇、原创视频 40 余条，组织 794 场讲座、论坛、宣传等活动，牢牢把握意识形态阵地主动权。实施管防结合，应用人脸识别、场地管理系统，严把人员、场地和审批三关，强化巡查、门禁和阵地管理，防范宗教渗透，抵御西方思潮侵袭。全年累计审批会议室、报告厅、剧场、校区 LED 电子显示屏、学生活动场地等使用申请 1 500 余次。

【党风廉政建设】

通过面向全体职工发放廉政宣传资料，开设纪检工作宣传橱窗，在虎溪校区主页开设纪检工作专栏等方式加强党风廉政宣传。根据校区工作特点梳理出廉政风险点，制订了对新晋职工、关键岗位干部职工一对一廉政谈话制度，全年谈话 30 余人次。加强对物资采购、工程项目招投标的过程监督，参与各类招投标 30 余场。加强对弘深学院、UC 联合学院的专业分流、研究生推免、学生评优评奖等工作的监督管理。

【工会工作】

虎溪校区分工会关心职工生活，开展退休老同志春节、重阳节送温暖活动 10 人次。为患病住院职工申请资助补贴 800 元。按 1 000 元/人标准，为单位临聘职工 36 人配发校工会节日慰问品。在高温炎热天气，向职工发放防暑降温药品 100 余件。

（撰稿人：王庆贺）

群团工作

工会工作

【概况】

2019年,重庆大学工会以习近平新时代中国特色社会主义思想为指导,深入贯彻落实党的十九大、十九届二中、三中、四中全会精神和中国工会十七大精神,在重庆大学党委的领导和行政的支持下,紧紧围绕学校中心工作,自觉服务改革发展稳定大局,履职尽责、凝心聚力,竭诚服务教职工,完成了各项工作任务。

【参与学校民主管理和民主监督】

召开重庆大学第十四届工会会员代表暨第九届教职工代表大会第三次会议。会议听取了学校2018年工作报告和财经工作报告。代表们围绕学校工作报告,就"落实立德树人根本任务和推进'双一流'建设"主题开展讨论,提出意见和建议200余条,涉及学科建设、人才培养、科学研究、队伍建设等。本次会议共收到提案78件,经提案工作委员会审理,立案55件,目前提案已由相关职能部门办理完毕。

学校先后三次通过校工会征集全校教职工对学校绩效工资方案的意见和建议。2019年6月20日,学校工会、教代会第十二次全委会高票通过了《重庆大学绩效工资实施办法(审议稿)》。

【开展青年教职工革命传统和理想信念教育】

举办青年教职工革命传统和理想信念教育培训班,35名青年教职工代表参加培训,深入学习了习近平新时代中国特色社会主义思想、党的十九大精神、井冈山精神,进一步接受了知校爱校荣校教育、师德师风教育和革命传统教育。

【开展文体活动】

举办"三八"妇女节虎溪健康行、校庆90周年教职工足球赛、春季运动会、教职工棋牌赛、钓鱼比赛、趣味运动会等全校性文体活动,参加教职工3 800余人次;开设各类兴趣培训班,参加教职工4 000余人次。

【开展教职工慰问】

开展全校性节日慰问和生日慰问,为教职工发放大米、食用油、杂粮、干货、生日蛋糕券等慰问品以及慰问金,合计金额1 223万余元。开展教职工日常慰问613人次,合计52.8万元。慰问建档困难教职工、遇临时困难教职工,资助困难职工子女入读大学,资助患大病教职工,共95人次,合计36.98万元。

【助力扶贫工作】

工会全年采购价值83万余元的绿春县特色农产品,同时动员全校教职工积极购买相关产品,以消费扶贫助力绿春县脱贫攻坚。

【评选表彰“文明家庭”】

2019 年共评选“文明家庭”119 户并给予表彰，号召全校教职工学习先进，讲职业道德，守社会公德，扬家庭美德，努力践行社会主义核心价值观。

【开展工会、教代会专兼职干部培训】

全校 200 余名工会、教代会干部参加培训。通过认真学习习近平新时代中国特色社会主义思想，学习工会、教代会业务知识，进一步增强“四个意识”，坚定“四个自信”，提升工会干部履职尽责能力和工作本领。

（撰稿人：郝小玮）

共青团工作

【综述】

2019 年度，校团委在学校党委和上级团组织的领导下，深学笃用习近平新时代中国特色社会主义思想，始终坚持党的领导这一政治原则，始终围绕立德树人根本任务，“不忘初心、牢记使命”，高举伟大旗帜、聚焦主责主业、大力推进改革攻坚，切实助力学校“三全育人”改革和“双一流”建设，全力培养德智体美劳全面发展的社会主义建设者和接班人。

【聚焦思想引领】

1.夯实共青团学习教育主阵地

强化思政教育，在校内引领“青年大学习”热潮，广泛开展“青春心向党 · 建功新时代”主题宣传教育实践活动以及“我和我的祖国”“青春告白祖国”等各类主题教育、团日活动近 4 000 场，覆盖学生 3 万余人。

2.畅通共青团融合网络主渠道

壮大网络阵地，依托全国学校共青团新媒体运营中心专业工作室、教育部大学生网络文化工作室等，建设“六位一体”新媒体矩阵。团属各类新媒体全年全网图文视频浏览量超 1 500 万，多次位居全国高校团委微信号排行榜前列，最高位居第三。新媒体工作专著在光明日报出版社出版发行。

3.创新共青团青年话语主推手

创新共青团青年话语体系内容供给，创作推广原创歌曲、图文、短视频、MV、Vlog、H5 等文化产品，累计覆盖学生 200 万人次。敢于亮剑发声，开辟“前锋锐评”“前锋简评”栏目，以青年话语推出网络评论文章。

【聚焦基层组织建设】

1.强化组织建设

实施团组织达标工程，制订《重庆大学基层团组织规范化建设工作的实施方案》，落实《重庆大学二级团组织共青团工作考核办法》；实施团支部标杆工程，2 个团支部入选全国高校“活力团支部”、3 个团支部入选重庆市高校“活力团支部”。加强团组织对学生会和学生社团的指导，建设学生会团工委、学生社团团工委。加快推进学生会组织改革、学生社团改革。校团委获“重庆市五四红旗团委”等称号。

2.强化团员教育

依托青马工程和团校，加强团员教育管理，开设 12 个“青”字特色培训班，培养学生骨干 1 500 余人。结合五四运动 100 周年、中华人民共和国成立 70 周年等重要节点增强团员组织意识。研究制订《重庆大学学生团员“推优入党”工作实施办法》，实施阳光团员工程，落实五星团员评价制度。1名学生入选全国青年马克思主义者培养工程高校班，向国务院扶贫办主任刘永富等汇报工作，1名学生获全国向上向善好青年，1名教师获重庆青年五四奖章，1名学生作为重庆市唯一代表参加2019年全国“双创活动周”受李克强总理集体接见。《中国青年》刊发重庆大学周言事迹长篇专访，相关工作得到《人民日报》、新华社、学习强国、中国青年报等媒体报道。

3.强化干部培养

加强团干部教育培训力度，提升基层团干部政治理论素养、群众工作能力、团的业务水平等，推荐3人参加中组部、教育部、团中央高校青年党员骨干培训示范班。5名学生入选全国大学生实习“扬帆计划”，在中央和国家机关暑期实习一个月。1名学生任全国学联驻会执行主席。

【服务学生成长成才】

1.深化创新创业新生态营造

持续建设“四位一体”工作平台，当选中国高校众创空间联盟主席团成员、全国大学生就业创业服务联盟团体理事，成功申报“2019年度全国创新创业典型经验高校”；强化“1+2+N”竞赛培育，在第五届“互联网+”大赛中斩获2金4银2铜，实现重庆市在该赛事金奖“零”的历史性突破，重庆日报整版报道，捧得第十六届“挑战杯”优胜杯，总分排名西南地区第一，在第六届“创青春”（互联网组）中斩获金奖1项，在第四届全球重大挑战论坛协作实验室竞赛中获第二名；浓厚创新创业氛围，承办“挑战杯”重庆市选拔赛、“互联网+”重庆赛区比赛等，连续2年承办iCAN西南赛区比赛，举办科技文化节等200余场活动，陈治宇入选福布斯中国发布的2019年度30岁以下精英榜。

2.深化志愿服务活动开展

拓展志愿服务平台，常态化建设志愿服务基地、市民学校，组织参与智博会等志愿服务活动，累计服务时长达174 077小时，教育部专题报道志愿服务工作，1名学生获第十二届中国青年志愿者先进个人，1名学生入选“中国青年志愿者海外服务计划——服务联合国机构项目”；深化社会实践内涵，探索全年贯通化社会实践，寒暑假650余支队伍近2万名师生赴国内外开展实践，获全国大中专学生志愿者暑期“三下乡”社会实践活动优秀单位、全国大学生暑期最佳实践大学等荣誉称号；推动青年红色筑梦之旅，打造品牌团队，春藤助梦团队、七色光绘梦团队分别获得“青年红色筑梦之旅”赛道铜奖、银奖，相关团队成员先后向重庆市委书记陈敏尔，教育部副部长钟登华等汇报工作。

3.深化一流学生社团培育

推动学生社团规范化发展，修订社团管理和考核办法，开展社团常态监管，共有学生社团238个，注册校级202个，备案院级36个，全年共开展3 000余场活动，覆盖师生3万余人；加强组织建设，选树推广标杆社团，培育优秀学生社团骨干，培训覆盖400余人。科技类社团获“2019年高校创业社团全国十强”“中国科幻银河奖‘最佳社团’”等称号，节能减排协会获全国大学生节能减排社会实践与科技竞赛特等奖，跆拳道协会获中国跆拳道(竞技)锦标赛铜牌,艺术团国标舞队获得第十二届国际标准舞全国公开赛多个组别一等奖,马拉松跑团获高校百英里接力赛总决赛第 4 名,登山协会获全国大学生户外技能赛团体总分第 5 名。

4.深化一流校园文化建设

建强学生艺术团队伍,打造 8 个专业队伍,依托艺术团和 40 余个文艺类社团举办青春巡礼报告会、“一二·九”学生运动合唱专场音乐会等演出 30 余场,参与拍摄教育部系列拉歌快闪活动作品 5 部;创作文化艺术精品,排演《白蛇传》《重庆往事·红色恋人》等,发行纪念校庆 90 周年原创音乐专辑,原创歌曲 MV《青春正铿锵》获全国最美校歌 MV 最佳作品,《重庆家书》获重庆市精神文明建设“五个一工程”奖、第八届重庆艺术奖;抓好文化艺术普及,举办首届“校园新秀大赛”“校园舞蹈大赛”,持续开展“周周艺起来”系列活动,受邀参加中央电视台“五月的鲜花”全国大中学生文艺汇演、湖南卫视《百团盛典》、教育电视台《戏聚校园》等。

(撰稿人:钟川江)

学部（学院）工作

人文学部

人文学部办公室

【综述】

2019 年,人文学部紧密围绕学校和学部中心工作,根据学校发展要求及学部定位认真履职,有序推进各项学术事务管理服务工作,圆满完成各项目标任务。

【学术事务】

1.学科建设

组织开展各学院学科发展现状、建设情况及后期布局调研工作,分析学部学科发展状况,寻找发展重点,为学部领导决策发挥参谋助手作用。召开书记院长联席会,讨论人文学科整体建设发展情况,探讨学科发展趋势,并对博士学位授权点申报和学科建设规划提出建议。完成《筹备重庆大学古典辞书编纂研究中心申请书》的审议工作。在学校人才引进、职称晋升、薪酬体系等系列政策变化之际,召开音乐舞蹈专业教师座谈会,听取一线教师意见建议,为学校工作决策提供信息。

2.机构建设及制度服务

2019 年,人文学部共召开两次学部学术分委员会全体会议,充分发挥学部学术委员在学术审议、学术评价、学科建设和教育教学中的作用,统筹推进各项学术事务,为学校建设和良性发展提供了强有力的支撑。配合校学位评定委员会完成换届推选工作。完成了人文学部学术分委会委员增补工作,增补余志为研究员为人文学部第一届学术分委会委员。

【学术评价】

加大外评力度,严格评审标准,完成 2019 年度人文学部职称评审工作。人文学部学术分委员会严格按照评审工作程序,完成职称申报材料艺体类实践成果审核工作,以及申请者艺体类实践成果的同行专家评议工作,共推荐提交校学术委员会审议正高 3 名,副高 10 名;并向学校破格评审委员会推荐两位评审委员,提请学校学术委员会审定。充分发挥考核评价机制的引导激励作用,完成学部 2019 年聘用制教师聘期考评工作,顺利完成 15 位聘用制教师的聘期考评工作。

【人才引进】

学部加大人才引进工作力度,规范人才引进程序,严格人才引进标准,2019 年,学部会同相关学院认真核准拟引进教师的学术业绩,从学科需求、队伍结构以及个人学术水平等方面严格把关,组织学术分委会对拟引进人才的职称进行评定、全年经学院推荐拟引进人才 43 人,学部审议并报学校 20 人。其中,副教授 2 人,青年教师 18 人。另外,引进兼职教授、客座教授 3 人。

【学术交流与合作】

为了活跃学术气氛,繁荣校园文化,做好品牌讲座——“重大讲座”,实现学术思想碰撞,提供创新思想和学术成果的汇集与交流的园地。2019 年,人文学部共资助学院举办了 14 期“重大讲座”。推进校企合作人才培养,探索人才培养新模式。会同建筑学部、社会科学学部联合开展金科集团资助的“重庆大学—金科集团人才培养计划”项目,完成学员选拔、管理等工作,完成素质拓展、实践参访、讲座培训、国际交流等教学环节,既依托企业行业优势,又充分利用教学资源,建立校企深度合作、优势互补,达到共赢目的。

【校庆服务】

完成学术校庆相关服务工作,与学院一同主办学术校庆活动。完成每月校庆活动计划报送、每两周已举办活动的汇总报送工作。完成校庆联络员服务,做好嘉宾服务工作。

(撰稿人:湛　敏)

外国语学院

【概况】

2019 年,外国语学院围绕主题教育,着力提升党建工作水平,为学院发展提供坚实保障;以一级学科建设为抓手,实施人才培养质量工程,推动外国语言文学学科建设实现新跨越。

1.教师成长态势喜人,队伍建设实现可持续发展

2019 年,新增全国美国文学研究会理事(国家一级学会)1 人;新增副教授 4 人;新增博士学位教师 2 人;新增德籍外教 1 人。1 人赴英国约克大学攻读博士学位;1 人赴澳门大学攻读博士学位;1 人获第十届“外教社”杯全国高校外语教学大赛(大学英语组)全国一等奖。积极推动师资队伍国际化建设。辜向东教授连续六年担任剑桥大学 English Language Assessment 顾问;与纽卡斯尔大学联合培养教师,盘峻岚成为 British Academy 长期资助项目“二语研究方法资源库”(IRIS)中国区联络人。

2.专业教育和大学外语教育齐头并进,人才培养质量稳步提升

本科生专业能力优势明显。英语专业 2017 级专业四级考试通过率达 98%,再创新高,优良率 77%,居同类高校前列;德语专业专四通过率 100%,优良合计 89.4%,专八通过率 84.6%,优良合计 30.8%,成绩在国内同类专业处于领先地位。日英复语培养初见成效。日语专业(日英双语方向)实施以语言技能培养为基础的人文教育。在课程设置上体现“小规模、复语培养”的基本思想,1—7 学期开设英文课程。2019 级大类招生分流优质生源流向日语。学科竞赛成绩喜人,共获得全国各级各类奖项 15 项。制订《重庆大学外国语学院国(市)创、SRTP 项目管理办法》,加强学生科研训练管理,本科生科学研究能力逐步提高。在首届全国

外语学科联盟理工类院校本科生“外语论文”创新大赛中获华中赛区一等奖、全国总决赛一等奖。专业研究生研究能力明显增强。博士研究生首次在著名的语言学期刊 *Lingua* 上发表论文,硕士研究生在 SSCI 一区上发文 2 篇,2 名硕士研究生获得首届“国际英语教育研究基金硕士研究基金奖”,2 人参加国际生态语言学会议(属最高水平国际学术会议)并发言。获 2019 年重庆市研究生科研创新项目 1 项、重庆市优秀硕士论文 1 篇、重庆市研究生跨学科导师团队 1 个。

3.外国语言文学一级学科提升计划项目成果初步显现

依托重庆市人文社科研究基地搭建语言学研究团队;依托外国语学院外语能力建设中心搭建语言教学研究团队;依托外国语学院拉丁语言文学研究中心、艾柯研究中心搭建外国文学研究团队;依托外国文学文化与媒介研究中心搭建比较文学与跨文化研究团队;依托社科处搭建国别与区域研究团队。拉丁语言文学研究进展顺利。《哀歌集·黑海书简·伊比斯》获得第八届重庆文学翻译奖,《变形记》《女杰书简》和《爱的艺术》已与中国青年出版社签约,共计 200 万字。语言认知及语言应用研究平台逐渐产生辐射效应,其与汽车学院合作进行多觉交互对科普教育效果的探索;与通信学院合作进行人工智能方法应用于语言视听整合及研究;与管理与房地产学院合作进行噪声环境下的危险认知实验;与脑科学协同创新中心合作进行基于语音信号智能分析的大学生精神异常检测和预警技术系统研究。

4.积极开拓国际合作渠道

与利兹大学探讨双方师生互访交流;与香港中文大学探索两校联合培养本科、硕士研究生的可行性;与澳门大学共建翻译、传译和认知研究中心;与加拿大安大略大学拓展合作协议;与加拿大英属哥伦比亚大学探讨合作模式;与英国爱丁堡大学、悉尼大学成功申报院级合作协议;参加日本横滨英语语言测评研讨会寻求高校合作机会。

5.积极承办国内外学术会议,提升学科影响力

承办亚洲 ESP 学会第三届年会暨全国第八届专门用途英语研讨会、全国美国文学研究会第 13 届专题研讨会、全国第五届大学生国际学术研讨会、第九届全国大学英语院长论坛和国家社科基金重大项目“拉丁语诗歌通史(多卷本)”开题报告会。

【英语专业被认定为首批国家级一流本科专业建设点】

教育部办公厅印发《教育部办公厅关于公布 2019 年度国家级和省级一流本科专业建设点名单的通知》,正式公布 2019 年度一流本科专业建设“双万计划”(国家级和省级一流本科专业)建设点名单,重庆大学申报的 26 个专业全部获批。其中,重庆大学英语专业被认定为首批国家级一流本科专业建设点。

【打造“学习型、探究型”教师专业发展共同体】

引进香港理工大学、香港中文大学知名教授开设专项教师培训项目,重点针对满足学校研究型、国际化人才培养需求的课程建设、开发和研究。充分发挥一线教师和院内课程教学专家的优势资源,定期组织以课程内涵理解与拓展、教育技术应用与研究、课程教学中的跨文化理解与沟通、课程思政、语言能力提升、测

评为主题的公开教学研讨活动 10 余场次。学院 30 余人次参与专题分享,400 余人次参加讨论。

【国别与区域研究实现“零”突破】

开启国家民族身份建构视角下印度语言政策研究和多语背景下的印度通用语问题研究。由社科处牵头,外国语学院联合高研院、新闻学院拟成立“重庆大学国别与区域研究中心”。外国语学院将成为“重庆大学国别与区域研究中心”第一建设单位。

(撰稿人:阳乾凤)

艺术学院

【概况】

2019 年,学院以加强制度建设为中心,对已有规章制度进行重新梳理,并根据实际工作需要制订了《艺术学院教职工行为负面清单》等制度文件,进一步规范学院各项工作流程,充分实现了用制度管人、按制度办事,使学院内部管理科学、规范、有效,有力提升了学院的工作效率,顺利完成了教学科研管理、招生、职称评定、绩效工资分配方案的制订等各项工作。

【师资队伍建设】

学院积极鼓励并支持在职在编教师赴国内知名高校、研究机构以国际名校学习进修。2019 年,学院共支持教师学习培训 11 人次;学院把引才工作作为工作重点,根据学科发展和人才梯队建设的需要,引进的青年教师成效显著。2019 年引进的 2 名青年教师,其中 1 名连获第十二届中国音乐金钟奖重庆赛区选拔赛民族组一等奖,第十二届中国音乐金钟奖声乐民族组决赛入围奖,为提高音乐专业的办学质量,提升学校社会声誉做出了积极贡献。

【人才培养】

1.本科教学与管理工作

完成《重庆大学切实加强新时代学校美育工作实施方案》拟订工作,继续大力推进“美育教育中心”建设,将其设为学院的中心工作之一。“产品设计”专业被重庆市政府认定为 2019 年本科高校一流专业。积极支持推动教学改革的深入开展,培育教改课题 6 项,申报成功市级教改课题 1 项。组织举办设计系和美术系毕业展、2016 级年环艺系贵州乡村调查成果展,设计学科 2019 年度跨学校、跨学院联合毕业展,校庆美术书法展、2019“铭记师恩”音乐会等艺术展会,积极为学生创造高水平、精细化的多样选择空间和展示舞台,通过多种举措切实提升教育水平和学生的专业学习水平。持续加强教学管理和教师培训工作。全年派出参加全国一流专业建设、金课建设、虚拟仿真实验室建设、精品课程建设、慕课建设等各种教学培训 36 人次。艺术学院中心实验室参与成功申报中华人民共和国教育部产学合作协同育人项目《智能设计——虚拟现实创新实践基地》,参与成功申报《重庆大学重庆荣昌陶设计创新与实践基地》、成功结项重庆大学实验教改项目《印刷工艺与版式设计》。组织学生参加中国高校生肖设计大赛、第一届大陆学院优秀作品展等比赛，取得良好成绩。中心实验室实验教师的作品在全国性艺术家协会——中国工艺美术协会主办的2019年金凤凰创新产品设计大赛中荣获金奖。

2.研究生教学与管理工作

进一步完善研究生的相关规范制度，打造具有时序性的学业流程管理体系，为支撑各个授位点的专业建设，提升教学质量，鼓励各专业授权点积极申报市、校两级的导师团队，2019年完成1项市级导师团队建设、1项市级联合培养基地建设、1项市级案例库建设的申报，均获得重庆大学推荐到重庆市参评资格。组织了市级研究生优质课程的申报。

【科学研究】

2019年我院教师发表CSSCI及以上的学术期刊论文11篇，其中A类期刊1篇、B类期刊2篇、C类期刊论文7篇，中文期刊A类1篇，专(译)著8部。科研项目立项11项，其中国家艺术学基金项目3项，教育部一般项目1项，重庆市社科规划项目2项，中央高校基本科研业务费面上项目1项、平台和基地项目4项。纵向经费115.5万元，横向科研经费176.67万元。全院2019年共获得省部级及以上等级获奖5项，其中国家级入选奖1项，省部级奖4项。组织了2019重庆市女书画家作品展；10位教师的作品入选第七届重庆市美术作品展览暨第十三届全国美展；组织创作了高水平的重庆大学建校90周年文艺晚会，获得了校内外观众的一致好评；重庆大学川剧工作坊折子戏专场演出，反响良好；参与中央电视台“五四”晚会录制、重庆大学“五四”晚会、成都“弦歌不绝　薪火相传”——2019新尚之夜文艺晚会、重庆市广场舞比赛、第六届重庆市舞蹈比赛等演出；成功组织了“唱响青春·与祖国奋进——记‘青春心向党·建功新时代’”合唱比赛、庆祝建国70周年暨川音建校80周年张莉教授教学班独唱音乐会、举办张礼仁教授师生音乐会。举办各类高水平学术讲座20场。

【学科建设】

学院多次召开专题会议讨论学科建设问题，进行了4轮学科调研；撰写《艺术学院学科发展现状及调整策略》《就艺术学院工作量认定及学科建设向校长汇报》等文件提交学校相关部门领导。学院对开展学科调整和专业凝练达成初步共识，进一步聚焦重点学科，集中发力。拟将原有4个一级学科整合为2个学科，同时将原来的9个专业方向凝练为5个。国画系与油画系拟实行合并，重新制订教学计划，打通基础课。设计学科拟实行工作室制，打通基础课与通识课，进一步夯实本科教学基础，提高灵活性。

【国内合作与对外交流】

2019年7月成立了重庆大学艺术学院校友会，正逐步筹建地区级的艺术学院校友会。全年接收校友协议捐赠496 745.9元，实际到账捐款176 745.9元(部分协议捐赠按年支付，合计5年捐完)。完善艺术学院的校友捐赠制度和使用途径。进一步加强捐赠宣传，设立学院发展基金；进一步扩宽校友捐款渠道，开辟设备捐赠、图书捐赠等途径；开展重庆大学与沙坪坝区政府、永川区政府、璧山区政府等项目合作地探讨，商议后续合作的可能。启动了沙坪坝区・重庆大学设计创意产业园——重庆大学建筑规划设计研究总院有限公司设计艺术分院成立的各项准备工作;开展璧山区・重庆大学非物质文化遗产文创协同创新中心、重庆市人力资源和社会保障局主导的大创慧谷・艺术学院创新创业基地等相关建设项目的协商工作。在2019年3月获得两项教育部产学合作协同育人项目的基础上,再次支持2019年1项教育部产学合作协同育人项目的申报。支持与海尔集团共建跨学科联合实验室,与华为集团、重庆大学科协联合开展校园创新活动。

与汽车工程学院成功联合主办的学科发展与专业建设论坛暨工业设计/产品设计校友论坛,扩大了设计学科在全国的影响。国画专业与韩国釜山大学艺术学院积极进行学术交流,实现互访、作品联展等。双方正式签署合作协议,将在教师互访、互派留学生、研究生教育等多个方面进行合作。与英国伯恩茅斯艺术大学签署合作协议,在研究生培养、教师进修、留学生派遣等方面开展合作。与西班牙巴塞罗那大学艺术学院、加泰罗尼亚理工大学建筑学院进行学术交流,探讨合作意向。拟在2020年举办西班牙艺术节,加强双方学术交流,并就博士、硕士研究生培养、教师进修、留学生互派等合作项目进行探讨落实。

【学生管理工作】

先后修订完善了《艺术学院学院请销假制度》《艺术学院学生各类奖学金评定办法》《学生外出实习管理办法》等制度,开展艺术风行画展、各年级篮球赛、优秀学生经验分享、陶艺、专业设计大赛、寝室文化节等各类活动,丰富校园文化生活。

根据艺术类学生特点开展工作,打造学院学生工作特色。创建具有艺术类学生特点的心理工作机制,建立学生心理健康成长档案,做好家庭经济困难、就业困难、学业困难的特殊群体的心理引导。2019级新生心理测试比例达98%以上,重点学生回访率100%。成功处理了20余起心理问题导致的危机事件,确保学生安全。以活动为载体,促学生心理健康。为加强心理健康教育的针对性、时效性,开展了心理团体辅导活动十余次、邀请校心理咨询中心教师开展心理健康讲座等形式多样的活动,通过这一系列人人都参与、人人受教育的活动,逐步形成了“辅导员+心理委员”和“群体辅导+个别指导”的教育模式。

学院坚持就业工作“一把手”工程,建立领导班子、辅导员、指导老师三位一体的就业格局,以全面提高就业率和就业层次为核心,进行分类指导,坚持内引外联,积极开拓就业市场,开展创业创新系列活动,开阔学生视野,全方位服务跟踪,做好就业服务工作。

【90周年校庆工作】

2019年,重庆大学成立90周年。校庆期间,我院组织了艺术学院校庆90周年艺术作品展等系列活动。同时,积极组织师生投身校庆90周年系列文化活动中,圆满完成了学校要求,为校庆服务,为学校添彩。

(撰稿人:史　沁)

体育学院

【概况】

2019 年,体育学院认真开展“不忘初心、牢记使命”主题教育活动,扎实做好审计和巡察问题整改落实。党政领导班子强化责任担当,坚持立德树人根本任务,努力提高体育工作在学校人才培养中的作用,带领全院教职工以饱满的工作热情和务实的工作作风,克难奋进,教学、科研、学科建设、竞训等各项工作有效开展,圆满完成了各项工作任务。2019 年 11 月 28 日,中国共产党重庆大学体育学院第五次代表大会胜利召开,选举产生了中共重庆大学体育学院第五届委员会和中共重庆大学体育学院新一届纪律检查委员会。

学院在编教职工 77 人,其中专任教师 63 名,教授 5 人,副教授 31 人。学院体育教育专业入选“重庆市一流专业”;“三进”教育课题 1 项已结题;1 人获得校级(河钢)奖教基金,实现学院该奖项“零”的突破。完成公共体育课在线课程建设项目,成功投入使用,在线学生人数达到 12 488 人。历时 4 年的公共体育课优质课程建设顺利结项。春运会开幕式上成功组织“全民健身”“青春活力,共庆 90”“青春之火,歌颂祖国”主题表演项目,组织了校园马拉松长跑活动。2019 年下半年,2018、2019 级 11 263 名学生利用课余时间坚持课外跑步锻炼,总跑步次数 22.27 万次,总跑步里程 64.86 万千米。

2019 年,2 位老师分别在美国、德国进行了为期一年及以上的高访学习;1 位老师在英国进行了为期三个月的交流学习;2 位老师到意大利孔子学院进行短期教学服务,院聘 1 名韩国籍跆拳道教师。1 人被评为“重庆市教育系统优秀党务工作者”,1 人获评全校十佳辅导员。

2019 年,获得教育部社科青年项目 1 项,经费 8 万元;重庆市体育局科研项目 4 项,经费 11 万元;重庆市专业学位研究生教学案例库项目 1 项,经费 10 万元;研究生教育重点课程建设 1 项,经费 2 万元;中央高校基本业务费学院专项项目 1 项,经费 12 万元;国家大学生创新基金项目 2 项;研究生省部级联合培养基地 1 个,总经费 50 万元;发表学术论文 6 篇,其中 A 类期刊 1 篇,C 类期刊 2 篇,其他论文 3 篇;出版专著 4 部,均为百佳出版社出版。我院在读研究生在国内体育专业顶级期刊《体育科学》发表文章以及考上本校直博生,均实现“零”的突破。

2019 年 6 月成功承办阿迪达斯全国青少年校园足球联赛大学男子高水平组冠军联赛总决赛,我校获得第四名;在 7 月参加全国大学生网球锦标赛上,我校获得乙组女子单打第二名,取得历史最好成绩。2019 年我校运动队参加各类竞赛获得全国赛前三名共计 10 次,第四名共计 5 次,分区赛和重庆市级比赛冠军共计 32 次。

项　目	获奖项目及名次
网球	1.2019 年 1 月首届中国大学生网球年终精英赛 男子单打第二名 女子单打第四名 2.2019 年 5 月第二十四届中国大学生网球锦标赛华西分区赛 乙组男子团体第一名 乙组女子团体第一名 3.2019 年 7 月第二十四届中国大学生网球锦标赛总决赛 乙组男子团体第三名 乙组女子团体第三名 乙组男子单打第三名 乙组女子单打第二名 丁组男子双打第四名 4.2019 年 11 月重庆市大学生网球比赛 丙组男子双打第一名 丙组女子团体第一名 丙组女子单打第一名 丙组女子双打第一名
足球	1.2019 年 7 月阿迪达斯全国青少年校园足球联赛大学男子高水平组冠军联赛总决赛第四名 2.2019 年 10 月重庆大学足球队代表重庆市参加第十四届全国学生运动会大学男子足球预赛第十二名 3.2019 年 11 月重庆市校园足球联赛校园组第二名
跆拳道	2019 年 7 月中国大学跆拳道锦标赛男子甲组 68 kg 级第三名
马拉松	1.2019 年 11 月第四届全国高校百英里接力赛成都站第一名 2.2019 年 11 月第四届全国高校百英里接力赛总决赛第四名
拳击	2019 年 11 月大学生拳击锦标赛 男子 A 组 69 kg 级第一名 男子 A 组 63 kg 级第二名 男子 A 组 75 kg 级第二名 女子 A 组 51 kg 级第三名
羽毛球	2019 年 5 月重庆市大学生羽毛球比赛 丙组团体第一名 丙组女双第一名 丙组混双第一名
乒乓球	2019 年 5 月重庆市大学生乒乓球比赛 甲组团体总分第一名 甲组男子团体第一名 甲组女子团体第一名 甲组女子单打第一名 甲组男子双打第一名 甲组混合双打第一名

续表

项　目	获奖项目及名次
体育舞蹈	1.2019 年 5 月第 11 届青少年国际标准舞锦标赛青少年队国标舞选拔赛 高等院校 A 组拉丁舞第一名 高等院校专业 C 组拉丁舞第一名 高等院校单项组恰恰一等奖 高等院校女单 B 组拉丁舞一等奖 高等院校女单 A 组拉丁舞一等奖 青年 C 组拉丁舞第一名 2.2019 年 11 月第十二届国际标准舞全国公开赛(暨重庆市第四届国际标准舞锦标赛) 高等院校女单精英组拉丁舞第一名 高等院校专业 B 组拉丁舞第一名 高等院校 A 组拉丁舞第一名 高等院校单项组伦巴一等奖
其他单项	1.2019 年重庆市大中学生游泳比赛 男子 100 米蝶泳第一名 男子 200 米混合泳第一名 男子 50 米蛙泳第一名 男子 100 米蛙泳第一名 2.2019 年重庆大学生田径比赛 男子 400 米第一名 3.2019 年重庆市大学生武术比赛 女子自选太极拳第一名

美视电影学院

【概况】

学院设有表演、播音与主持艺术、戏剧影视导演、戏剧影视文学、广播电视编导、影视摄影与制作、戏剧影视美术设计(数字影视舞美设计方向、人物造型设计方向)等 8 个本科专业(方向)。拥有“戏剧与影视学”一级学科硕士学位授权点,该专业被评为重庆市“十三五”重点学科。数字影视研究基地被评为“数字影视艺术理论与技术重庆市重点实验室”。表演专业、播音与主持专业为重庆市特色专业,其中播音与主持专业为重庆市一流专业。“广播播音与主持”“话筒前艺术”课程为重庆大学“精品课程”。重庆大学文化创意产业研究院为重庆市及区县政府、企业等单位在文化创意产业发展咨询方面做出了重要贡献。

学院现有教职员工 91 名,其中专任教师 54 名,副高及以上职称 24 名。2019 年度学院引进 3 名国外留学硕士来院工作。共有两人在职攻读博士学位,一人赴美国访问学习一年。2019 年学院有 1 名教师获评教授职称,2 名教师获评副教授职称。学院还分别从学界、业界聘请多位知名专家学者或导演、演员为客座教授和兼职硕士生导师。著名表演艺术家张国立担任学院院长。

2019 年,学院教师发表学术论文 13 篇,其中 CSSCI 论文 7 篇,出版专著 2 部。学院教师成功申请省部级科研项目 6 项,科研创作成果获奖 3 项,实到科研经费总额 42.5 万元,副高及以上人均科研经费 2.5 万元。

学院教师 3 人次参加国际学术会议和学术交流，参加本学科相关学会全国性学术会议 8 人次。学院成功邀请全国 10 余名专家学者参加由学院举办的第二届重庆电影高峰论坛。

【学科建设】

2019 年，播音与主持艺术本科专业被批准为重庆市一流专业。学院牵头建设的“数字影视艺术理论与技术重庆市重点实验室”通过了第三方评估。学院新增了校级智库建设平台——“重庆大学文化产业研究中心”。学院作为重庆市科普基地（创作类），积极参与重庆市科普活动，并结合重庆大学新工科建设和美育工作，承接了三项科研成果影像制作项目。学院还积极开展平台的对外交流工作，与达瓦先进影像大数据科技公司达成合作意向，就影视制作类新兴专业的教学改革、学生实习、教师艺术工作坊、影视后期及影视特效公共服务平台建设等方面展开了合作。

【学生工作】

学院鼓励学生积极参加各类专业比赛和重要文艺活动，取得丰硕成果。学院学生获第五届“互联网+”大学生创新创业大赛——青年红色筑梦之旅赛道全国银奖、重庆金奖；获第十三届 iCAN 国际创新创业大赛全国金奖；获教育部、国家语委举办的 2019 年中华经典诵读大赛二等奖；获全国第六届《未来金话筒》大赛总决赛两个分赛组冠军，并获得两个一等奖、一个三等奖；获亚洲微电影大赛优秀奖；获第七届温哥华国际华语电影节中国大学生微电影大赛剧情短片一等奖等。

【国际化工作】

学院积极配合学校总体的国际化战略，坚持校级项目和院级项目相结合的方式，鼓励学生充分利用学校的平台优势，通过各种渠道走出去开阔眼界，增长见识。在校级项目方面，2019 年度共计有 31 人次参与，主要为赴韩国和中国台湾地区进行为期一学期的交换学习，以及组织学生参与学校 Global Village 等短期项目。在院级项目方面，学院持续推进与俄罗斯圣彼得堡国立舞台艺术学院的合作，于 2019 年 5 月派出 26 名学生和 3 名教师，进行了为期 2 周的短期学习。学院与瑞士意语区公立大学签署了合作备忘录，拓展了欧洲的高校资源，并于 2019 年 5 月派出了 12 名学生和 1 名教师在瑞士进行了 2 周的访问学习。2019 年，学院有外国留学生 10 人，港澳台地区学生 16 人。

在国际交流方面，学院师生相继与来自意大利罗马美术学院、美国电影学院的专家学者开展了交流和互动；加拿大温莎大学、新加坡义安理工大学、英国伯恩茅斯艺术大学来院访问交流，并在人才培养、教师互访、学生交流等方面达成了合作意向。2019 年，学院有 1 名教师赴美国加州伯克利大学参加了学术会议，1 名教师赴美国密苏里大学访学一年。

（撰稿人：伍三国）

国际学院

【概况】

国际学院设有综合办公室、留学生管理办公室、留学生招生办公室、教务办公室及教研室,我校海外孔子学院办公室挂靠国际学院。2019 年,学院在编教职工 29 人,其中管理岗位 15 人、教学科研岗位 14 人,其中 1 人在海外孔子学院任教,实际在校任教为 13 人。

2019 年度我校共有来自 104 个国家的 1 912 名留学生在校学习,其中,学历生 670 人(本科生 146 人,硕士研究生 376 人,博士研究生 148 人)。2019 年度新招收长期留学生 500 人,实际报到 393 人,其中,硕博学历生 132 人。接待来自挪威卑尔根大学、新加坡南洋理工大学等合作院校及 3 所孔子学院的 20 余批次短期团组 803 人次来校交流学习。与大真大学本科 2+2 双学位来华留学项目顺利推进,首批 12 名韩国学生于 9 月注册为我校学生。成功申报中国政府奖学金高校研究生项目、丝绸之路项目等学历项目以及中美、中欧、世界知名大学学分专项,向国家汉办申请联合设立“重庆大学孔子学院奖学金”项目。

2019 年,继续推动全英文授课项目和课程建设。截至 2019 年年底,学校共开设 24 个全英文授课专业,含 14 个硕士专业及 10 个博士专业。联合教务处和研究生院,组织各学院申报“重庆市 2019 年来华留学英语授课品牌课程”,“仓储管理”“建筑环境研究及方法”“高级微观经济学”“技术交流”4 门课程成功入选。

2019 年,组织开展留学生第二课堂活动,促进中外学生互动交流。共组织 1 800 余人次留学生参加第二届“学在中国”来华留学博士生论坛、第六届经典诵读大赛、中国“互联网+”大学生创新创业大赛、“感知中国”等校内外活动 20 余次。我校 8 名留学生参与《再别康桥》《古诗词联诵》作品分获经典诵读大赛留学生组全国一、二等奖。

继续推进泰国勿洞孔子学院、意大利比萨孔子学院以及澳大利亚乐卓博大学孔子学院的建设。2019 年三所孔子学院注册学员共计 4 586 人,举办各类文化活动 100 余场,受众 27 586 人次。全年派出孔子学院汉语教师 1 人,汉语教师志愿者 7 人。按期举行了三所孔子学院年度理事会。我校澳大利亚乐卓博大学孔子学院澳方院长 Kelly Smith 荣获“2019 年度孔子学院先进个人”称号。

2019 年,学院开设汉语国际教育本科、全校留学生公选课、汉语言培训等课程共计 10 623 课时。鼓励支持教师申报校内外各类教改项目,参加教学大赛等活动,提升教学效果和质量。2019 年,专任教师龙藜获重庆大学第七届青年教师教学基本功大赛文科组二等奖;专任教师范红娟荣获 2019 年重庆市普通本科高校课堂教学创新大赛三等奖,其开设的汉语国际教育本科的两门课程获批学校混合式教学实践项目。

学院坚持齐抓共管、预防为主的原则,做好安全稳定工作。2019 年共计开展各类安全教育活动 6 场、消防演练 2 次、节前安全检查 5 次,累计 2 000 余名学生参与,妥善处置突发事件 15 起。荣获重庆大学 2019 年度社会治安综合治理工作先进集体。

学院党支部认真贯彻落实学校党委和机关党委工作目标要求和部署，推进支部“三会一课”制度，开展全体教职员工理论学习，围绕学院重点工作，积极开展工作调研，组织形式多样的主题党日活动，加强支部组织建设和学院文化建设，发挥支部战斗堡垒作用。

【成功举办 90 周年校庆国际文化节等系列活动】

在学校党政领导和校庆工作秘书处的领导和统筹下，学院紧扣“融多元文化，庆九秩华诞”主题，成功举办 90 周年校庆国际文化节，多维度展示学校在推动中外学生融合、多元文化交流、国际化校园建设等的成果。活动受到人民网、光明网等 50 余家主流媒体报道，也获得校内外嘉宾的高度评价，提升了学校国际影响力。

积极联络海外孔子学院和国际校友，圆满完成校旗全球传递活动；10 月 9 日，成功举办重庆大学 90 周年校庆“学术校庆”系列活动——“汉语国际教育与中华文化在全球推广：挑战与机遇论坛”。

【融入“一带一路”建设】

2019 年 5 月，第二届“一带一路”国际经贸交流合作（澳大利亚）研修项目在渝成功举办。本次研修为期一周，内容包括企业洽谈、企业实地考察和中国文化体验活动等。通过项目实施，重庆市多家企业和机构与澳方达成多项合作协议，有力推动了重庆市与墨尔本北区的经贸交流。

【继续拓展来华留学生创新实践实习基地】

2019 年 10 月，我校与重庆汇达柠檬集团达成合作协议，合作建设来华留学生创新创业实习基地。至此，我校来华留学生创新实践实习基地增至 4 个。

【发挥孔子学院平台作用】

借助孔子学院平台开展巡讲活动，2019 年 4 月，邀请北京师范大学文学院康震教授赴意大利比萨孔子学院开展“中国文化的魅力”系列讲座。选派国际学院王峰副教授赴泰国勿洞市孔子学院、南方大学开展“中国文化与‘一带一路’”讲座。

90 周年校庆期间，张宗益校长会见了澳大利亚乐卓博大学校长 John Dewar 教授一行，就国际学术交流、人才联合培养等进行洽谈并达成合作共识。乐卓博大学相关学院先后来访，与经管学院、计算机学院落实合作细节，并取得阶段性成果。

（撰稿人：周思余，龙庆会）

弘深学院

【概况】

弘深学院是重庆大学本科教育教学改革的基地，是培养拔尖创新人才的实验创新学院，肩负着“育英才、创成果、树典型”的办学使命。

弘深学院下设机构2个:教学办公室、学生办公室。现任领导2人,在岗教职工6人,任课教师、班主任、学业导师聘自相关专业学院。设有电气电子实验班、机械实验班、土建实验班、数理实验班、生化实验班。全日制本科生267人,两个年级、10个实验班。党员22人,其中教师党员6人、学生党员16人。

加强支部建设。认真贯彻落实党中央和上级党组织决策部署,扎实开展“不忘初心、牢记使命”主题教育,统筹推进学习教育、调查研究、检视问题、整改落实四项重点措施。在充分地学思践悟中,进一步增强“四个意识”,坚定“四个自信”,做到“两个维护”,增强服务师生的行动自觉。高质量高标准发展学生党员16名。开展中华人民共和国成立70周年和重庆大学建校90周年系列庆祝活动。教师9人次获得重庆市、重庆大学、虎溪校区党工委表彰,其中获重庆市高校“优秀思想政治教育工作者”称号1人、重庆大学“优秀共产党员”称号1人。

创新培养模式。根据国家需要和学校“双一流”建设目标,确定学院人才培养目标,调整人才培养模式及实验班组建方式。培养模式由“2+2”调整为“4+0”。组建与国家拔尖计划一致的数理实验班、生化实验班、电气电子实验班,组建与学校“双一流”学科群建设一致的机械实验班、土建实验班。对标世界一流大学,制订2019级人才培养方案。

加强联合培养。推进与高水平研究机构深度合作,与中国科学院物理研究所签署人才培养合作协议,组建重庆大学—中国科学院物理研究所“严济慈物理学英才班”,科教协同培养拔尖人才。

申报国家基地。面向国家战略需求,根据《教育部办公厅关于2019年度基础学科拔尖学生培养基地建设工作的通知》,按照学校要求,研究制订《重庆大学拔尖计划2.0总体工作方案》及4个基地工作方案,制订10个配套制度,完成基础学科拔尖学生培养基地申报。

强化价值塑造。推进“三全育人”工作,全面贯彻落实全国高校思想政治工作会议精神,把“六下功夫”贯穿于学生工作全过程,贯穿于各项学生活动中,坚定理想信念,激发报国之志。完善《弘深学院第二课堂培养方案》。正式启动“弘深书院”建设,探索实施书院制,促进学生价值塑造和人格养成。

提升综合素养。系统规划第二课堂,实施“大一工程”,促进学生全面发展。联合博雅学院开展“弘展博采、雅韵知深”迎新晚会。组织“团队力量、再创辉煌”素质拓展训练等特色活动10余项。积极参加学校活动且成绩显著,在重庆大学“青春心向党·建功新时代”大学生合唱展演中获得特等奖。在重庆大学第二十四届华语辩论赛中获得冠军。在重庆大学第2届啦啦操大赛中获得季军。在重庆大学第八届心理手语操比赛中获得二等奖。社会实践获得重庆大学“优秀团队”“优秀组织单位”称号。

【国际交流】

深化国际合作交流。着眼全球优质资源,加强与世界名校合作,培养国际化拔尖人才。2019年度选派学生境外交流学习43人。组织“美国哈佛大学暑期学习营”项目,深入哈佛大学、耶鲁大学、麻省理工学院、哥伦比亚大学、纽约大学、西点军校等六所世界顶尖名校交流学习。加强雅思和托福学习,举办学习营分享会,营造浓厚留学氛围。

【继续深造】

继续深造意愿强烈。2015 级 137 名毕业生,103 人读研深造,继续深造率 75.18%。其中,22 人赴美国加州大学伯克利分校、约翰霍普金斯大学、宾夕法尼亚大学、卡内基梅隆大学、佐治亚理工学院、英国伦敦国王学院等读研;81 人国内读研,其中 C9 高校 33 人(清华大学 4 人、北京大学 2 人)。

【学科竞赛】

学科竞赛表现优异。2019 年人均获奖近 2 人次。其中,2019 年美国大学生数学建模竞赛再获大奖,实现新突破,Outstanding Winner 1 人、Finalist 1 人。2019 年全国大学生数学建模竞赛,学校 9 个队获得全国奖,弘深学院占 6 个队。2019 年"互联网+"大学生创新创业大赛,获得银奖 19 人。2019 年全国大学生英语竞赛获奖 26 人,其中一等奖 1 人、二等奖 9 人。科研训练计划参与学生 187 人,参与比例 70.83%。

【荣誉表彰】

荣誉表彰成果丰硕。2019 年获得先进集体称号 11 项,先进个人称号 88 人次。其中,先进集体称号有重庆大学"先进班集体标兵"(荣获第一名,获得学校全额资助出国交流)、"五四红旗团委"等。先进个人称号有重庆大学"青年五四奖章""十佳学生创新创业先进个人"等。2016 级 137 名毕业生获评"优秀毕业生""优秀毕业生干部"53 人,比例达 38.7%。

(撰稿人:张　雄)

人文社科高等研究院、博雅学院

【概况】

2019 年,人文社科高等研究院(以下简称"高研院")、博雅学院现有"政治、经济与法律"和"道德—政治—法律"2 个二级学科博士点,有"中国语言文学"和"中国史"2 个一级硕士点(还与马克思主义学院共建"哲学"一级学科硕士点),本科可授予文学、史学、哲学、法学 4 个学士学位。有"经略研究院"和"长江流域社会与文化"2 个省部级基地平台。学院教职工有 59 人,其中教师岗位 47 人,管理岗位 12 人。李广益副教授入选第三批重庆市学术技术带头人后备人选和 2019 年巴渝学者青年学者。

2019 年学院全年共开设博雅课程 75 门次,开设通识课程 61 门次,通识课程数量占全校(共计 319 门次)课程总量的 19.12%,排名前 5%的课程有 4 门(全校共 8 门),排名前 20%的课程 20 门(全校共 35 门)。获得市级优质研究生课程 1 门,校级重点建设通识课程 2 门,获省部级教改项目 1 项、市级教改项目 1 项、市级研究生教改项目 1 项、校级研究生教改项目 1 项,成功举办第六届"优秀大学生夏令营"。国创项目立项 4 项,其中国家级 1 项、市级 3 项。

2019 年新增省部级以上科研项目 9 项,其中国家社科基金项目 3 项,教育部项目 3 项,重庆市哲学社会科学规划项目 3 项,到账科研经费 89.5 万元。另有 2 个项目成功入围国家社科基金中华外译项目(学校首次入选)。成立古典辞书编纂研究中心,成功申报成为重庆大学校级研究基地。发表论文 60 篇,其中中文期刊 A 级 2 篇,中文期刊 B 级 6 篇,中文期刊 C 级 15 篇,A & HCI 检索 1 篇。在商务印书馆、人民出版社、社会科学文献出版社等著名出版社出版著作 13 部。共举办学术活动 34 场,其中会议、论坛 3 场,重大讲座 2 场,文字斋讲座 23 场,博雅讲座 4 场,中心讲座 2 场。

学院现有全日制本科生 166 名,全院本科生有 107 人次获得奖励。其中,76 人获得综合奖学金,5 人获得专项奖学金,其中 1 人获唐立新奖学金,1 人获得“关工委”德育奖学金、1 人获感恩中国近现代科学家奖学金。14 人次获得“争先创优”先进个人称号,21 人次获得“五四”评优先进个人称号,其中有 1 人获十佳创新创业先进个人称号,1 人获团学新闻宣传工作先进个人称号,2 人获青年志愿者先进个人称号,2 人获十佳班长称号。集体奖项方面:1 个班级获先进班集体称号,1 个团支部获“五四红旗团支部”称号,1 个团支部获优秀团日活动称号,1 个班级获最具创意奖,1 个班级获最佳文艺奖。

学院现有全日制硕士研究生 110 人,博士研究生 14 人,全院研究生有 97 人次获得奖励。其中,52 人获得国家学业奖学金,2 人获得国家奖学金,1 人获得重庆市三好学生荣誉称号,12 人被评为校级优秀研究生,8 人被评为校级优秀研究生干部,6 人被评为校级优秀毕业研究生,1 人被评为校级科技学术创新先进个人,1 人被评为校级文艺活动先进个人,5 人被评为校级优秀共青团员,5 人被评为校级优秀团干,4 人被评为校级先进个人。

2019 年学院共有教师 10 余人次分别到英国、美国、澳大利亚、日本、中国香港、中国台湾等国家和地区进行学术交流;共有外出交流交换本科生 11 人次、研究生 3 人次,其中 3 个月以上长期交流交换的本科生 5 人次,研究生 2 人次;意大利 LUISS 大学、英国兰卡斯特大学、香港浸会大学、台湾中国文化大学、俄罗斯布里亚特国立大学相关学者访问学院。

【首次获得重庆市“五一”劳动奖章】

万曼璐老师荣获 2019 年“重庆市五一劳动奖章”,并出席了由重庆市总工会主办的“2019 年重庆市庆祝‘五一’国际劳动节表彰大会”。

【连续两届获得重庆大学青年教师教学基本功比赛一等奖】

继 2018 年万曼璐老师之后,我院吴娇老师在学校 2019 年举办的第七届青年教师教学基本功比赛中再次获得文科组一等奖。

【荣获第十六届“挑战杯”全国一等奖】

张云天同学题为《关于“塔西佗陷阱”的研究——政治史学视野下的文本追溯与古今之辩》的论文获第十六届“挑战杯”全国一等奖,是重庆大学在基础人文学科领域首次获此殊荣。

(撰稿人:薛育余)

社会科学学部

社会科学学部办公室

【综述】

2019 年,社会科学学部以学校年度工作要点为指导,全面推进学部工作,圆满完成各项任务,为服务学院发展、促进学校“双一流”建设贡献了积极力量。

【特色工作】

1.金科星光班

携手金科集团继续做好校企联合人才培养,办好金科星光班。积极筹划前沿热点讲座、社会实践、国际交流等内容丰富的培养实施方案;严格落实积分管理,做好考核评优、奖学金发放,第 2 期星光班于 2019 年 7 月结束,受到各方好评,学员满意率 100%;灵活采取多种方式,积极开展第 3 期星光班招生宣传,共收到相关学院推荐的学生 93 名;积极协调开展面试工作,经金科集团面试,25 名优秀学生成功入选第 3 期金科星光社科班。

2.国际交流

积极响应学校关于加强国际化建设的号召,严格履行立项、招投标等相关程序,从全校选拔出 50 名优秀学生,顺利组织开展了首期日本暑期交流项目(30 人)和第 5 期英国剑桥暑期交流项目(20 人),并为学生争取到人均 5 000 元的资助经费。项目主要涵盖课堂教学、互动交流、实践体验等内容,参与项目学生均表现良好,既开阔了国际视野,又展现了重大学子风采。

3.学术资助

为配合学校营造“学术校庆”的积极氛围,认真谋划,继续做好对学部各学院的学术活动资助。重点资助了“2019 年国家自然科学基金优秀青年学者论坛”等 6 项重要学术活动(参与师生 1 300 余人次),资助总额 20 万元;支持学院组织开展了内容丰富的各类一般学术活动 71 项(参与师生 6 200 余人次)。

【学科建设】

1.科学研究

高度重视项目申报,专门召开学部党政联席会议,研究部署国家社科基金和自然科学基金申报工作及申报辅导工作,提出工作要求。2019 年度获批社科基金重大项目立项 1 项、重点项目立项 2 项。

2.博士点申报

在学院学部共同努力和研究生院的大力支持下,学校确定"新闻传播学"学科为重庆大学 2019 年自主审核拟新增一级学科博士学位授权点,并报送国务院学位委员会审批,为新闻学院长期发展奠定坚实基础。

3.平台建设

充分利用学科优势,协调推进相关学院的科研平台建设,尤其在组织申报、学术评价等工作环节,切实做好服务和指导工作。在学院学部共同努力下,依托新闻学院成立的重庆大学国际传媒研究中心成功获批。同时,协同法学院向学校申请筹建能源政策法律研究中心。

【学术评价】

1.领军人才培育

略。

2.人才引进

以打造高质量师资队伍为目标,对标"双一流"要求,严格把握标准,主动走出去,积极参加清华大学招聘专场、重庆市英才大会,踏实做好人才引进工作。2019 年度以来,共审核学院推荐的各层次人才 38 名,向学校推荐 25 名,包括教授 2 名(均通过)、兼职教授 2 名(均通过)、副教授 7 名(通过 5 名)、百人 1 名、师资博士后 1 名(通过)、青年教师 12 名(通过 7 名)。

3.其他评审

共完成对 14 名正高职称申报者和 16 名副高职称申报者的职称评审工作,最终向学校推荐正高职称人选 8 名、副高职称人选 11 名;完成对 2 名拟引进教授和 7 名拟引进副教授的职称认定;完成对相关学院 18 名青年教师的聘期考核;经学院申请并报分管校领导及校学术委员会秘书处同意,审议通过增补学部学术委员 1 名;推荐校学位评定委员会委员人选 2 名;审议中央高校科研项目结题申请 3 项,通过 2 项;根据学校统一安排,及时审议并汇总反馈对学校职称条件的修订意见。

【其他工作】

在圆满完成各类专项工作任务的同时,始终紧密围绕服务学院发展的工作重心,认真做好会务工作、文件流转、财务及资产管理、安全稳定、档案管理、信息发布等各项日常工作,务实高效地做好上传下达与组织协调工作。2019 年度共召开学术委员会议 2 次、党政联席会议 1 次,开展通讯评审 12 次;积极支持学校 90 周年校庆工作,办公室全员参与校庆嘉宾接待工作,受到嘉宾一致好评;积极做好学术校庆相关工作,全员参与中国高等教育学会"一带一路"研究分会 2019 年学术年会的组织协调;根据学校统一部署,切实配合做好绩效工资改革相关工作。

作为重庆大学学部联合党支部书记和工会小组长所在单位,为学部联合党员之家、教工之家建设贡献了 100%的力量;在"不忘初心、牢记使命"主题教育中组织开展党组织生活和政治学习共计 29 场次(含集中学习 12 次、领导干部讲党课 7 次、聆听专题报告 3 次、观影 1 次、实地观摩 2 次、专题组织生活会 2 次、专题比赛 2 场)；配合机关工会做好信息采集、福利发放、意见征集等各项工作，组织职工厨艺大赛，完成生病住院教职工慰问等 5 人次。通过多种方式，使党员和职工思想素质得到显著提升，充分发挥支部战斗堡垒作用，不断增强学部联合的凝聚力和战斗力。近年来，学部联合党支部工作考核多次位列机关党委前列。

（撰稿人:胡子龙）

公共管理学院

【概况】

2019 年，学院设置公共经济学系、行政管理系、公共人力与社会保障系、土地资源与城市发展管理系，现有公共管理一级学科博士学位授权点，公共管理、理论经济学、心理学 3 个一级学科硕士学位授权点，以及公共管理硕士(MPA)和社会工作硕士(MSW)2 个专业硕士学位授权点。学院现有在职教职工 78 人，其中专职教师 59 人，专职院领导、辅导员及行政管理人员 19 人；具有博士学位的 53 人，教授 18 人，副教授及副研究员 28 人，讲师 17 人。2019 年度，引进教师 6 人，分别来自清华大学、中山大学、中央财经大学等著名高校。刘炳胜、吴光东、郭英慧获得重庆市“重庆英才”称号。

公共经济与公共政策研究中心作为中国智库索引(CTTI)首批来源智库，正在构建以“公共经济与公共政策”为核心的跨学科、问题导向、常态化的智库服务平台；重庆市 2011 协同创新中心——地方政府治理协同创新中心成功承办 2019 智博会首届中国地方政府治理高层论坛，在地方政府治理的相关领域取得了一批重要学术研究成果、咨询报告和展示成果，10 余项科研成果获得省部级及以上领导的肯定性批示，是学校文科第一次获得；重庆大学中国公共服务评测与研究中心国家重大问题科研能力显著提升。

2019 年，研究项目共计 56 项，合同经费 3 275 万元。其中纵向 23 项、合同经费 2 867.4 万元，占总经费 87.55%；横向 13 项，合同经费 148.8 万元，占总经费 4.54%；校级项目 20 项，合同经费 258.8 万元，占总经费 7.9%。国家级项目 11 项，合同经费 2 786.5 万元，占总经费 85.08%，其中科技部国家重点研发计划(子)课题、项目 4 项，合同经费 2 602 万元；国家社科基金项目 5 项，合同经费 115 万元；国家自然科学基金项目 2 项，合同经费 69.5 万元。省部级项目 10 项，合同经费 77.5 万元，占总经费 2.37%，其中教育部项目 3 项，中国工程院咨询研究项目 1 项，重庆市社科规划办哲学社会科学规划研究项目 5 项、重大决策咨询研究课题 1 项。一般纵向项目 2 项，合同经费 3.4 万元。

2019 年，共发表文章 39 篇，其中 CSSCI 核心 19 篇，SSCI 2 篇，SCI 三区 1 篇；在权威期刊《中国农村经济》《中国行政管理》《国际新闻界》发表 4 篇，在重要期刊《国际金融研究》《中国工业经济》《外国经济与管理》《科研管理》《研究与发展管理》《心理科学》《预测》等发表 9 篇。共出版专著 3 本，其中一类出版社1 本；二类出版社 2 本。共计开展学术讲座、论坛 20 场次，师生参与共计约 1 020 人次。

学院本科生篮球队连续 14 年蝉联学校篮球联赛冠军，在秋季趣味运动会上连续 11 年获学院团体总分第一。获学校第八届心理手语操比赛一等奖。获学校第十届研究生辩论赛亚军,向阳爱心社敬老院公益项目获校团委“树声前锋”社团重点项目立项。学院“赴江苏盐城美丽中国”社会实践团入围重庆市和学校重点项目,荣获重庆市社会实践活动优秀团队、重庆大学优秀团队等称号,是全校唯一一支连续11年获此项荣誉的社会实践团队。学院共计428人次获得校级及以上各类奖励。积极拓展学生出国(境)交流学习项目,先后组织学生参加新加坡南洋理工大学访学项目、挪威诺顿大学社会工作专业访学项目等。学院20余名学生先后参加第九届城市社会国际论坛等高水平学术交流活动。学生团队获第十六届“挑战杯”竞赛全国三等奖1项以及重庆市特等奖、一等奖各1项。

2019年招收来华留学生4名,“985”“211”高校学生55名,生源结构得到改善。招收社会工作专业学位23人,在读43人。录取非全日制公共管理专业学位(MPA)硕士研究生325人。MPA教育质量大幅提升,学院MPA专业学位整体水平为B(在全国MPA授权单位并列第30位)。学院获得重庆市重大教改项目和第六批重庆市研究生教育优质课程项目各两项;学术型硕士成功申报重庆市研究生创新项目4项;获得重庆市优秀硕士论文2篇、重庆大学优秀硕士论文2篇。

在与美国南加州大学、哥伦比亚大学等高校建立了校际合作与交流关系基础上,为加强“双一流”建设,刘炳胜教授赴美国参加密西根大学规划设计建造学院进行学术交流,谭新雨老师赴新西兰参加“公共管理国际研究会2019年年会”,蒋瑜洁老师赴法国巴黎参加“研究与发展管理研究会”等。出国短期交流学习109人,其中本科69人,硕士及博士研究生40人,赴英国、新加坡、挪威等进行短期交流学习。

留学生及港澳台籍长期生共36人,其中本科16人,占总人数44%,分别来自美国、韩国、俄罗斯、加拿大、乌克兰、吉尔吉斯斯坦、蒙古等国家,其中韩国留学生占比最大,共10人,占本科留学生总人数的62.5%;硕士研究生20人,占总人数的56%,分别来自泰国、波兰、越南、印度尼西亚、蒙古、俄罗斯、乌克兰等国家,其中泰国留学生占比最大,共10人,占硕士研究生留学生总人数的50%。

(撰稿人:周草臣)

经济与工商管理学院

【概况】

2019年,经济与工商管理学院拥有1个国家重点学科(技术经济及管理),2个一级学科博士点(工商管理、应用经济学);2个博士后流动站(工商管理、应用经济学);设有EMBA、MBA、MPAcc、MF、MIB等5个专业硕士学位点;设有工商管理、市场营销、会计学、金融学、物流管理、信息管理与信息系统、能源经济等7个本科专业。学院在编教职员工147人,其中管理岗位20人、教学科研岗位127人。2019年引进1名准聘副教授、1名青年教师、5名弘深青年教师。杨俊教授入选文化名家暨“四个一批”人才工程,辛清泉教授入选财政部会计名家培养工程,Robert W.Palmatier教授入选重庆市巴渝学者讲座教授,李小玲副教授入选重庆市英才计划。

2019 年学院发展党员 99 名(含教师 1 名),转正党员 119 名。完成 15 个研究生支部的支委换届工作。组织开展支委培训 2 期、入党积极分子培训 2 期,组织 4 批发展对象参加培训。召开学院第五次党员代表大会,选举产生新一届党委委员 9 名,纪委委员 3 名。开展“不忘初心、牢记使命”主题教育。全年理论学习中心组学习 15 次,教职工政治理论学习 70 次。学院党委全面落实“一会一报”和“一事一报”制度,全年讲座申报 66 次。

2019 年,学院邀请 6 名经管学科知名专家进行学科建设诊断;现代物流重庆市重点实验室通过 2018 年重庆市科技局评估,2019 年公布评估结果为良好;《重大管理评论》出版了第 5 期;举办第二届中国营销战略论坛(2019)研讨会;在软科学科排名中,工商管理学科排名 19(前 7%),应用经济学排名 30(前 12%),在《中国大学评价》(武书连版)2019 年中国大学排行榜中,管理学进入 A+类、排名 18,经济学进入 A 类,排名 36。

2019 年,学院获批国家级科研项目 18 项(增长 100%);牵头立项国家重点研究计划项目 1 项;实到科研经费 2 638.67 万元(增长 164.26%)。学院教师作为通讯作者或者第一作者,发表英文 SSCI/SCI 检索论文 66 篇(增长 40.43%),其中 UTD 和 FT 期刊 *Production and Operations Management*(POM)论文 1 篇。

2019 年获批国家级一流本科专业建设点 2 个、重庆市高等学校一流专业建设点 5 个;获评教育部国家级精品在线开放课程 1 门;出版“十二五”普通高等教育本科国家级规划教材 1 部;入选重庆市高层次人才特殊支持计划(教学名师)1 人。接收校外交流生 31 人。SRTP 项目立项 5 项,结题 6 项;国创项目立项 7 项,结题 5 项。获批校级虚拟仿真实验教学项目 2 项、校级实验教学改革项目 1 项。与普华永道、西南证券开展创新人才培养计划。经管创新实验班更名为寅初经管国际实验班,由学院管理培养。

2019 年招收硕士研究生 125 名、博士研究生 45 名、国际博士留学生 3 名、留学硕士生 3 名。毕业硕士研究生 107 名,博士研究生 53 名,国际博士留学生 3 名。以在读博士、硕士研究生为主署名发表的 SSCI 和 SCI 收录、国内权威期刊论文近 50 篇;获得重庆市优秀博士学位论文奖 2 篇、优秀硕士学位论文奖 1 篇。完成研究生学习机位配置工作,其中博士后机位 15 个、博士研究生机位 78 个、硕士研究生机位 106 个。

2019 年 MBA 项目录取 486 名,毕业 242 名。MBA 项目荣获“2019 年度中国商学院最佳 MBA 项目 TOP50”第 18 名和“2019 思路全球商学院最具品牌价值 MBA 项目”称号。提出了重庆大学 MBA3.0 课程体系改革。

招收非全日制会计硕士 50 名、全日制会计硕士 57 名、金融硕士 58 名;会计硕士、金融硕士和工程硕士分别毕业 57 名、71 名和 20 名;获全国会计硕士专业学位优秀论文 1 篇、全国金融硕士优秀教学案例 7 篇。新聘校外导师 17 人;与比利时安特卫普管理学院、法国里昂商学院签署了金融硕士双学位合作协议。

MIB 项目申请留学生人数 48 名,报到 24 名,长期交换生 6 名,毕业 15 名。

2019 年教师出访 33 批次 49 人,其中 31 人出国参加国际学术会议;学生出访总人数 187 人,居全校第一,其中学院自主组织的长短期项目共派出 110 人;在读来华留学生共计 221 人,其中长期生 142 人,短期生 79 人,分别增长 20%和 50%;接待境外来访 184 人次,是 2018 年接待人次的 2.3 倍;学院与 12 所海外高校或商学院洽谈全面合作或者项目合作。

成功举办建校 90 周年庆、恢复学院建制 30 周年及经管学院校友会成立等活动,成立了北京、深圳、重庆 3 个学院校友分会;筹资捐款 135 万元(不含实物捐赠);开展职业导师各类活动 20 余次。组织举办校友毕业离校周年庆、校友讲坛系列庆祝活动 10 余次。

2019 年,学院学生获得校级及以上奖励 396 人次,311 人次获得奖学金 30 项,760 人次获得各类助学金 246 万元。本科生发表学术论文 1 篇;获省部级及以上奖项 214 项,在“互联网+”中荣获 4 金 4 银。1 名研究生成功前往国际组织实习,1 名研究生成功入选联合国志愿者。2019 届本科毕业生就业率为 92.33%,升学率 46.32%,研究生就业率为 98.94%。2019 届毕业生中有 67 人赴境外深造,留学率 20.55%。

【MBA 项目顺利通过 AMBA 再认证】

2019 年 4 月我院 MBA 项目顺利通过 AMBA 再认证,并再获五年最长认证期。

【EQUIS 进入正式认证阶段】

2019 年 6 月学院正式通过 EQUIS 认证资格审核,进入正式认证阶段,将于 2021 年 6 月迎来 EQUIS 正式认证,标志着学院 EQUIS 认证取得重要阶段性进展,进入倒计时准备。

【发布线上招聘启事引进海外人才】

学院在经济管理领域的重要国际会议包括 TRB、Informs、AIS、AEA、AAA、APPAM、AFA 上发布人才招聘启事,以提升学院的海外知名度和人力吸引力。

(撰稿人:陆位忠)

新闻学院

【概况】

2019 年,新闻学院坚持正确的政治方向,积极响应学校加快“双一流”建设,认真落实学校各项工作;全面从严治党,扎实推进学院学科、师资队伍等各方面建设。

【强化思想政治工作,全面加强党的建设】

党政思想坚定,班子团结和谐,组织体系和制度建设不断完善。充分发挥党委的政治核心作用,坚定不移加强党对学院工作的全面领导,2019 年学院班子配齐配强,为学院注入了强大的发展动力。

全面推进从严治党,写好发展奋进之笔。严守意识形态工作阵地,严格意识形态工作责任制的检查考核。学院推进教工支部书记“双带头人”工程,发挥领头雁作用。开展特色党日活动,增强支部凝聚力和向心力。

统筹协调作用明显，师生凝心聚力状态良好。充分发挥学院党政联席会、学术分委员会、学位分委会决策咨询作用，工会教代会在学院党政管理和学术管理中的民主监督作用。重视调研和开展谈心谈话工作，鼓励传递正能量、提振精气神。在“网聚‘政’能量 共筑同心圆——各地走好网上群众路线典型案例征集”展示活动中，凌晓明获选40个全国典型案例之一，同时获得“榜样”称号。

【深入推进学科发展，持续加强队伍建设】

学科专业建设进步明显，学术创新大幅跨越。新闻传播学科在2019年实现了质的飞跃，“新闻传播学”确定为重庆大学2019年自主审核拟新增一级学科博士学位授权点，并报国务院学位委员会进行审批。新闻传播学水平提升计划已列入学校“双一流”学科重点建设项目并给予大力支持。新闻学本科专业获批教育部国家级一流专业建设点；新增“灾难事件融合报道虚拟仿真实验”入选2018年度国家虚拟仿真实验教学项目；获批中央高校改善基本办学条件项目——重庆大学融媒体实验中心建设。

人才建设取得重大进展，师资队伍建设卓见成效。董天策、张瑾入选重庆市学术技术带头人，郭小安、龙伟、曾润喜入选重庆市学术技术带头人后备人选；另有曾润喜入选重庆市英才计划（第一批）青年拔尖人才；凌晓明入选教育部第一批“高校思想政治工作中青年骨干队伍建设项目”支持计划（省部级人才）。学校批准引进弘深博士后2人，目前已有2人进站；青年教师补充计划博士1人。

学院现有专任教师34人，其中教授（研究员）11人，副教授12人。学院现有教育部“新世纪优秀人才”2人，新闻出版总署“全国新闻出版行业领军人才”1人，重庆市学科带头人2人、后备人选4人，国家二级学会名誉会长1人、副会长1人，《中国新闻传播学年鉴》编委1人，人大复印资料《新闻与传播》编委1人，《国际新闻界》编委1人。

高质量举办学术会议，提升学界影响声誉。2019年度学院共举办24场次讲座、研讨会等学术活动，首次联合主办第11届“世界华文传媒与华夏文明”国际学术研讨会取得圆满成功；举办全国性学术会议5次，共吸引海内外师生和媒体从业者1 000余人参会。承办2019“讲好中国故事”创意传播大赛重庆分站赛事活动，获组委会较高评价。

【落实立德树人根本任务，积极提升“三全育人”水平】

推进多项强有力措施，不断提高教学质量。组织实施《重庆大学本科教育2029行动计划》，院领导班子、督导定期对教学进行检查，坚持听课及教学评议、评教，严格考试纪律。广泛邀请国内外知名学者、业界专家来院讲学，如与参考消息报社举办的“参考大讲堂”等。通过全面实行学业导师制并配置完成；高度重视新生研讨课，选派资深、优秀教师给新生授课。

狠抓教学过程质量，严把生源及出口关。严格教学管理，加强课程改革，如刘海明等老师的《新闻评论》课程在中国大学慕课网正式上线；董天策主讲的研究生课程《新闻传播理论》获批重庆市优质课程。在研究生培养中，学院通过多种形式对外宣传，吸引优秀本科生报考，成功举办第六届优秀大学生学术夏令营。2019年度招收2020年推免研究生29人，“985”“211”高校生源比例为48.28%，生源质量维持较高水平。学院从 2019 年开始实施了预答辩制度,从严把控出口质量关。

夯实学生思政工作机制,探索卓越新闻人才培养路径。以提升学生思想政治素质和道德文化素养为育人目标,摸索出一条"七个一"的思政教育路径:一次调研、一场宣讲/一次课程、一份文件/一部政论片、一次活动、一支队伍,以此来规范学生日常管理、学风建设等各项常规工作。2019 年度,全院本科生共有 120 余人及 8 个集体获得各级各类荣誉称号,2019 级研究生方梓萱获 2019 年"第十二届中国青年志愿者先进个人"称号。

创新创业水平提升,师生屡屡获奖。2019 年重庆市大学生公文写作技能竞赛重庆大学选拔赛(中文类)和培训工作,学院获得一等奖 3 项、二等奖 6 项、三等奖 9 项,团体赛成绩全市第一名,3 名教师获优秀指导教师奖,1 名教师获优秀工作者称号,竞赛成绩创新高。2019 年度学生共申报立项 4 个国家级大学生创新训练项目,2 个国家级大学生创业训练项目,1 个国家级大学生创业实践项目和市级项目 11 项。学院学生还在"创青春"全国大学生创业大赛中获得铜奖;在中国"互联网+"大学生创新创业大赛中获银奖等。

【大力提升创新能力,加速推进国际合作与办学】

科研能力持续提高,经费额度历年最高。2019 年学院共成功申请国家社科基金项目 3 项,教育部项目 1 项,省部级以上和横向科研项目 8 项,中央高校基金项目 14 项,项目合同经费总计 220.5 万元,到账经费为 173.3 万元,较 2018 年有较大幅度增长。2019 年度学院共发表学术论文 70 篇,其中 CSSCI 及以上 32 篇,占比 45.7%。C 刊论文中含中文 A 级期刊 3 篇,中文 B 级期刊 15 篇,中文 C 级期刊 12 篇,国际期刊 2 篇。另外被《人大复印资料》《新华文摘》等转载、转摘 4 篇。

2019 年学院共出版学术专著 10 部,其中包含中文权威出版社 2 部,国际权威出版社 1 部;重要/百佳出版社 6 部;另主编本科教材 1 部。在科研获奖方面,学院 2019 年度共获得各级各类奖项 4 项。

扩大对外合作与交流,请进来、走出去。2019 年,学院成功举办了第 11 届"世界华文传媒与华夏文明"国际学术研讨会,来自台湾政治大学、清华大学、封面传媒等 30 余所高校与媒体的专家学者出席会议。2019 年有来自以色列希伯来大学和英国《媒介史》杂志的两位学者来院举办学术讲座,纽约州立大学奥尔巴尼分校 SUNY Albany 传播系和英国索尔福德大学艺术与传媒学院两所国际高校共三次来院访问。学院与香港浸会大学传理学院签订了合作协议。另有 1 名学生被澳大利亚科廷大学录取。

2019 年度董天策、杨柳等老师分别参加了美国、日本、泰国和韩国的国际学术会议并做了大会发言;学院郭毅博士参加由汉堡大学媒介历史研究中心等联合主办的"港口城市与传播"国际学术工作坊,并发表论文;学院副院长郭小安教授应邀为斯里兰卡媒体高级人才研修班讲授媒介素养课程。2019 年学院共有 57 人次学生出国境访学,完成了年度任务。

围绕学校纪念建校 90 周年的契机,在师生和校友中广泛开展了主题教育和宣传动员活动,效果显著。以党的十九大精神为指引以及全国教育工作会议精神要求,坚持稳中求进工作总基调,学院充分把准建"一流"的契机,落实立德树人根本任务和"三全育人"培养模式,逐步提升学术发展水平,狠抓师资队伍建设,健全运行机制体制，注重学院内涵发展，着力提高办学质量。展望新的一年，新闻学院将继续以学科建设为龙头，队伍建设为重点，培养卓越拔尖新闻人才为目的，全面提升学院综合实力，助推学校“双一流”建设。

（撰稿人：龚　兵）

法学院

【概况】

法学院下设法学、知识产权两个本科专业，拥有法学一级学科硕士、博士学位授权点（涵盖 10 个二级学科）及法律硕士专业学位授权点（JM）、法学一级学科博士后流动站。截至 2019 年年底，学院有全日制本科生 468 人、硕士研究生 493 人、博士研究生 109 人。有教职工 78 人，其中专业教师 63 人、辅导员 3 人、行政人员 8 人、全职博士后 1 人、院聘职工 3 人。

2019 年在学校党政的领导下，学院紧紧围绕“双一流”建设和“立德树人”根本任务，发挥党委的领导核心和监督保障作用，加强师德师风建设，推进“三全育人”改革，扎实开展“不忘初心、牢记使命”主题教育，不断完善规章制度，确保学院各项任务完成。

在党建工作方面。坚持党管人才，严把人才引进政审关，制订了学院师德师风建设管理办法和“三全育人”工作实施方案，着力构建全员育人、全过程育人、全方位育人长效机制。重视意识形态、安全稳定及保密工作，严格执行讲座报告的报批审核制度。加强组织建设，完成学院党委、纪委换届，大力推进特色党支部建设，探索党建带团建模式，促进党建与业务的融合。严把党员发展质量关，2019 年发展党员 64 人。加强宣传和文化建设，改版学院网站，开设官方微信公众号，制作学院校庆文化墙。加强作风建设，切实履行党风廉政建设主体责任。

在人才培养方面。学院始终坚持以提高教学质量为核心，通过搭建教师工作坊平台，持续开展教师教学方法和技能培训，1 名教师在重庆大学教学基本功比赛中获得第一名。学院建有国家级和省部级精品课程 5 门，2019 年新增重庆市研究生导师团队 2 项，重庆市研究生教学案例库 2 项，获批省部级教改项目 1 项，校级项目 3 项。学院建有国家首批“卓越法律人才培养基地”、教育部大学生校外实践基地，在重庆、四川、贵州、陕西、广东等地建立法学教育实习基地 31 个，2019 年新增实习基地 2 个，与重庆市第五中级人民法院联合申报的“法律硕士研究生联合培养基地”获准首批重庆市研究生联合培养基地。学院重视对学生综合素质和创新能力的培养，通过组织参加模拟法庭大赛、普法宣传活动、志愿服务活动、学术论坛等，提高学生理论与实践应用能力。2019 年度，学生获批国家级“大学生创新训练项目”10 项，“重庆大学大学生科研训练计划”（SRTP）7 项，申请授位博士研究生发表 CSSCI 来源期刊论文和高水平论文 49 篇。2019 年，学生荣获集体荣誉 14 项，其中国家级 3 项；学生个人获奖总计 150 余项、400 余人次，其中国家级奖励 18 项 40 余人次，省部级、校级共 130 余项，23 名本科生、98 名研究生通过国家司法考试。

在人才队伍建设方面。2019 年,学院教师晋升教授 1 人、副教授 3 人。学院获评学校集体记功 1 次、先进集体 1 个、先进工作者 2 人、十佳辅导员 1 人、个人记功 1 人次、个人嘉奖 2 人次。顺利完成了绩效工资实施工作。根据学校党委的决定,学院原党委副书记、纪委书记张燕调入经管学院,原公管学院党委副书记、纪委书记刘淳调入法学院。

在科研学术方面。2019 年学院老师发表学术论文 92 篇,其中 CLSCI 期刊论文 15 篇;出版著作 10 部,其中专著 7 部,编译注 2 部,编撰类 1 部;A、B 级项目立项总计 16 项,立项总额 201.5 万元,C 级纵向及横向项目共计 26 项,到款经费 277.42 万元,科研成果获各类奖项 17 项。2019 年度共举办会议及讲座 51 次,其中会议 5 次、讲座 46 次。学院已建有省部级科研基地 2 个、校级科研基地(中心)4 个,2019 年新设院级科研平台(中心)13 个。报送的专家建议信息多篇被上级部门采用,学院获评重庆大学 2019 年信息工作先进集体。

在国际化方面。2019 年,学院加大力度支持学生访学及国际交流,学生出境交流、学习 51 人次,学院组织 30 名学生赴早稻田大学交流。教职工因公出访参加国际会议、文化交流和访学 6 人次。接待美国、澳大利亚等国的 3 所高校法学院来校交流。

在服务社会方面。学院教师积极发挥智库作用,50 余人次担任重庆市委、重庆市政府法律顾问、市人大立法咨询专家、市政府立法评审委员会委员、各级人民法院咨询专家、仲裁委仲裁员等,助力地方法治建设。2019 年,学院举办培训班 74 期,培训来自全国各地干部学员 3 900 人,积极履行“佑启乡邦,振导社会”职责。

【中国自然资源学会资源法学专委会落户法学院】

2019 年 5 月 10—12 日,中国自然资源学会资源法学专业委员会成立大会暨第一届中国自然资源法治论坛在重庆召开,黄锡生院长当选为中国自然资源学会资源法学专业委员会主任委员,法学院成为专委会秘书处所在地。

【新增奖学金三项】

为激励学生树立高远志向,2019 年设立重庆大学法学院院长奖学金。该奖学金分为年度院长奖学金和最终院长奖学金,一、二、三年级评定年度院长奖学金,四年级评定最终院长奖学金。2019 年 6 月 30 日至 7 月 10 日举办了首届“院长奖学金”竞赛。

2019 年,学院新增“民主湖教育基金”“优秀毕业生奖学金”,分别由法学院教师宋宗宇教授及其指导学生、2008 级校友沈仁刚捐资成立。

【学生竞赛成绩突出】

在第十七届 JESSUP 国际法模拟法庭大赛中,法学院代表队再次获全国选拔赛一等奖。在 2019 全国大学生环境资源模拟法庭大赛中,法学院获特等奖。

(撰稿人:刘　勇)

马克思主义学院

【概况】

2019年,马克思主义学院在马克思主义法学理论方向招收博士研究生,同时设有马克思主义理论一级学科硕士学位授权点,和博雅学院共建哲学一级学科硕士学位授权点。学院在编教职员工61人,其中管理岗位6人、教学科研岗位55人,教授16人,副教授26人(新增2人)。张邦辉教授入选重庆市学术技术带头人,“重庆英才”计划(哲学社会科学领域名家名师)。魏强副教授、陈飞副教授入选重庆市学术技术带头人后备人选。

截至2019年年底,学院有市级精品课程2门,校级精品课程1门,校级精品资源共享课程1门,重庆市优质课程1门,本科优质课程结题5门,校级研究生重点课程5门,市级精品在线课程1门;教育部教学示范团队立项1项,市级教学团队1个,重庆市高校思想政治理论课教学科研示范团队1个;重庆市教委骨干教师择优资助计划5人。获得重庆市教改项目3项,其中重大项目1项,重庆大学教改项目2项。出版教材1部。获得全国首届高校思想政治理论课教学展示活动二等奖1项,获全国“我心中的思政课”微电影比赛优秀奖1项;获得重庆市第五届高校微课教学比赛三等奖2项,刘倩获得重庆市高校思想政治理论课教师教学能力大赛特等奖,2019年重庆市团干部岗位实践能力微团课二等奖1项;魏强获得“宝钢奖教金”“河钢奖教金”。重庆大学第七届青年教师教学基本功比赛三等奖1项。学院组织进行了习近平新时代中国特色社会主义思想进课堂微视频大赛和第二届大学生讲思政课比赛活动。

2019年,学院获批全国首批民政部政策理论研究基地。学院项目共计25项,合同经费258.6万元。其中,国家级项目2项(含思政专项1项);省部级项目15项,较上年度增加4项。纵向经费共计209.6万元,占总经费的81.05%;横向项目经费49万元,占总经费的18.95%。学院共发表论文61篇。其中,A级期刊论文1篇,B级4篇,一般CSSCI核心11篇,出版专著9部。

2019年,学院有在读研究生114人。研究生就业质量稳步提升,毕业生的就业去向主要是进入高校从事思想政治理论课的教学工作,到国有企业、事业单位从事党建宣传工作,2019年学院毕业研究生就业率为90%。2019届毕业研究生有6人考取了武汉大学、南开大学、中山大学、东北师范大学等国内知名大学马克思主义学院的博士研究生,占毕业研究生总人数的25%,读博升学率得到大幅度提高。

学院现有党员136人,其中在职教职工党员51名、研究生党员85名。党支部10个,其中教职工党支部6个,学生党支部4个。2019年度发展党员29名,其中研究生党员29名,预备党员转正12名。教职工党员比例82.3%,研究生党员比例82.5%。

学院党建工作有序开展。全院人均学习课时数在150学时以上,教师们将学习内容融入教案撰写、课堂教学、实践教学和考试测评中,保障了我校学生学习的全覆盖。组织“红岩系列”特色教育活动,举办“红岩论坛”“红岩读书会”多期,加强师生交流学习;充分利用红色学习资源,创新学习形式,师生党支部分别在邓小平故居、青岛海军博物馆、重庆建川博物馆、重庆抗战遗址博物馆等地开展主题党日学习;开展“不忘初心、牢记使命”为主题的演讲比赛;中国近现代史纲要教研室教师党支部荣获“第二批全国党建工作示范高校、标杆院系、样板支部培育创建单位”的“样板支部”称号。党建创新活动特色鲜明,包括网络教育阵地建设,“马中化”党支部牵头在学院官微开设《经典导读》栏目,定期介绍马克思主义经典原著。学院被评为重庆大学2019年度新闻宣传工作先进集体。学院微信公众号被评为重庆大学2019年度新闻宣传十佳新媒体。王玉琴被评为2019年度新闻工作先进个人。

【交流与合作】

学院积极开展国际国内学术交流活动。邀请俄罗斯马克思主义研究知名专家莫斯科罗蒙诺索夫国立大学亚历山大·弗拉基米诺维奇·布兹加林教授作题为“俄罗斯新马克思主义流派的基本特征”的学术讲座,莫斯科金融法律大学的柳德米拉·阿列克谢耶夫娜·布拉夫卡-布兹加林娜教授作题为“俄罗斯新马克思主义流派的主要活动及思想主旨”的学术讲座,效果良好。与河北工业大学马克思主义学院联合举办的马克思主义理论本土化建设国际学术会议取得良好反响,被教育部国际会议平台系统选送至教育部和华中科技大学合办的《国际学术动态》2019年第6期上刊发。派出3位研究生参加国际学术会议,其中2位研究生在第45届世界道德教育学会年会上做分论坛会议发言。罗滁书记及学科团队负责人组成的学术交流团应邀赴英国格拉斯哥大学进行了学术访问,与格拉斯哥大学的中东欧研究中心进行了深入探讨,商议研究生培养与教师进修等国际合作事宜,为我院进行国际化办学与合作做出了积极的尝试和探索。研究生杨露参加澳门科技大学交流学习,参加重庆大学 Global Bridge 系列之韩国中央大学2019国际暑期学术课程,周婷玉参加“走进世界顶尖名校——重庆大学2019年暑假美国哈佛大学、麻省理工学院访学项目”。学院成功举办庆祝中华人民共和国成立70周年与马克思主义理论创新学术研讨会暨中国高等教育学会马克思主义研究分会2019年年会。

【社会服务与培训】

作为重庆市干部培训基地和公务员培训基地,我院2019年共举行培训班103期,培训学员共计5 150余人,得到了学员的一致好评,既宣传了重庆大学,又树立了马克思主义学院良好的社会形象。

(撰稿人:李丽昆)

理学部

理学部办公室

【概况】

截至 2019 年 11 月，重庆大学共有 9 个学科位列 ESI 前 1%。理学部所属学院作为主体，支撑化学、数学、植物学与动物学、生物学/生物化学、临床医学、环境科学与生态学等 6 个学科进入 ESI 全球前 1%。物理学科潜力值多次超过 100%，非常有望跻身前 1%。这些数据，直观表明了理科发展是学校“双一流”建设的中坚力量。

2019 年，理学部围绕学校“双一流”建设目标，以谋划学科发展为基础，以引进和培养高端人才为重点，以探索科学合理的学术评价体系为抓手，积极配合学校相关部门，服务所属学院，致力于推进理学学科提档升级，实现理科特色发展。

【深入开展调研】

以“不忘初心、牢记使命”主题教育为契机，张宗益校长多次带队到数学、物理、生命、化工等学院调研，对基础学科发展表示了实质性支持，也提出了明确要求，要求进一步凝练学科方向、加大人才引进力度、瞄准国际前沿领域、开展重大项目研究；理学部同志全程参与了调研工作。同时，理学部还专门组织开展点对点调研工作，与各学院领导、工作秘书就人事、科研、国际合作等工作开展专题交流，力求摸清学院家底，厘清发展思路。

师资队伍的数量和结构决定了学科布局的合理性、科学性和长远发展的可能性。理学部在人事处、科发院、教务处等学校部门的帮助下，协调所属学院，专门对各学院的教师构成、师资规模，以及每个教师的教育经历、科研、获奖等个人情况进行了详细的调研和统计，为下一步制订科学的人才计划和学科规划提供参考方向。

【完善人才引进流程和评价机制】

2019 年，学校颁布了《重庆大学人才引进管理办法》等一系列新的人才政策，明晰了引进人才的层次和要求。为了迅速与学校引才政策接轨，理学部正在制订新的人才引进流程和评价体系，筹建招聘委员会，聘请相关专业的学术带头人担任各学科学术顾问，完善专家外评机制，以保证人才引进质量和效率，迅速引进一批高层次人才。

由于学校人才引进新政策的变更，理学部的人才引进工作有些滞后。2019 年学部共接收申请 17 人，经审议报送人事处 5 人，最终通过学校人才引进会议的有 2 人。由于医学部机构还未健全，学部积极协助医学部人才引进工作,组织召开第四次医学类人才招聘会,审议了8名医学类人才,其中5名通过面试已报送人事处。学校人事政策发布后,各学院纷纷制订新的引才计划,加大人才引进力度。现物理学院5名、数学与统计学院1名、生命科学学院2名优秀人才已经通过学院面试,学部正在进行外评。

【学术事务管理】

1.契合学科特点,完善职称晋升评价体系

随着《重庆大学专业技术职务评聘工作实施办法(2019年修订)》的出台,学校要求制订契合各学科发展的职称评定实施细则。理学部对此高度重视,广泛征集各学院和专家意见,进行了详细的数据分析,包括2014到2018年理学部职称评审通过的正高、副高情况;学校新职称评审文件中理学、工学和建筑3类学科的论文和项目条件;四川大学、同济大学、武汉大学、西安交通大学、华南师范大学、浙江大学的理学类职称评审条件的论文和项目要求。学部正在积极组织学院广泛调研,修改制订科学合理的职称评审条件和高水平期刊目录,力求使新的职称评审细则既要兼顾现实又要具有前瞻性。

2.组织召开学术委员会会议,审议学术事宜

2019年,理学部组织了3次学术委员会和3次通讯评审。审议了理学部有关重大事宜13项。完成了3名预聘制教师和13名青年教师的聘期考核工作,以及3名预聘制教师转入终身制副教授的考核工作。圆满完成2019年职称评审工作,按学校下达的名额对申报的3名正高、8名副高进行了评审和推荐,经过学部学术委员会审议,最终向学校推选3名正高(破格2名)、4名副高。

【科研管理】

在科研成果、项目申报方面,理学部成功组织4项中央高校项目申报,其中数学与统计学院1项,物理学院3项;组织学院申报重庆市教委项目共计9项;根据学校要求,积极组织学院开展2020年国家自然科学基金申报辅导工作。

学部积极组织学院瞄准世界科技前沿和国家重大需求,凝练能够引领学校未来发展的关键科学问题,最终根据外评专家意见及评分将征集的18个科学问题进行排名并报送科发院。

在明炬副校长的主持下,理学部组织了2期"理学头脑风暴"学术沙龙,为青年教师展示科研新思路和跨学科交叉融合提供了良好交流平台,为进一步凝练学科方向提供了新途径。

【会务服务】

2019年,学部协助校庆工作组,组织协调各学院共开展学术活动260余场,其中大型学术交流活动(100人以上)5场,邀请院士、知名专家学者等80余人,邀请外籍学者20余人。

学部配合虎溪管委会,承担了理科大楼会议室的日常管理事务,2019年学部利用一楼的会议室和多媒体教室,组织学院开展"青年学者论坛""交叉学术论坛""科普讲座"等各种学术活动或会议。

(撰稿人:颜　可,邱　楠)

数学与统计学院

2019 年,学院设有数学系、信息与计算科学系、统计与精算系,包含数学与应用数学、信息与计算科学、统计学、金融数学等 4 个本科专业,招收本科生 178 人、研究生 123 人。学院现有本科生 648 人,有在校学历研究生 373 名。

学院现有在编教职工 107 人,其中专任教师 99 人,管理人员和实验人员 8 人;教授 28 人,副教授 36 人。2019 年,教师晋升教授 1 人、副教授 2 人。4 位教师分别获"宝钢优秀教师"称号、"重庆大学优秀青年教师"称号、青年教师教学基本功比赛一等奖、优秀教案一等奖。

学院现有中共党员 143 人(含预备党员),其中在职教工党员 59 名,在校学生党员 84 名(含预备党员)。有正式党员 128 名,其中在职教工正式党员 59 名,在校学生正式党员 69 名。党支部 7 个,其中教工党支部 3 个,学生党支部 4 个。

【本科生就业率与学科竞赛获奖】

学院本科生就业率达到 70.63%,研究生就业率达到 94.51%。在 126 名本科毕业生中,26 名推免生中的多名学生被推荐到北京大学、中国科学院、复旦大学、浙江大学、南开大学、武汉大学、中山大学、厦门大学、对外经济贸易大学等名校继续攻读学位;12 名本科毕业生考取国内名校继续攻读学位;9 名毕业生分赴加州大学、范德堡大学、利兹大学等境外名校攻读学位。

学院学生获全国大学生数学竞赛全国赛区二等奖 1 人、三等奖 3 人,重庆赛区一等奖 9 人、二等奖 1 人、三等奖 18 人;全国大学生数模竞赛全国二等奖 2 人、重庆市二等奖 2 人;在美国大学生数学建模竞赛中获得一等奖 6 人,二等奖 4 人;国家大学生及市级大学生创新性实验计划结题 3 项,新增 3 项;全国大学生泰迪杯数据挖掘竞赛二等奖 1 项;第四届卓越联盟数学竞赛一等奖 1 项,二等奖 1 项;亚太地区大学生数学竞赛三等奖 1 项;重庆大学大学生科研训练计划结题 4 项,新增 1 项;新增优异生 8 人,复选优异生 12 人。

【本科和研究生教学】

2019 年,学院为全校开设 45 门全校公共课,其中 4 门通识与素质教育课程,合计 13 420 学时;为本院本科生开设 90 门理论课和实践课,教学工作量合计 5 708 学时。组织参加数模竞赛获得美赛 F 奖 1 项、一等奖 22 项、二等奖 36 项、全国数模竞赛二等奖 9 项,重庆市一等奖 34 项、二等奖 27 项;全国数学竞赛一等奖 1 项、二等奖 4 项、三等奖 8 项。开展了"概率论与数理统计""数学实验""高等数学"等本科课程的 MOOC 课程建设。获得本科市级教改项目 1 项;数学专业获评国家级一流专业;校级三进课程 1 门,出版教材 4 本,发表 CSSCI 教改论文 1 篇。

承担数学与统计两个一级学科共计 371 名硕博研究生的培养,为本院研究生开设专业课 41 门,合计 1 676学时;承担 13 门全校研究生公共数学合计 1 528 学时。获重庆市专业学位研究生教学案例库建设项目 1 项,重庆市研究生导师团队建设项目 1 项,重庆大学研究生教改项目 1 项。重庆市学位与研究生专业教育学会第一届研究生教育教学改革优秀成果奖 1 项。重庆市优博 1 项、重庆市优硕 1 项。

【科学研究、学科建设】

学院新增科研项目 25 项,其中国家自然科学基金 6 项,博士后科学基金 3 项,科技部 1 项,重庆市项目 13 项,横向项目 2 项。学院全年实到科研经费 371.83 万元;发表论文共 122 篇,其中 SCI 检索 108 篇(其中 A 级期刊 52 篇,B 级期刊 23 篇),CSSCI 检索 1 篇。获得教育部自然科学二等奖 1 项。

2019 年,学院数学一级学科博士后流动站已入站 7 人,出站 1 人。建有数学和统计学 2 个一级学科博士点、2 个重庆市一级重点学科和应用统计专业硕士点。

【学术交流与国际化】

2019 年,学院教师因公短期学术出访 16 人次,赴国(境)外长期访学进修 3 人次。学院邀请国外专家学者 50 人、国内学者 132 人,举办学术报告 180 多场;举办专业学术会议 2 次。

2019 年,学院现有在岗外籍博士后 1 人,来华留学生和港澳台籍学生 1 人;派出长期留学生 3 人,短期交流生 13 人。应届毕业生海外升学 9 人,同时应届毕业生全球 500 强外资企业就业 9 人。

学院开设双语课程 19 门,并积极和境外优秀大学开展联合培养项目。

【重要成绩】

2019 年,获得教育部自然科学二等奖 1 项。2019 年数学学科稳定在 ESI 学科排名前 1%;数学学科上海软科学科排名国内二十八。

(撰稿人:穆春来)

物理学院

【概况】

2019 年,物理学院设有物理学科一级学科博士点 1 个,物理、应用物理、电子技术 3 个本科专业。学院在编教职员工 99 人。2019 年度,学院引进副教授 1 人。

2019 年度发表 SCI 检索科研论文 155 篇,其中 SCI A 级期刊论文 113 篇,SCI B 级期刊论文 26 篇。自然指数期刊 47 篇,占学校自然指数期刊总数 36.4%。

2019 年度获批科研项目 30 项,其中国家自然科学基金项目 10 项,重庆市科技计划项目 8 项,博士后科学基金项目(国家+地方)2 项,博导团队基金 1 项,横向科研项目 9 项。新获批项目:纵向项目立项金额 652 万元,横向项目合同金额 164 万元。在研项目 77 项,其中国家自然科学基金项目 30 项,教育部省部级重点实验室开放基金项目 1 项,重庆市科技计划项目 15 项,重庆市教委项目 2 项,博士后科学项目 4 项,博导团队基金 1 项,科协类项目 1 项,横向项目 23 项。2019 年全年实到科研经费 1 297 万元,其中纵向经费 558 万元。

学院有本科生 445 人，研究生 190 人。2019 年度 13 人次获国家奖学金，14 人获国家励志奖学金，104 人获校综合奖学金，1 名本科生以第一作者发表 SCI 论文。在“争先创优”“五四”评优等各类表彰中，我院学生获校级先进个人 147 人次，五四红旗团支部 2 项，优秀团日活动 1 项，文明寝室 3 个，先进班集体 1 个，文明寝室标兵提名奖 1 个。在“国家大学生创新实验项目”“大学生科研训练计划”“国家级大学生创新训练项目”中，总计立项 24 项，参与项目学生达 56 人次。在各类赛事中，获第十届中国大学生物理学术竞赛二等奖 5 人次，第三届西南地区大学生物理学术竞赛一等奖 10 人次，第九届全国数学竞赛重庆赛区（非数学类）一等奖 1 人次、二等奖 1 人次、三等奖 2 人次，全国大学物理实验竞赛三等奖 2 人次，美国数学模型竞赛 MCM 一等奖 5 人次，第三届全国大学生 FPGA 创新设计竞赛二等奖 3 人次，2019 年全国大学生网球锦标赛西南赛区男子乙组团体冠军 1 人次，2019 年全国大学生网球锦标赛总决赛男子乙组团体季军 1 人。

2019 年学院招收研究生 73 名，其中全日制学术型硕士研究生 53 名，学历博士 18 名，工程博士 2 名。学院有 19 名同学被授予博士学位、16 名同学被授予硕士学位。2019 年，学院研究生申请国外联合培养项目 2 项，学院博士生杨佳丽在加州大学河滨分校（UCS）联合培养、学院博士生杨红梅在美国普渡大学联合培养。吴兴刚教授指导的博士生申建明、周小元教授指导的博士生彭坤岭获 2019 年重庆市优秀博士，吴兴刚教授指导的硕士生杜博纶获 2019 年重庆市优秀硕士。另外，吴兴刚老师申报的“重庆大学粒子物理理论组”成功获批为 2019 年度重庆市研究生导师团队建设项目。

物理学院党委于 12 月顺利完成二级党组织换届工作，产生新一届党委委员和纪委委员。学院党委积极开展“不忘初心、牢记使命”主题教育活动，顺利完成四阶段学习活动，包括完成 10 余次集体理论学习、6 项调研报告，梳理出 11 项学院存在的问题并整改落实到位。党组织的凝聚力、战斗力和感召力增强，下半年发展了 2 名优秀青年教工党员。

【新增 1 名省部级人才】

2019 年，王锐入选重庆英才青年拔尖人才计划。

【发表高水平论文】

2019 年度，学院的科研论文除了量上的进一步提升，更可喜的是质上的突破：

王锐副教授和南方科技大学物理系徐虎副教授等合作，在物理学顶级期刊 *Physical Review Letters* 发表了关于在磁性 Weyl 半金属中实现偶数对（even pair）Weyl 点的新思路。胡陈果教授科研团队和中科院北京纳米能源与系统研究所王中林院士团队合作研究论文 *Integrated charge excitation triboelectric nanogenerator*《完整的电荷激励摩擦纳米发电机》在 *Nature* 子刊 *Nature Communications* 上发表。王梓任教授在国际顶级物理学期刊 *Physical Review X*（影响因子 12.211）上以通讯作者发表研究论文 *Real-Space Mapping of the Two-Dimensional Phase Diagrams in Attractive Colloidal Systems*（Phys.Rev.X 9,031032-Published 22 August 2019），阐述了该团队在软物质方向上的最新研究成果。吴兴刚教授在 *Progress in Particle and Nuclear Physics* 发表综述论文。

【组织具有国际影响力的全国性大会及学术交流】

2019 年 5 月,重庆大学和北京大学高能物理研究中心在重庆联合举办了第 23 届 LHC Mini-Workshop。百余位专家学者进行了希格斯粒子、顶夸克物理、量子色动力学精确物理、电弱精确测量和新物理寻找的专题研讨。

2019 年 6 月 30 日,由重庆大学物理学院、复旦大学微纳光子结构教育部重点实验室、重庆市物理学会联合举办的微纳光子结构学术研讨会在重庆大学举行。全国各地高校和科研院所的 40 余位老师和同学参加了此次会议。

2019 年 7 月,举办了重庆大学 2019 年度引力与宇宙学研讨会,来自全国各地 50 余位专家教授就引力波观测数据、引力波探测装置、检验宇宙学模型等议题进行了交流探讨。

2019 年 11 月,重庆大学物理学院、光电学院和化工学院举办了“第三届纳米发电机与微纳系统研讨会”,大会汇聚了来自全国高校从事纳米发电机与微纳系统研究的近 100 位专家,王中林院士作特邀报告。

【科研平台建设成效显著】

2019 年 9 月,陈仙辉院士莅临物理学院,量子材料与器件中心成立并挂靠物理学院。

2019 年 10 月,吴兴刚院长带队参加基金委主办的“高校理论物理学科发展与交流平台项目”汇报会。会后决定将重庆大学理论物理交流平台资助类型升为第一档次,并决定于 2020 年在重庆大学举办“彭桓武论坛”和“彭桓武青年论坛”。

2019 年 11 月,王中林院士访问重庆大学并商议与胡成果团队建设纳米发电机中心事宜,学院已初步形成理论和实验并进的良好局面。

【获奖表彰】

方亮教授获重庆市科学技术二等奖 1 项。

王雪副教授和方亮教授还分获重庆大学科学技术奖自然科学奖一等奖各 1 项。

周小元研究员被英国皇家化学会选为 1%高被引中国作者:能源与可持续类刊。

(撰稿人:吴兴刚)

化学化工学院

【概况】

2019 年,化学化工学院设有“化学工程与技术”和“化学”两个一级学科博士学位授权点,以及“化学工程与技术”博士后流动站。其中“化学工程与技术”一级学科下设化学工程、化学工艺、生物化工、工业催化、应用化学 5 个二级学科博士和硕士学位授权点,“化学”一级学科下设无机化学、有机化学、分析化学、高分子化学与物理、物理化学 5 个二级学科博士和硕士学位授权点。学院还设有材料与化工、生物与医药 2 个工程硕士授权领域，以及能源动力类、资源与环境类 2 个工程博士授权领域。

学院在编教职工 124 人，其中教授（含特聘研究员）51 人、副教授及高工 34 人。新世纪百千万人才工程国家级人选 1 名，教育部“跨/新世纪”人才 6 名，享受政府特殊津贴人员 2 名，重庆市首席专家工作室、青年专家工作室各 1 名，重庆市百人计划 1 名，重庆市杰出青年科学基金 1 名，重庆市“科技创新领军人才”2 名。重庆市“322 人才工程”第一层次 1 人，重庆市“巴渝学者”特聘教授 1 名，重庆市“科技创新领军人才”2 人，重庆市“百名工程技术高端人才”2 人，重庆市“高等学校优秀人才”2 人，重庆市“青年拔尖人才”5 名，重庆大学“百人计划”人才 10 人。

截至 2019 年 12 月，学院拥有重庆市基础化学实验教学示范中心和“大学化学”重庆市教学团队；建成“大学化学”国家级精品课程及国家级精品资源共享课程 1 门，“物理化学”重庆市级精品课程 1 门，“化工工艺学”“药物分析”及“基础化学实验”校级精品课程 3 门。“化工原理”“制药工艺学”“电化学原理”“大学化学（系列）”“基础化学实验（系列）”校级优质课程 5 门，“化学工程与工艺专业核心课程群”一流专业核心课程群 1 门，先后获得省部级教学成果奖 6 项，校级教学成果奖 16 项。

2019 年，学院新增科研项目 100 余项，合同经费超 4 000 万元，实到经费近 2 200 万元。承担 863 项目 2 项，合同经费 340 万元；在研国家自然科学基金 39 项，结题 10 项；新获国家自然科学基金 11 项，合同经费 570 万元。发表 SCI 检索论文 260 余篇，一区+二区高水平论文 170 余篇，在《美国化学会志》（*Journal of the American Chemical Society*）和美国化学工程师协会等化学化工顶尖刊物上发表论文 13 篇。获重庆市自然科学奖一等奖 1 项。

2019 年，学院有全日制本科生 666 名，全日制研究生 674 名（包含硕士 501 名，博士 173 名）。本科学生荣获国家级奖项 38 人次、市级奖项 55 人次，校级奖项 180 余人次。本科生获国家奖学金、国家励志奖学金、国家助学金、各类社会奖助学金、学院奖学金、综合奖学金等 500 余人次。

本科学生参加国家级科研训练计划 5 项，市级科研训练计划 7 项，校级科研训练计划 31 项；结题国家级科研训练计划 4 项（1 项优秀），市级科研训练计划 2 项，校级科研训练计划 30 项（1 项优秀）。研究生 2019 学年度共计发表 SCI 检索论文超过 300 篇，其中 SCI 一区+二区高水平论文 131 篇，JACS 和 AIChE 等化学化工顶尖刊物论文 6 篇，参加国内外学术会议或论坛 80 余人次，获奖 17 人次；本科生第一作者发表 SCI 一区论文 1 篇，二区论文 1 篇，三区论文 2 篇。

加大研究生招生宣传投入，继续举办“优秀大学生暑期学术夏令营”，多次派出 6 个小组赴各地进行研究生招生宣传。2019 年招收学历博士生 56 人，工程博士 7 人，招收全日制硕士生 174 人。2019 年接收全国推免研究生 31 人，其中 14 名为本校推免生。获得重庆市研究生科研创新项目资助 7 项。4 篇博士学位论文获重庆大学优秀博士学位论文，2 篇硕士学位论文获重庆大学优秀硕士学位论文。王敏杰、石佳荣分获“京博”优秀论文奖和提名奖。

2019 年度共举行专场招聘会 49 场，接待用人单位 57 个，发布就业信息 350 余条。2019 届本科生就业率91.72%,研究生就业率达到95.97%。

2019年度走访了贵州、云南两地的部分用人单位,包括时代沃顿、贵州燃气、云南磷化。利用90周年校庆契机,聘请河北校友会副会长、河北丰源环保科技股份有限公司董事长苏德水等共计12名企业优秀校友为创新创业导师,为在校或即将走向社会的青年学生在职业规划、人生规划、创新创业等方面提供帮助,推进了学院创新创业工作发展。

2019年度共邀请国内外知名专家学者115人次到学院进行访问交流,其中境外专家学术报告8人次。与贝尔法斯特女王大学、新加坡国立大学、辛辛那提大学等建立联系,设立联合学生培养项目和夏令营项目。

【会议承办】

1.成功承办“第十九届全国催化学术会议”

来自海内外10余个国家共3 400余名会议代表莅临参会,其中中科院院士11人,工程院院士1人,韩国工程院院士1人,以及100余位国家级人才。会议共安排报告400余场。

2.成功承办“中西部地区无机化学化工学术研讨会”

700余名国内外无机化学化工及相关学科的杰出科学家和中青年学者参会。

3.校庆系列活动成功举办

结合90周年校庆开展系列活动,邀请学院杰出校友、中国工程院院士以及来自国内近40所高校和科研院所的化学、化工方面的院长及专家、嘉宾参加,成功举办“化学化工一流学科建设院长论坛”,接受校友捐赠近370万元。

(撰稿人:覃　彬)

生命科学学院

【概况】

2019年,生命科学学院共建“生物学”一级学科博士点,稳步推进学科优化调整,重组学院的学科方向和团队建设,全方位优化开展“生物学”本硕博一体化人才培养方案。学院紧密围绕人类生存与健康以及生态安全等国民经济可持续发展中的重大需求,围绕植物学、微生物学、生物化学与分子生物学和遗传学等4个重点学科方向构建研究团队。目前,学院在编教职员工39人,其中管理岗位11人、教学科研岗位28人。3位青年教师获得“重庆市英才计划青年拔尖人才”项目资助。学院新引进编制内副教授1人、弘深青年教师2人和师资博士后1人。计划到2025年,生物学科专任教师规模达到100~120人。

2019年,是中华人民共和国成立70周年,重庆大学建校90周年,也是学校发展史上具有里程碑意义的一年。学院坚持以习近平新时代中国特色社会主义思想为指导,坚持党的教育方针,落实立德树人根本任务,扎实开展“不忘初心、牢记使命”主题教育,深入实施教育“奋进之笔”,成功举办纪念建校90周年的院级系列庆祝活动，全院师生员工精神面貌焕然一新，党建工作夯基垒台，“三全育人”创新发展。党政班子密切配合，认真履行“一岗双责”，积极发挥核心作用。学院坚持民主集中制，严格执行党委会、党政联席会和“三重一大”等制度，坚持党内民主生活会制度，严格执行“双重组织生活”制度。2019 年 9 月，深入开展“不忘初心、牢记使命”主题教育。把主题教育与庆祝中华人民共和国成立 70 周年和校庆 90 周年结合起来，举办“生命科学主题展”，以实际行动践行初心和使命。学院党委牵头制订了《生命科学学院师德师风建设实施细则》，严格管理网上舆论阵地，在学院网页、微信、QQ 等互联网平台上唱响主旋律，弘扬正能量。2019 年，《雄安新区建设两周年相关指导意见建议》被重庆市采纳。

学院紧紧把握国家需求，充分发挥我院特色学科的优势，注重协同创新，加强组织和培育，增强承担国家重大项目的能力，解决国家重大战略需求（卡脖子关键科学问题），进一步提升我校生命科学科技创新和服务经济社会发展的能力，全面提升“生物学”学科的原始创新能力。2019 年度，我院共承担科研项目 41 项，新增合同经费 1 140.8 万元，实到经费 639.43 万元，其中教育部重点研发计划课题 1 项，国家自然科学基金 9 项，重庆市自然科学基金项目 4 项，重庆市民生应用项目 3 项，重庆市博士后基金 2 项，其他部委项目 3 项。横向项目 4 项，合同经费 228 万元，纵向项目 37 项，合同经费 912.8 万元。发表 SCI 收录论文 43 篇，其中 A 级 26 篇，B 级 11 篇，C 级 2 篇，自然指数期刊 2 篇；授权专利 1 项。

践行寓教于研，探索“生物学”学科贯通式创新人才培养模式。坚持“厚基础、重研究”的培养理念，探索完善“一制三化”（导师制、小班化、个性化、国际化）等新型的学生培养模式，为实施强基计划和基础理科拔尖学生培养计划 2.0 等提供条件保障。同时，学院为每一位学生配备学业导师，以培养具有扎实的生物学基本理论、知识技能和宽广的国际外视野，面向生命科学研究、技术开发等领域的创新拔尖人才。全面优化本科和研究生培养方案，强化生物学学科基础知识和实验研究能力的系统化训练，增强学生创新能力，进一步创新拔尖人才选拔机制，完善本—博衔接培养模式。重视优异生的培养，积极推动国创、SRTP 等学生科研训练项目。学院现有全日制本科生 111 名。2019 年度本科生申报大学生创新性实验计划 4 项，其中，国家级项目立项 1 项、市级项目立项 1 项，SRTP 项目立项 2 项。本科教学改革方面，获批重庆大学教改项目 1 项，组织学院青年教师参加教学基本功比赛，获二等奖 1 项，本科生发表 SCI 论文 1 篇。

2019 年学院在读研究生共 151 人（硕士生 97 名，博士生 54 名），研究生教育管理工作规范。2019 年共招收 32 名硕士研究生，7 名学历博士，1 名工程博士。13 位研究生获得硕士学位、8 位研究生获得博士学位。获得“2019 年重庆市研究生导师团队建设项目”1 项，2019 年“重庆市研究生科研创新项目”（博士生）1 项；重庆市优博论文 1 篇，重庆大学优秀硕士学位论文 1 篇，重庆大学优秀博士学位论文 1 篇。

2019 年，学院不断拓展国际合作领域，先后与英国、澳大利亚、日本、美国、法国、意大利等多个国家和地区的大学建立了科技交流与合作交流关系。学院全年教师、学生累计出访进修交流 20 余人次；接待国内外研究人员参观来访 35 人次，组织学术讲座 22 场次。成功申报引智项目 2 项。

【我院支撑的植物学与动物学、生物学与生物化学等3个学科进入ESI前1%】

我院参与支撑的植物学与动物学、临床医学、生物学与生物化学均进入ESI前1%,表明我院在学科建设方面取得了显著成效。

【举办“2019植物功能基因组与分子育种青年学者论坛”】

2019年7月13—15日,由重庆大学生命科学学院、重庆市植物学会、重庆市遗传学会、重庆大学前沿交叉学科研究院共同举办了“2019植物功能基因组与分子育种青年学者论坛”。来自中科院、浙江大学等20余家单位的50余名优秀青年学者及120余名师生参加了会议。

【两个学科团队荣获重庆大学科学技术一等奖】

学院李正国教授团队和夏玉先教授团队分别获得“2018年度重庆大学科学技术奖”的“自然科学类”和“技术发明类”一等奖。

【人才计划成效显著】

学院3位青年教师获得“重庆市英才计划青年拔尖人才”项目立项资助。

(撰稿人:高定伦)

分析测试中心

【综述】

分析测试中心坚持“科学、公正、准确、满意”的质量方针,遵循“校级仪器共享机构,提升自主创新能力;学科交叉融合平台,助推学校双一流建设;第三方权威检测基地,服务地方经济发展”的总体发展定位,2019年度分析测试中心科研仪器规模显著增长,测试服务覆盖领域不断拓展,技术水平明显提高,综合效益日益显现,社会认知度和活跃度显著提升。在全体教职工的协同努力下开拓创新、锐意进取,扎实推进了中心平台建设、分析测试服务、人才培养等一系列工作,顺利完成了年度各项工作任务。

【仪器配备】

根据重庆大学规划建设若干一流学科群的迫切需求,瞄准国际前沿和国家战略需要,从多尺度层面揭示生命、能源、环境所依托的新物质、新材料、新反应、新工艺的精准信息。2019年度仪器建设计划在目前设备的基础上,着重配备药学、医学、生命、机械、土木、电气、化学、物理、环境等基础学科的相关设备,扩展支撑学科基础前沿研究。通过校外专家咨询、校内技术论证、问卷调查和走进学院服务学科等系列调研论证,2019年度中心开始推进总价值为2 500万元的16台大型仪器设备的招标采购工作,预计2020年上半年将陆续到位,届时中心设备储量将达到54台,总价值8 500万元。中心“双一流”学科重点建设项目校级公共平台建设计划,8 600万元建设规划也在2019年度通过论证正式获批。

【师资力量】

中心现有教职工 13 名(含临聘),其中主任 1 名,教学科研岗 2 名,实验技术岗 8 名及行政管理岗 2 名,高级专业技术职称人员 3 名,6 人具有博士学位,是一支朝气蓬勃,技术娴熟,业务过硬,团结向上,积极为教学科研服务的团队。中心已有 1 人获得了国家级实验室资质认定评审员和重庆市实验室资质认定评审员的资质,5 人获得了内部校准人员的资质,10 人获得了内审员资质,并取得了多项培训合格证书。

【测试服务】

中心各实验室寒暑假全年无休,从预约测试到出具解析数据全程高效、便捷,提供了可靠准确的检测数据,圆满完成了校内外各单位委托的分析测试相关任务,得到了校内外师生的一致认可。在 2019 年实验室及设备管理处组织的设备绩效考核中,我校共有 20 台设备获得了 2018—2019 学年大型仪器设备管理优秀机组的荣誉称号,其中 7 台设备来自分析测试中心,居全校首位。中心利用高素质、专业化的技术队伍,不断为校内各课题组提供高质量的测试服务,助力学校科研水平的提升,中心校内服务对象涵盖 15 个学院。据不完全统计,2019 年校内课题组借助中心提供的测试数据发表 SCI 论文超过 200 篇。

【人才培养】

中心积极探索适合公共服务平台的人才培养模式,以便利用现有仪器设备和技术力量,有效扩展测试平台的职能,支持学校仪器领域人才培养。2019 年度中心面向研究生开设公共选修课“科研创新方法与现代分析测试”,选课人数达到 116 人。中心开设的课程结合理论教学和上机实验操作,鼓励学生理论结合实际,培养精知识、懂实践、通科研、强应用的创新型人才。为进一步提高仪器设备的共享率及使用率,提升我校师生分析测试技术水平,培养学生自主上机操作能力,中心面向全校师生开展了 10 期傅里叶交换红外光谱仪、荧光光谱仪、纳米粒度仪、紫外可见近红外光谱仪等操作培训,培训学生 150 名。操作培训工作分为理论培训、演示培训及实操训练三部分。中心根据现场考核结果,择优发放上机许可证,通过培训的师生可凭上机许可证自主使用仪器。

【技术交流】

2019 年度中心组织开展了 16 期高端设备系列技术培训会、3 期现代分析创新讲座,邀请了数位知名专家、仪器厂商高工来校访问,为校内外师生做相关测试技术的前沿报告,并对中心工程师在测试过程中遇到的实际问题做出了技术指导。技术培训会、系列讲座实效性强、针对性强,已成为校内外师生多视角、宽领域了解和学习中心仪器设备功能,助力科研、提升自我的一个重要平台。中心积极加强与国内兄弟单位的沟通交流,提升分析测试业务水平。2019 年度两名工程师分别赴中国科学院深圳技术研究院、香港理工大学进行了为期一个月的研修学习,既加强了与优秀同行的沟通与交流,又获得了专业知识和技术能力的提升,成效显著。中心工程师还积极参加各项相关学术会议与技能培训会,2019 年人均参加国内学术会议及技术论坛 2 次。

【走进学院　服务学科】

为进一步加强中心与各学院、科研团队的沟通和联系,深入了解学院师生对中心测试服务的需求,提高测试服务的主动性,推动大型仪器设备的开放共享,2019 年度中心深入各个学院开展了系列“走进学院,服务学科”的宣讲活动。该系列活动宣传推广了中心仪器设备资源和测试服务,提高了设备共享效率,深受学院师生的欢迎。

【承办会议】

2019 年高校检验检测机构负责人和内审内校人员交流培训会于 2019 年 6 月 11—13 日在重庆举办。由教育部科技发展中心主办,重庆大学分析测试中心承办,来自全国高校 70 家检验检测机构的 300 名实验室负责人与技术骨干出席大会。

2019 年 12 月 6—7 日,高校分析测试中心研究会青年部 2019 年度工作会议在重庆大学举办。由高校分析测试中心研究会主办、重庆大学分析测试中心承办,13 所高校的分析测试中心参会代表 50 余人参加了研讨交流活动。会议主要围绕仪器共享、考核和激励机制办法等共性问题展开研讨。

【参观交流】

中心积极承接参观调研、科普教育等活动,加强对外开放水平,提高社会服务能力。2019 年度中心先后接待了武汉大学、青岛大学、湖北大学、华南理工大学、云南大学、重庆市材料研究院等兄弟院校和科研院所的参观调研,加强了与社会各界的沟通交流。同时作为科普基地,中心也承担了重庆大学夏令营、重庆市多所中学学生的科普教育服务,反响良好。

(撰稿人:曹丽转)

工程学部

工程学部办公室

【综述】

2019年,工程学部在学校党委行政的领导下,在有关部门、学部各单位的支持和帮助下,在推进"双一流"建设、提升师资队伍水平、营造浓厚学术氛围和开展协同合作等方面发挥了积极的作用。

【学术评价】

1.职称评审

在学校职称文件修订过程中,学部组织专家深入研讨、建言献策;并修订了《工程学部高级职称评审实施细则》。历时一年开发了新版网上评审系统并投入使用,为申请人提供热情周到的服务,评审推荐正高人选14名(含破格4名)、副高人选24名。

2.引进人才聘期评价

完成了1名年薪制教授、3名百人计划、33名青年教师的聘期考评工作。启动5名终身制副教授的转入评价工作。

3.评审推优

组织专家评审推荐重庆市创新争先奖、中央高校基本科研业务费校长专项项目、校学位评定委员会委员等。其中深空中心等1个先进集体和2名先进个人荣获重庆市表彰。

4.处理学术争议

会同学校有关部门,与有关学院深入沟通,稳妥处理学术争议事项3项。

【师资队伍建设】

1.人才引进服务

与人事处、各学院沟通协调,组织校外评审、材料核查等工作。寄送校外评审材料65份。协助各学院获准引进年薪制教授1人、百人计划4人、副教授及准聘副教授8人、青年人才35人(含师资博士后转编8人)、兼职高级专家3人。

2.工程素养培训计划

走访调研、积极争取政策支持,修订实施细则,并先后与远达环保、川煤集团等5家单位宣传对接。继续派出参训教师。

3.校外人才招聘

先后赴哈尔滨工业大学等 3 所高校招聘人才,并参加重庆英才大会人才引进洽谈会,协助学校接收 120 余份应聘简历。

【学科、科研工作】

1.“双一流”中期评估

配合学校组织“智慧能源”“先进制造”2 个学科群相关建设单位,做好“双一流”中期评估工作。多次深入学院,参与自评报告、典型案例等材料的修改研讨,共同凝练总结建设成绩。

2.学科群建设项目论证

组织学科群建设项目专题论证会 3 次、分组研讨多次,“分布式能源信息物理系统”“深部能源绿色智能开发研究平台”2 个项目已通过学部论证并上报学校。

3.国家自然科学基金工作

根据学校相关要求,成立了以学部副主任为组长、各单位分管负责人为成员的国家自然科学基金工作小组,配合学校做好协调、督促等工作。

【学术交流与合作】

1.主办工程科学前沿讲坛

在各有关单位的支持下,2019 年度共主办 56 场学术报告会,主讲嘉宾包括加拿大皇家科学院院士 David W.Shoesmith 教授、澳大利亚科学技术与工程院院士 Bhatia 教授、中国工程院王国法院士等国内外知名专家。

2.协办“重大—华为·2019 年技术合作研讨会”

筹备阶段,全程陪同接待华为访问团来校调研并参观实验室。正式会议期间,组织工程学部相关学术团队汇报交流研究内容及成果。该活动为促成学校和华为签订战略合作协议,以及在我校设立创新研究所等奠定了良好基础。

3.广泛开展校地合作

联合沙区区委组织部、区经信委以及科发院等 7 个校内单位,共同举办“校地企人才互动及科技交流活动”,探索人才培养与科技成果转化机制。积极思考学校发展需求,主动与浙江桐乡市、烟台高新区等地方政府商议产业研究院建设事宜。为进一步拓展学部所辖学院对外合作,参与组织重庆大学校董会 2019 年联络代表会、重庆大学—云南省绿春县定点扶贫工作推进会等会务筹备及宣传工作。暑假组织专业观众参加 2019 年智博会。

【人才培养】

1.加强校企联合培养研究生

配合学校促成江苏产研院与重庆大学签订战略合作协议;深入机械、材料学院和研究生院等单位调研,讨论分析培养需求和培养措施。会同研究生院、国合办组织 9 个学院 20 名专家领导赴江苏产研院交流对接。首批研究生已前往报到,相关合作也在陆续开展。

2.推进本科人才培养工作

协调学院开展本科升学能力培养计划的实施方案制订和交流研讨;参与重庆大学—密歇根大学迪尔本分校联合培养项目宣讲等工作。

【校庆工作】

1.营造学术校庆氛围

学部及所辖各单位主办、承办学术会议、论坛等各类学术活动数十场。代表性活动包括“2019 中—澳科技创新和产业化论坛”资源与能源分论坛、诺贝尔奖得主 Konstantin Novoselov 院士访问交流活动、“全球汽车人峰会”等。为校庆年营造了浓厚的学术氛围。

2.校庆服务工作

在校庆周,学部 4 名专职在岗人员全部被抽调担任校庆活动联络员,为返校嘉宾提供一对一全程服务。

【党建工作】

全体党员认真落实“三会一课”制度,积极参加组织生活;领导干部带头全程参加“不忘初心、牢记使命”主题教育并上专题党课;支持 2 名支委开展支部工作,撰写党建类稿件 11 篇。协调组织师生代表参加教育教学改革、科技工作等调研座谈,并参与梳理相关意见建议。

【日常管理】

通过院长联席会、学术分委员会等议事机构实行民主管理;规范公文管理,提高办文质量;完善绩效工资方案等内部管理制度;严格经费管理;强化对外宣传管理,审核、发布各类新闻信息 84 篇,转载新闻 33 篇;完成重要资料归档、安全保密等工作。

(撰稿人:陈　青)

机械工程学院

【概况】

2019 年学院党委积极贯彻落实党的十九大精神,坚持“认真、严格、务实、创新”的党建工作方针,聚焦“不忘初心、牢记使命”,深入开展主题教育。顺利完成“全国党建标杆院系”中期检查,实现了学院党建和学科建设双促进、双融合和双提高。

学院在岗教职工 163 人。学院代管工程培训中心 46 人。2019 年新进青年教师 5 人,百人计划教师 1 人。获批国家百千万人才工程 1 人;重庆英才——优秀科学家1 人;重庆英才——创新领军人才 1 人;重庆英才——青年拔尖人才 1 人;巴渝学者讲座教授 1 人、青年学者 1 人。新晋升副教授 5 人。2019 年度流动站招收博士后 10 人。其中师资博士后 4 人。有全日制本科生1 692名,全日制硕士研究生 531 人,博士研究生 547 人,工程硕士 138 人,工程博士 19 人。

学院围绕学校“双一流”建设,以“先进制造”学科群为主线,大力推进学院学科建设。截至 2019 年 11 月,重庆大学工程学进入 ESI 前 1‰,机械工程软科世界排名 40,并进入国内排名前 5%,达到“先进制造”学科群制订的 2020 年目标。学院新增科研项目 193 项,合同经费 14 413.4 万元,实到经费 8 049.42 万元。其中,科技部国家重点研发计划(项目)4 项,合同金额 3 547 万元;科技部国家重点研发计划(课题)12 项,合同金额 2 796 万元;国家自然科学基金项目 12 项,合同金额 623 万元。发表期刊论文 302 篇,其中一区论文 122 篇,自然指数论文 1 篇。获省部级奖 4 项,中国机械工业科学技术奖 2 项,中国产学研合作创新成果奖 1 项。出版专著 2 部。

持续开展系列教育教学改革,“多学科交叉融合的先进制造工程人才培养模式探索与实践”获批国家级新工科研究与实践立项。获批市级教改重大项目 1 项,一般项目 3 项;校级项目 5 项,实验教学改革项目 2 项。出版教材 3 本,其中国家级规划教材 1 本。成功申报重庆市一流专业“机械电子工程”及“工业工程”。针对国家自主招生政策变化,开展制订“先进制造”自主招生培养方案和课程体系工作。机器人工程专业首次招生。学院师生在各类竞赛中获得国家级特等奖 1 个,国家级一等奖 5 项,二等奖 14 项,省部级一等奖 2 项,二等奖 2 项,三等奖 6 项,以及其他各类奖项。在全国高等学校教师图学与机械课程示范教学与创新教学法观摩竞赛(省部级)讲课比赛中获一等奖 2 名;重庆大学第七届青年教师教学基本功比赛一等奖一名、二等奖一名。

加强研究生优质课程建设,2019 年度获批 4 个重庆市研究生导师团队。积极进行研究生教学改革,本年度获批重庆市教学案例 2 项。开展校企合作建设专业学位研究生实践基地,本年度获批重庆市创新实践基地 1 项。努力提高人才培养质量,2019 年度获上银优博优秀奖 1 篇,重庆市优秀博士学位论文 1 篇,重庆市优秀硕士学位论文 3 篇,重庆大学优秀博士学位论文 4 篇,重庆大学优秀硕士学位论文 5 篇。

加强与国外知名研究机构的深度合作研究,与新加坡南洋理工大学(QS 排名 12)、马来西亚马来亚大学(QS 排名 70)签订了合作备忘录。与新加坡南洋理工大学先进机器人中心合作,筹建 CQU-NTU 先进机器人联合研究中心。鼓励师生学术交流和联合研究,2019 年度教师因公出国达到 84 人次,其中学术出访 79 人次,一般性工作访问 5 人次,在国际重要学术会议上做特邀报告和主题报告 16 人次。学院设立研究生中长期国际交流专项,支持博士和硕士研究生赴国外高水平大学开展 3 个月以上学术交流和联合研究的人数达到 14 人次,赴英国、美国、欧洲各国、马来西亚和中国香港等国家和地区短期交流的学生人数达到 132 人。

【党团工作成绩突出】

2019 年学院党委荣获“重庆市教育系统先进基层党组织”,学院原党委书记王勇勤荣获“重庆市教育系统优秀党务工作者”荣誉称号;学院团委荣获“全国五四红旗团委”。

【机器人工程专业首次招生】

成功获批新工科专业“机器人工程”，并首次招生。

【教育教学成果突出】

“大型齿轮箱结构设计与分析虚拟仿真实验”获批国家级虚拟仿真实验教学项目。“多学科交叉融合的先进制造工程人才培养模式探索与实践”获批国家级新工科研究与实践立项。

【成功申报“极端环境高端装备研发与试验平台”】

学院牵头光电学院、计算机学院、化工学院、动力学院、传动实验室等单位共同申报“极端环境高端装备研发与试验平台”，完成学校公共平台重点建设项目申报材料 1.0、2.0 版本，目前该平台已纳入学校规划建设的五大平台之一。

【成功举办国际会议】

由学院承办，宁波大学、上海海事大学、武汉理工大学、浙江大学协办了“第二届长江研究与创新带可持续发展国际会议”，有来自国内外的 150 余名专家学者参会。本次大会为学术界、实践者、决策者之间搭建了一座桥梁，为深入交流探讨全球化经济、运输系统和物流的机遇和挑战，以及分享新颖的科学研究以及创新的管理经验和技术提供了很好的平台。

（撰稿人：冯文军）

电气工程学院

【概况】

2019 年，电气工程学院拥有“电气工程”国家重点一级学科，拥有“电气工程”一级学科博士点、“电工学科”博士后流动工作站、“输配电装备及系统安全与新技术”国家重点实验室、“高电压输配电装备安全理论与技术”国家自然基金委创新研究群体、“111”国家高校学科创新引智基地、国家工科电工电子基础课程教学基地、国家电工电子基础实验教学示范中心、国家电工电子基础系列课程教学团队等。

学院现有教职工 183 人。制订并实施《电气工程学院绩效工资实施办法》和《电气工程学院教师高级技术职务申报条件》，强化“三全育人”，落实“以本为本”根本任务，建设专职辅导员/兼职辅导员/学业导师体系；探索“电气领创学者”荣誉岗位，以制度机制建设推动师资队伍建设和成长。冉立等 2 人入选国际知名学术组织 Fellow；引进美国西弗吉尼亚大学教授陆明宇，并入选“巴渝学者”讲座教授；“电网装备安全与自然灾害防御”团队荣获重庆市高校黄大年式教师团队；侯世英教授荣获重庆市“优秀教师”称号；6 人入选重庆英才计划；荣获全国级教学竞赛一等奖 4 项、省部级一等奖 4 项。

召开电气工程学院第五次党员代表大会，顺利完成学院党委、纪委换届工作，推选新一届党委委员 9 人、纪委委员 5 人。协助创作大型原创话剧《光华》作为校庆 90 周年献礼。高电压与绝缘技术系教工党支部荣获“2019 年重庆市教育系统先进党组织”称号;司马文霞、蒋兴良、廖瑞金 3 位教授荣获“庆祝中华人民共和国成立 70 周年”纪念章;司马文霞教授获“中国民主同盟高校基层组织盟务工作先进个人”称号;蒋兴良教授获“重庆市教育系统优秀共产党员”称号;周言作为全校唯一学生代表获推全国青年马克思主义者培养工程高校班学员。

2019 年,学院招收博士 75 人、硕士 259 人、授位 284 人。特色学科群通过结题验收,获批国家级一流专业建设点。获批教育部产学研合作项目 5 项、市级虚拟仿真项目 1 项、市级重大教改项目 1 项(连续 3 年获批)、实验教学改革项目 5 项、市级研究生教改项目(一般)2 项;荣获市级学位与研究生教育学会第一届研究生教育教学改革研究优秀成果奖 1 项;获批市级研究生联合培养基地 1 个、市级导师团队 1 个、市级专业学位教学案例库 1 项;荣获市级优秀博士学位论文 2 人,优秀硕士学位论文 2 人。

2019 年,学院新增科研项目 182 项,合同总经费 13 263 万元,科研到账经费 8 398 万元,其中获批国家重点研发计划项目 1 项、国家自然科学基金项目 14 项(重大集成专项课题 1 项、重点项目 3 项、面上项目 7 项、青年基金 3 项)。发表期刊学术论文 360 篇,其中一区、二区论文占比 74%;获权发明专利 104 项;转让/转化专利 10 项;出版专著 1 部、标准 3 部、软件著作权 10 件。获教育部科技进步二等奖 2 项、重庆市科技奖励二等奖 2 项、重庆市科技奖励 4 项等。

“智慧能源”学科群通过教育部“双一流”中期检查;“智慧能源”双一流学科群建设方案通过重庆大学校外专家论证会。获批教育部雪峰山能源装备安全野外科学观测研究站;召开实验室团队成立大会,组建 12 个团队,完成国重重组;“输变电安全科学与电工新技术”重庆市重点实验室以“优秀”成绩通过评估,获得重庆市的稳定支持。

学院目前在岗外籍教师 2 人、海外名誉教授及客座教授 30 余人,拟聘任外籍院士 2 人;共派出 178 名学生出国交流、学习、联合培养;在国际学术组织及刊物任职 76 人次;国际会议大会主旨及邀请报告 6 次。联合主办首届国际清洁能源会议、首届国际绿色发展论坛等国际会议;发起并成立 IEEE PES 中国智慧乡村委员会以及 IEEE PES 中国区变压器技术委员会,加入中英大学工程教育与研究联盟;举办美国加州大学伯克利分校留学生夏令营。新增与美国密西西比州立大学双博士学位项目;与威斯康星密尔沃基分校的“1+1+1 双硕士学位”项目入选国家留学基金委“2020 年创新型人才国际合作项目”;引进 M.Farzaneh 院士,获批科技部高端外国专家引进计划项目。

【学科连续两年排名前 5】

电气工程学科软科排名连续两年保持全国前 5(进入前 5%)。

【5 名学生荣获“全国向上向善好青年”】

2019 年,李林威、肖淞、李敬、杨沛东、张耘溢 5 名在读和毕业学生入选共青团中央“全国向上向善好青年”(全国共 120 名)。勤学上进好青年——李林威,在读研期间累计获国家级奖励 14 项;创新创业好青年——肖淞,中国科协青年托举人才,获华中地区首位“国际工程教师证书”;扶贫助困好青年——李敬,

2016 年以来累计帮助 199 户、743 人脱贫，获“贵州省优秀驻村第一书记”荣誉；诚实守信好青年——杨沛东，担任变电检修班长以来，实现安全零事故、施工停电无重复；诚实守信好青年——张耘溢，扎根宁夏，确保宁夏回族自治区内首个±800 千伏特高压换流站安全运行。

【创新创业大赛实现历史性突破】

由教育部等 12 个国家部委主办的第五届中国“互联网+”大学生创新创业大赛全国总决赛中，由电气学院教师姚陈果、董守龙指导，2017 级博士马剑豪等负责的“微纳刀肿瘤治疗系统”喜获高教主赛道金奖，姚陈果、董守龙荣获“全国创新创业优秀导师奖”，实现了重庆市和重庆大学在国赛上金奖“零”的历史性突破。

【承担国家重大重点项目 4 项】

以项目负责人身份获批重点研发计划项目 1 项、获批国家自然科学基金重点项目 1 项、联合基金重点项目 1 项、联合基金集成项目课题 1 项。

【获批全校首个教育部野外科学观测站】

以基地平台建设推动理论创新和技术突破，建成了世界首个集电网、风力机覆冰研究于一体的雪峰山能源装备安全教育部野外科学观测研究站，正全力申报科技部国家级研究站。

【“111”基地通过评估，综合成绩小组第一】

“输变电设备与系统安全创新”引智基地顺利通过教育部与科技部联合开展的“111”基地十年评估，综合成绩位列小组第一。

（撰稿人：沈　晗）

能源与动力工程学院

【概况】

2019 年，能源与动力工程学院下设动力机械系、热能工程系、新能源系、热物理系、制冷及低温工程系、核能工程系、中心实验室及学院办公室。

学院拥有工程热物理国家重点学科，动力工程及工程热物理、核科学与技术等两个重庆市一级重点学科，动力工程及工程热物理一级学科博士学位授权点及博士后科研流动站。拥有能源动力类（包含能源与动力工程、新能源科学与工程、核工程与核技术）本科专业。拥有“低品位能源利用技术及系统”教育部重点实验室、国家工业节能与绿色发展评价中心、“能源与动力电气虚拟仿真”国家级实验教学中心、“多能互联互补分布式能源技术及系统”重庆市工程技术研究中心、热工重庆市高校重点实验室等平台。

【队伍建设】

学院现有教职工 106 人，其中专任教师 85 人。2019 年，新增国家杰出青年科学基金项目获得者 1 名、重庆市“百名海外高层次人才集聚计划”2 名。兼职引进加拿大两院院士 1 名，新进青年教师 5 名，校内调入副教授 1 名。设立沙坪坝区院士专家工作站,聘请中国科学院院士 1 名。新聘教授 1 人、副教授 3 人。

【党建和思想政治工作】

截至 2019 年年底,学院有党员 310 人,党支部 19 个。2019 年度新发展党员 47 名。教职工党员队伍逐年扩大,党员比例达 81.1%。本科生党员比例为 5.32%,研究生党员比例为 39.29%。

1.教职工工作

推进"两学一做"学习教育常态化制度化,认真开展"不忘初心、牢记使命"主题教育,通过"学习强国"平台组织党员开展理论学习和网络竞答活动;组织党员观看《我和我的祖国》《攀登者》等主旋律电影;组织教师党员参观红军长征青杠坡战斗遗址、红军长征四渡赤水纪念馆。通过开展多种形式的学习教育,全面加强党的领导,为学院改革和发展提供强有力的思想组织保障。

2.本科及研究生工作

坚持立德树人,扎实做好学生教育管理工作,学生工作与学院中心工作相向而行,学生和谐稳定。完善学生安全信息反馈体系,深入推进学生的素质教育。

2019 年度,获第 12 届全国大学生节能减排社会实践与科技竞赛一等奖 2 项,获第九届全国英语竞赛特等奖 1 项、二等奖 1 项、三等奖 3 项,获第十二届全国周培源大学生力学竞赛项一等奖 1 项、三等奖 1 项、优秀奖 6 项,中国国际飞行器设计挑战赛总决赛二等奖 1 项,第五届中国"互联网+"大学生创新创业大赛金奖一项,美国大学生数学建模竞赛 H 奖 1 项,全国高校创新英语挑战赛三等奖 1 项,全国高校计算机能力挑战赛优秀奖 1 项,第十二届 iCAN 国际创新创业大赛精英赛精英奖 1 项,普译奖全国大学生英语写作大赛三等奖 1 项,1 名学生获评学校科技学术创新先进个人标兵。此外,在春季运动会中研究生获得团体第一名、本科生高水平组第三名、本科女子组团体总分第四名、本科男子组团体总分第七名的好成绩。

【教学工作】

1.本科教学

2019 年制订和颁布了学院教育教学水平中期提升行动计划(2019—2037)。"能源与动力工程"专业获批国家级一流专业,"核工程与核技术"专业获批省级一流专业。获批"三进"工作专题课程建设项目 1 项,校级教改项目 2 项,发表教学改革论文 5 篇,获得重庆大学第七届青年教师教学基本功比赛三等奖 2 名。稳步推进科研助手项目,开展"走进能源"等系列专业学术报告,加强国际化培养,大学生参加学校优秀学生海外访学及升学计划 6 人次。

2.研究生教学

2019 年招收全日制硕士 134 名,其中"985"和"211"高校生源占比 52.99%;招收全日制学术博士 35 名,专业博士 5 名,其中"双一流"学校毕业生占比 97.5%。加强研究生过程管理,制订了硕士集中开题试行方案和博士资格考试若干规定及试行实施办法。2019 年度学院共 119 名研究生顺利毕业,23 名博士申请学位并顺利授位。获重庆市优博 1 人、重庆市优硕 1 人、重庆大学优博 3 人、重庆大学优硕 2 人。

2019 年度学院研究生共发表论文 142 篇,其中 SCI 期刊收录论文 101 篇;8 名博士研究生获得国家留基委资助在国际知名高校联合培养;获批重庆大学研究生教改项目重点项目 1 项,重庆市研究生导师团队 1 个。

【科研工作】

2019 年新增各类科研项目 114 项,合同总经费约 5 818 万元,到校经费 3 808 万元。其中国家自然科学基金重点项目 1 项、国际(地区)合作研究项目(组织间国际合作)1 项、联合基金项目(重点支持项目)1 项、面上项目 7 项、青年基金项目 4 项,获科技部国家重点研发计划课题 5 项、子课题 1 项,获科技部国家重大专项(子课题)1 项,获军工项目预研重点基金 2 项。在国内外重要学术刊物及重要国际会议上发表论文 261 篇,其中,自然指数期刊 A 级 5 篇、B 级 1 篇;新增 ESI 高被引论文 8 篇;SCI 收录期刊上发表论文 213 篇(JCR 一区 146 篇,二区 37 篇);中文期刊 A 级 17 篇、B 级 5 篇。申请公开发明专利 39 项,授权发明专利 24 项。获重庆市自然科学二等奖 1 项、四川省科技进步三等奖 1 项,ICONE 杰出贡献奖 1 项。受邀撰写 Taylor & Francis 出版社学术专著 1 章节。

【学科与平台建设】

2019 年度完成重庆大学“双一流”学科重点建设项目(学科提升计划)的申报工作;作为主干学科积极参与重庆大学“双一流”智慧能源学科群建设计划建设和中期自评。成立学院第五轮学科评估工作小组,制订工作方案并启动准备工作。2019 年动力工程及工程热物理学科软科排名为第 11 名(前 10%),年度增量前 18%。完成了重庆市重点学科和一流学科“十三五”中期指标考核。

低品位能源利用技术及系统教育部重点实验室完成了学术委员会及室务委员会换届并资助 7 项实验室开放基金及 2 项固定人员科研基金。制订了公共实验室管理办法、标杆实验室建设办法等 4 项办法与制度。重点实验室完成搬迁及设备全面升级改造并于重庆大学 90 周年校庆之际展示教师标志性科技成果及学生竞赛获奖成果。开展了标杆实验室建设工作,进一步有序推进实验室标准化建设。

【对外交流与合作】

2019 年学院承办了“第三届国际前沿科技创新大会暨国际青年学者论坛”“第九届中韩反应堆热工水力研讨会(WORTH-9)”“第九届国际 Marangoni 协会-界面流体动力学学术会议”“第二届空间两相系统与复杂界面流体研究学术论坛暨空间(低温)推进剂在轨管理研究专题研讨会”以及“全国第 11 期循环流化床锅炉技术高级研修会”;开展了“香港中文大学地理与资源管理学系长江三峡工程对国内能源结构影响调研”项目;开展了与新加坡知识产权学院、新加坡国立大学共同主办的“未来领袖访学营:能源环境发展第四次工业化浪潮下的科学技术、创新与知识产权发展”暑期访学项目,学院 28 名学生到新加坡完成访学;首次派出 11 位同学进入新加坡国立大学“3+1+1”本硕贯穿双学位项目;制订了学生出国(境)学习交流资助办法。

2019 年学院牵头自然科学基金委中德科学中心中德双边合作交流项目 1 项,参与中欧载人航天工程(CSMA/ESA)空间应用合作项目(空间蒸发相变与传热)1 项;教师加入欧空局天地应用两相系统国际先进研究科学委员会 1 人次;教师参加国际会议并作报告 29 人次,其中特邀报告 15 人次;在国际组织任职主要负责人 6 人次,担任国内外重要期刊主编、副主编、编委人员 27 人次(国外期刊 18 人次);境外学者来实验室学术交流 13 人次;举办知名学者学术讲座 23 次。

学院领导带队走访各地校友,加强与校友的交流合作。重庆大学湖南校友会能源与动力分会成立。

(撰稿人:邬琦琦)

资源与安全学院

【概况】

2019 年,资源与安全学院设有矿业工程、安全科学与工程 2 个一级学科博士点;矿业工程、安全技术及工程 2 个博士后流动站;另外,设有采矿工程、安全工程 2 个本科专业。学院在编教职员工有 101 人,其中管理岗位 8 人、教学科研岗位 61 人。新增中国工程院外籍院士 1 人、重庆市英才计划优秀科学家、创新创业示范团队、青年拔尖人才共 3 人。

2019 年,学院新增科研项目 119 项,合同经费 3 581 万元,实到经费 2 142 万元。获批国家自然科学基金项目 13 项,其中重点项目 1 项,国际(地区)合作交流项目 1 项,面上 5 项,青年基金 6 项,已到经费达到 460.26 万元;科技部国家重点研发计划课题 2 项,已到经费 433.18 万元。获重庆市科学技术奖科技进步奖一等奖 2 项,重庆市科学科技进步奖二等奖 1 项,河北省、河南省、四川省、云南省科学技术奖二等奖共计 4 项,四川省科技进步奖三等奖 1 项,中国职业安全健康协会科学技术奖一等奖 1 项,二等奖 1 项,中国煤炭工业协会科学技术奖一等奖 1 项,二等奖 1 项,中国黄金协会科学技术奖一等奖 1 项、二等奖 3 项,中国有色金属工业科学技术奖一等奖 1 项,绿色矿山科技进步奖一等奖 3 项、绿色矿山技术发明奖二等奖 1 项。发表期刊论文 200 余篇,其中三大检索论文 189 篇,SCI 158 篇,其中际期刊 A 级 71 篇,国际期刊 B 级 28 篇,国际期刊 C 级 32 篇,国际期刊 D 级 4 篇,中文期刊 A 级 13 篇,出版专著 3 部。申请专利 43 项,获权 34 项。

2019 年学院共招收 135 名研究生。其中学术博士 36 人,工程博士 7 人,同等学力博士 1 人;学术硕士 54 人,专业硕士 37 人。我院与平顶山大同矿务局成功申报研究生联合培养实践基地。获得 1 个重庆市研究生导师团队——“矿山地下空间综合利用”;2019 年获批重庆市学位与研究生教育学会成果奖 1 项、重庆市研究生教改项目 1 项、重庆大学研究生教改项目 1 项。共有 2 名同学获得重庆市优秀博士学位论文,2 名同学获重庆市优秀硕士学位论文。

现有全日制本科生 435 名,全院本科生有 139 人次获得各项奖学金。其中 5 人获得国家奖学金,19 人获得国家励志奖学金,10 人获得我院校友“土博士”奖学金,16 人获得社会专项奖学金。5 人被评为重庆市先进个人,4 个集体被评为学校先进集体,12 人被评为学校优秀本科毕业生,9 人被评为学校优秀本科毕业生干部,15 人被评为学校优秀学生,12 人被评为学校优秀学生干部,21 人被评为学校各类先进个人。全院本科生申报大学生创新创业训练计划 17 项,其中,国家级项目 6 项、省级项目 11 项。本科生获国家级竞赛类奖 3 项,获省部级竞赛类奖 15 项。

【扎实开展新时代党建示范创建和质量创优“双创”工作】

2019 年 9 月,鲜学福院士获评中宣部、中组部等多部委发起的全国“最美奋斗者”荣誉称号;矿业工程博士生一支部成功当选为教育部第二批全国新时代高校党建示范创建和质量创优工作全国样板支部(全国共 1 000 个)。

【不断完善本科专业,凸现办学特色和优势】

采矿工程获批国家一流专业;安全工程获批重庆市一流专业;安全工程工程教育专业认证顺利通过,有效期 6 年;“绿色智能开采——采区综合设计虚拟仿真实验”获批重庆市虚拟仿真实验项目。

【举办国际性学术研讨会议,提升学院的海内外影响力】

2019 年 1 月,学院承办“中—澳科技创新和产业化论坛”,来自国内外 10 余位院士、澳大利亚 50 余位专家及国内近 200 位专家学者参加了论坛,论坛共举行了 60 余场专题学术报告,其中院士专题报告 10 余场。

(撰稿人:李　倩)

材料科学与工程学院

【概况】

2019 年,学院设有材料科学与工程和冶金工程两个一级学科,其中材料学为国家重点学科、钢铁冶金为国家重点(培育)学科,开设了材料科学与工程、材料成型与控制工程和冶金工程等 3 个本科专业。现有在职教职工 240 人,其中专任教师 182 人;在校本科生 1 700 余人,博士、硕士研究生 1 100 余人。汇聚了院士等国家级高层次人才,先后承担了国家重点研发计划、国家“973”、国家重大仪器专项、国际合作重大项目等国家及省部级项目 1 000 余项,获得了 70 余项国家和省部级科技奖,建成国家镁合金工程技术研究中心、国际一流电子显微镜中心等一批高水平科研基地。

开展“双一流”建设以来,学院各项工作取得了长足进步。引育并举,师资队伍建设取得显著成效,新增中国工程院院士 1 名、形成一支高层次人才领军的德才兼备、多学科交叉、国际化突出和年龄结构合理的师资队伍。大力推进教育教学改革,构建了国际化人才培养体系,人才培养成果丰硕;材料科学与工程和冶金工程成功获批国家一流本科专业建设点,且通过工程教育专业认证;创办重庆大学—加拿大 UBC 材料实验班,第一届毕业生全部进入 QS 前 100 名世界著名大学读研深造,与挪威科技大学、丹麦技术大学等高校建立了全方位多层次研究生联合培养长效机制,有力支撑优势学科方向快速发展。学术研究竞争力大跨步提升,取得一系列重大突破,服务于国家重大战略需求;牵头承担国家重点研发项目 2 项,国家自然科学基金获批项目数多年稳居全校第一,2019 年成为学校首个年度科研经费突破 1 亿元大关的学院;研制出世界首套兼具三维取向重构和三维衍衬像重构功能的三维透射电镜,以及世界首套自旋高分辨率低能显微镜,磁分辨率比国际报道最小分辨率提高7倍;以通讯作者身份在*Science*和*Nature*正刊及子刊上发表多篇高水平学术论文,牵头获得省部级一等奖6项和国际奖1项,制订国际国内标准10余项;获批国家自然科学基金创新群体1个、科技部重点领域创新团队2个,新增国家研究中心轻金属研究部、教育部111引智基地和轻合金联合实验室等重要平台3个,主办的SCI期刊*Journal of Magnesium and Alloys*成功入选国家首批领军期刊,在国际同类刊物中排名第5,有力提升我校国际地位。现今,学院学科方向齐备、产学研用结合紧密,产业链对接完整,其中,轻合金材料和先进表征技术等学科方向优势显著、享有国际声誉,已成为全球三大镁合金研发基地之一,以材料学院为主体的重庆大学材料科学ESI排名提升至1.26‰,为学校"双一流"建设提供了重要支撑。培养了一批又一批的优秀人才,在国家众多重大领域重大工程中大显身手,如港珠澳大桥建造突出贡献者张宝兰等,为我校争得了荣誉。

【围绕育人抓党建,抓好党建促人才】

2019年学院自设党建创新项目,探索党政协同新模式,健全"行政+党务""教学+学工"等协同机制,开展"院士讲坛""知名校友讲坛",形成育人合力。

【国家级人才新增2人】

略。

【专业建设成效显著】

材料科学与工程、冶金工程通过中国工程教育专业认证,材料科学与工程、冶金工程被认定为国家一流本科专业建设点,冶金工程、材料成型与控制工程被认定为重庆市一流专业立项建设项目。

【科研经费破亿,全校第一】

2019年国家自然基金获批26项,学院科研合同经费1.17亿元,实到经费9 987万元,居全校第一。

【重庆大学历史性突破:发表首篇*Science*论文】

聂建峰教授作为共同通讯作者在国际顶级学术期刊*Science*上发表论文,陈厚文作为共同作者在*Nature*上发表论文。

【期刊建设取得新成效】

*Journal of Magnesium and Alloy*杂志影响因子达到4.532,进入JCR一区、中科院一区杂志行列,并成功入选领军期刊,重庆大学成为全球镁合金研发最活跃和有影响力的高校。

(撰稿人:毛红霞)

航空航天学院

【概况】

航空航天学院下设工程力学系、基础力学系、航空航天工程系，拥有非均质材料力学重庆市重点实验室和重庆市力学实验教学示范中心。有力学博士学位授权一级学科、力学博士后流动站，力学学科为重庆市重点学科。本科招生专业：工程力学、航空航天工程。硕士研究生招生专业：力学（学术型）、航空宇航科学与技术（学术型）、航空工程（专业学位），博士研究生招生专业：力学。

学院现有教职工 68 人，其中教授 19 人、副教授 22 人，讲师 11 人。有海外高层次专家 1 人、海外杰青 1 人、科技部中青年科技创新领军人才 1 人、连续 6 年入选爱思唯尔高被引学者榜单 2 人、中科院百人计划 1 人、教育部高等学校教学指导委员会委员 2 人、教育部新（跨）世纪优秀人才支持计划 4 人、洪堡学者 2 人、中国科协青年人才托举工程入选者 1 人、重庆市“百人计划”2 人、巴渝学者 2 人、重庆市学术技术带头人及后备人选 9 人、重庆英才计划 2 人、中国人民解放军总后勤部科技银星奖获得者 1 人、军队院校育才奖获得者 1 人、享受国务院政府特殊津贴 3 人、担任国家一级学会常务理事及以上职务 5 人。

2019 年，学院在校全日制本科生 401 名，硕博研究生 185 名。本科生党员 24 名，研究生党员 68 名。6 名本科生、3 名研究生获国家奖学金，2 人获得唐立新奖学金，1 人获评重庆大学优秀共产党员；本科支部、教工三支部获评重庆大学优秀基层党支部。暑期组织三下乡社会实践活动，获评重庆市、重庆大学优秀团队。9 名同学在 2019 中国国际飞行器设计挑战赛（CADC）总决赛中荣获二等奖、三等奖。在 2019 年第十二届全国周培源大学生力学竞赛中，8 名同学获三等奖（重庆赛区一等奖），27 名学生获优秀奖。8 名同学分别荣获第十一届全国大学生数学竞赛重庆赛区一、二、三等奖。付涛、相恒高同学的博、硕论文分获 2019 年度重庆市优秀博士、硕士学位论文奖。

工程力学本科专业获批重庆市本科高校一流专业，李卫国教授“极端环境下固体力学”团队获重庆市 2019 年研究生导师团队，研究生《计算固体学》获第六批重庆市研究生教育优质课程。新开设《力学实践设计与操作》《航空航天工程材料实践》等课程。获市级教改项目一项，校级教改项目三项，出版《弹性力学》教材。

青年教师林栎阳获全国第七届基础力学青年教师讲课比赛（理论力学组）一等奖，尹德强获重庆大学第七届青年教师教学基本功比赛（工科组）二等奖，曾忠教授获 2019 年中国力学学会全国徐芝纶力学优秀教师奖。

院领导及骨干教师赴国内高校进行招生宣传，举办第二届学术夏令营，生源质量稳步提升。

大力推进合作交流，学院影响力显著增强。学院考察团访问日本千叶大学、日本东京大学和日本东北大学，宣传学校引才政策，吸引海外优秀人才。与日本东北大学初步建立国际联合研究平台。教师参加境外国际学术会议 16 人次，CSC 访问学者 2 人次，CSC 博士后 1 人次，出国考察 4 人次。学生出国联合培养

2 人次,参加境外国际学术会议、论坛 4 人次,赴境外参加学习营 9 人次。招收 1 名孟加拉国留学生攻读航空工程专业硕士学位,2 名意大利硕士进修生到学院进行为期半年的科学研究和毕业论文撰写。

【学科建设稳步推进】

树立标杆管理,力学学科以同济大学、华中科技大学、上海交通大学为标杆;航空宇航科学与技术以上海交通大学、北京理工大学为标杆,通过比较分析和跟踪学习持续改进。在校内自评工作中,力学学科完成 80%以上中期绩效考核指标,达到优秀等级。

邀请包括诺贝尔物理学奖得主 Novoselov 院士在内的专家学者到校交流并作报告 24 场,举办重庆力学学会 2019 学术年会,学科知名度得到提升。

【科研产出持续提升】

2019 年学院获批国家自然科学基金 8 项,包括面上项目 3 项、青年基金 4 项、重点项目 1 项,合同经费 617 万元。年度新增项目 57 项,合同经费 1 544.160 1 万元,实到经费 2 020.038 2 万元。

教师在国内外学术期刊、国际会议上发表论文 134 篇,其中 SCI 期刊 128 篇,JCR 一区/二区论文占比为 87.5%。

胡宁教授、付绍云教授入选 2019 爱思唯尔中国高被引学者名单。

【队伍建设成效显著】

完善人事制度,制订《航空航天学院弘深青年教师岗位聘期工作任务书(出站要求)》。引进副教授/副研究员 3 人(含外籍教师 1 人),弘深青年教师 4 人,校企联合培养博士后 1 人。

积极拓展国内外人才资源,聘请加拿大西安大略大学 Jun Yang 院士、复旦大学他得安教授为重庆大学兼职教授;聘请天骄航空动力王曼总师为学院兼职教授,力学杰出校友、四川嘉祥集团董事长向克坚为学院顾问教授。举办 2019 重庆大学海内外优秀青年学者论坛航空航天学院春季、秋季分论坛,与参会青年教师达成就职及人才计划申报合作意向,已成功引进 1 人。

积极申报国家级人才计划,组织申报国家海外青年人才计划 2 人,讲座教授 1 人、青年项目 1 人等。

国家级人才计划取得突破,李卫国教授获评科技部中青年科技领军人才。付绍云教授、陈立明副教授入选第一批“重庆英才计划”,6 位教师入选重庆市学术技术带头人及后备人选。

【党建工作稳步开展】

落实党委主体责任,扎实推进党风廉政建设,切实履行“一岗双责”,坚决落实全面从严治党战略部署,党建引领助力脱贫。

严格落实“三会一课”制度,扎实推进“两学一做”学习教育和“不忘初心、牢记使命”主题教育,每周召开党政联席会,定期召开党委会,开展中心组学习教职工政治学习,党支部书记年终述职评议,学院领导及各支部书记带头讲党课。班子成员集中学习研讨 10 次、确定调研题目 4 个,教师党支部书记“双带头人”实现全覆盖。

成立学院保密工作领导小组，制订《重庆大学航空航天学院保密工作管理办法（试行）》。

召开党员大会完成党委换届工作，启动2019年航空航天学院党建研究项目，开展“七一表彰”活动。

（撰稿人：刘　畅）

汽车工程学院

【概况】

2019年，汽车工程学院设有车辆工程和工业设计本科专业，车辆工程专业设有汽车设计制造与试验、新能源汽车、智能网联汽车、汽车发动机4个专业方向，“车辆工程”本科专业是国家特色专业。拥有“车辆工程”博士学位点、“车辆工程”和“动力机械及工程”硕士学位点，“车辆工程领域”工程硕士学位点，“车辆工程”学科为国家重点学科。2019年车辆工程专业获批重庆市一流专业和国家一流本科专业建设。

截至2019年年底，学院有教职工62人，其中正高28人，副高13人，中职12人。拥有国家级人才3人，教育部“新（跨）世纪优秀人才”2人，重庆市“百人计划”专家1人，重庆大学“百人计划”人选3人，重庆市创新团队1个。2019年学院晋升正高职称1人，副高职称2人，引进弘深博士后青年教师1人。秦大同老师获美国机械工程师协会颁发的研究贡献奖，是获得该表彰奖励并在美国机械工程师协会主办的国际会议上做BUCKINGHAM主题讲演的首位中国学者。胡晓松教授被评为全球高被引学者，唐小林副教授获批重庆市巴渝学者青年学者。

学院围绕“电动化、智能化、网联化、共享化”发展趋势组建科研团队，加快科研实验平台建设，不断提升科研创新能力。2019年学院新能源动力传动系统、动力电池、氢燃料电池、汽车热管理与CFD、汽车NVH、可穿戴—人机交互模拟驾驶、智能网联汽车实验车、智能制造仿真与多人协同虚拟现实等8个科研实验平台建成投入使用，显著增强学院科研创新实力，有力支撑了学院承担的国家重点研发计划、国家自然科学基金、重庆市科技计划项目等一批国家级、省部级项目的实施。2019年新增国家重点研发计划等国家级、省部级项目55项，合同金额6 122万元，实到经费2 480万元（其中纵向1 603万元），比2018年增长20%，人均科研经费超过50万元。获中国振动工程学会科学技术一等奖1项。在国内外学术期刊上发表论文165篇，其中ESI高被引论文7篇，国际期刊A级论文65篇，国际期刊B级论文17篇。SCI一、二区高水平论文比2018年增长134%。申请发明专利8项，获权发明专利24项，实用新型专利3项。获软件著作权8项。获国家出版基金、重庆市出版专项资助，出版全英文版专著1本（*Mechanics and Design for Product Life Prediction*，135万字）。

目前，车辆工程本科专业每届招收5个班，工业设计本科专业招收1个班，现有在校本科生637人。2019年学院积极开展教改研究和改革，发表教改论文2篇；完成1个市级重大教改项目、1个市级一般教改项目、1门本科优质课程、1项本科设计创新实验建设项目的结题。积极推进大学生创新实践教学，提升本科生创新能力。2019年完成国创市创项目申报11个，结题4个；SRTP项目申报5个，结题3个。2015级本科生黄志宇发表SCI一区文章1篇,三区1篇,获新加坡全额奖学金直接攻读博士。2015级本科生刘子睿发表SCI一区文章1篇,获授权发明专利1项,破格获得本校保研资格。

学院现有全日制在读研究生618人,其中博士生94人,硕士生355人,工程博士12人,协同中心硕士生157人。2019年招收全日制博士16名、工程博士3名,学术硕士48名,专业硕士57名,协同中心硕士生70名,授位博士13名,硕士122名,工程硕士26名,硕士生升博士9名。积极组织学院老师进行研究生教改项目的申报,6人次申报成功市级项目4项,校级2项,为历年之最。完成学院的2020年招生计划,已录取推免研究生学术硕士33名、专业硕士61名、直博生2名,生源质量整体有所提升。成功申报市级研究生实习基地,组织40名优秀研究生参加汽车领域硕士研究生德国海外夏令营。成功申报国外联合培养博士9人,学生参加国际会议20余人次。

2019年学院举办了第三届汽车文化节。学院将汽车文化节作为联系校企的重要平台,文化节期间举办了模特大赛、外语大赛、配音大赛,还与环松工业集团合作举办了环松杯创新设计大赛,获得了较好的社会美誉度。学院创新创业工作屡创佳绩,在第六届全国大学生工程训练综合能力竞赛、第十四届全国大学生智能车竞赛、中国—东盟高校创新创业教育联盟大学生创意机器人设计大赛等各类国家级赛事中取得了一批示范性佳绩,2019年学院报名团队共40余支,涵盖人数200余人,约占学院本科生人数的30%,覆盖率再创新高。

【举办“母校90年·全球汽车人峰会暨汽车前沿技术论坛”】

2019年是重庆大学建校90周年,学院积极配合学校校庆年活动,围绕“学术校庆”主题,先后举办4次学术会议。在10月校庆周期间成功举办了“母校90年·全球汽车人峰会暨汽车前沿技术论坛”,峰会以“感恩、交流、发展”为主题,以搭建校友联谊、学术交流、事业发展的平台为目标,邀请重庆大学历届校友中的汽车界精英共计300余名新老校友参与盛会,不仅深刻讨论了汽车行业的前沿科技,拓宽了行业视野,还加强了校友与学校的互动联系,得到了汽车人校友的盛赞,产生广泛的社会影响。

(撰稿人:余红华)

重庆大学—辛辛那提大学联合学院

【概况】

2019年,重庆大学—辛辛那提大学联合学院设有电气工程及其自动化和机械设计制造及其自动化两个本科专业。学院在编教职员工有9人,均为管理岗位。

2019年度,学院共招收新生106人,其中电气工程及其自动化专业55人,机械设计制造及其自动化专业51人。学院在校生规模达474人:电气工程及其自动化专业267人;机械设计制造及其自动化专业207人。

【党建工作】

2019年度，学院完善了《重庆大学—辛辛那提大学联合学院师生合编党支部出国（境）党员管理服务办法（试行）》；深入开展“传播中国声音，讲好中国故事”活动，为美方师生订购英文版《习近平谈治国理政》一书，传播好中国；定期与海外学生党员视频谈心谈话，开展出国及归国毕业生党员主题教育，指导学生党员在实习期间参加实习单位党组织生活，做到学生在校学习、校外实习、国外学习期间全过程育人，从制度上保障“三全育人”体系的建构，教育引导学生坚定理想信念，厚植爱国主义情怀，自觉抵制和防范错误思潮的渗透。在“线下”宣传方面，党员领导干部带头讲党课2次，党支部组织生活20余次，针对青年学生开展主题学习教育活动10次，团日活动121场，持续开展“我与书记面对面”一对一谈话，覆盖学生190余人次；学院启动“春芽计划”，每位教职工与一个班集体“结对子”，院长、辅导员、教务人员、实习指导老师等全员参与，管理下沉、教育下沉、送教上门，初步形成全员育人格局，在日常教育管理中讲好爱国主义思政课。

【教学工作】

2019年度统筹安排课程182门次，其中全英文课程103门次，共有10位美方教师、40位中方教师参与全英文课程教学，成功从校内相关单位选拔中方老师7人，为全英文授课师资队伍注入新鲜力量，形成了一支教育背景优秀、学术功底深厚、语言能力突出的任课教师队伍。

为扩大学生国际化视野，增大课程设置空间，适当降低学生学业负担，学院自2019年2月启动2019级培养方案修订，有效调研23名2015/2016级学生，完成《Co-op项目培训1》课程改革方案和个性化学分修读方案，启动构建数学、机械等全英文课程群，形成有重大特色的国际化本科全英文课程体系和培养方案，《“新工科”背景下的国际工程教育人才培养研究与实践》获得2019年度重庆市重大教学改革项目立项。

学院着力引进吸收，深入探索一流全英文课程建设，安排中方教师出国（境）培训1人次、校内英语培训1人次，通过全英文课程小项目（1门次）、全英文课程翻转教学（4门次）等方式进行课程改革；组织跨学院教研活动3次，据此在教务处《教学信息窗》发表文章3篇，宣传学院办学理念和举措，探讨专业课程全英文教学和英语语言课程教学。

2019年度学院继续加强教学过程和效果监控，实现全英文课程独立评价全覆盖，累计评价中方全英文课程73门次、美方全英文课程30门次，为学院国际化人才培养质量提供了有力支撑。

2019年度，学生共计130余人次参加出国（境）外交流学习，约占全院学生总人数的30%，远远高于学校平均水平。随着与美国辛辛那提大学合作的稳定与深入，学院紧跟国家和重庆市战略部署，积极拓宽与其他重点国家的合作与交流。江燕副院长于2019年12月跟随学校代表团赴俄罗斯著名高校访问，积极探索优质师资的引进和培育路径，拓展学生海外科研实习项目和访学国别。

教育国际化需要一支国际化管理团队的推进和实施。2019年度，学院通过派遣管理人员赴美进修、派遣学生赴美国和德国访学、学校国际处、教育部国际司借调挂职锻炼等方式，丰富行政人员外事管理经验，增进其对国际规则的了解，提升其国际管理素养和能力，努力打造一支国际化管理队伍。

【Co-op 实习】

学院继续开设《Co-op 实习简介》《工程实习教育》等通识教育课程,提升学生职场素养,引导学生树立职业规划,明确学习目标。教务、学工老师共同回访国内企业 17 次,深入了解学生实习效果与思想转变,加强与企业协同育人。2019 年度共计 277 名学生 416 人次参与了 Co-op 实习。另外,学院开发合作企业数达到 63 家(新增 5 家)。优化了实习岗位,专业技术岗比例达到 88%,比 2018 年提高了 26 个百分点。与此同时,学院通过多种途径与海外高校级企业拓展联系,2019 年度共有 5 名学生赴国(境)外实习或交换学习。

学院积极支持学生参与科研实习,2019 年度累计发表期刊论文 14 篇,其中以第一作者发表 SCI 一区和 SCI 三区论文共 2 篇;获准专利 20 项;软件著作权 3 项;参加了国际会议 1 次并做主题演讲;代表重庆大学参加 Robocon 全国机器人大赛获三等奖;参加挑战杯全国大学生课外科技作品竞赛获国家级三等奖,参加第五届“互联网+”全国大学生创新创业大赛获重庆市金奖 1 项、银奖 2 项;获全国大学生英语演讲比赛重庆赛区特等奖 1 项。全年累计获得省部级及以上创新创业竞赛奖励 73 项。

通过在国际化、学科交叉、跨界融合等方面不断探索,学院办学效果得到了海内外高校及社会的广泛认可。美国强生公司基于我院学生丰富的实践经历与解决工程问题的能力,打破原来“不招聘应届毕业生”的规定,对我院毕业生破格开放研发技术岗位,说明 Co-op 模式已经逐渐改变企业对我院学生的认识,提升了我校学生在企业中的形象。校庆期间,北京大学前校长林建华专程带领北大未来教育管理中心团队来我院调研,连续发表《Co-op 模式与打开学校边界》《在教育中唤醒自我》主题文章两篇,肯定我院取得的本科教学探索成绩。

【学生培养成果】

2019 年度,学院迎来 2019 届 71 名毕业生,其中有 2 名同学获得最优等荣誉学位(Summa Cum Laude),有 11 名同学获得极优等荣誉学位(Magna Cum Laude),12 名同学获得优等荣誉学位(Cum Laude)。

60 人继续深造,其中 38 名同学拿到哥伦比亚大学、宾夕法尼亚大学、康奈尔大学、新加坡南洋理工大学、杜克大学、爱丁堡大学等世界一流大学录取通知书;22 名同学被保送至清华大学、上海交通大学、浙江大学等国内著名高校深造,年级总深造率高达 84.51%,海外升学率高达 53.52%,超过清华大学同届本科毕业生 80.5%的总深造率、24.6%的出国(境)深造率。就业学生成功签约国家电网、德勤华永会计师事务所、联合利华(中国)有限公司、中国联合网络通信有限公司等海内外优质企业,就业成果丰硕。

(撰稿人:李　璀)

建筑学部

建筑学部办公室

【综述】

2019 年,建筑学部深入学习贯彻“不忘初心、牢记使命”主题教育,立足学部功能,对标学校“双一流”建设内涵要求,积极统筹多方资源推动山地城镇学科群建设,在升级科研平台建设、引育高层次人才、创新学生培养模式、拓展合作交流渠道等方面形成学部的亮点和特色。

【学术评价与管理】

全年组织召开学术委员会 2 次、院长书记联席会 1 次、主任级会议 3 次,通讯评审 7 次。完成高水平人才 2 人、百人计划 4 人、青年教师 23 人、副教授 3 人、准副教授 5 人、兼职专家 11 人的人才引进学部评审工作;完成百人计划 4 人、青年教师 14 人的聘期到期考核工作;组织 2019 年学部高级职称评审,推荐6 名正高、11 名副高到学校参评;推荐学校第十一届学位评定委员会委员人选 3 名。完成学校学术道德专门委员会委托的 2 起学术不端举报调查核实工作。

【学科规划】

学部牵头成立申报一流学科群领导小组和工作小组,学部办公室担任秘书处,定期组织开会讨论,交流汇报各学院“双一流”学科建设工作推进情况,完成《双一流学科群建设申报书》的撰写工作。

【科研平台】

指导山地城镇建设与新技术教育部重点实验室学术委员会换届工作,召开了 2019 年学术委员会暨咨询委员会会议,为实验室进一步提档升级做好谋划。参与三峡库区生态环境教育部重点实验室迎接评估的准备工作。

【人才引育】

继续加强高层次人才引进和培育,积极参加名校招聘专场、重庆市英才大会等,配合院校两级,完成各类人才的申报工作。2019 年度共引育国家级人才 4 人(王翔宇、陈波、肖扬、丁选明),成果丰硕。

【人才培养】

组织第七届多专业联合毕业设计实践教学。11 名专业教师指导 44 名来自 6 个专业的学生,完成成都市锦城湖酒店和济南市金科世界城商业综合体两个在建项目的全过程设计。邀请了西南设计院、重庆市设计院、金科建筑设计院等多家校外企业参与联合教学。带领多专业联合毕业设计指导教师团队赴山东济南调研学习,与山东建筑大学建筑学院进行了学生实践教学的经验交流座谈会。

按照《重庆大学—金科地产精英人才计划培养方案》,招募建筑学部 50 名优秀学生(从大三至研究生二年级)组成金科星光班二期,举办跨专业通识课程讲座、高水平校企专家讲座 5 次,房地产操盘实践活动 2 次,拓展实践活动 2 次,全额资助 16 名优秀学员参加 2019 年暑期日本访学项目。

【其他工作】

担任重庆大学作为中国建设教育协会会员单位的秘书处工作。参加第五届中国高等建筑教育高峰论坛、第十五届全国建筑类高校书记、校(院)长论坛、第七届中国建设教育协会高教委员会会议,并在会上做主题报告。选派学生参加暑期大国工匠夏令营活动、第十届全国高校建设类专业优秀学生夏令营活动。

按照学校统一部署,做好学术迎校庆工作,每两周向校办反馈学术活动进展情况和提交活动统计表,校庆期间积极参与重要来宾的接待工作。

维护学校声誉,配合宣传部顺利完成“513 全国主流网络媒体进重大”活动,并负责 B 校区两个点(多专业联合毕设教学点和山地教育部重点实验室)的组织接待工作,圆满完成数十家媒体参访、直播活动。

(撰稿人:陈　娜,田　袁)

建筑城规学院

【概况】

党建工作方面:强化政治理论学习,突出发挥中心组学习表率作用。把“两学一做”制度化和常态化,扎实开展“不忘初心、牢记使命”主题教育。完成学院党委换届,落实党委委员分工,完善纪委监督制度,层层落实党建责任,抓好党风廉政建设。夯实党的基层组织建设,加强对支部日常工作的管理和指导;推进统战和群团工作。

人才队伍建设方面:学院现有教职员工 215 人,其中专任教师 166 人。有外聘中国工程院院士 3 人、外聘国家勘察设计大师 2 名,国务院学科评议组委员 2 名,国家教学名师 1 人,国家教学团队 1 个,教育部高校教学指导委员会委员 3 人。教师中高级职称比例达到 62%,博士比例 48%。学院从海内外知名大学共引进 11 名教师,其中教授 1 人,重庆大学“百人计划”1 人,弘深青年教师 2 人,青年教师 7 人。新增正高 3 人,新增副高 6 人。教师的职称和学历结构得到提高,学缘结构不断改善。

本科教学方面:3 个专业顺利通过全国专业教育指导委员会各分委会“国家一流专业建设”项目评审。3 门课程入选“重庆大学第五批在线课程建设项目”;6 门课程入选“重庆大学 2019—2020 学年第一学期翻转教学课程”;入选“国家级一流本科课程”学校推荐课程 1 门,备选课程 1 门。新增重庆市重点教学改革项目 1 项,重庆大学校级教改一般项目 4 项;新增重庆大学示范性虚拟仿真实验教学项目 1 项;新增国家级大学生创新实践项目 6 项、市级 1 项、结题 8 项(其中 2 项优秀);新增重庆大学 SRTP 项目 18 项,结题 12 项

(其中 2 项优秀);学生参加国家级、专指委竞赛并获奖 95 人次,参加其他省市级校级竞赛并获奖 70 人次,论文获奖 1 篇。我院教师指导竞赛并获优秀指导教师奖 4 人次,发表论文 20 余篇,并获得全国优秀教研论文奖 3 篇,出版教材 6 部,其中 3 部为住建部"十三五"规划教材。新增专业实习基地 3 个,8 份毕业设计获得重庆大学优秀毕业设计。

研究生教学方面:开展境内外研究生联合教学 6 次,参与研究生人数 80 余人。4 名研究生获得国家建设高水平大学公派研究生项目,6 名博士和硕士获得研究生院 2019 年第一批短期国际会议交流资助。申请获得 2020 年博士生招生资格的博士生导师 17 人,学历硕士导师 32 人,专业硕士导师 68 人。获批重庆市研究生教改重大项目 1 项、重点项目 1 项;获批重庆市研究生校企联合培养基地 3 个;重庆市专业学位研究生教学案例库建设项目 1 项;申报重庆市研究生教学成果奖 1 项。积极参与各类竞赛,成功获得国内竞奖 10 余项;获得国际竞赛 3 项,教学成果入选 2020 年威尼斯双年展;申请重庆市研究生科研创新项目 3 项;2 人学位论文获重庆大学优秀博士论文;2 人学位论文获重庆大学优秀硕士论文;研究生发表高水平论文共 64 篇。研究生学位论文在教育部及重庆市学位中心抽查中,历年均无不合格现象。

本科生学生工作管理方面:修订学生工作相关制度、引入兼职辅导员、学生班主任及德育助理等岗位。重视学生心理健康教育,举办心理讲座 2 场、心理委员培训 3 次、心理访谈 243 人次,学院无安全事故发生。完成综合素质能力提升讲座 12 场,学生经验交流分享会 8 次,开展素质能力提升实践活动共 23 次。获得 2019 寒假社会实践活动优秀组织单位、重庆大学"高扬的旗帜——青春心向党 · 建功新时代"大学生合唱展演一等奖、2019 年暑期社会实践活动优秀组织单位、建筑城规学院学生工作办公室获重庆大学 2018—2019 学年度先进集体等多项荣誉。

研究生学生工作管理方面:组织特色党建活动,2018 级规划专硕团支部荣获"五四红旗团支部";参与重庆大学第三届学术活动月并荣获"优秀组织奖",荣获重庆大学 2019 年博硕论坛活动"优秀组织奖"等;参加全国高校建筑类研究生首届"人居杯"篮球邀请赛并获全国总冠军,参加重庆大学建筑学部五院篮球赛并获得冠军。定期开展学生安全教育,进行各类安全排查 8 次,处理突发事件 5 起,心理访谈 30 余人次;关注特殊群体学生的发展,完善资助体系建设。学院研团委、研究生会荣获"2018 年重庆大学优秀研究生分团委、优秀研究生分会"荣誉称号;举办的"红岩险峰 · 文化巡礼"成果展并获得"研究生党支部创建活动"优秀结题。重视打造学院特色的学生网络媒体团队。2019 年,学生媒体在校内新闻网等平台发表稿件合计 70 余篇,"建院研团会"微信平台推送新闻 105 余篇;"建院研团会"荣获重庆大学十佳新媒体,学院获得新闻宣传工作先进集体。

学生就业工作方面:建立用人单位信息数据库,打造就业立体化信息平台,2019 年来院招聘单位 1 556 家,组织宣讲会 148 场。加强与用人单位合作,与 78 家单位建立实习实践基地,与 33 家单位建立研究生联合培养基地;建立就业服务学生社团,牵头组织"校企开放日""企业寒暑假实践"等活动;将生涯规划教育融入就业指导,服务学生个性化成长需要,针对性地组织各类就业指导活动。2019 年我院学生就业率为

92.7%,升学率为 47.8%,获重庆大学就业市场建设奖。

在学科和实验室等平台建设方面:2019 年度成立“景观与生态修复协同创新中心”,持续建设“山地城镇建设与新技术”教育部重点实验室等省部级学科基地,推进“陈启高建筑技术研究中心”的建设工作,与土木、环生等学院共同建设重庆市“山地城镇安全与减灾防灾协同创新中心”。积极申报国家级协同创新中心,配合重庆市“8+3”发展战略,积极参与“长江上游人居安全与健康”创新合作体等相关平台的论证工作。我院主办的学科期刊平台《西部人居环境学刊》连续两年入选“中国科技核心期刊”。2019 年度,国家级实验教学中心获学校实验室专项建设经费 400 万元,新增实验仪器设备 100 台件。实验室安全、卫生及设备仪器管理制度严格,开展安全教育培训 416 人次,无任何安全事故发生。持续开展实验课程、实验项目、实验教学改革及技术创新建设,面向全校 10 个专业学生开设实验实践课程 60 余项,获重庆大学实验教改项目 2 项,完成结题 2 项。实验中心教师参加学术会议 10 余人次,主题报告 4 人次,发表实验教改论文 7 篇。协助举办“2019 年四直辖市照明科技论坛”“第七届重庆大学建造季”。BIM 实验中心教学培训 40 余人次,获校级虚拟仿真实验教学项目 1 项。

科学研究方面:2019 年度新增纵向项目 27 项,新增横向项目 61 项;纵向项目到账经费合计 5 006.1 万元;横向项目到账经费 2 584.73 万。2019 年度,我院 8 人获得国家自然科学基金项目资助和社会科学基金项目,基金项目合同经费 405 万元;1 人获得科技部国家重点研发计划(课题)资助,合同经费 733 万元;1 人获批重庆市技术创新与应用示范专项社会民生类重点研发项目,合同经费 150 万元;2 人获批重庆市技术创新与应用发展专项面上项目,合同经费 40 万元。2 人获批中国博士后基金项目科学资助项目,合同经费 26 万元;1 人获得重点实验室开放基金,合同经费 2.5 万元;2019 年度发表论文合计 211 篇,其中 SCI 期刊论文 9 篇(一区 4 篇,二区 5 篇),SSCI 期刊论文 1 篇,中文期刊 A 级 25 篇,中文期刊 B 级 39 篇,中文期刊 C 级 2 篇。另外,出版专著 7 部,编著 4 部,主编行业标准 1 部,参与编写行业标准 1 部,专利获权 3 项。2019 年度获得重庆市科技进步奖一等奖 1 项,二等奖 1 项,亚洲建筑师协会荣誉提名奖 1 项,中国建筑学会科技进步奖三等奖 1 项,全国照明工程设计奖二等奖 1 项,三等奖 1 项,中国建筑学会建设创新奖 1 项,重庆市优秀城乡规划设计奖 10 项,中国工程建设标准化协会标准科技创新奖一等奖 1 项。

对外交流与合作方面:2019 年我院学历留学生 42 人,硕博高层次学历生占学历生比例的 78.5%,学生中 39 人来自“一带一路”沿线国家。我院积极进行全英文授课课程建设,全英文授课专业数量位列全校第一。新增与世界顶级建筑名校西班牙马德里理工大学、加泰罗尼亚理工大学的合作。共派遣学生 184 人次赴美国、英国、爱尔兰等 14 个国家和地区进行学习交流。2019 年度学院有长期公派出国留学教师 6 人;教师短期学术交流出访 52 人次。2019 年共有 24 名国(境)外专家到访我院,举行了专题讲座、联合教学、联合设计等相关学术交流活动。本年度学院获批国家级高端外国文教专家项目 1 项,与英国谢菲尔德大学团队合作“健康城乡宜居环境设计”项目。

【中国建筑学会建筑教育评估分会 2019 年会】

2019 年 4 月 19—21 日，由中国建筑学会建筑教育评估分会主办，重庆大学建筑城规学院承办的中国建筑学会建筑教育评估分会 2019 年会在重庆大学建筑城规学院召开。会议围绕着“创新人才培养与建筑学专业教育评估”这一中心，针对“本科教学质量保障与提升”“研究生毕业环节教学模式与方式探讨”“建筑学专业教育评估工作经验交流”3 个议题展开讨论，来自全国 68 所建筑院校，包含 70 名理事在内的近 300 名代表出席会议。

【第四届山地人居环境可持续发展国际学术研讨会】

2019 年 12 月 6—8 日，第四届山地人居环境可持续发展国际学术研讨会在重庆大学建筑城规学院召开。来自美国、加拿大、英国、日本、中国台湾等国家和地区以及国内相关科研院校的著名专家和学者深入研讨，旨在挖掘未来城市人居环境可持续发展的新路径、新方法。

【首届长江经济带景观与生态国际青年论坛】

2019 年 12 月 13—14 日，首届长江经济带景观与生态国际青年论坛在重庆大学建筑城规学院召开。本次大会旨在为推动长江经济带生态、经济和社会的可持续协调发展提供思路，开拓研究路径，催化设计创新，共同推进长江经济带的健康发展。来自国内外 10 余所院校及科研的专家学者针对流域综合治理与可持续发展、自然资源与景观遗产、生态智慧与在地实践 3 个议题进行了深入探讨和交流。

（撰稿人：黄　著）

土木工程学院

【概况】

2019 年，学院围绕立德树人根本任务，各项事业稳步推进，重点工作多点突破，发展势头保持良好。科学研究成果突出：周绪红院士主持的科研成果《高层钢-混凝土混合结构的理论、技术与工程应用》获国家科技进步奖一等奖；学科平台建设持续推进：2019 年度，完成了“供热、供燃气、通风及空调工程”学位学科调整及土木工程一级学科融合的相关工作；直流式风洞实验室完成验收投入使用；乌龟山实验基地（含高性能结构实验室、交通基础设施振动与防灾实验室、多功能风洞实验室）完成环境评价和设计招标；专业建设取得新发展：学院土木工程专业和建筑环境与能源应用工程专业同时入选首批国家级一流专业建设点；绩效工资改革稳步推进：完成绩效工资改革工作，创新考核办法，制订“质”与“量”并重的绩效工资实施方案；党委换届工作有序开展：中国共产党重庆大学土木工程学院第五次代表大会选举出了新一届土木工程学院委员会和土木工程学院纪律检查委员会；管理服务能力进一步提升：建立了“以服务对象”为中心的“一站式”行政办公体系，将原来学院行政 9 个办公室整合为“党群办公室”“教师工作办公室”“学生工作办公室”“行政办公室”4 个办公室；办公环境得以改善：对学院办公室进行了整体优化，完成了振动台实验室办公用房、教师工作办公室和学生工作办公室的装修改造;校友工作顺利推进:以重庆大学90周年校庆为契机,组织深圳、成都校友代表返校交流座谈,将朗基利邦控股集团有限公司捐赠的500万元用于学院建设。

2019年,土木工程学院设有土木工程一级学科博士后流动站,土木工程一级学科博士点,土木工程一级学科硕士点和土木水利(建筑与土木工程)工程硕士点。其中岩土工程为国家重点学科,土木工程为重庆市一级重点学科,岩土工程、结构工程、防灾减灾工程与防护工程、供热、供燃气、通风及空调工程为原建设部重点学科。设有土木工程、建筑环境与能源应用工程、测绘工程、城市地下空间工程4个本科专业。学院在编教职员工270人,其中教学科研岗位204人、博士后17人、实验技术岗位28人、辅导员岗位7人、管理岗位14人,教授(研究员)76人、副教授72人、博士生导师77人。教师队伍中有国家级人才32人次,其中中国工程院院士3人,国家杰出青年基金获得者4名,全国优秀教师1名,国家优秀青年科学基金获得者4名,新世纪百千万人才工程国家级人选2名,教育部新世纪人才支持计划入选7名,"重庆英才·优秀科学家"入选者5名,重庆市"巴渝学者"4名,"重庆英才·创新创业领军人才"入选者1名,"重庆英才·青年拔尖人才"入选者3名,重庆市杰出青年基金获得者2名,重庆市学术学科带头人18名,重庆市教学名师1名,重庆大学"百名青年优秀人才引进计划"入选6人,重庆市创新团队1个,重庆市级教学团队2个,研究生导师团队8个。

2019年12月31日现任学院班子成员包括党委书记华建民;院长杨庆山;党委副书记、纪委书记马骥;副院长夏洪流、刘猛、谢强、杨波、仉文岗。

【党建工作】

学院党委在校党委领导下,紧紧依靠各党支部、全体共产党员和全院广大师生员工,充分发挥党组织的政治核心和保障作用,围绕中心工作全面贯彻落实党的教育方针,以高等教育内涵式发展为主线,结合"不忘初心、牢记使命"主题教育,落实立德树人根本任务,推动学院工作全面发展。学院党委荣获2019年"全市教育系统先进党组织";顺利召开学院第五次党员代表大会,选举出新一届土木工程学院委员会和土木工程学院纪律检查委员会。2019年,学院党委召开党委会、党委(扩大)会18次;开展专题党课和宣讲11次、外出学习参观1次;召开支部书记座谈会3次;理论学习中心组进行专题学习、研讨12次,形成相关调研报告10余份;各单位固定在单周进行政治理论学习190余次,师生党支部固定在双周开展组织生活700余次。

2019年1月,完成2018年度党支部考核工作、党员领导干部民主生活会系列工作、支部组织生活会和民主评议党员工作;3月和10月,学院党委二级党校完成两期对入党积极分子的培训,共有187名积极分子培训合格,并配合学校党委完成两期发展对象培训,共有117名发展对象培训合格;6—7月组织"七一"系列主题教育活动,包括院内表彰大会、老党员和困难党员代表座谈会、统战工作座谈会、毕业生党员党性集中教育、各支部开展主题党日活动等;7—9月,完成169名毕业生党员组织关系转移工作;9月,学院专任教师支部实现了"双带头人"全覆盖,绩效工资实施方案中体现教师担任支部书记工作量;9月开始,根据党中央和重庆市整体部署、学校党委"不忘初心、牢记使命"主题教育实施方案要求,相继开展了理论学习中心组和师生党支部专题学习、专题党课、主题党日、组织生活会、调研成果交流会等，深入开展主题教育活动，其间接受了两次“不忘初心、牢记使命”主题教育中央第二指导组的现场督导，获得良好反馈；11 月，学院接受了学校党委第四轮第一巡察组的巡察；12 月完成学校党建工作年度考核工作、中层领导班子和领导人员述职暨民主测评、支部专题组织生活会、民主评议党员、党统工作，并进行全院党支部书记、委员专题培训。

【人才队伍建设】

2019 年学院共新增国家级人才 3 人。学院引进 2 名“百人计划”青年优秀人才，1 名正教授。新增 2 名正教授，3 名副教授。引进 3 名弘深青年教师，3 名师资博士后，聘请包括美国工程院院士 Reddy Junuthula Narasimha 在内的5 位高级专家为客座教授和中国工程院院士郑颖人院士在内的 2 位兼职教授。

【人才培养】

2019 年共招收本科生 499 人，2019 届毕结业生人数 370 人。土木工程专业评估中期检查工作顺利完成；2015 级土木工程卓越班再次开展了校企联合毕业设计，效果不断提升。2019 年度首次实施大类分流工作，2018 级土木类学生顺利进行了专业分流；对标专业认证要求，全面修订了课程大纲，试行目标达成度评价；教学研究和建设方面，2019 年度新增校级教改项目 9 项、省部级教改项目 6 项、4 门课程获学校第 5 批在线课程建设立项；课程建设方面，《工程建造模架构造与设计分析虚拟仿真实验》获批国家级虚拟仿真实验教学项目，另获批重庆市级虚拟仿真实验教学项目 1 项；2019 年度建立了针对评教靠后教师的学院领导听课指导制度，2019 年下半年开始执行更为灵活的分专业评教制度。

2019 年共招收研究生 471 人，其中博士研究生 85 人（含 5 名外籍博士）、硕士研究生 386 人（含 11 名外籍硕士）。2019 年成功举办了大学生暑期夏令营，从来自全国 78 所高校的 263 名学生中择优遴选了 122 名本科生参加，其间开展了丰富多彩的名师讲座、实验室参观、师生座谈、文艺表演等活动，对发掘优秀生源、加强师生交流、提升学院社会影响力起到了良好的推动作用。为进一步提升研究生培养质量，印发了《研究生教育文件汇编》，召开了全院研究生和研究生导师参加的“土木学院 2019 年研究生教育大会”，修订了《土木工程学院关于研究生导师招收博士、硕士研究生的规定（修订）》。新获重庆市 2019 年研究生导师团队 2 个、重庆市教学案例库建设项目 1 个、重庆市研究生联合培养基地 1 个、重庆市研究生教改项目 2 项、重庆市研究生优质课程 2 门、重庆市学位与研究生教育学会成果奖 1 项。研究生申报项目积极踊跃、成果颇丰，“膨润土辅助微生物加固砂砾石研究”等 14 个研究生科研项目获批“重庆市研究生科研创新项目”。2019 年度共获评重庆市优秀博士论文 2 篇、重庆市优秀硕士论文 4 篇、重庆大学优秀博士论文 4 篇、重庆大学优秀硕士论文 6 篇。学院严把学位论文质量关，严格按照学校学院政策审核学位申请及授予的各个环节。2019 年授位研究生 306 名，其中 31 名获得工学博士学位、132 名获得工学硕士学位，143 名获得工程硕士学位。

【科学研究】

学院全年新增科研项目 314 项，合同经费 9 430 万元，实到经费 9 005 万元。国家自然科学基金项目 25

项,其中国际(地区)合作与交流项目1项、优青项目1项,合同总经费1 170万元。发表期刊论文621篇,其中SCI 325篇,中文A级66篇;出版科技著作8部,编著2部;获校级及以上奖励31项,其中国家科技进步一等奖1项、国家科技进步二等奖1项,省部级奖7项;申请专利82项,其中发明专利47项、实用新型专利35项;获权专利144项,其中发明79项、实用新型65项。主编及参编国家标准3部,行业标准4部、地方标准6部。主办、承办国内外学术会议11场次。

【国际化工作】

全年共接收64名来华留学生,其中27名长期生;接收2名长期港澳台地区学生;派出162人次学生参加各长、短期海外访学活动,其中31名长期生;学生海外深造25人;研究生参加重要国际会议并做报告82人次;教师参加重要国际会议并做报告35人次,其中做主旨报告12人次;新增国际学术组织、专业性国际组织任职1人;与国(境)外大学互认学分课程数量3门,共13个学分;国际联合研究平台、中心、机构/区域国别研究中心4个;参与制订专业领域国际规则、国际教育教学评估和标准2项;参与国际性和区域性重大科学计划和科学工程5项,其中牵头4项;加入国际学术组织与联盟8项。土木工程学院在重庆大学各个学院的国际化综合评分排名第3。

【学生工作】

2019年,学院有全日制本科生2 002人、研究生1 630人。完成学生办公室改造装修,学生管理信息系统基本成型。以立德树人为根本任务,着力加强学风建设。特邀胡少伟教授、丁选明教授为本科1 300余名学生作考研与科研报告和2019级新生讲第一课。学生科创频获佳绩,荣获第十二届全国大学生节能减排社会实践与科技竞赛二等奖、第二十七届"全国高等学校人工环境学科奖"、MDV中央空调设计应用大赛杰出设计奖、第五届"互联网+"创新创业大赛重庆市市赛金奖、第六届"创青春"创新创业大赛重庆市市赛一等奖等奖项。积极推进校企合作,建立中建海龙等教学实习基地,举办中建二局西南分公司等企业专题技术讲座,争取基准方中、华润置地等企业支持学生活动,设立世茂集团,建发集团等奖助学金。继续组织职海启航系列活动,组织李浩校友讲座、选调生备考讲座等,2019届本科毕业生升学和出国(境)留学比例达41%,荣获重庆大学就业工作先进集体。文体实践活动精彩纷呈,举办了第三十三届"冬之声"系列活动等;圆满承办学校新生十佳班级大赛;连续第二年荣获学校春季运动会学生男子团体总分第一名;荣获重庆大学2019年寒假社会实践优秀组织单位称号。

【实验中心管理】

2019年,学院实验中心承担了165个教学班、6 301人次本科生的教学实验(不含研究生实验人数)。本科生参加国家级大学生创新实验项目9项,重庆市级创新项目19项,重庆大学大学生科研训练计划10项。组织召开土木工程国家级实验教学示范中心(重庆大学)教学指导委员会年度会议。按学校统一部署,对建环实验室进行了整合,纳入中心统一管理;各实验房间配置了信息卡;大型结构实验室提档升级工作完成项目招标材料准备。引进了2名专职实验教师。邀请学校、校外有关专家就实验安全、设备操作及维护保养做了专题讲座。针对实验中心的安全、日常管理文件进行了梳理;制订了安全、环境及岗位职责“三合一”检查规定并定期展开巡查。

（撰稿人:李　鑫,陈培稚）

环境与生态学院

【概况】

重庆大学环境与生态学院是由创建于1956年的城市建设与环境工程学院和发展于1935年的资源及环境科学学院组建而成。原城市建设与环境工程学院的建筑环境与设备工程系调整至土木工程学院;原资源及环境科学学院的环境科学专业调整至环境与生态学院,转入教师13名、学生181人。学院现有水科学与工程、环境科学、环境工程、环境生态工程4个系以及给排水科学与工程、环境科学、环境工程、生态科学与工程4个本科专业,给排水科学与工程、环境工程为国家级本科一流专业,环境生态工程为重庆市本科一流专业。

学院现有在编教职工128人,其中管理人员12人,教学科研人员99人,实验技术人员11人,专职辅导员6人;教授27人,副教授46人。学院引进副教授3人,弘深青年教师12人,师资博士后2人;学院外聘院士1人,名誉教授3人,兼职教授3人。学院新增重庆市英才计划2人,重庆市创新争先奖2人,第五届重庆市十佳科技青年奖1人,中国勘察设计协会“水业杰出青年”1人。

学院现有环境科学与工程、生态学2个一级学科博士授权点;环境科学与工程、生态学2个一级学科博士后科研流动站。学院有1个教育部重点实验室——三峡库区环境与生态重点实验室,1个国家级实验教学示范中心——城市建设与环境工程实验教学中心,1个国家工程实践教育中心(江苏凌志环保股份有限公司)和1个重庆市工程实践教育中心,3个市级重点实验室和4个市级实验中心;学院建有重庆市城镇污水处理技术装备创新战略联盟研究中心;与土木工程学院共建1个国际联合研究中心——低碳绿色建筑国际联合研究中心,1个教育部国际联合实验室——“绿色建筑与人居环境营造”教育部国际联合实验室,1个教育部和国家外专局联合基地——111引智基地。

2019年,学院全年召开党委中心组学习20次,发展党员98名,培养入党积极分子244名,上交党费159 234元。学院结合“不忘初心、牢记使命”主题教育,开展领导干部讲党课10场,召开“三会一课”主题党日活动290余次;“六动”工程——培育有理想、有本领、有担当的时代新人入选高校思政工作精品项目;支部书记工作案例入选中组部“基层党支部书记工作案例”;在《光明日报》《思想教育研究》等C刊发表党建与思政研究论文7篇,并成功申报国家社科基金、教育部科研项目4项。

学院再版国家级“十二五”规划教材2部,立项重庆市教改项目1项,校级教改项目2项;新增在线课程1门,翻转课堂教学1门,通识课程2门,目前共有5门通识课程,1门课程获推申报国家一流课程。2019年度学院顺利完成了86门265个教学班的理论教学,67门273个教学班的实践教学任务;本科学生获得全国制图大赛、数学建模竞赛、“环境风云”实验大赛等国家级竞赛一等奖50余项,并在自然指数期刊发表学术论文。

学院主导和参与了“资源与环境”、“土木水利”工程博士、硕士专业学位授权点的调整。获准重庆市研究生导师团队建设项目2项,获准重庆市专业学位研究生教学案例库建设项目1项,获准重庆市研究生联合培养基地建设项目1项,获准“国家建设高水平大学公派研究生项目”联合培养博士生5名。学院选派36名研究生参加短期国际访学项目,其中团队项目4项,派送研究生赴海外3个月以上培养项目4人;学院派送本科生参与国际交换学生项目14人,参与短期夏令营/冬令营项目93人;选派参加CSC项目15人,其中优本项目7人;学院全年录取留学生6人,毕业硕士留学生4人。

学院研究生培养质量显著提升,2019年度获重庆市优博1篇,优硕1篇;校优博3篇,校优硕4篇。研究生作为主要作者发表SCI论文84篇(其中二区及以上60篇)。10名研究生获“重庆市研究生科研创新项目”,20名研究生获“中央高校基本科研业务费研究生创新创业项目”,14名研究生参与国家级及行业竞赛并获奖。

2019年度学院获批科技部重点研发计划项目1项,牵头课题任务1项;获批国家自然科学基金19项;军工项目2项,省部级项目29项,横向科研项目50项。学院实到科研经费总计4 200万元,其中纵向3 110万元,横向1 090万元。学院发表各类论文242篇,其中SCI收录论文180篇,高被引6篇,自然指数15篇,一区125篇;出版专著1部;获得各类科技奖励共4项,其中以我校为第一单位的教育部科技进步奖二等奖1项,参与获得上海市技术发明奖一等奖1项、重庆市科技进步奖二等奖1项、湖南省自然科学奖三等奖1项。

学院承办了新时代高校环境教学改革与创新研讨会,7名院士、1 400人参会;举办了中国土木工程学会水工业分会水系统智能化研讨会,600余人参会;举办了重庆大学生态环境技术与产业论坛暨学科发展研讨会,2名院士、300人参会;举办了中国城镇供水排水协会工程教育专业委员会成立大会,2名设计大师、240人参会;举办了教育部给排水教指委国家教学质量标准宣贯会议,200人参会;举办了全国高校给排水科学与工程专业评估(论证)大会,45位专指委委员参会;举办了“环境工程类院士重庆行”,3名院士参加;举办了中国城镇供水排水协会工程教育专业委员会会议,学院任主任委员单位。学院还举办国际学术会议3次,分别是承办第二届中—澳科技创新和产业化论坛环境生态分论坛,主办“长江经济带生态环境保护——中德科学论坛”“中塞‘一带一路’固体废弃物处理处置双边论坛”。学院还与德国明斯特大学、法兰克福歌德大学、美国佛罗里达国际大学、希腊国家化学实验室等联合开展科研合作,与荷兰代尔夫特大学、澳大利亚莫纳什大学、塞尔维亚诺维萨德大学联系并签署合作协议(MOU)。学院教师参加重要国际会议并做报告48人次,其中做主旨报告10人次。

此外,学院党政领导班子还走访了深圳、广州、佛山、珠海、贵州等地校友,成立了深圳校友分会、广州校友分会，并邀请校友参加母校 90 周年校庆，全年校友捐款 350 余万元，在学院筹款工作中到账金额排名全校第一。

（撰稿人：唐　亮）

管理科学与房地产学院

【概况】

2019 年，管理科学与房地产学院设有管理科学与工程一级学科博士点和博士后流动站；学院设有工程管理、房地产开发与管理、工程造价、财务管理 4 个本科专业（均被评为 5★级本科专业）及工程管理（智能建造）和工程管理（国际工程方向）2 个专业方向。工程管理本科专业以优异成绩通过住房和城乡建设部高等教育工程管理专业评估委员会复评估。

学院在编教职员工 96 人，其中教授 16 人，研究员 1 人，副教授 42 人，讲师 23 人。学院教学科研岗位引进人才 4 名。新晋升正高职称 1 人，副高职称 1 人。

截至 2019 年年底，学院有国家级教学团队 1 个，市级教学团队 1 个，校级本科教学建设团队 2 个；国家级优势特色专业 1 个，国家一流专业 1 个，重庆市一流专业 1 个，市级优势特色本科专业 2 个；国家级精品课程 2 门，市级精品课程 1 门，校级精品课程 2 门，市级精品资源共享课程 1 门，校级精品资源共享课程 3 门；“十一五”国家级规划教材 12 部，“十二五”国家级规划教材 5 部，“十三五”住房和城乡建设部规划教材 5 部。

【人才队伍建设】

选拔推荐学院教师申报人才项目（含国家级、市级、校级）12 项，积极开展推荐“十四五”规划专家、工业绿色发展专家等各类专家项目 8 项，推荐 23 人次；2019 年教师节表彰，学院获集体记特等功、集体记大功及集体记功；先进工作者 2 人，先进集体为工程造价系；完成新进教师培训 2 人次，完成教师资格认定 5 人次。

经过严格选拔，引进预聘制青年教师 2 人，弘深青年教师 2 人；学院 7 名教师顺利完成正高、副高申报工作；完成 12 人次的教授、副教授、讲师等技术岗位分级聘用申报推荐工作；完成一般管理岗位晋升聘用申报推荐工作；完成百人计划及预聘制教师聘期考核。鼓励教师出国访学，学院钱艳老师获批西部项目。

【科研工作】

学院拥有重庆市重点社科基地——建设经济与管理研究中心、校级研究基地——重庆大学可持续建设国际研究中心、重庆大学城乡建设与发展研究院、国际建筑经济与管理研究中心等科研平台，重庆大学—中海地产集团职业发展研习中心、工程管理及房地产教学实践中心等教学科研实践基地。

2019 全年到账科研经费总额为 1 779.59 万元，其中纵向经费到账 584.22 万元，横向经费到账 1 195.37 万元。新增立项国家自然科学基金项目 3 项、国家社会科学基金项目 2 项，新增省部级项目 4 项、新增其他纵向项目 6 项。全年共发表的 SCI/SSCI/EI 论文 66 篇,发表中文 B 级期刊 4 篇(含 1 篇人大复印转载),C 级期刊 8 篇;出版学术专著 2 部。截至 2019 年 11 月底,共有 24 篇 ESI 高被引论文、1 篇 ESI 热点论文,首次在 *Nature* 子刊 *Nature Communications* 发表论文 1 篇。

【学生工作】

2019 年学院共有全日制本科生 1011 名,其中 300 余人获得各项奖学金;40 人荣获校“优秀学生”称号,32 人荣获校“优秀学生干部”称号,另有 51 人获得校“先进个人”荣誉称号;有 54 人获得优秀共青团员称号,53 人获得优秀共青团干部称号;3 个班级获得先进班集体称号,8 个寝室获得重庆大学文明寝室称号。2019 年奖励品学兼优的学生共计 300 余人次,发放“奖、助、勤、补”合计 90 余万元。2019 年学院共有本科毕业生 273 名,本科毕业生就业率达到 94.87%,荣获学校就业先进集体称号。

2019 年录取全日制硕士研究生 153 人,全日制博士研究生 21 人,非全日制硕士研究生 236 人。2019 年度授予硕士学位 204 名,其中全日制学术硕士研究生 61 人、全日制专业硕士研究生 71 人,非全日制专业硕士研究生 11 人,在职工程硕士 61 人。授予学历博士学位 12 人。2019 年度共有 27 人获校优秀毕业研究生称号,53 人获校优秀研究生称号,34 人获校优秀研究生干部称号,2 人获得精神文明建设先进个人称号,2 人获得青年志愿者先进个人称号,2 人获得科技学术创新先进个人称号,2 人获得体育活动先进个人称号,1 人获得文艺活动先进个人称号。2019 年研究生毕业生就业率达到 96.10%。

【国际合作与交流】

学院一直致力于深化和扩大同国内外高校的友好关系,与国(境)外近 35 所高校进行学术交流、合作探讨,到访专家和青年学者人数 40 余人次。学院与澳大利亚阿德莱德大学签订硕士学分互认协议;与荷兰莱顿大学、英国拉夫堡大学商谈联合培养项目,与澳大利亚墨尔本大学商谈学分互认项目;与新加坡国立大学、德国波鸿大学、香港理工大学、台湾大学等高校开展学生交换项目。2019 年度派出学生人数 150 余人次,获批国家外国专家局外国文教专家聘请项目 2 项,获批王宽诚资助基金 1 项。举办“A Journey to a Better Me”海外访学实践项目、“逐梦荷德奥”海外访学项目、“我们梦想的未来都市”日本短期等访学项目。

2019 年 11 月 29 日—12 月 2 日,由中华建设管理研究会(CRIOCM)与重庆大学建筑学部联合主办,重庆大学管理科学与房地产学院承办的“第二十四届建设管理与房地产发展国际学术研讨会”顺利召开。本次会议主题为“新时代背景下的建设管理和房地产发展”,共设有两场主旨演讲、两个圆桌论坛、一场中澳学者对话,以及 10 个主题鲜明的平行论坛,来自中国、美国、英国、加拿大、澳大利亚等 10 余个国家或地区,70 余所高校近 400 名专家学者参加了会议。

(撰稿人:周　放)

信息学部

信息学部办公室

2019 年,信息学部在各职能部门和部内各单位的大力支持下,继续在学术评价与管理、平台建设、拓展对外交流等方面发挥了积极作用,履行学部学术评价、协调、指导、监督等学术管理职责。

【研究平台建设】

1.CPS 实验室建设

根据学校对各级各类实验室、平台和研究机构的总体部署,2019 年进行了 CPS 实验室的调整工作。将实验室的建设、管理主体交由计算机和软件学院,实现实验室建设与学科建设的有力结合,有利于实验室在学院学科统筹规划下快速发展。对实验室的研究团队进行了梳理和精练,确定了主要研究方向和团队,有利于实验室集中力量在研究上有所突破。筹建了实验室新的管理架构,有利于学院协调管理,促进实验室健康发展。

2.超算中心建设

积极推进重庆大学超算中心的建设工作。调研国内高校的超级计算中心建设及运维情况,向拟建设的重庆大学超级计算中心提供科学决策依据,信息学部组成了调研小组全面开展该项工作。调研小组分别对清华大学、南京大学、上海交通大学、中国科学技术大学、武汉大学、山东大学、北京师范大学以及湖南大学从经费投入、建设模式、组织架构、人员配置、运维模式、运维费用等几方面进行了充分调研,并对部分学院的超算需求项目、校内学科超算需求进行了统计。

【学术交流与对外合作】

1.积极开展学术交流,扩大信息学科学术影响力

学术交流本着以重大学术会议为引导,与国际、国内和地方政府、企业建立密切联系,积极加入各类学术团体,扩大重庆大学信息学科影响力。

组织召开了“2019 第四届亚洲抗量子密码论坛”。论坛邀请国内外相关专家学者带来了“抗量子区块链关键技术”“抗量子区块链概述”“日本、韩国 PQC 研究情况简介”等主题学术报告,并组织了学术讨论;组织召开了第十届后量子密码国际会议及后量子密码全球暑期班。来自全球政府部门,如美国 NIST 的代表,知名企业,科研院校近两百名专家学者在大会上交流后量子密码的研究进展;组织召开了“The 6th workshop on cyberspace-FHE applications & its standardization”会议,来自国内外专家学者在会上作专题报告并进行现

场交流互动。

2.组织中国工程院院士论坛

2019 年 9 月 23 日信息学部牵头,联合微电子与通信工程学院、测控中心,成功举办了“中国工程院第五届空间信息技术与应用展望院士论坛”。出席论坛的有中国工程院院士和多位空间信息领域顶尖专家、学者,为我国从事空间信息技术、卫星有效载荷技术的师生搭建了一个互相沟通、相互学习、交流思想、展示成果的平台。论坛通过大会特邀报告和分会场研讨等系列活动对空间信息功率网、空间通信与导航、遥感与数传、天线与微波、有效载荷新技术、航天知识产权与科技信息等空间信息技术领域的关键问题和热点问题展开学术研讨。旨在提升我国空间信息技术、有效载荷技术的创新能力,引领我国空间信息技术创新发展,为国家重大航天战略工程的计划部署提出科学建议。

3.主动服务地方经济和产业

信息学部积极主动加强与重庆市合作,与永川区进行了多次沟通交流,签订了大数据人才战略合作协议,推动重庆大学与地方政府合作培养大数据人才;与渝中区大石化片区管委会合作,筹建重庆市区块链技术创新联盟;与重庆金窝窝科技公司就区块链研究与产业应用开展实质性合作,提升重庆大学在区块链产业界的影响力;参加智博会、重庆市发改委、科技局、经信委组织的多次区块链产业发展会议和论坛,为重庆市区块链产业发展贡献力量。

建立与地方科技主管部门的良好关系,构建信息学科发展良好的外部环境,学部办公室积极与市科委联系,在 2018 年承担了重庆市 2019—2021 区块链项目指南的编制工作基础上,2019 年贯彻中央政治局集体学习精神,对区块链指南进行了修订优化,引导重庆市区块链研究和产业发展。

接待全国青少年暑期训练营,新郑市市长、华为公司等各地政府、企事业单位交流考察团等各类参观考察 100 余人次。

【学术服务与师资队伍建设】

1.强化学术服务理念,促进信息学科发展

信息学部坚持做好学校与学院的桥梁,努力服务好专家、学者和师生,强化学术服务理念,促进信息学科发展。

组织参与和东方红卫星通信公司、浦发银行总行信息科技部等单位的联合人才培养方式讨论;组织带队学部 40 余名师生参观礼嘉智慧体验园;组织学部与“双一流”办公室共同探讨信息学科“双一流”学科重点建设项目、学科群建设、学科评估等工作;邀请校内外专家组织信息学部中央高校基本科研业务费校长专项评审会;做好各类人才、评审专家的推荐工作,如重庆市创新争先奖先进个人推荐、重庆大学 2019 年度中央高校基本科研业务费项目遴选校内外专家推荐、“中国研究生人工智能创新大赛”专家委员会委员和评审专家推荐等。

配合基建处多次进行信息技术科研楼的信息收集及意见反馈工作;配合学位办做好 2019 年学位评定委

员会换届工作;配合发规处做好教育部人工智能核心学科建设调研工作;配合国合办做好永川区大数据产业园与重庆大学洽谈政校企合作等。

2.加强人才队伍建设,改善人才队伍结构

完善人才引进机制,不断规范人才引进程序,严格人才引进标准。

2019年在第二届学术委员会任期已满的情况下及时进行了学术委员会的换届工作,确保了各项工作的有效进行。

2019年顺利完成人才引进、聘期考核、百人转入终身制副教授等人才评审。学部学术委员会表决通过引进人才41名,其中高水平学术人才1名,百人计划6名和教授岗、副教授岗、弘深青年学者、青年教师等各类人才34人。学部贯彻执行"坚持标准、保证质量、全面考核、择优晋升"的方针召开了2019年职称评审会。

(撰稿人:郑洪英,叶春晓)

光电工程学院

【概况】

光电工程学院拥有"仪器科学与技术"和"光学工程"两个一级学科博士学位授权点,"精密仪器及机械"国家级重点学科,"测控技术与仪器""光电信息工程"和"电子科学与技术"3个本科专业,其中"测控技术与仪器"是国家特色专业建设点;还拥有"微纳系统与新材料技术国家级国际研发中心"、"光电技术及系统教育部重点实验室"、"新型微纳器件与系统技术国防重点学科实验室"、"工业CT无损检测教育部工程研究中心"、"重庆市光电技术工程中心"、"重庆市微光机电工程技术研究中心"、重庆市教委创新实践教学团队、重庆大学创新实践教学团队等国家级、省部级教学科和科研研究基地,拥有仪器科学与技术、光学工程两个博士后流动工作站。学院现有教职员工134人,其中在编122人,院聘1人,师资博士后和弘深博士后共11人。2019年晋升正高职称2人,副高职称1人。

队伍建设方面。2019年学院入职报到百人计划1人、国内引进专任教师报到4人;臧志刚入选重庆英才计划创新领军人才,韦炜入选重庆市英才计划青年拔尖人才,史磊磊入选重庆市博新计划。学院教师队伍中有特聘中国工程院院士1人,国家杰出青年基金获得者1名,教育部新世纪人才支持计划入选者4名,重庆市杰出青年基金获得者2名,享受国务院政府特殊津贴5人,重庆市"百名海外高层次人才集聚计划"入选者3人,重庆市青年拔尖人才2人,重庆市学术技术带头人及后备人选15人,重庆大学"百名青年优秀人才引进计划"入选10人,重庆大学高水平学术人才1人。

党建与思想政治教育方面。截至2019年年底,学院有党员356名,其中在职教职工党员82名,学生党员274名(博士生党员83人、硕士生党员149人、本科生党员42人);发展党员共计72人(博士2人,硕士研究生 43 人,本科 27 人);转正 53 人(硕士 37 人,博士 1 人,本科 15 人)。李力获评第十四届“中国大学生年度人物”,全国共 10 位,我校首位;李力团队获第六届“创青春”中国青年创新创业大赛金奖,实现了重庆市和重庆大学在该赛事互联网成长组金奖“零”的突破;学院组织研究生参与重庆大学足球联赛(获得第四名)。打造“百年光电大讲堂”,推进党建带团建、党员带团员、研究生带本科生,已完成四期,20 位优秀研究生分享了学术成果,近 400 人参与此项活动。胡智萍获第十五届王大珩光学奖(行业最高奖);2 名研究生获第六届全国青年科普创新实验暨作品大赛二等奖。郭朋非同志获优秀学生标兵称号(全校 2 名)。聚焦学业、寝室文化、家国文化,C-603 获评 2019 文明寝室标兵。

2019 年 12 月 19 日,成功召开中国共产党重庆大学光电工程学院第五次代表大会。会议选举叶俊勇、朱涛、刘俊、刘玉菲、刘嘉敏、余华、金伟锋、秦岚、郭永彩等 9 名同志为中共重庆大学光电工程学院第五届委员会委员,会议选举刘俊、汪庆春、周大秋等 3 名同志为中共重庆大学光电工程学院第二届纪律检查委员会委员。

2019 年 11 月 28 日—2020 年 1 月 10 日,学校党委第一巡察组完成对光电学院党委的巡察工作。学院党委积极认真地支持和配合巡察组开展工作,按时上报《光电工程学院巡察整改方情况报告》《光电学院巡察反馈意见问题清单、任务清单和责任清单》《光电工程学院党委巡察整改落实方案》《光电工程学院党委巡察反馈问题整改完成清单》等。

学生及教学工作方面。学院现有全日制在校本科学生 928 名。学院本科生在 2019 年全国大学生“恩智浦杯”智能汽车竞赛中,获得国家一等奖 3 项、二等奖 1 项、三等奖 4 项、西部赛区一等奖 4 项、二等奖 2 项;在 2019 年大学生电子设计竞赛中,获得国家二等奖 2 项、重庆市一等奖 1 项、二等奖 2 项;在大学生光电设计竞赛中,获得国家三等奖 2 项、赛区一等奖 1 项、二等奖 1 项、三等奖2 项;在第二届重庆市创新方法大赛中,获重庆市特等奖 1 项、一等奖 1 项、二等奖 1 项、三等奖 2 项。在大学生英语竞赛中,获得全国三等奖 4 项。本科生创新实践项目共计立项 32 项、结题 22 项,已经结题的项目中有 4 项被评为优秀项目。其中国家大学生创新性实践项目立项 18 项、结题 8 项;重庆大学大学生科研训练项目(SRTP)立项 14 项,结题 14 项。在教学成果方面,获得重庆市教学改革一般项目立项 1 项、产学合作协同育人项目立项 2 项,获得重庆大学教学改革一般项目立项 3 项、本科实验教学改革项目立项 2 项,学院自立教学改革项目立项 2 项、结题 3 项;发表教学研究论文 4 篇,出版教材 3 本。教师李顺波获“华晟经世杯”2019 年全国高等学校电子信息类专业青年教师授课竞赛华西赛区三等奖,教师邱景获重庆大学第七届教学基本功比赛二等奖。测控技术与仪器专业获批国家级一流本科专业建设点。

2019 年年底在校研究生总数 507 人,其中学历博士 141 人,工程博士 8 人,学术型硕士 218 人,专业型硕士 140 人。当年招收学历博士 40 人,招收全日制硕士研究生 143 人。2019 年度 6 名研究生成功获批“国家建设高水平大学公派研究生项目”,1 名博士生学位论文获得重庆市优秀博士学位论文,1 名硕士生学位论文获得重庆市优秀硕士学位论文,3 名博士生学位论文获得重庆大学优秀博士学位论文,2 名硕士生学位论文获得重庆大学优秀硕士学位论文。在教学成果方面:获批立项重庆研究生教育教学改革项目 1 项,重庆大学研究生教育教学改革项目 1 项,获批立项重庆市研究生优质课程 1 项。获批建设重庆市研究生导师团队 2 个。获批建立重庆市研究生联合培养基地 1 个。成功申报 2 个市级研究生导师团队。成功举办第九届“光电之旅”暑期学术优秀大学生夏令营活动。

在科研及成果方面。学院新增科研项目 127 项,合同经费 6 010 万元,实到经费 4 129 万元。其中牵头国家自然科学基金项目国家重大科研仪器研制项目 1 项、国家自然科学基金面上项目 7 项、青年基金 8 项、国际(地区)合作研究项目 1 项、参与国家自然科学基金重点项目 2 项(国拨经费 1 484.2 万元),国家重点研发计划课题项目 6 项(国拨经费 389.5 万元),国防基础加强计划 1 项(国拨经费 1 150 万元)、国防 863 重点项目 2 项(国拨经费 400 万元),国防基础科研 2 项(国拨经费 280 万元)、预研基金 4 项(国拨经费 380 万元)。发表高质量期刊论文 139 篇。获重庆市科学技术奖自然科学二等奖 1 项,参与重庆市科学技术奖科技进步奖三等奖 1 项、中国机械工业科学技术奖科技进步二等奖 2 项、中国地理信息科技进步一等奖 1 项。

国际合作与交流工作方面。2019 年,学院不断拓展学科发展领域,与美国、英国、新加坡、德国等国家的大学建立了科技交流与合作交流关系,签署了重庆大学与新加坡国立大学合办“3+1+1”联合培养项目协议、重庆大学与英国哈德斯菲尔德大学合作谅解备忘录等。学院全年教师、学生累计出访进修、交流 150 余人次;接待国(境)外参观来访 10 余人次。

学科与平台建设方面。仪器科学与技术学科获得了首批重庆大学“双一流”学科重点建设项目——“仪器科学与技术”学科提升计划资助,资助金额 3 000 万元。同时和机械学科一起申报重庆大学“双一流”学科重点建设项目“极端环境高端装备研发与试验平台”,负责“极端环境试验测试技术及系统”子平台建设。2019 年 4 月,完成仪器科学与技术和光学工程学科重庆市“十三五”重点学科和一流学科中期检查报告。2019 年 6—8 月,配合先进制造学科群完成了教育部学科中期评估报告。2019 年 12 月,立足重庆大学仪器科学与技术(国家双一流 A 类)与光学工程(市重点学科)的学科优势,结合重庆大学计算机科学与技术博士一级学科储备,全面对接国家新一代人工智能发展规划及我市三大攻坚战和八项行动计划,构建“人工智能+智能光电学科群”。

院庆工作方面。在喜迎中华人民共和国成立 70 周年、重庆大学建校 90 周年之际,光电工程学院迎来 2019 年建院 40 周年。通过举办“学术院庆、文化院庆、校友院庆”系列活动,全面回顾了学院发展历程,总结了办学经验,展示了办学成就。2019 年 9 月 30 日隆重举行了 40 周年院庆纪念活动,重庆大学副校长王时龙教授、36 届校友代表、校内兄弟单位代表、学院全体师生共计 1 800 余人参加活动。1991 级校友、北京千方科技集团董事长、总裁夏曙东博士以个人名义向学院捐款 500 万元并做报告。院庆活动得到了广大师生、校友和社会的认可,为加强学院学科建设,提升人才培养质量和办学水平凝聚了强大的发展动力。

【陈刚教授获批国家自然科学基金国家重大科研仪器研制项目】

2019 年,陈刚教授带领的超衍射光学器件与系统研究团队获批国家自然科学基金国家重大科研仪器研制项目。该团队面向国家高端光学仪器研制需求,围绕制约光学系统成像分辨率的核心关键科学技术问题,从光学透镜入手,突破光学衍射极限限制,在超分辨光学透镜设计方法、加工工艺与测试方法等方面取得了多项创新性成果,成功研制出系列超分辨新型光学器件,并提出了一种新型的超分辨光学显微系统,有望在非标记超分辨光学显微技术上实现重大突破。

(撰稿人:蓝　红)

微电子与通信工程学院

【概况】

2019 年,学院设有信息与通信工程一级学科博士学位授权点,电路与系统二级博士学位授权点;电子科学与技术、信息与通信工程 2 个博士后流动站;信息与通信工程和电子科学与技术 2 个重庆市重点学科;另外,设有电子信息工程、通信工程、集成电路设计与集成系统 3 个本科专业。学院在编教职员工有 110 人,其中教学科研岗位 74 人、教学岗位 8 人、实验技术岗位 10 人、管理岗位 18 人。

截至 2019 年年底,学院有国家级特色专业 1 个,国家级卓越工程师教育培养计划学科专业 1 个,国家级一流专业 1 个,国家级实验教学示范中心 1 个,国家级精品课程 1 门,国家级双语示范课程 1 门,重庆市"三特行动计划"特色专业 1 个,市高校大数据智能化特色专业 2 个,市首批一流专业建设项目 1 个,市级一流专业 2 个,市级精品课程 5 门,市级双语示范课程 1 门,市级精品资源共享课程 1 门,市级高校首批精品在线开放课程 1 门,国家"十五"规划教材 2 部,国家"十一五"规划教材 5 部,国家级教学名师 1 人,重庆市教学名师 1 人。

2019 年,到账科研总经费达到历年最高水平,纵向经费 1 132.63 万元、横向经费 1 234.31 万元,总金额达到2 366.94万元,其中国家级经费 824.32 万元,省部级经费 308.31 万元;新增国家自然基金优秀青年项目 1 项,面上项目 3 项,青年项目 4 项;新增国防 863 重点项目 1 项,预研项目 2 项,横向军工项目 16 项,到位军工项目经费 816.35 万元。发表论文 116 篇,其中 SCI 论文 86 篇(JCR 一区 54 篇,二区 17 篇),获权发明专利 49 件。牵头申报并获得国内人工智能顶级奖项:参与并获得重庆市科技奖技术发明奖三等奖 1 项、科技进步奖三等奖 1 项;获得中国产学研合作创新成果奖 1 项。1 人获得国家优青项目,1 人入选重庆市杰青人才计划,1 人入选重庆市英才创新领军人才计划,1 人入选重庆市青拔人才计划。省部级产学合作协同育人项目 5 项,市级产学合作协同育人项目 4 项,校级教改项目1 项,校级实验教改项目 1 项。

学院现有全日制本科生 1 109 名,全院本科生获得各项奖学金 315 人次。5 人获得聂荣臻奖学金,3 人获得唐立新奖学金,49 人获重庆大学前锋奖学金,41 人被评为学校优秀学生,32 人被评为学校优秀学生干部。获评重庆市文明寝室 1 个,重庆大学文明寝室标兵 1 个,重庆大学先进班集体标兵 1 个,重庆大学新生十佳班级 2 个,重庆大学"赢在重大"班级挑战赛十佳班级 1 个;重庆大学五四红旗团委 1 个、重庆大学标杆团支部 1 个、重庆大学标杆团支部创建单位 3 个、重庆大学 2019 年学雷锋志愿服务月先进集体 1 个。全院本科生获得学科类竞赛（不包括电子竞赛）国家级奖项 8 项，省部级奖项 2 项；文体类竞赛省部级奖项 1 项；参加创新性实验项目 17 项，其中，国家级项目 5 项、市级项目 12 项。

利用选拔优秀本科生参加新加坡南洋理工大学电气与电子工程学院学游项目、取消推免生笔试等措施吸引优秀生源，2019 年学院招收博士生 19 名（含 5 名留学生），全日制学术型硕士研究生 64 名，专业硕士 87 名（全日制 72 名，非全日制 15 名），创历年来硕士招生总人数新高。落实一流人才培养目标，认真执行学院制订的研究生培养与管理文件，2019 届毕业研究生实现全部硕士论文校外盲审，同时提高硕导资格审核条件，严格导师资格审核，确保导师指导水平。硕博论文获得重庆市优秀博士论文 1 篇、优秀硕士论文 1 篇，重庆大学优秀博士论文 2 篇、优秀硕士论文 2 篇。成功申报重庆市研究生教学案例库项目 1 项，重庆大学教改项目 1 项，重庆市研究生导师团队 2 个，成功组织重庆大学集成电路重点课程体系建设。加强研究生创新实践能力培养，组织学生参加各类科技创新竞赛 90 项，获国家级一等奖 5 项、二等奖 8 项，省部级一等奖 5 项，二等奖 25 项，尤其值得一提的是，3 名学生在“2019 Innovate FPGA 全球创新设计大赛”全球总决赛中荣获全球总冠军。成功申报“重庆大学—中国电子科技集团公司第二十四研究所电子与通信工程”重庆市研究生联合培养基地，建设研究生创新实践平台，组织学生成功申报重庆市研究生科研创新项目 11 项（博士 2 项，硕士 9 项）。

截至 2019 年年底，学院党委有党支部 16 个，其中教职工党支部 5 个，研究生党支部 10 个，本科生党支部 1 个，配备专职组织员 1 名；共有党员 293 人，其中教职工党员 77 名、研究生党员 216 名、本科生党员 20 名；开展两期入党积极分子培训 116 人，新发展党员 48 名，转正 21 名。完成学院第一次党员代表大会，选举产生 7 名党委委员、3 名纪委委员；组织师生开展“不忘初心、牢记使命”主题教育，领导班子及中心组开展集中学习、专题调研、找差距专题会议、专题民主生活会，完成讲党课 5 次，形成整改问题清单 19 项。选送干部及教师参加干部培训 7 人，推荐专任教师 1 人到重庆市沙坪坝区经济信息委员会担任副主任职务。开展新时代高校党建示范创建和质量创优工作，按照“五个到位”“七个有力”建设标准扎实推进学院党委及党支部建设，获得重庆大学“先进二级党组织”称号；组织“不忘初心、牢记使命”七一系列主题教育活动，学校、学院“七一”表彰优秀共产党员 18 名，优秀党务工作者 3 名，先进党支部 6 个；组织学生参加学校“放歌新时代建设‘双一流’”合唱展演获三等奖；获重庆大学“综合治理先进集体”称号。

2019 年成功主办两个大型国际学术会议：第 11 届 IEEE 通信软件和网络国际学术会议（IEEE ICCSN）、第 13 届 IEEE 国际专用集成电路学术会议（IEEE ASICON）。成功申报丝绸之路中国政府奖学金项目，增设全英文授课国际博士生项目，新招来华留学博士生 5 名；加强来华研究生培养管理，注重学风建设，留学生培养层次和质量逐步提高，1 名留学生发表 JCR 一区论文 1 篇。

【电子信息工程专业获批国家级“一流专业”建设项目】

积极响应教育部“双万计划”，大力加强本科人才培养能力和条件建设。电子信息工程专业成功获批教育部首批国家级“一流专业”建设项目。

【通信工程专业和集成电路设计与集成系统专业获批重庆“一流专业”建设项目】

适应重庆市委提出的“3+8”行动计划对人才培养的要求,加快一流大学和一流学科建设,实现高等教育内涵式发展,学院积极组织通信工程专业和集成电路设计与集成系统专业实施“一流专业”建设工作,成功获批重庆市高等学校“一流专业”建设项目。

【全国大学生电子竞赛创历史最好成绩】

通过多方共同努力,在 2019 年全国大学生电子设计竞赛中,我院共获 4 个全国一等奖,创历史最好成绩。该成果充分体现了学院在本科生创新能力培养上的优秀条件和突出能力。

【获得中国智能科学技术最高奖——吴文俊人工智能自然科学奖二等奖】

2019 年 11 月 30 日,第九届吴文俊人工智能科学技术奖颁奖典礼暨 2019 年中国人工智能产业年会在苏州举行。自然科学一等奖获奖项目 2 项,二等奖获奖项目 5 项。重庆大学作为唯一单位完成的“机器嗅觉感知理论与智能计算方法”项目斩获“吴文俊人工智能自然科学奖”二等奖。

【成功举办第 14 届全国高校电子信息类学院院长工作交流会】

会议在教育部全面实施“六卓越一拔尖”2.0 版背景下,围绕“双万计划”一流本科专业建设,就电子信息类专业本科人才培养的模式、路径与方法以及课程体系建设等进行研讨。

【学院辅导员获得 2019 年“最美高校辅导员”称号】

学院辅导员袁利同志到重庆大学担任专职辅导员整整 29 年,由于工作扎实、表现突出,荣获 2019 年“最美高校辅导员”称号,也是西南地区唯一的一个获此殊荣的辅导员。

(撰稿人:许　可)

计算机学院

【概况】

2019 年,计算机学院设有计算机科学与技术一级学科博士学位授权点,计算机科学与技术博士后流动站;拥有计算机软件与理论国家重点(培育)学科;拥有信息物理社会可信服务计算教育部重点实验室,软件理论与技术重庆市重点实验室,重庆市软件研发技术中心等多个研究基地。学院计算机科学(COMPUTER SCIENCE)学科稳居 ESI 排名前 1%。学院有教职员工 118 人,其中管理岗位 9 人,教学科研岗位 90 人。廖晓峰再次入选 Elsevier 2018 年中国高被引学者榜单,其团队获得重庆市 2019 年智能计算及信息安全研究生导师团队;周庆与外语学院教授联合获得重庆市 2019 年语言、认知与智能计算研究生导师团队。

学院有党员 384 人,党支部 16 个,推优发展预备党员 61 人,考察转正党员 81 人,培养入党积极分子 155 人;设立院级党建项目 11 个。学院党委召开中国共产党重庆大学计算机学院委员会第七次代表大会,选举产生了中共重庆大学计算机学院第七届委员会和中共重庆大学计算机学院新一届纪律检查委员会。

学院新增科研项目 46 项，到账科研经费 1 592.9 万元，创历史新高。学院获国家自然科学基金项目 2 项，其中首次获得重点资助项目；获省部级科研项目 8 项，其他纵向科研项目和横向科研项目共 30 项。学院共发表论文 138 篇，其中 SCI 论文 88 篇，高水平 IEEE/ACM Transactions 论文 15 篇，SCI 二区以上论文 71 篇，国际国内 A 级论文 62 篇。

学院现有研究生 648 人，其中博士生 100 人；获重庆市研究生重大教改项目 1 项，重庆市专业学位案例库建设 1 项，重庆市研究生导师团队 2 个，重庆市优秀博士论文 1 篇，重庆市优秀硕士论文 2 篇。学院 1 名博士留学生获教育部来华留学优秀研究生称号。与外语学院共建语言、认知与智能计算二级学科，与新闻学院、艺术学院共建网络新闻数据分析联合中心和数字媒体艺术专业。研究生就业率达到 97.6%。

学院现有本科生 1 205 人，有计算机科学与技术、物联网工程和信息安全 3 个本科专业；国家级优势专业 1 个，国家卓越工程师计划 1 项，重庆市一流专业建设项目 2 项，国家级精品课程 2 门，国家级精品资源共享课 2 门，国家级新工科项目 1 项，教育部-IBM 精品课程 1 门，市级精品资源共享课 2 门，出版国家级规划教材 4 部，重庆市教学团队 1 个。国家级（市级）大学生创新训练项目立项 23 项。本科生参加学科竞赛获国际级奖 8 人次，国家级奖 196 人次，省部级 105 人次。其中，获中国大学生程序设计竞赛金奖 3 项，实现该赛金奖“零”的突破；获国际大学生程序设计竞赛金奖 6 项，为近五年最优成绩；获美国大学生数模竞赛中特等奖 1 项、一等奖 5 项，为近十年最好成绩。2016—2019 年连续四年获得“中国大学生计算机设计大赛”优秀组织奖。本科生就业率为 93.56%，其中升学率 40.4%。

学院邀请 47 名国内外专家来院访问交流，学生出国交流 152 人次，居全校前 5；教师出国交流 37 人次。与美国、澳大利亚、葡萄牙、马来西亚、韩国等多个国家和地区的大学、研究机构建立了学术交流关系；与澳大利亚国立大学签订学分互认培养项目。学院设立对外合作交流办公室，与华为、百度、航天科技集团、公安部三所指纹中心、重庆市银行业协会、重庆市南开中学等单位开展了合作与交流。

（撰稿人：马　前）

自动化学院

【概况】

2019 年，自动化学院设有“控制科学与工程”学科，为博士授权一级学科；“控制理论与控制工程”二级学科，设有“控制科学与工程”博士后流动站；另外，设有自动化、机器人工程和物流工程 3 个本科专业，其中自动化专业为重庆市优势特色专业。学院在编教职员工 92 人，其中管理岗位 8 人、教学科研岗位 66 人。宋永端教授入选 IEEE Fellow 和欧亚科学院院士；苏晓杰教授入选科睿唯安全球高被引科学家，并获得重庆五四青年奖章。

截至2019年年底,学院有国家级一流专业1个(自动化专业),省部级一流专业1个(自动化专业),教育部"卓越工程师教育培养计划"1个(自动化专业),"重庆三特行动计划特色专业"1个(自动化专业),省部级特色专业1个(自动化专业),省部级教学团队1个(计算机硬件技术基础系列课程教学团队),校级实验教学示范中心1个,市级精品课程2门(计算机硬件技术基础、自动控制原理),国家"十二五"规划教材1部[单片机原理及应用——嵌入式技术基础(第2版)],重庆大学线上线下混合课程2门(计算机硬件技术基础系列课程、物流信息系统),重庆大学在线开放课程2门(计算机硬件技术基础系列课程、自动控制原理课程),2019年成功申报省部级教学改革研究项目8项,校级教学改革研究项目3项。

2019年,在科研项目方面共签订各类科研合同105项,同比增长50%;合同经费达到3 457.68万元,获批国防基础加强计划项目1项,合同金额2 800万元,实现重庆大学国防基础加强计划"零"的突破;宋永端教授获批国家自然科学基金重点项目1项、王玉娟研究员获批国家自然科学基金重大项目课题1项,实现自动化学院国家自然科学基金重点项目再次获批和国家自然科学基金重大项目"零"的突破;苏晓杰教授获批重庆市杰出青年基金。在科研经费方面,到账经费达到2 980.42万元,同比增长33.75%。其中国家级项目到账经费达1 198.45万元,占总到账经费的40.21%,同比增长69.12%。在科研成果方面共发表期刊论文66篇,高被引论文2篇,国际期刊A类高水平论文达到38篇,高水平论文占总期刊论文数的60.61%。其中1篇学术论文获评《控制与决策》(中文A类期刊)2018年度优秀论文。申请专利103项,授权59项,出版专著3部;获得省部级二等奖2项,行业二等奖1项。

学院现有全日制本科生1 030人,5人获"重庆市三好学生"等市级荣誉。291人次获校级个人荣誉,其中3人次获校级"十佳"。获"重庆市文明寝室"称号1个、"重庆大学十佳团日活动"称号2个、"重庆大学先进班集体"称号3个、"重庆大学文明寝室"称号5个、"重庆大学文明寝室标兵"称号1个。累计评定国家级奖学金45人次,校级奖学金332人次,累计发放各类奖学金60余万元,助学金110多万元。全院本科生申报大学生创新性实验计划46项,其中,国家级创新性项目6项、市级创新性项目15项、重庆大学创新性项目25项。在第五届"互联网+"全国大学生创新创业竞赛中,学院获国家级银奖1项,铜奖1项,在第13届iCAN国际创新创业大赛决赛中,学院3项作品分别获得国家级一、二、三等奖,在2019中国高校团体程序设计天梯赛中获国家级银奖,第二届全国绿色计算系列大赛中获国家级银奖,全国智能交通大赛获得国家级特等奖,华为杯大学生智能设计大赛获国家级二等奖,创青春青年创新创业大赛获国家级二等奖,全国大学生电子设计大赛模拟电子系统设计邀请赛获国家级三等奖。在2019年的各类竞赛中,获省部级金奖2项,特等奖2项,一等奖5项。本科学生参加国际会议2人次,获实用新型专利授权5项。

2019年学院研究生招生总人数为194名,其中学术型硕士59名,专业学位109名,全日制博士25名,外国留学生博士1名。答辩授位134名,其中博士13名,学术硕士45名,专业学位硕士68名,工程硕士8名。申请了"交通工程"的工程博士专业。参与了学科授权点的调整工作。获批"控制科学与工程"专业一级学科,获得2018—2019年度中国仪器仪表学会"唐辉电子"奖学金二等奖1名,获批重庆市研究生导师团队1项,获批重庆市研究生联合培养基地2项。获得重庆大学优秀博士论文2篇,优秀硕士论文2篇。宋永端教授指导的1名博士生论文获得重庆市优秀博士论文、苏晓杰教授指导的1名硕士生论文获得重庆市优秀硕士论文。柴毅教授申请获批重庆市研究生教育教学改革研究优秀成果奖1项。尹宏鹏教授申请获批“重庆市研究生专业学位案例库”1项。学院申请获批“重庆市研究生科研创新项目”4项。

在国际交流方面,学院不断拓展国际交流广度与深度,邀请国际欧亚科学院院士团莅临重庆大学调研交流;主办第三届国际自主无人系统会议;组织39名学生出国访学;研究生出国参加国际学术会议共5人;联合培养博士生4人;招收4名国际留学生;教师出国参加国际学术会议达到21人次,2名教师在国外担任访问学者。

【承办人工智能国际合作调研报告会】

“人工智能国际合作调研报告会”于11月20日在重庆举行,由科技部国际合作司主办,重庆大学自动化学院承办。来自澳大利亚阿德莱德大学、哈尔滨工业大学、北京理工大学、西北工业大学、华南理工大学、上海大学、山东大学等高校的有关专家学者及科技部国际合作司、重庆市科技局、有关负责人参会。

(撰稿人:苏晓杰)

大数据与软件学院

【概况】

2019年大数据与软件学院设有软件工程一级学科博士点。学院下设软件工程系、数据科学系、智能科学系和教学实验中心。学院设有软件工程理论与计算、软件工程技术、软件服务工程、软件智能技术与安全测评等4个学科研究方向。另外设有软件工程、人工智能和数据科学与大数据技术3个本科专业。

学院在编教职员工61人,其中管理岗位10人、教学科研岗位45人,辅导员岗位4人,实验室岗位1人,工勤岗位1人。

学院现有党支部9个,其中学生党支部6个、教职工党支部3个,党员198名,其中教职工党员45名(含院聘教工党员2名),学生党员153名。2018年发展党员49名,转正预备党员44名。

2019年,学院招收全日制本科生215人。现有全日制本科生853名,本科生有253人次获得各项奖学金。48人获得专项奖学金,其中1人获得IBM奖学金,1人获得华为奖学金,1人获得CSCA奖学金,32人被评为学校优秀学生,26人被评为学校优秀学生干部。

2019年,学院招收博士生8人,全日制硕士研究生68名,其中学术型硕士25人,专业学位硕士43人。招收非全日制专业学位硕士31名。“软件服务工程与大数据技术”获批重庆市2019年研究生导师团队。“中移物联网软件工程硕士研究生联合培养基地”获批重庆市2019年研究生联合培养基地。获批重庆市研究生教育教学改革项目2项。“现代软件工程”被评为重庆市优质课程,“大数据智能与软件服务教学案例库”入选重庆市专业学位研究生教学案例库。

现有29名留学生在读(其中硕士生19人,博士生6人,本科3人,进修1人)。邀请美国、英国、日本等国家和地区外籍专家100余人次到学院访问交流。教师短期出访20人次,学生出国出境交流学习78人次。

【全面加强党的领导，扎实开展“不忘初心、牢记使命”主题教育，为学院各项工作提供坚强的政治保障】

学院党委以习近平新时代中国特色社会主义思想为指导,贯彻落实中央和学校的重大决策部署,在全院师生中扎实开展“不忘初心、牢记使命”主题教育,守初心、担使命,找差距、抓落实,主题教育活动成效显著。12月19日,召开党员大会,学院党委和纪委的换届工作顺利开展。

【加强专业教学改革和新工科建设，全面提高人才培养质量】

“打造跨地区通识教育联盟,构筑优质教育资源共享”(大数据与软件学院杨丹等,重庆大学排第三)获国家教学成果二等奖;数据科学与大数据技术、人工智能两个新工科专业正式招生;软件工程专业申报国家一流专业;面向全校开设《大数据导论》《人工智能导论》非限制选修课。

【聚焦国家和重庆市大数据智能化发展战略，积极开展政产学研用与学科交叉的融合，推进学科发展】

2019年软科中国排名软件工程进入全国前9%,提升3个位次。获批国家级及省部级项目17项,国拨经费4 218.41万元;牵头国家重点研发计划项目1项,主持重点研发计划课题2项;科研经费到账4 685.9万元,增长203%。获重庆市科技进步一等奖1项(排名第三)。杨小帆连续6年入选中国ESI高被引论文作者榜单。

【结合专业特点组织学生参加各类学术、科技竞赛，搭建成长成才平台】

2019年,2017级吴东冬获美国大学生交叉学科建模竞赛“特等奖”,是我校竞赛获奖新突破。学生个人竞赛获奖全国特等奖2项、一等奖5项,累计153人次(42项),其中市级以上获奖122人次(22项)。

【承办国际学术会议，增强国际学术影响力】

举办“第四届亚洲抗量子密码论坛”以及“第十届抗量子密码国际会议”等国际会议,承办第十届中国计算机学会服务计算学术会议(NCSC 2019)、2019中国国际智能产业博览会专题论坛——“智慧物联与产业赋能高峰论坛”、“2019人工智能创新发展高峰论坛”,邀请多位海内外享有盛名的学术界泰斗及产业界精英助力学院发展。

【构建全生命周期三全育人体系】

成立学院校友会及贵州、北京等学院校友分会。选聘一批优秀校友担任学生职业导师和创新创业导师;校庆校友捐赠现金实物金额总计420余万元,设立“梦嘉奖助学金”“汪乾荣奖学金”等。

(撰稿人:张晓兰)

医学部

医学部办公室

【综述】

2019 年 6 月 26 日，学校印发《关于成立重庆大学医学部的通知》（重大校〔2019〕213 号），重庆大学医学部正式成立。根据学校授权，医学部对医学高等研究院（医学院）、药学院（创新药物研究中心）、生物工程学院及学校附属医院进行学术指导、学科布局协调、学术评价标准制定和学科相关资源配置管理，并承担相应的学术发展责任。学部建立后，开展了前期准备、考察调研、运行机制、学科建设及人才评价等工作，进一步明确了学部的内涵、定位和职责，推动了医学部的建设与发展。

【学部建设】

医学部于 2019 年 9 月 18 日召开了学部工作推进会，刘汉龙副校长主持了会议，会议研究了学部的职能及今后的工作方向，凝聚共识推进学校医学学科发展。11 月 1 日召开了医学部科研工作会，明炬副校长主持了会议，会议研究了生物流变科学与技术教育部重点实验室建设并对 2020 年国家自然科学基金申报进行了工作布置。2019 年学部共召开两次书记、院长联席会，研究学部各项日常事务。经推荐及充分酝酿，成立了由 15 名专家组成的医学部临时学术委员会，对学部学术事务进行研究决策。

【考察调研】

医学部成立后，先后完成了对医学院、药学院、生物工程学院及附属肿瘤医院、附属中心医院等单位的调研工作，掌握学院及医院的学科、人才队伍及科研等各方面的基本情况，为下一步工作开展打下了基础。另一方面，学部开展对国内其他兄弟院校医科建设的调研工作，11 月 14 日与 12 月 16 日，刘国祥主任带队分别到西安交通大学与深圳大学调研医学学科建设，了解兄弟院校医学部的组织框架与日常运行机制、附属医院的分类管理与统筹建设、临床医疗人才的教学职称管理及基础医学院教学和科研组织设置与管理情况。

【学科建设】

根据学部发展目标并结合医学学科特点，分别制订了"'新医科'教育体系创新工程""临床学科'攀登'计划"两项系统工程，对新医科教育体系建设国际研讨、发展规划编制、教学骨干能力培养、教学体系创新建设及附属医院临床学科教医研协调发展与核心竞争力提升进行了系统规划。此外还参与了重庆市关于建设西部医学中心方案的论证工作。

【人才评价】

医学部临时学术委员会于12月4日召开会议,评审出邓军、胡燕2名正高级专业技术职称推荐人选,以及王敏、戚娜两名副高级专业技术职称推荐人选,同时通过了生物工程学院王业启聘期考核。

(撰稿人:张　赛)

医学院

【概况】

医学院始建于1946年,1952年调整并入华西协和大学。2018年6月,为契合“双一流”建设和发展内在需求,重庆大学恢复医学学科建设,成立重庆大学医学高等研究院(重庆大学医学院)。医学院建设坚持“高起点、研究型、入主流、有特色”的原则,围绕“奋力推进健康中国建设、聚力打造国际一流医学”的办学理念,坚持医工融合。经过近两年的建设,现有教职工19人,其中行政管理正式员工3人、临时员工4人、专任教师10名、兼职教师2名,成立了医学院直属工会小组。已在学科与人才培养、党建工作、人才队伍、科学研究、基础设施和科研平台及附属医院等方面取得了快速发展。

【学科建设与人才培养初见成效】

经国务院学位委员会审批,取得“基础医学”和“临床医学”一级学科硕士学位授权点(学位〔2019〕8号)。依托生物工程学院在生物学、药学、生物医学工程等一级硕士学位点招收学硕、专硕18人,博士4人;完成2020年基础医学专业6个研究方向,临床医学专业8个研究方向硕士招生计划(拟招学术型硕士60人)及2个专业方向命题等工作。

【党建工作成效明显】

依托虎溪校区党工委成立中共重庆大学医学高等研究院(医学院)支部委员会。设立中国共产党重庆大学医学高等研究院(医学院)直属党支部,支部党员共6人。开展“不忘初心、牢记使命”主题教育活动4次、民主生活会1次、民主评议党员活动,完成学院中层领导和党支部考核。

【队伍建设不断加强】

契合医学院发展规划,分类别分层次储备与引进人才。截至12月,共举办7场人才引进会,聘任兼职院士付小兵院士,李晔、鄢俊安2名教授,青年教师李星怡。逐步集聚了一支学缘结构合理,拥有外聘院士、杰青、国家高层次引进人才计划(创新A类)特聘教授和青年项目等高端人才的高水平学术队伍。

【科学研究成果丰硕】

印发《中央高校科研业务费医工融合项目管理办法》,共收到57份标书。其中一般项目采用通讯评议,重点项目通过重点项目评审会评选。评选出10个重点项目、28个一般项目。专任教师都肩负基建、行政工作,仍坚持推进医学领域研究工作,在基金申报、经费到账、论文发表、项目开展等方面取得了较为丰硕的成果。新增科研项目 14 项,合同经费 936 万元,到账经费 733.1 万元。其中军工国防项目 863 重点项目 1 项,一般项目 3 项,前沿创新计划(国防科技创新特区)1 项,重庆市出站留渝博士后择优资助项目1 项,重庆市前沿与基础研究重点项目 1 项,其他项目 5 项。以医学院教师为第一作者/通讯作者发表论文 12 篇,其中 SCI 论文一区 3 篇、二区 2 篇、三区 1 篇,EI 检索论文 1 篇,CSCD 论文 5 篇。

【基础设施和科研平台建设稳步推进】

学校组织召开医学院建设规划咨询暨学科平台建设与基建改造项目论证会。校长张宗益、常务副校长杨丹、副校长刘汉龙、医学院总顾问向荣以及国内相关领域著名专家教授(中国药科大学来茂德、重庆医科大学谢鹏、哈尔滨医科大学傅松滨、广西医科大学赵永祥、华西基础医学院黄灿华、北京三〇一医院田亚平、中煤科工集团重庆设计研究院李英军)出席。启动医学院基础建设项目(一期)立项建设,项目总建筑面积约 29 075 平方米,包含行政大楼、公共实验服务中心、科研办公楼、神经智能研究中心、实验动物中心、机能实验室等项目。为保证各项目建设质量,学院在 1—3 月期间多次组织人员至相关高校及机构实地调研,确立各项目改建方案,并成立设备采购论证工作组,保证仪器购置环节合法合规。2 月 28 日,重庆大学附属肿瘤医院肿瘤精准医学研究中心揭牌。10 月,行政大楼投入使用。

【附属医学建设快速发展】

构建学科方向完整,层次丰富多样的附属医院体系对医学院的发展至关重要。学校领导多次带队调研重庆市肿瘤医院和重庆三峡中心医院,与地方政府进行会谈,张宗益校长对校院双方深化共建合作所取得的进展和成绩给予充分肯定。3 月 1 日,重庆市肿瘤医院正式划转为重庆大学附属肿瘤医院。11 月,刘汉龙副校长再次带队前往万州区,推进重庆三峡中心医院划转为重庆大学直属附属医院事宜。

【国内外学术交流与合作积极进行】

协办、举办各种学术活动 10 场次,助力推进我校生物医学工程学科、医学学科的建设与发展。其中邀请付小兵院士、崔文国教授等国内外著名学者做医学前沿专题学术报告 6 场次,协办"2019 年康复工程分会会员大会暨青年学术论坛"、"中澳科技论坛生物医药与健康分论坛"、中英大学工程教育与研究联盟 2019 年度"未来工程师领导力与创新学院"等项目。参与承办中、日、韩三国知名学者参与的国际学术会议"NBNI 2019 中日韩神经生物学和神经信息学联合研讨会"。

访问台湾高校 7 所、北京大学斯坦福大学中心、芝加哥大学中国中心、丹麦哥本哈根大学等,洽谈建立科技交流与常态化合作交流关系。应邀参加"第二届医学'双一流'建设论坛""全国综合性大学教育医学研究工作会议""第六届中日教育交流会"等。

【其他】

为提升学院形象,设计重庆大学医学院 VI 识别系统,建立医学院官方网站,开通医学院微信公众号。

(撰稿人:吴成彬)

药学院

【概况】

2019 年,药学院设有药学一级学科硕士点;药物化学系,药理与药剂学系,药物分析、药物设计与天然药物学系 3 个系;药物化学、药理学、药物分析学、药剂学、生物信息学、天然药物学 6 个研究方向。学院现有在编教职工 43 人,其中教学科研岗 27 人,实验技术岗 6 人,行政管理岗 7 人,专职辅导员 1 人,师资博士后 2 人。现有教育部“跨世纪优秀人才”1 人,新增国家“优秀青年基金”获得者 2 人。

截至 2019 年年底,完成招聘面试 10 人次,完成教师聘期考核 8 人,学院支持并严格把关青年教师申报国家级各类人才项目,完成申报“青年拔尖人才”1 人。在青年教师教学能力提升方面,王晨晖获得全国药学类课程微课比赛特等奖,夏熠获得全国药学类课程微课比赛一等奖,王晨晖在重庆大学第七届青年教师讲课比赛中获得理工组一等奖。

2019 年,学院新增科研项目 24 项,合同经费 1 243.93 万元,实到经费 607.65 万元,其中国家自然科学基金项目 6 项,合同金额 396.5 万元。发表三大检索论文 43 篇,其中 SCI 论文 43 篇(SCI 一区 15 篇,SCI 二区 17 篇)。省部级平台“天然产物全合成与创新药物研究重庆市重点实验室”中期评估“优秀”通过,成功举办“天然产物全合成与创新药物研究”论坛,邀请陈芬儿院士等 6 名专家作论坛报告。

学院现有全日制本科生 179 人,2018 级药学 02 班获重庆大学 2019—2020 学年度“五四红旗团支部”称号,1 人获得全国大学生英语竞赛特等奖,1 人获得全国大学生英语竞赛一等奖,2 人被评为重庆市优秀毕业生,1 人被评为重庆市创新能力提升先进个人,5 人获得国家奖学金,6 人获得国家励志奖学金,19 人被评为重庆大学优秀学生,11 人被评为重庆大学优秀学生干部,7 人被评为重庆大学优秀毕业生,6 人被评为重庆大学优秀毕业生干部,11 人被评为重庆大学先进个人。

2019 年共招收学术型硕士研究生 57 人(包括推免生 6 人),其中“211”及“985”院校优质生源占 42%;招收学术型博士研究生 9 人,工程博士研究生 2 人。学院共授位研究生 54 人。学院有 3 人获批重庆市研究生科研创新项目;2 篇硕博论文分别获得重庆大学 2018 年度优秀硕士学位论文和优秀博士学位论文;1 人获得重庆市优秀硕士学位论文;1 人获得重庆市优秀博士学位论文。获重庆市 2019 年创新药物发现研究生导师团队称号。

2019 年共发展学生党员 16 人,转正 16 人,围绕党建工作重点,完成二级党组织班子换届工作,选举产生党委委员 5 人、纪委委员 3 人。积极响应党组织号召,开展中心理论组学习 22 次和教工政治理论学习 11 次,开展土城之行、遵义之行等特色党建活动 6 次。

2019 年,学院获本科招生宣传工作荣获一等奖。在就业工作中研究生就业率保持在 100%,本科生就业率保持在 95%以上,荣获 2018—2019 学年毕业生“就业工作先进集体奖”,辅导员曹全兴荣获 2018—2019 学年毕业生就业工作先进个人。

2019 年 6 月底，学院党委开展“七一”表彰系列活动，表彰优秀共产党员 6 人、优秀党务工作者 1 人，1 人荣获校级优秀党务工作者，3 人荣获校级优秀共产党员，完成慰问困难党员 6 人。2019 年 11 月药学院党委接受重庆大学党委第四轮第二巡察组政治巡察。

2019 年招收留学生(博士研究生)1 名。接收意大利伽利略研究中心 3 名学生来学院短期访问交流。积极筹划“优秀学生赴日本访学”项目，项目时间预计为 2020 年 1 月 13 至 20 日，项目时间 8 天，人数预计 20 人。2019 年有 12 名同学参加国外交流项目，2019 届 1 人在国外攻读硕士学位，11 人在国外攻读博士学位，5 人在国外做博士后。2019 年度有 2 名学生参加国际重要会议并做报告，教师国际学术出访 7 次。

2019 年，学院积极开展与国内外著名高校和科研机构的学术交流活动，邀请包括新加坡国立大学赵宇教授、复旦大学陈芬儿院士在内的 37 位相关领域专家学者前来药学院访问交流。

2019 年，动物房饲养各类实验动物 2 400 余只，实验动物品种包括 BALB/c 小鼠、C57BL 小鼠、昆明小鼠、特定基因敲出小鼠、裸鼠、SD 大鼠等，饲养动物数量稳中有升、饲养品种增加，为学院以及校内相关学院提供动物实验服务，涉及动物模型 10 余种、参与课题组 10 个，参与课题项目近 20 项、相关 SCI 文章 10 余篇。

【建设分析测试平台和药理学平台】

分析测试平台和药理学平台是学校和市级公共服务测试平台，2019 年，平台仪器设备运行状态良好，其中傅里叶变换离子回旋共振质谱仪、两台核磁共振波谱仪、激光扫描共聚焦显微镜获得了 2018—2019 优秀机组荣誉称号。所有仪器设备全面对外开放共享，已和 80 余个校内外课题组及 50 余家企业建立了长期合作关系。

2019 年，测试平台完善制度管理，印发《重庆大学药学院分析测试平台(药理学平台)使用管理制度》；注重平台发展与规划，组织召开“平台建设发展规划研讨会”，邀请清华大学生物医学测试中心主管来访交流；加强队伍技能培训，李雪敏老师通过“重庆大学 2019 实验技术人员研修项目”赴清华大学完成研修学习。

(撰稿人:蔡　慧)

生物工程学院

【概况】

2019年,生物工程学院拥有生物医学工程一级学科博士点(国家一级重点学科)、生物学一级学科博士点(重庆市重点学科);生物医学工程、生物学2个博士后流动站;生物医学工程、生物学2个一级学科硕士点,生物医学工程、生物工程2个工程硕士领域。另外,设有生物工程系、生物医学工程系,有生物工程、生物医学工程、智能医学工程3个本科专业。2019年,学院在编教职员工100人,其中教学科研岗位76人,实验、行政及学生工作等管理岗位24人。2019年学院皮喜田教授获重庆市科学技术奖科技进步一等奖,宋关斌教授入选重庆市英才计划第一批"名师名家"、罗阳教授入选"创新领军人才",蔡开勇教授获第八届"中国侨届贡献奖"一等奖,学院获学校优秀主讲教师30名。学院部分研究成果在国际顶级期刊*Nature Neuroscience*、*Nature Communication*、*Science Advances*等杂志发表。"智能医学工程专业"获批2019年重庆大学新增4个本科专业之一,"生物工程专业"申请获批重庆市一流专业建设,"生物医学工程专业"申报国家级一流专业建设。主编撰写生物医学工程教指委规划教材5本,进展良好。先后获"挑战杯"全国大学生课外学术科技作品竞赛重庆赛区特等奖及国家二等奖1项,全国大学生生物医学工程创新设计竞赛一等奖及企业创新奖1项、二等奖3项、三等奖3项,以及其他国家级市级赛事三等奖1项、银奖1项。本科生发表SCI/EI论文2篇。多名本科生撰写学术论文参加第7届中美生物医学工程暨海内外生物力学学术研讨会。学院2019年引进人才10人。

截至2019年年底,学院有国家级实验教学示范中心1个,市级优质课程1门,校级交叉课程建设1门,线上线下混合式课程建设2门,三进课程建设1门,国家"十三五"规划教材3部。

学院现有"生物流变科学与技术"教育部重点实验室、国家生物产业基地公共实验中心(重庆)、重庆市医疗电子技术中心、国家医疗器械重庆基地、重庆市血液净化工程研发中心、血管植入物开发国家地方联合工程实验室、国家"111计划""生物力学与组织修复工程"学科创新引智基地,这些实验室及基地支撑学院承担国内外重大科研任务,取得了许多重要研究成果,2019年学院新增各类科研项目49项,其中纵向项目30项,横向项目19项。科研到款金额1 858.16万元,其中纵向1 610.64万元,横向247.52万元。学院共发表SCI收录的科研论文171篇,EI收录论文8篇;中科院一区文章33篇,二区文章75篇;自然指数期刊5篇;高被引1篇;JCR一区文章102篇,二区文章49篇。部分研究成果在国际顶级期刊*Nature Neuroscience*、*Nature Communication*、*Science Advances*等发表。申请发明专利6项,获权发明专利21项,发布国际标准8项。

学院现有全日制本科生446名,全院本科生有45人获得各项奖学金。20人获得专项奖学金,32人被评为学校三好学生,22人被评为学校优秀学生干部。全院本科生申报大学生创新性实验计划43项,其中,国家级项目2项、市级项目4项,校级8项,其他29项学院自己立项资助;结题14项,其中3项校级优秀,7项良好。

2019年度学院招收全日制硕士生147人，博士生41人，工程博士7人，留学生14人（硕士12人，博士2人）。硕士授位90人，博士授位44人。获国家奖学金博士生5人，硕士生11人；硕博论文获重庆大学优博学位论文4人，优硕学位论文3人；获重庆市优博优硕学位论文博士2人，硕士1人。完成公派出国联合培养博士生3人，攻读博士1人。研究生参加国际学术交流21人次。获重庆市研究生创新项目5项，结题4项。获批2019年度研究生联合培养基地1项。获批第六批研究生教育优质课程1项。获批2019重庆市教学成果奖1项。

2019年，学院开展了多渠道、多层次、全方位的国际合作与交流，共邀请35余人次的外籍专家来学校做学术交流和报告。10余名教师赴日本、美国、瑞典、韩国、瑞士、澳大利亚等国家和地区参加学术会议。通过国家建设高水平大学公派项目，我院共派出4名学生出国学习，派出9名学生去美国、韩国等国参加短期夏令营学术活动与实习实践活动、派出20余名学生去美国、英国、德国等国参加学术会议并作学术报告交流。组织召开重庆大学海内外优秀青年学术论坛生物工程学院分论坛学术交流会，参会优秀青年学者达到12位，包括哈佛大学和哈佛医学院等国际一流高校青年才俊。

【承办“第7届中美生物医学工程暨海内外生物力学学术研讨会”国际会议】

2019年7月20—24日，由生物工程学院承办的“第7届中美生物医学工程暨海内外生物力学学术研讨会”国际会议在重庆两江云顶大酒店顺利召开。该会议规模较大，共有来自海内外的400位学者和学生参会。我院王贵学、杨力教授担任中方主席，特别邀请美国知名大学18位专家做大会特邀报告。

（撰稿人：刘晓红）

附属肿瘤医院

【概况】

2019年重庆大学附属肿瘤医院累计门急诊人次456 139人次，同比增长27.43%；出院人次68 228人次，同比增长29.21%；住院手术台次13 531台，同比增长14.55%，全年病床使用率为120.94%；业务收入20.41亿元，同比增长35.14%。

【医疗质量】

1.落实医疗核心制度

改进医疗质量考核方式，推进落实科室自查、科间互查、医务部督查的“三查”模式。实现医疗运行高效，医疗赔付创近三年最低。强化“三基三严”培训，医生组连续4年在全市“三基三严”大比武中名列前三名，护士组连续2年名列前两名。

2.狠抓医疗专项质控

规范病历管理，全院甲级病案率持续稳定在98%左右。建立日间病房，推进日间诊疗工作，完成日间手术和日间化疗 1 750 例。加强临床合理用药指标控制管理,加大处方点评力度,全年总药品比例 39.35%,考核药品比例 24.32%,辅助药品比例降至 3.97%。健全围术期质量管理标准,创新建立手术日制度,手术台次同比大幅增长,其中Ⅲ、Ⅳ级手术台次增长 31.43%。严格落实感控管理,开展 7 次专项感控活动,感染率、感染例次率同比下降。

3.加强肿瘤专科特色服务能力建设

深入开展肿瘤多学科联合诊疗工作,16 个联合诊疗小组基本实现区域内高发肿瘤多学科诊疗全覆盖,多学科联合门诊例次同比增长 33.62%。强化临床路径管理,开展了 64 个临床路径病种,入组完成率 91.48%。构建“5527”一体化肿瘤专科特色护理技术,开展护理新业务、新技术 47 项。

【科教人才】

1.搭建高水平科研平台

成立肿瘤精准医学研究中心、肺癌诊疗一体化中心,构建起集肿瘤基础研究、转化医学和精准医疗为一体的开放共享科研平台。放射肿瘤生物学实验室、肿瘤临床高通量测序研发中心、肿瘤药物Ⅰ期临床试验平台获中央引导地方科技发展专项资金,获批建设经费 300 万元。

2.科研绩效再上新台阶

2019 年获批科研项目 124 项,中标金额 1 461.5 万元。获批重庆大学“医工融合”项目 30 项,科研经费合计 1 350 万元。钱程教授团队获批国家自然科学基金重大研究计划项目,科研经费 295 万元,是国家级重大项目首次突破。获市科技局科研机构绩效激励引导专项补助资金 381 万元。全年共发表论文 249 篇,其中 SCI 论著 70 篇,总影响因子 218.41,单篇 IF 最高达 14.971;获得专利授权 29 项,其中发明专利 2 项;开展临床研究 152 项,同比增长 61.7%。

3.学科发展稳步推进

中医肿瘤学获批重庆市重点学科培育单位,肿瘤科获批重庆市临床重点专科,病理科完成学科验收复评。妇科肿瘤中心牵头发布《中国常见妇科恶性肿瘤诊治指南》等 3 部著作;肿瘤放射治疗中心牵头编写《光学表面图像引导放疗系统的质量控制指南》;Ⅰ期病房牵头发布《复发/转移性乳腺癌标志物临床应用专家共识》。

4.完善教学管理体系建设

成立医院医学教育委员会,持续完善每月教学考核指标,突出质量内涵考核。临床规范化培训效果良好,荣获全市住培临床技能竞赛二等奖。继续教育学分达标率 99.18%,创历史新高。

5.国际交流合作密切

成功申报世界抗癌联盟(UICC)成员单位、“一带一路”国际肿瘤防治专业人员联合培训中心培训基地。与俄罗斯国际癌症放射治疗中心、澳大利亚 Icon 集团、中国台湾癌症基金会等境外机构签署合作协议。

6.成功举办 2019 年中国肿瘤学大会

由中国抗癌协会主办，附属肿瘤医院承办的 2019 中国肿瘤学大会于 8 月 16—19 日在悦来国际博览中心成功举办，会议注册人数 32 441 名，共有 36 位中外院士，2 205 名国内外知名专家学者参加学术活动。同期举办万人科普大会，现场参与人数 3.6 万人，网络参与超过 1 500 万人次，取得了广泛的学术影响力。

7.人才培养推荐工作成效显著

引进国家“863”“973”重大科研项目主持人钱程教授任精准医学研究中心主任。选拔“1110”人才 16 人，选送出国进修 10 人。建立金世元国医大师传承工作室，加快推进高层次中医药人才师承培养。

【后勤保障】

1.强化高端设备配置

西南地区首台第 4 代达・芬奇手术机器人正式投用，复合手术室引入超高端顶尖设备术中滑轨 CT 和术中血管造影系统，启动固定资产生命周期管理系统建设，为提升临床能力提供“全周期”保障。

2.智慧医院建设顺利推进

建设综合信息平台，实现信息互联互通。建成患者服务平台，患者就医高效便捷。建成医技检查智能预约系统，减少患者预约及检查等候时间。智慧医院建设通过市卫生健康委专家评审，荣获“智慧医院”建设示范单位称号。

3.加快安防设施建设

完成退役衰变池改造、中药制剂室提档升级、干部保健病房精装修等重大建设项目。医院荣获市卫生健康委“美丽医院建设示范单位”荣誉称号。投资智能安防系统建设，率先在重庆市卫生系统投资建设安防智能化平台。医院全年未出现安全生产事故，获沙区公安局 2019 年内保工作先进集体荣誉。

【医院管理】

1.完善行政管理制度

科学制订现代医院管理制度试点工作实施方案，编写重庆大学附属肿瘤医院章程，顺利通过市卫生健康委批准备案。修订党委会、院长办公会议事规则，明确界定各自决策范围，形成党委全面领导、党政沟通协调、班子分工合作的工作机制。

2.深化医疗卫生体制改革

加快薪酬制度改革，建立以服务和质量为核心、完善的院科两级综合目标管理与绩效考核分配体系，医院作为重庆市公立医院唯一代表参加国家卫生健康委改革经验交流会。按照市委、市政府关于全面取消医用耗材加成同步调整医疗服务项目价格的决策部署，平稳有序推进医改各项工作。

3.提升精细化管理水平

完成新政府会计制度下医院三大成本报表的设置及编制工作，制订医院成本核算工作管理办法，积极探索项目成本和病种成本核算。持续开展“三费一率”活动，全年补计算漏收费增加 16.76 万元。严格专项审计流程,完成二期工程项目结算,送审总额 28 058 万元,审减 4 618 万元,审减率 16.46%。

【公益职能】

1.肿瘤防治网络体系建设扎实推进

截至 2019 年年底,已初步建成涵盖 7 个二级肿瘤医院、24 个肿瘤规范化诊疗基地、4 个单病种专科联盟、55 家医疗协作医院,累计 86 个肿瘤专科联盟成员单位的三级肿瘤防治网络体系。以开展远程医疗、派驻专家团队、推广适宜技术、共享医疗资源、培养专科人才等为抓手,持续同质化管理。全年累计派驻专家 231 人次,722 个工作日;推广卫生适宜技术 61 场、单病种诊疗规范 16 场次,远程放疗会诊 1 294 例次;接收 310 名管理干部来院进修学习,213 名来院参观交流。推进城市癌症早诊早治项目、农村上消化道癌早诊早治等项目实施,开展以医院为基础的肿瘤登记随访工作,入组患者 7.6 万例,患者五年生存率 40.93%。

2.务实开展援藏援外扶贫工作

医院援藏干部积极救治藏区患者,荣获西藏自治区党委、政府颁发的多项荣誉。张蕴蕴作为第十批援巴布亚新几内亚医疗队队员出国执行援外任务。精准扶贫工作取得阶段性胜利,医院对口扶贫的黔江区金溪镇山坳村 16 户农户实现全部脱贫。

【党建工作】

1.完善党建工作体系

建立党委会集中决策、专家委员会咨询的科学决策体系,优化职能部门设置,充实配强党务干部,促进党务业务深度融合,形成决策评价、执行决策、监督执纪及辅助决策四大体系。调整新一届领导班子成员任职,健全分工协作机制,院领导班子连续 6 年被评为市卫生健康系统“好班子”。

2.扎实开展“不忘初心、牢记使命”主题教育

制订 3 个月滚动学习计划,印制主题教育学习“口袋书”650 余本,实现全院 45 个党支部全覆盖。

(撰稿人:吴　静)

大事记

重庆大学2019年大事记

一月

6日　重庆大学产业技术研究院建设项目开工活动在九龙坡区金凤电子信息产业园隆重举行。

重庆大学国家大学科技园入驻大学城启动仪式在虎溪校区举行。

7日　教育部思想政治工作司公布首批20个入选高校思想政治工作创新发展中心承建单位,我校成功入选。

8日　中共中央、国务院在人民大会堂隆重举行国家科学技术奖励大会。王时龙教授主持完成的"复杂修形齿轮精密数控加工关键技术与装备"、杨庆山教授主持完成的"大型屋盖及围护体系抗风防灾理论、关键技术和工程应用"分别荣获国家科技进步二等奖。

8—9日　党委书记周旬、校长张宗益分别带队开展2019年寒假前安全检查暨实验室安全专项检查,现场督办突出隐患整改。

10日　中共重庆大学第十三届委员会第七次全体(扩大)会议召开。校党委书记周旬代表常委会作2018年工作报告,校长张宗益主持会议并作总结讲话。

12日　我校牵头完成人类首次月面生物实验。探月工程"嫦娥四号"生物科普试验载荷实现了人类首次月面的生物生长培育实验。

17日　中共重庆大学第十三届纪律检查委员会第十八次全体会议召开。

19日　中国工程科技发展战略重庆研究院2019年第一次工作会议在渝举行。中国工程院党组书记、院长李晓红院士,重庆研究院院长潘复生院士,常务副校长杨丹,重庆研究院执行副院长刘汉龙,重庆研究院副院长阮宝君、梁震、刘斌、程伟出席会议。

20日　学校召开教师干部大会。教育部人事司司长张东刚宣布教育部的任职决定,明炬同志任重庆大学党委常委、副校长。

22—23日　学校主办的"2019中—澳科技创新和产业化论坛"在渝召开。

二月

14—15日　学校召开2019年春季开学党政联席会,校党委书记周旬、校长张宗益主持会议。会议围绕学校"双一流"建设,重点研究了全国党建工作示范高校创建、"三全育人"综合改革试点、学科发展、人才队伍、研究生教育、科学研究、国际合作与交流、安全稳定、90 周年校庆等方面的工作思路与举措。

18 日　校领导带队检查新学期教学工作。

市委统战部、市侨联慰问我校侨界人士代表。

20—21 日　90 周年校庆工作实施方案征求意见会召开。

21 日　2019 年春季新学期干部大会召开。校党委书记周旬主持会议，校长张宗益代表学校党委、行政作了《理念再更新　行动再落实　推进“双一流”建设迈出新步伐》的主题报告，对学校 2019 年工作进行部署。

22 日　2019 年社会治安综合治理暨国家安全工作会召开。

28 日　2019 年党的建设工作会召开。校党委书记周旬，校长张宗益，校党委副书记、纪委书记陶举虎出席会议。会议学习传达了王沪宁同志在第二十六次全国高校党的建设工作会议上的讲话精神，研究部署学校基层党建和思政工作。

万州区委副书记、区长卢勇一行来校交流访问。

三月

6 日　中共重庆大学第十三届纪律检查委员会第十九次全委扩大会议召开。

7 日　国家知识产权局办公室和教育部办公厅公布首批高校国家知识产权信息服务中心名单，我校正式入选。

8 日　重庆市肿瘤医院划转重庆大学直属管理交接工作会在肿瘤医院召开。

12 日　学校开展 2019 年公益植树活动，校长张宗益、常务副校长杨丹、副校长王时龙以及部分师生代表参加了植树活动。

13 日　国家发改委高技术产业司沈竹林副司长一行到校调研“超瞬态物质科学实验装置”筹建工作。

重庆大学 90 周年校庆年系列学术活动前锋大讲堂的专场报告在虎溪校区学生活动中心大剧场进行，校友刘鹏作《从嫦娥四号到北京奥运会》主题报告。

14 日　2019 年社会治安综合治理暨安全工作会召开。

中联部当代世界研究中心主任、“一带一路”国际智库合作联盟理事会秘书长金鑫一行来校调研。

17 日　学校举办“乐动青春，重大之声”第 27 届校园歌手大赛决赛。

19 日　学校召开 2019 年学校共青团工作会，集中学习了全国两会和共青团十八届二中全会、共青团重庆市第五届四次全会精神，研究部署学校 2019 年共青团工作重点。

21 日　学校召开两会精神传达报告会、选人用人工作民主评议情况通报会。会议由校党委书记周旬主持。校长张宗益向全校师生传达了两会期间习近平总书记重要讲话精神。全国人大代表、中国工程院院士潘复生传达了十三届全国人大二次会议的重要精神。全国政协委员、航空航天学院副院长刘占芳传达了全国政协十三届二次会议的重要精神。

2019 年全面从严治党工作会召开。

市政府专题研究推进学校大科学装置建设有关工作，市委常委、常务副市长吴存荣，副市长屈谦，校长张宗益、副校长明炬出席会议。会议听取了我校超瞬态物质科学实验装置有关背景、前期工作开展情况汇报，并对加快推进建设进行部署。

共青团重庆市委党组成员、副书记江光伟一行到校调研共青团工作。

教育部公布了 2018 年度普通高等学校本科专业备案和审批结果，我校申报的人工智能、机器人工程、数据科学与大数据技术、智能医学工程 4 个专业均获准设置，成为全国首批 35 所设置人工智能本科专业的高校之一。

22 日　“绿色建筑与人居环境营造教育部国际合作联合实验室”验收论证会在校举行。

22—23 日　科技部高新技术发展及产业化司副司长曹国英一行到校调研科技创新工作。

25 日　德国萨克森州环境与农业部长托马斯·施密特一行到访。

26 日　市政府外办副巡视员马勇到校调研外事工作。

26—29 日　学校举办 2019 届毕业生春季双选会。

27 日　2019 东西部高校课程共享联盟年会暨成立六周年会议在校召开。校长张宗益出席会议并作主题报告，副校长廖瑞金致辞。全国人大外事委员会副主任委员、东西部高校课程共享联盟荣誉理事长林建华，华南理工大学校长、联盟执行理事长高松，教育部高教司一级巡视员宋毅，中国科学院院士、北京大学深圳研究生院院长吴云东等嘉宾作主题演讲。

四月

2 日　“对标争先”创建单位工作调研推进会在机械学院 304 党员活动室召开。

4 日　重庆大学第十四届工会会员代表暨第九届教职工代表大会第三次会议召开。校长张宗益作题为《加快“双一流”建设　喜迎 90 周年校庆》的工作报告。

9 日　学校发布“三全育人”综合改革建设方案。

10 日　常务副市长吴存荣、副市长屈谦到校调研，听取学校“双一流”建设进展情况汇报，并与中国工程院院士潘复生及部分专家学者作深入交流。

中国电子科技集团联合微电子中心（CUMEC）韩建忠执行董事一行到访。

12 日　2019 年春季运动会开幕式在虎溪校区田径场举行。

华为公司成都研究所所长肖宁一行来校访问。

16 日　国家重点实验室整改工作推进会召开。

18 日　定点扶贫任务分解及工作推进会召开。

全国政协常委、全国政协社会和法制委员会副主任强卫、全国政协常委房建国一行来校调研。

19 日　第三轮巡察工作中期汇报会召开。

学生创新创业工作领导小组工作会议召开。

23 日　校长张宗益到马克思主义学院调研。

23—24 日　校党委书记周旬赴云南省绿春县调研定点扶贫工作。

25 日　教工党支部书记经验交流暨党建"双创"工作推进会召开。

教育部科技司司长雷朝滋一行到校调研。

中央文明办三局副局长、巡视员杨武军一行考察我校创建文明校园工作。

26 日　学校文科工作会召开。校党委书记周旬主持会议，校长张宗益作《扎根中国大地，坚持一流标准，加快创新发展高水平人文社会科学》主题报告，副校长明炬作《以高水平的科学研究支撑人文社会科学高质量发展》科研工作报告。

28 日　校党委书记周旬、党委副书记王旭参加"传承五四精神、重走扶贫之路，争做新时代好青年"座谈会。

学校首次博导大会召开。校长张宗益作《更新观念，追求卓越，为"双一流"建设贡献更大力量》主题报告。

29 日　2019 年就业工作会议召开。

30 日　学校举行 2019 年"校长有约"学生座谈会。

五月

6 日　经国务院学位委员会第三十五次会议审议批准，学校增列为可开展学位授权自主审核的单位，学校增列"基础医学""临床医学"一级学科硕士授权点。

9 日　全国首批"民政部政策理论研究基地"授牌仪式在校举行，市民政局副局长谭书凯、副校长明炬共同为研究基地授牌。

10 日　学校举行学习贯彻习近平总书记在纪念五四运动 100 周年大会上的重要讲话精神青年师生座谈会。

13 日　重庆大学海内外优秀青年学者春季论坛开幕。

13—16 日　校党委书记周旬带队调研"三全育人"综合改革推进工作。

14 日　2019 年"全国主流网络媒体重庆高校行"在校启幕。市网信办副主任严兵、市委教育工委专职副书记覃正杰等参加仪式。

学校荣获第一届重庆市文明校园称号。中央文明办、教育部确定学校为全国文明校园先进学校。

2019 年度部分已立项学科重点建设项目资源配置评议会召开。

16 日　学校第三期前沿热点研究方向头脑风暴研讨会召开。

"百年青春追梦奋斗，复兴民族誓作前锋"重大青年青春巡礼报告会在虎溪校区举行。

19 日　重庆大学校友企业家联合会召开第一届理事会第一次会议召开。

22 日　学校原创话剧《寅初亭》在重庆大剧院精彩上演。

24 日　"十大育人"专门工作组组长会议召开。

学校举行 2019 年"资助育人　励志青春"奖助学金颁发仪式。

27 日　文化产业发展暨一流学科建设研讨会在校举行。市文化旅游委副主任朱茂、副校长明炬致辞。

绩效工资方案宣讲及意见反馈会召开。

实验室安全工作会暨教育部 2019 年度高校科研实验室安全检查工作推进会召开。

28 日　常务副校长杨丹在市委党校为"全市大数据智能化引领创新驱动发展专题培训班"作《新一代信息技术与实体经济融合发展之路》专题讲座。

由外交部主办的 2019 年首场"外交外事知识进高校"活动在校举行。市人民政府外事办公室王广成副巡视员主持活动。

29 日　重庆市首届创新争先奖表彰暨先进事迹报告会在市劳动人民文化宫大剧院召开。我校嫦娥四号任务生物科普试验载荷研制团队、附属肿瘤医院重庆市肿瘤防治科学传播专家团队荣获"创新争先奖先进集体"称号；能动学院院长廖强、附属肿瘤医院肿瘤精准医学研究中心主任钱程、城环学院柴宏祥、化工学院李莉、建筑学院杨震、材料学院张育新、光电学院刘玉菲、光电学院臧志刚 8 人获得"创新争先奖先进个人"称号。

31 日　重庆大学与中国科学院物理研究所拔尖人才培养合作协议签约仪式在虎溪校区举行。

沙坪坝区区长常斌一行到校开展工作对接。

六月

3 日　市委办公厅档案局举办的"国际档案日——档案工作成果观摩交流"活动在校举行。

6 日　重庆大学—云南省绿春县优质农产品推介会在校举行。

学校举办 2019 年"铭记师恩"音乐会。

13 日　"领导干部上讲台"国企公开课暨国企骨干担任校外辅导员活动在校举行。中国通用技术（集团）控股有限责任公司党组书记、董事长许宪平作《"一带一路"建设中的央企使命和实践》主题报告。

14 日　教育部全国高校创新创业总结宣传工作专家第 2 调研组到校调研。

19 日　市委教育工委对全市教育系统的先进党组织、优秀共产党员和优秀党务工作者进行了表彰，我校 5 个党组织和 9 名个人获表彰。

21 日　"双一流"建设中期自评工作会议召开。

校董会 2019 年联络代表会召开。

"闪亮的名字"——2019年"最美高校辅导员""最美大学生"发布仪式在CCTV-12社会与法频道首播。我校通信学院辅导员袁利获评2019年"最美高校辅导员"。

23日 学校举行"校园开放日"暨高考咨询会。

24日 学校举行2019届选调生出征欢送会。

26日 学校举行离退休党委党员重温入党誓词暨"七一"表彰大会。副校长刘汉龙宣读了入党50年党员名单,校党委书记周旬、校长张宗益向老党员颁发了荣誉证书。

学校举办第五届"互联网+"大学生创新创业大赛决赛。

28日 学校举行2019届学生毕业典礼暨学位授予仪式。校长张宗益发表《选择执着》主题讲话。材料学院胡笑东、计算机学院底晔佳、意大利籍留学生范狄、机械学院曹华军教授作为师生代表发言。中国建筑西北设计研究院有限公司党委书记、董事长熊中元代表校友寄语毕业生。

七月

5日 咨政服务能力建设工作研讨会召开。

教育部教师工作司司长任友群一行来校调研。

8日 学校统一战线2019年暑期谈心会召开。

"超瞬态物质科学实验装置"专家研讨会召开。

11日 学校党委党校2019年春季学期系列培训班交流座谈会召开。

12日 中共重庆大学第十三届纪律检查委员会第二十一次全体(扩大)会议召开。

18日 学校党建"双创"工作中期评估准备及推进会召开。

八月

5日 我校入选2019年度全国创新创业典型经验高校、首届全国学校国防教育典型案例30强。

6日 重庆大学原校长、土木工程学院教授,中国工程院院士周绪红当选日本工程院外籍院士。

18日 由中国抗癌协会主办,重庆大学附属肿瘤医院承办,市卫生健康委员会和市科学技术协会支持的2019中国肿瘤学大会圆满落幕。这是国内肿瘤学界规模最大、规格最高、覆盖学科最广的学术盛会,也是大会发起20年以来首次走进西部城市。

20日 中国期刊协会公布"庆祝中华人民共和国成立70周年精品期刊展"入选名单,我校主办的4种期刊(《重庆大学学报》《重庆大学学报(社会科学版)》《土木与环境工程学报(中英文)》《西部人居环境学刊》)入选。

26—29日 2019中国国际智能产业博览会在重庆国际博览中心举行。学校36项科技成果参展。会展期间,副市长屈谦、熊雪到我校展区视察。我校182名青年志愿者参加智博会志愿服务工作。

27 日　2019 中国国际智能产业博览会专题论坛——首届中国地方政府治理高层论坛在渝举行。论坛由智博会组委会主办，重庆大学承办。市委常委、政法委书记刘强，校长张宗益等出席论坛。

2019 中国国际智能产业博览会专题论坛——"智慧物联与产业赋能高峰论坛"在渝举行。论坛由智博会组委会主办，重庆大学等单位承办。市委常委、统战部部长李静，市政协副主席陈贵云，副校长明炬，加拿大皇家科学院院士、加拿大工程院院士、加拿大工程研究院院士 Victor C.M. Leung，加拿大工程院院士刘江川等出席论坛。

30 日　2019 年校党委理论学习中心组"不忘初心、牢记使命"主题教育集中学习研讨务虚会召开。

30—31 日　2019 年秋季开学党政联席会召开。校党委书记周旬、校长张宗益主持会议。会议强调，要坚持"以庆促建"，俭朴隆重办好 90 周年校庆，凝聚办学力量，以更加优异的"双一流"建设成绩向中华人民共和国成立 70 周年献礼。

九月

6 日　学校举行 2019 级研究生新生开学典礼。校长张宗益作《选择重大，成就卓越》主题讲话。

8 日　学校举行 2019 级本科生开学典礼暨军训动员大会。校长张宗益作了《青春接力，筑梦前行》主题讲话。校党委书记周旬向 2019 级本科生军训师授军旗。

10 日　2019 年教师节庆祝暨表彰大会召开。

中国科技评估与成果管理研究会理事长郭向远、副理事长李志民、秘书长韩军一行来校调研。

11 日　学校举行 2019 年新进教职工入职宣誓仪式。

12 日　学校召开"不忘初心、牢记使命"主题教育动员大会。校党委书记周旬作动员讲话。中央第二指导组组长、原中央纪委驻全国总工会机关纪检组组长、全国总工会原党组成员王瑞生讲话。中央第二指导组副组长、中央组织部干部三局二级巡视员祝江南，以及指导组其他同志到会指导。

2019 年师德模范报告会召开。

16 日　学校举行 2019 年秋季开学干部大会。校党委书记周旬主持会议并做总结讲话，校长张宗益代表学校党委、行政作主题报告。

"不忘初心、牢记使命"主题教育领导小组办公室工作组会召开。

18 日　学校举行"不忘初心、牢记使命"主题教育专题报告会。中央党校党建教研部副主任刘宝东主讲。

20 日　学校开展"不忘初心、牢记使命"主题教育校级领导班子集中学习研讨。

23 日　"笹川良一优秀青年奖学基金"25 周年纪念活动在校举行。日本财团会长笹川阳平、中国教育国际交流协会副秘书长李春生参加活动。

24 日　中国银行股份有限公司重庆市分行捐赠 500 万元设立"中国银行—重庆大学教育发展基金"签约仪式在校举行。中国银行股份有限公司重庆市分行行长段忠辉、副行长刘闻湘、校长张宗益、副校长廖瑞金出席捐赠签约仪式。

25 日 “最美奋斗者”表彰大会在北京人民大会堂举行。我校鲜学福院士当选“最美奋斗者”。

校长张宗益为 2019 年新进教职工作《不忘初心、牢记使命“双一流”建设重任》专题报告。

26 日 学校开展“不忘初心、牢记使命”主题教育现场学习考察活动。

27 日 市委书记陈敏尔调研学校“不忘初心、牢记使命”主题教育开展情况，并主持召开全市加强学校思想政治理论课工作座谈会。

学校举行“庆祝中华人民共和国成立 70 周年”纪念章颁发大会，校党委书记周旬、校长张宗益逐一颁发纪念章并与纪念章获得者合影留念。

29 日 学校举行 2019 级本科新生军训汇演暨总结表彰大会。

学校举行金秋敬老祝寿大会暨学校发展情况通报会。校长张宗益通报了学校发展情况。

十月

7 日 重庆大学 90 周年校庆之“文化校庆”主题活动“全球华语辩论大会 · 第一届国际华语辩论冠军赛”火热开赛。

8 日 重庆市委常委会召开会议，听取学校工作汇报。市委书记陈敏尔主持会议并讲话。市委副书记、市长唐良智，市委常委出席会议。市人大常委会党组主要负责同志，市政府、市政协负责同志，市检察院主要负责同志，校党委书记周旬、校长张宗益列席会议。校党委书记周旬作工作汇报。会议指出，党的十九大以来，重庆大学继承弘扬光荣传统，服务地方主动，为重庆改革发展做出了积极贡献。学校即将迎来 90 周年校庆，要以此为契机，再接再厉、接续奋斗，努力在全国高校“双一流”建设中提升综合竞争力、突出鲜明特色性，在重庆经济社会发展中有“重”的地位、“大”的作为，在全市高校发展中发挥带头作用、带动效应。市有关部门负责人、学校领导班子成员列席会议。

重庆大学 90 周年校庆活动“七七抗战大礼堂”纪念展开幕。该纪念展设有“复兴民族，誓作前锋——抗战烽火中的重庆大学”和“风雨回眸——国立中央大学西迁暨‘七七抗战大礼堂’的历史沧桑”两大主题展区，以及老电影温馨观影区与图书文创展示区。

“创业重大”主题日活动——创新创业高端峰会在校举办。

9 日 大型原创校史舞台剧《初心 · 1929》上演，献礼学校 90 周年校庆。校长张宗益，副校长王时龙等观看了演出。

10 日 “不忘初心、牢记使命”重庆市优秀共产党员先进事迹巡回报告会在校举行。

《广州大典》捐赠仪式在校举行。广州市人大常委会主任、《广州大典》主编、广州大典研究中心名誉主任陈建华，广州大典研究中心常务副主任刘平清，校党委书记周旬、副校长廖瑞金出席捐赠仪式。

中国高等教育学会“一带一路”研究分会 2019 年学术年会在我校召开。

11 日　校友总会九届理事(扩大)会议暨全球校友会校庆专题年会召开。

璧山区人民政府、重庆大学共建重庆大学璧山先进技术研究院签约仪式举行。

12 日　重庆大学建校 90 周年纪念大会隆重举行。十二届全国人大常委会副委员长、校友向巴平措,市委副书记、市长唐良智,市人大常委会主任张轩,教育部党组成员、副部长孙尧,副市长屈谦等领导出席纪念大会。校党委书记周旬主持纪念大会。屈谦宣读市委、市政府专门向重庆大学建校 90 周年发来的贺信。周旬宣读中国工程院党组书记、院长李晓红的贺信。校长张宗益代表学校发表致辞。国内高校代表东南大学校长张广军,国外高校代表美国辛辛那提大学校长内维尔・平托,十二届全国人大常委会副委员长、校友向巴平措,教师代表、中国工程院院士潘复生,学生代表郭塈坤,教育部党组成员、副部长孙尧,市委副书记、市长唐良智先后发表致辞共庆重大九十华诞。在纪念大会“人才日出”篇章,学生代表分别向各个年代的 8 名教师代表献花致敬,以此致谢师恩。纪念大会最后,师生校友全体齐唱《重庆大学校歌》。

学校举行庆祝重庆大学建校 90 周年纪念晚会。十二届全国人大常委会副委员长向巴平措等杰出校友、兄弟院校领导、校友、企事业单位代表、学校师生共 6 000 余人共同观看了此次表演。

以“新科技革命时代高等教育创新与发展”为主题的重庆大学 90 周年校庆校长论坛召开。来自美国、英国、澳大利亚、意大利及中国澳门、中国台湾地区的海内外数十所知名大学校长齐聚一堂。校党委书记周旬致辞,副校长明炬主持论坛。校长张宗益作《新科技革命时代工程教育改革实践》主旨报告。

90 周年校庆国际文化节开幕。

重庆大学 90 周年校庆文化校庆系列活动之“社团嘉年华”举行。全校 200 余个学生社团、近 2 000 名校友师生参加活动。

12—15 日　学校在第五届中国“互联网+”大学生创新创业大赛中创历史最好成绩,并实现了我市在国赛上金奖“零”的突破。

13 日　重庆大学 90 周年校庆系列活动之优秀生源基地中学校长重大行会议举行。校长张宗益作《同行九秩征程,共谱明日华章》主题报告。

校党委书记周旬与台湾优久大学联盟代表座谈。

校长张宗益会见澳大利亚乐卓博大学校长 John Dewar 一行。

14—15 日　国家自然科学基金委管理科学部宏观管理与政策学科 2019 年度青年基金获得者检查交流会在渝召开。会议由基金委管理科学部主办,重庆大学承办。基金委管理科学部主任吴启迪、校长张宗益出席开幕式并致辞。

我校师生原创的话剧《光华》在虎溪校区学生活动中心大剧场精彩上演。

15 日　“不忘初心、牢记使命”主题教育领导小组办公室工作组推进会召开。

17 日　2018 年度重庆市科学技术奖励大会召开。我校 36 项重庆市科学技术奖获奖项目受到市委、市政府表彰。其中，牵头获得一等奖 8 项，参与获得一等奖 3 项。刘汉龙教授作为获奖代表发言。

校党委书记周旬到马克思主义学院调研“不忘初心、牢记使命”主题教育有关工作，参加研究生思想政治理论课教研室教师党支部主题党日活动。

19 日　校党委书记周旬，云南省红河哈尼族彝族自治州政协副主席、绿春县委书记李国民，副校长廖瑞金等出席重庆大学—云南省绿春县定点扶贫工作推进会。

21 日　大科学装置工作推进研讨会召开。上海光源工程总顾问、中国工程院陈森玉院士，校长张宗益，共建单位上海交通大学向导教授等出席会议。副校长明炬主持会议。

21—23 日　学校在“创青春”中国青年创新创业大赛（互联网组）中获得佳绩，创造了我校和重庆市历史最好成绩，实现了我市在该赛事互联网成长组金奖“零”的突破。

23—31 日　学校校级领导班子集中讲授“不忘初心、牢记使命”专题党课。

24 日　“不忘初心、牢记使命”主题教育校党委理论学习中心组学习会召开。

24—25 日　学校举办消费扶贫 · 携手攻坚——绿春县优质农产品展销订购会。

25 日　校党委书记周旬会见广西壮族自治区教育厅一级巡视员唐耀华一行。

26 日　2019 年英才计划重庆试点工作总结评估暨 2020 年英才计划宣讲会在校召开。副校长明炬介绍我校承担“英才计划”培养工作开展情况。

28 日　国际化工作研讨会召开。

30 日　“不忘初心、牢记使命”主题教育校级领导班子调研成果交流会举行。中央第二指导组成员江嵩、中央纪委国家监委案件审理室正处级纪检监察员于凤玲到会指导工作。

十一月

1 日　重庆市医疗保障局和重庆大学共同发起成立的“重庆市智慧医疗保障研究中心”揭牌仪式在校举行。市医疗保障局党组书记蒋建国，二级巡视员程晓斌，校长张宗益、副校长王时龙等出席揭牌仪式。

重庆市第八届老干部艺术节高校专场文艺演出在校举行。

2 日　学校举行 2020 届毕业生秋季大型双选会。

4 日　“不忘初心、牢记使命”主题教育专项整治工作推进会召开。

7 日　市高校统战工作座谈会在校召开，市委常委、统战部部长李静出席会议并讲话。

台盟重庆市委、重庆市台联调研工作会在校召开。

7—12 日　学校在第十六届“挑战杯”竞赛中捧得优胜杯，排名西南地区团体总分第一。

8—10 日　校长张宗益会见新加坡国立大学、韩国高丽大学和日本横滨国立大学校长团。

11 日　重庆大学 2019 年“海内外优秀青年学者秋季论坛”开幕。校党委书记周旬、校长张宗益、副校长刘汉龙、市委组织部人才发展中心主任钟建川等出席开幕式。

学校“不忘初心、牢记使命”学生社团专项治理工作会召开。

14 日　校级领导班子对照党章党规找差距专题会议召开。中央第二指导组组长王瑞生出席会议并讲话,中央第二指导组成员于成龙、楚哲到会指导。

学校启动“讲红色故事、讲革命精神”专场巡讲活动。

学校举行 2019 校园安全嘉年华活动。

15 日　重庆大学“声音图书馆”开馆活动暨“+馆藏”服务平台发布仪式举行。

22 日　我校主办的英文期刊 *Journal of Magnesium and Alloys*(《镁合金学报》)入选 2019 年度中国科技期刊卓越行动计划领军期刊类项目。

23 日　重庆市高校网络文化建设与管理协会 2019 年年会在校召开。

重庆市绿色制造技术创新战略联盟成立大会在校举行。

23—24 日　2019 新时代高校环境教学改革与创新研讨会在渝召开。校长张宗益到会致辞。

26—27 日　原创话剧《重庆往事·红色恋人》在我校上演,纪念重庆“11·27”烈士殉难 70 周年。团市委书记张继军、市委教育工委专职副书记覃正杰、校党委副书记王旭等观看演出。

28 日　校长张宗益带队赴开州区调研定点扶贫工作。

29 日　党的十九届四中全会精神报告会召开。校党委书记周旬作十九届四中全会精神传达,并对学校工作进行了部署。

“校长面对面——人才发展座谈会”召开。校长张宗益同与会代表深入交流。

十二月

5 日　党员校领导“不忘初心、牢记使命”专题民主生活会召开。中央第二指导组副组长祝江南、成员胡智刚到会指导。

6 日　中共重庆大学第十三届委员会第八次全体(扩大)会议召开。校党委书记周旬代表常委会就学习宣传贯彻十九届四中全会精神、加快推进“双一流”建设做专题报告。校长张宗益对《关于进一步加强“双一流”建设的意见》作了说明。

7 日　重庆大学第三次研究生代表大会召开。团市委副书记江光伟、校党委副书记王旭、副校长王时龙等出席会议。

10 日　“领导干部上讲台”国企公开课——重庆大学专场报告会举行。中国通用技术(集团)控股有限责任公司党组副书记、董事、总经理陆益民作题为《强力突破“低端锁定”困局,夯实建设制造强国的基础——中国机床产业的振兴与发展》的主题报告。

15 日　“2019 人工智能创新发展高峰论坛”在校召开。

18 日　电气工程学院党员领导干部“不忘初心、牢记使命”专题民主生活会召开。中央第二指导组组长王瑞生，成员于凤玲、于成龙，校党委书记周旬到会指导。

19 日　重庆大学与中国工商银行重庆分行“智慧校园建设”项目签约仪式举行。中国工商银行重庆分行行长刘亚干、副行长韩忠东，校长张宗益、副校长王时龙出席签约仪式。

20 日　校长张宗益会见乌拉圭东岸共和国驻华大使费尔南多·卢格里斯一行。

26 日　学校开展 2019 年度二级党组织书记抓基层党建工作述职评议。教育部直属高校党建联络员徐晓黎到会指导，校党委书记周旬、校长张宗益参加会议。

27 日　重庆市 2017—2018 年度富民兴渝贡献奖揭晓，我校王时龙教授获该奖项。

31 日　重庆三峡中心医院划转为重庆大学直属附属医院签约仪式在校举行。市委常委、万州区委书记莫恭明，万州区委常委、区政府常务副区长蒲承明，校党委书记周旬，校长张宗益，副校长刘汉龙参加签约仪式。